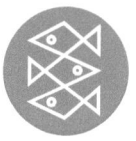

Kontaktadresse nach EU-Produktsicherheitsverordnung:
produktsicherheit@fischerverlage.de

Es sollte ein unbeschwerter Männertrip werden, ein Surfausflug auf einem gecharterten Schiff, doch für ihn wurde es die Hölle: April 2013, irgendwo vor Sumatra, mitten im Indischen Ozean. Der 51-jährige Brett Archibald wacht in der Nacht bei starkem Wellengang auf. Ihm ist schlecht, und er beschließt, an Deck frische Luft zu schnappen. Ein fataler Fehler, denn plötzlich wird ihm schwindelig. Das Nächste, was er mitbekommt, ist, dass er hustend aus dem Wasser auftaucht, das Boot bereits 30 Meter von ihm entfernt. 28 Stunden allein im offenen Meer liegen vor ihm, nur bekleidet mit Shorts und T-Shirt. 28 unendlich lange Stunden, bis das Wunder geschieht und er gerettet wird! Dies ist seine Geschichte.

Brett Archibald war über drei Jahrzehnte lang ein sehr erfolgreicher Geschäftsmann und beruflich in aller Welt unterwegs. Nach seiner Rettung änderte er sein Leben: Er verkaufte sein Bauunternehmen und ist heute ein international gefragter Vortragsredner. Der gebürtige Südafrikaner lebt mit seiner Frau und den beiden Kindern in Kapstadt.

Brett Archibald

ÜBER BORD

28 Stunden allein im Indischen Ozean

Aus dem Englischen
von Andrea Kunstmann

Fischer Taschenbuch

Die Nutzung unserer Werke für Text- und Data-Mining im Sinne von § 44b UrhG behalten wir uns explizit vor.

2. Auflage

© 2023 S. Fischer Verlag GmbH,
Hedderichstr. 114, 60596 Frankfurt am Main

Die englische Originalausgabe
erschien unter dem Titel ›Alone‹ bei Robinson,
einem Imprint von Little Brown.
Copyright © Brett Archibald 2016

Karten: Peter Palm, Berlin
Printed in Germany
ISBN 978-3-596-29976-8

Dieses Buch ist meinem Glauben,
meiner Familie und meinen Freunden gewidmet.

Dies ist eine wahre Geschichte.

Irgendwo in der Meerenge Selat Mentawai
Mittwoch, 17. April 2013
2.15 Uhr

Vom überdachten oberen Deck der *Naga Laut* stolpere ich backbord an die Reling und setze mich so der vollen Wucht des Sturms aus. Das Meer tost. Eine Mischung aus Cola und Galle schießt mir die Kehle hoch, doch kaum habe ich sie Richtung Wasser gespuckt, bläst der Wind sie mir zurück ins Gesicht. Ich wische mir den Mund ab, da schicken meine Eingeweide schon eine weitere Ladung, und wieder beuge ich mich über die Reling.

Mit dröhnendem Schädel und einem bohrenden Schmerz im Magen übergebe ich mich ein drittes Mal. Der Blick auf das weiß schäumende Wasser unter mir lässt mich schwindeln. Dann explodiert etwas in meinem Kopf, es fühlt sich an wie ein von der Wirbelsäule kommender Stromschlag im Hinterkopf.

Mein letzter bewusster Gedanke lautet: Wenn ich noch einmal derart kotzen muss, kippe ich um.

Ein Tonnengewicht drückt mir das Kinn auf die Brust. Ich stürze, überschlage mich, werde herumgeschleudert wie in einer Waschmaschine. Warum sind wir als Kinder da nicht draufgekommen, denke ich, Seife in die Waschmaschine, reinkrabbeln und einschalten. Was für ein cooles Spiel wäre das gewesen!

Plötzlich drückt es mir die Knie an die Brust und die Füße an den Hintern, ich bin zusammengekrümmt wie ein Fötus. Einen Augenblick lang fühlt sich das großartig an: wie die Luftblasen um meinen Kopf sprudeln und an meinen Wangen und Augenlidern zerplatzen und wie es blubbert, wenn sie mir aus Mund und Nase strömen. Ich versuche einen anderen Klang zu identifizieren, der fern und undefinierbar an mein Ohr dringt. Es sind dünne, hohle Stimmen, stelle ich fest, sie erinnern mich an die Telefone, die wir als Kinder aus Blechdosen gebaut haben.

»Arch, wach auf. Wir sind da, wach auf. Wir gehen surfen. Wach auf.«

Tony und JM hören sich erbarmungslos gutgelaunt an, als sie mir lachend Wasser über den Kopf kippen. Dumme-Jungen-Streiche, Fünfzigjährige, die sich wie Schulkinder benehmen, aber solcher Blödsinn ist bei unseren Surftrips an der Tagesordnung.

»Macht mein Bett nicht nass!«, höre ich mich schimpfen. Mit der Sauberkeit und Ordnung meiner Koje nehme ich es sehr genau. »Die Kajüte hat kein Bullauge, das Bettzeug wird nicht mehr trocken.«

Ihr Lachen weicht einem Brausen in meinem Kopf. Plötzlich wird mir bewusst, dass mein ganzer Körper von Wasser umgeben ist, warm drückt es auf Arme und Beine, auf Brust und Hals. Wände aus Wasser erheben sich aus der mich umgebenden Dunkelheit, Wasser schwappt mir ins Gesicht, Wasser steigt mir in die Nasenlöcher und fließt durch meine Kehle.

Ich muss heftig husten und öffne die Augen. Ich wische mir das Wasser aus dem Gesicht und sehe weder Kajüte noch Kumpel. Augenblicklich verschwindet das Traumbild.

Ich befinde mich im Meer, bei vollem Bewusstsein, hellwach. Der Wind heult, um mich tost die Brandung. Etwa dreißig Meter von mir entfernt sehe ich die *Naga Laut*, die sich mit ihren an Ober- und Unterdeck blinkenden Lichtern im Sturm langsam von mir wegbewegt.

Ich will es nicht glauben, das Herz hämmert mir in der Brust. Passiert das wirklich? Das muss doch so eine Art außerkörperliche Erfahrung sein. Das ist bestimmt im nächsten Moment vorbei, und dann bin ich wieder an Deck.

Aber es ist kein Traum.

Nein, ich treibe im Meer, mitten in einem Orkan.

Ich höre, wie der Dieselmotor des Schiffs gegen das Heulen des Windes andröhnt, seine beißenden Abgase steigen mir kurz in die

Nase, und wieder stellt sich der Brechreiz ein. Das hier ist ohne Zweifel real, und wie um das zu bestätigen, trifft mich eine Welle unvorbereitet von hinten.

»Hallo!«, schreie ich. Mein Hals fühlt sich so dick an, als hätte ich einen Tennisball verschluckt. Meine eigene Stimme ist mir fremd.

»Hallo! Hey, hallo!«, schreie ich so laut, dass mir fast die Lunge platzt. Wie beim Wasserpolo drücke ich meinen Körper so weit wie möglich aus dem Wasser und rudere mit beiden Armen wild über meinem Kopf.

»Baz, hier! Baz!«, brülle ich mehrmals, so laut ich kann. Baz, unser indonesischer Schiffsingenieur, kann mich nicht hören.

Ich rufe wieder. Und wieder. Mein Hals brennt vor Anstrengung. Aber Wellen, Wind und Regen schlucken den Klang meiner Stimme und vernebeln nun auch meine Sicht. Nach Hilfe zu rufen ist völlig sinnlos, der Versuch, das Boot auf mich aufmerksam zu machen, Energieverschwendung.

Ich sehe im hinteren Teil des Schiffes niemanden außer Banger, der bäuchlings auf dem Oberdeck liegt und den Kopf in eine Schüssel steckt.

Niemand hat mich über Bord gehen sehen.

Diese Erkenntnis trifft mich wie ein Peitschenhieb, und meine Gedanken beginnen zu rasen. Instinktiv versuche ich, dem Boot hinterherzuschwimmen.

Du weißt doch, dass das sinnlos ist.

Ich bin nicht sicher, ob ich das nur denke oder laut ausspreche.

Das Boot fährt ... wie schnell? Bei dem Sturm vermutlich etwa sechseinhalb Knoten. Du wirst es nie einholen.

Ungläubigkeit. Verzweiflung. Eine grauenvolle Angst macht sich langsam in mir breit.

Dann tue ich etwas, was ich lange nicht getan habe: Ich bete: »Bitte, lieber Gott, bitte, bitte. Mach, dass mich jemand gesehen hat. Mach, dass das Boot wendet und zu mir zurückkommt.«

Ich kann keinerlei Aktivität an Bord erkennen; die *Naga Laut* entschwindet langsam in die Nacht, und ihr Heck wird immer kleiner und kleiner. Meine Halsmuskeln erstarren zu Stein, während ich dabei zusehen muss, wie das Boot sich entfernt. Ich wünsche mir so sehr, dass es umdreht, aber es fährt weiter. Und lässt mich allein.

»Bitte …« Das flüstere ich nur noch. Mein Magen verkrampft sich, drückt gegen die Rippen, macht mir das Atmen schwer.

Ich weiß es. Im tiefsten Inneren ist mir klar: *Ich werde hier sterben.*

Dennoch fange ich an zu zählen.

Ich bin ausgebildeter Segler und weiß, was zu tun ist, wenn ein Mann über Bord geht. Für den Segelschein übt man das Manöver unzählige Male. Man wirft dem Betroffenen einen Rettungsring zu und fängt an zu zählen – *tausendeins, tausendzwei, tausenddrei …* – um die zurückgelegte Entfernung zu messen, bis der Kapitän das Boot wendet.

… tausendfünfzehn, tausendsechzehn, tausendsiebzehn …

Habe ich eine Chance? Gibt es noch Hoffnung? Hat vielleicht doch jemand gesehen, wie ich über Bord gegangen bin?

… tausenddreiundzwanzig, tausendvierundzwanzig …

In der Dunkelheit verschwimmen die Umrisse des Bootes, die Lichter werden schwächer, bis nur noch ein Schimmern bleibt. Ich sehe das Boot in der Ferne, klein wie ein Spielzeug. In diesem rasenden Sturm sieht es so verwundbar aus und ist doch meine einzige Rettung … die mir langsam entschwindet.

Fassungslos harre ich aus, trete verzweifelt Wasser und ziehe mit ausgestreckten Armen große Kreise durch den brodelnden Schaum. Mein vollgesogenes T-Shirt schnürt sich um meine Brust zusammen, als wollte es mich erdrosseln.

Ich treibe hilflos im Meer, und niemand hat es bemerkt.

»Ich werde hier draußen sterben«, sage ich zu niemandem im Besonderen. »Allein.«

Die Mentawai-Inseln

Alles fing mit einer E-Mail an, einer Einladung, die man unmöglich ablehnen konnte: Surfen in einem atemberaubenden tropischen Paradies mit den besten Wellen der Welt. Die Idee dazu wurde an einem dieser typischen Männerabende geboren und im Lauf der Zeit nicht nur beim gelegentlichen Bier immer wieder propagiert.

Irgendwann fand sich auch ein triftiger Grund – »Gibt es eine bessere Möglichkeit, seinen fünfzigsten Geburtstag zu feiern?« –, auf den Tony Singleton sich berufen konnte, um seine zehn besten Freunde zum Mitmachen zu bewegen. Der Köder, den er auswarf, war eine Tour auf einem Surfcharterboot rund um die indonesischen Mentawai-Inseln.

Alle zehn Männer waren Südafrikaner Anfang fünfzig und schon seit der Schulzeit befreundet. Einige hatten schon als Fünfjährige gemeinsam die erste Klasse besucht, andere hatten sich im Lauf der Grundschule kennengelernt. Die allermeisten jedoch hatten als Teenager mit Zottelfrisur auf den Fluren und Sportplätzen der Westville Boys' Highschool in Durban Freundschaft geschlossen.

»Los, Jungs, das ist jetzt genau der richtige Zeitpunkt«, hatte Tony gemailt. »Get the feeling!«

Er schrieb, dass er vorsichtshalber schon mal die *Naga Laut* angefragt habe, das Boot, mit dem einige von ihnen schon im Jahr zuvor unterwegs gewesen seien, und nannte Reisedaten und Preise.

»Das ist noch ziemlich am Anfang der Saison, aber wir sind über Vollmond unterwegs. Also sollte es einerseits nicht zu überlaufen sein, und andererseits werden wir gute Wellen haben. Ich weiß, dass es gerade ein bisschen schwierig ist, aber das wird schon, also schauen wir nach vorn und gehen es an. Seid ihr dabei?«

Bis zum Sonntagabend hatten Niall Hegarty, Craig Killeen, Mark Ridgway, Mark Snowball, Jean-Marc Tostee, Benoit Maingard, Brett Archibald, Eddie Pickles und Tony selbst zugesagt. Nur Weyne Mudde brauchte etwas mehr Zeit, um seine Frau und Kinder davon zu überzeugen, dass eine solche Auszeit mit den Kumpel die geeignete Form war, seinen Fünfzigsten zu feiern.

Sie würden Vorstandssitzungen und geschäftliche Zwänge, Beziehungszwist und erdrückende Hypotheken hinter sich lassen, um eine Reise zu unternehmen, die sie später »Zehn-grüne-Flaschen-Tour« tauften, in Anspielung auf das Bintang, ein ziemlich dünnes indonesisches Lagerbier.

Surfboote in Indonesien sind grundsätzlich sehr teuer, weswegen vor allem eher wohlhabende Leute mittleren Alters sie mieten. An Bord treffen dann häufig Menschen unterschiedlicher Nationalität, die sich untereinander gar nicht kennen, aufeinander. In diesem Fall war es etwas anderes. Auf dem Boot würden alte Freunde, zum Teil seit Jahren räumlich getrennt, wieder zusammenfinden. Die von allen geteilte Begeisterung fürs Surfen würde sie wieder vereinen.

Alle zehn surften seit ihrer Kindheit, doch wegen familiärer und beruflicher Verpflichtungen kamen sie nur noch gelegentlich in ihrer Freizeit dazu. Die, die an der Küste wohnten, hatten natürlich öfter die Möglichkeit, aber doch nie so oft wie zu Zeiten ihrer jugendlichen Surfbesessenheit, als der warme Indische Ozean der Ostküste Durbans sie aus ihren Klassenzimmern lockte.

Das Meer war damals ihre Spielwiese. Im Südafrika der 1970er Jahre, als der Surfchampion Shaun Tomson auf dem Gipfel seines internationalen Ruhms stand, galt Surfen als eine Form der Rebellion, als Sport für Durchgeknallte – ein Ruf, mit dem sich die Jungen identifizierten und der sie verband.

Als Vierzehnjährige trampten Tony, Weyne, Ed und Mark »Ridgy« Ridgway in Shorts und T-Shirts, das Board unter den Arm geklemmt, auf der hügeligen Schnellstraße vom nördlichen Westville, wo sie wohnten, zu Durbans geschwungenen Sandstränden mit ihren kühlen Brisen. Dort trafen sie auf die anderen, die Tostee-Brüder, Craig, Benoit (»Banger« genannt), Niall und Brett, die im Zentrum und Süden von Westville wohnten, und Mark Snowball (»Snowman«), der aus dem Vorort Glenwood kam, aber zum »Westville-Boy ehrenhalber« ernannt wurde. Gemeinsam verbrachten sie dann den ganzen Tag beim Surfen. Es war ein freies und extremes Leben. An Wochenenden standen sie um halb fünf Uhr morgens auf und trampten nach Durban zu den noch unberührten Stränden und perfekten Wellen.

Niall Hegarty, der kurz zuvor aus England eingewandert war, bot das Surfen eine Möglichkeit, Freundschaften zu schließen. »Es gab keinen schöneren Anblick, als vom Surfbrett aus den Sonnenaufgang über den Wellen zu beobachten.«

JM, ein Schuljahr unter ihnen, war ihnen auf dem Surfbrett absolut ebenbürtig. Beide Tostee-Brüder waren Wasserratten, JMs jüngerer Bruder Pierre gewann später für das Springbok-Team Surfmeisterschaften. Auch Tony ging mit seinem älteren Bruder zum Surfen und machte mit der ganzen Familie Surfurlaub in Southbroom und an der deutlich wilderen Küste in der Transkei-Region.

Einige der Männer hatten sich im Laufe der Jahre größere Herausforderungen gesucht, waren den Verlockungen ausländischer Surfspots erlegen, und dabei war Indonesien mit seinen blendend weißen Stränden und unvergleichlichen Reefbreaks zu einem ihrer Favoriten geworden. Also waren alle zehn sofort dabei, als sich ihnen die Gelegenheit zum Surfen auf den Mentawais bot.

Die »Zehn-grüne-Flaschen-Tour« war also abgemacht. Diese Bezeichnung blieb auch, als Ed Nickles wegen Verdachts auf Hautkrebs in letzter Minute absagen musste, denn in Gedanken war er natürlich dabei. Und so kamen im April 2013 neun Männer aus mehreren Städten Südafrikas und aus anderen Ländern, in die sie zum Teil in der Zwischenzeit gezogen waren, in Indonesien zusammen: um an einem Ort, von dem sie schon immer geträumt hatten, ihrer Lieblingsbeschäftigung nachzugehen.

Auf der anderen Seite des Indischen Ozeans hatte der im australischen Perth in der Abfallwirtschaft tätige Lyall Davieson im Ja-

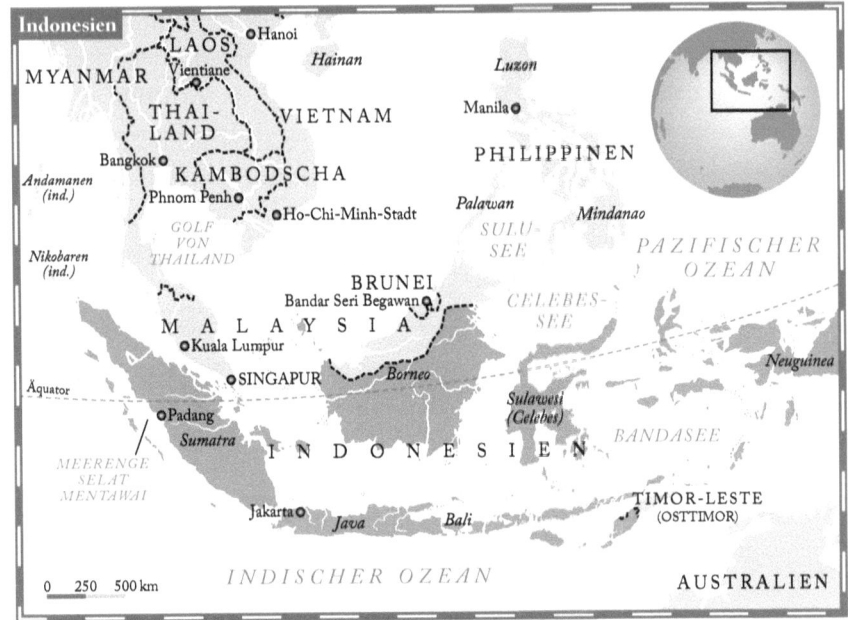

nuar 2013 ein verblüffend ähnliches Projekt auf die Beine gestellt. Er hatte die australische Westküste rauf und runter telefoniert, entschlossen, seinem besten Freund Simon Carlin den Wunsch zu erfüllen, den fünfzigsten Geburtstag mit einem Surftrip zu den Mentawai-Inseln zu feiern.

Es hatte ihn Wochen gekostet, Simons engsten Freundeskreis, eine Gruppe von neun Männern, zu kontaktieren, die sich alle schon aus der Highschool kannten. Die meisten von ihnen waren bereits als Jungen zusammen surfen gegangen, hatten sich an den Stränden von Rottnest Island bei Perth, in der Nähe ihres Wohnviertels Trigg Point, Wettkämpfe geliefert oder ihr Können an den anspruchsvollen Wellen von Margaret River gemessen.

Nach einer Flut von E-Mails war es Lyall schließlich gelungen, abgesehen von Simon auch Colin Chenu, Dave Carbon, Pete Inglis, Jeff Vidler, Justin Vivian, Mark Swan und Gary Catlin zu überzeugen. Sie alle waren erfahrene Surfer, und viele waren bereits auf indonesischen Charterbooten unterwegs gewesen. Doch nun suchten sie eine neue Erfahrung, etwas weniger Standardmäßiges. Sie wollten ihre Fähig-

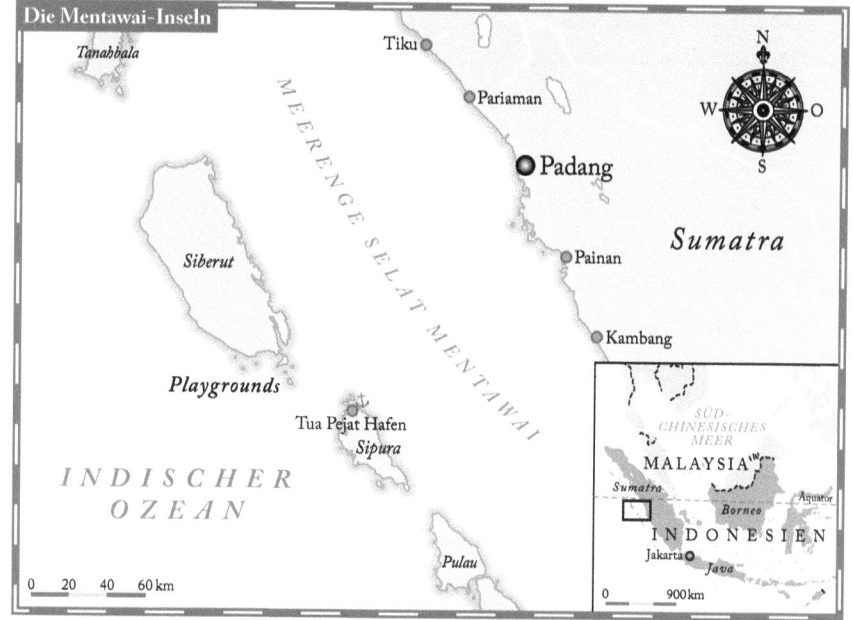

keiten und Stärken an abgelegeneren Spots und schwierigeren Wellen erproben.

Der zum Reiseorganisator ernannte Lyall durchforstete also all die unwiderstehlichen Mentawai-Angebote im Internet auf der Suche nach einem Bootsvermieter, der zu Außergewöhnlichem bereit war. Was sie brauchten, war nämlich ein ganz besonderer Skipper: einer, der wusste, wo die teuflischen Wellen zu finden waren, der deren Anziehungskraft nachvollziehen und zugleich die damit verbundenen Risiken einschätzen konnte. Ein Mann, der verstand, dass die Jagd nach der perfekten Welle niemals endet.

In der ersten Aprilwoche 2013 ließen die neun Westaustralier ihre persönlichen und beruflichen Sorgen hinter sich und flogen über Bali nach Padang, wo sie mit einem der fähigsten und erfahrensten Skipper des gesamten Gebiets zusammentreffen würden, ein harter, aber guter Typ, der als echter Seebär Respekt genoss: Tony »Doris« Eltherington, ein emigrierter Australier, Kapitän der *Raja Elang* und ehemalige Surflegende der australischen Gold Coast.

Ganz Indonesien ist berühmt für seine Surfspots. Doch während

Bali als Hochburg der Reichen und des Massentourismus gilt, sind die Mentawai-Inseln mit ihren Riffen und Buchten für Surfer der Heilige Gral. Als Inselgruppe innerhalb eines größeren Archipels liegen die rund siebzig Inseln abgeschieden, exotisch und ein wenig abenteuerlich (was zu ihrem Reiz beiträgt) in einem weiten Gebiet verstreut. Die Hauptinseln tragen so schöne, klingende Namen wie Siberut, Nord- und Süd-Pagai und Sipura. Von der Westküste Sumatras sind sie durch eine gefährliche, mehr als hundert Seemeilen breite Wasserstraße getrennt, die Meerenge Selat Mentawai.

Wenn man die Augen schließt und sich die perfekte Inselkulisse vorstellt, könnte glatt ein Bild der Mentawais dabei herauskommen: glitzernd blaues, glasklares Wasser, weiße Puderstrände, umgeben von Korallenriffen und tropischem Regenwald, wild und unerschlossen. Doch diese Schönheit hat ihren Preis.

Die Inseln liegen nämlich auf dem Sundagraben, einer seismisch hochaktiven Zone, die für regelmäßige Erdbeben und damit einhergehende verheerende Tsunamis verantwortlich ist. Kleinere Beben, die Menschenleben kosten, ereignen sich ständig, doch nur die großen schaffen es in die Schlagzeilen. Das trifft vor allem auf das Erdbeben im Dezember 2004 zu, als ein vom nördlichen Rand der Mentawais ausgehender Tsunami am zweiten Weihnachtstag zu einer der größten Naturkatastrophen seit Beginn der Aufzeichnungen führte. Man schätzte 230 000 bis 284 000 Tote und eine halbe Million Verletzte. Ganze Dörfer wurden ausgelöscht. Mehr als die Hälfte der Toten waren Indonesier. Manche Bewohner der Mentawai-Inseln behaupten, dass die tatsächliche Zahl der Toten in dem Gebiet nie komplett erfasst worden ist.

Mit den Launen der Natur haben die Einheimischen zu leben gelernt. Viel schwerer fällt es ihnen dagegen, mit der modernen Welt zurechtzukommen. Jenseits der Palmen liegen die Probleme des wahren Lebens verborgen: Armut, schlechte Wohnverhältnisse, kaum Infrastruktur, Mangelernährung und epidemische Krankheiten. All das kam mit dem Fortschritt – tatsächlich allerdings erst seit den frühen 1990er Jahren. Zuvor hatten die Insulaner mit der Welt draußen erstaunlicherweise nur sehr begrenzt Kontakt.

Obwohl sie an der stark frequentierten Osthandelsroute liegen, die sich bereits seit dem fünften Jahrhundert entwickelte, blieben die Mentawai-Inseln jahrhundertelang isoliert, was auf starke Strömungen, unberechenbare Windverhältnisse und einen natürlichen Schutzwall aus messerscharfen Korallenriffen, der viele Inseln umgibt, zurückgeführt wird.

Heute hat ein Großteil der indigenen Bevölkerung ihre *umas*, die traditionellen Dorfhütten, in denen ganze Familienclans unter einem Dach lebten, verlassen. Sie wurden umgesiedelt in Städte innerhalb willkürlich geschaffener Verwaltungsbezirke, in denen Armut herrscht und Cholera und Hepatitis weit verbreitet sind. Ihre Schamanen haben nun Handys. Zu Land sind klapprige Mopeds das Hauptverkehrsmittel. Von Siedlung zu Siedlung bewegen sich die Bewohner auf dem Wasser, fahren in Praus oder Einbäumen durch Flüsse und Buchten. Doch obwohl sie direkt am Wasser leben, können viele von ihnen nicht schwimmen.

Sieht man einmal von den Herausforderungen des modernen Lebens und den ständig drohenden Naturgewalten ab, verfügen die Inseln über ein grandioses Geschenk der Natur: ihre unvergleichliche Wasserwelt. Paradoxerweise sorgten gerade seismische Aktivitäten und instabile Meeresbecken im Laufe der Zeit dafür, dass sich die Riffe um mehrere Meter hoben und genau die riesigen donnernden Walzen erzeugen, von denen alle Surfer träumen.

Für Surfer sind die Mentawai-Inseln heute, neben Haiti und Tahiti, das Gelobte Land. Die bedrohlichen Riffe halten Dilettanten fern, stattdessen strömen aus aller Welt, mit Surfbrettern und Sunblockern bewaffnet, die Könner herbei. Sie geben den konstanten Wellen so unvergessliche Namen wie »Thunders« (Donner), »Maccaroni«, »Bat Caves« (Fledermaushöhlen), »Playgrounds« (Spielplätze), »Hollow Trees« (hohle Bäume), »Bintangs«, »Scarecrows« (Vogelscheuchen), »Telescope« (Fernrohre), »E-Bay«, »Bank Vault« (Banktresor) oder etwas anzüglich »Nipussi« oder »Pussys«.

Der Surfsport bringt Tourismus und damit Geld auf die Inseln. Aber er bringt auch Probleme mit sich. Die Branche ist großteils noch unorganisiert, weswegen in der Saison bestimmte Spots stark überlaufen sind. Außerdem sind die Mentawais, die zum Surf-Mekka ausgerufen wurden, als der Sport in den 1990er Jahren populär wurde, ziemlich ab vom Schuss. Es gibt keinen internationalen Flughafen, der die Touristenströme kanalisieren könnte. Die Inseln sind weit entfernt von Padang, ihrer Verwaltungshauptstadt im Westen von Sumatra, und eine medizinische Versorgung sowie Verkehrs- und Kommunikationswege existieren so gut wie nicht. Eine Fähre bewältigt zweimal wöchentlich die zehnstündige Überfahrt, verlassen kann man sich darauf aber nicht. Handyempfang hat man ausschließlich im Hafen.

Die Mentawais befinden sich schlicht und einfach am Ende der Welt. Und das Wetter ist kapriziös und unbeständig.

Aufgrund dieser isolierten Lage sind die Charterboote, die von Padang aus das Gebiet der Mentawai-Inseln befahren, überwiegend in der Hand kleiner Privatunternehmer, die in einem ganz eigenen Kosmos agieren. Einige wenige Boote werden von Einheimischen unterhalten, die meisten jedoch von Einwanderern, wobei die Crews aus Indonesiern bestehen, die Kapitäne dagegen Männer (und wenige Frauen) aller möglichen Nationalitäten sind.

Ihre Gäste kommen, um unvergessliche, sorgenfreie Abenteuer zu erleben, doch dieser Ferienspaß birgt ein ernstzunehmendes Restrisiko. Alle Skipper, ihre Surfguides und die Crew wissen, dass es auch mal schieflaufen kann, und das durchaus innerhalb von Sekundenbruchteilen. Ein schleifender Anker lässt ein Boot auf einem Riff stranden, und in einem medizinischen oder sonstigen Notfall ist Hilfe nicht einfach einen Telefonanruf weit entfernt. Während sich die Crews also bemühen, ihren Kunden schöne Erlebnisse zu bescheren, damit sie wiederkommen, wissen sie zugleich, dass ihre Tätigkeit kein Kinderkram ist.

Die Charterboote orientieren sich daher an klaren Richtlinien. An Bord herrschen strenge Regeln, und die Kapitäne achten sehr genau darauf, dass bestimmte Linien nicht überschritten werden. Die Surf-Guides sind in der Lage, die Fähigkeiten ihrer Gäste rasch einzuschätzen und zu beurteilen, mit welchen Wellen diese zurechtkommen und mit welchen nicht. Sie wissen, dass jede Sicherheitslücke sich auf die ganze Branche geschäftsschädigend auswirken kann.

Die Not mangelhafter Infrastruktur hat sie erfinderisch gemacht. Die Skipper sind geschickte Chirurgen, bereit und in der Lage, einen Surfer wieder zusammenzuflicken, der sich an einem Riff eine Wunde zugezogen hat. Doch es kommt auch zu ernsten Verletzungen, und obwohl es in Padang zwei funktionierende Krankenhäuser gibt, verlangen die meisten Charterfirmen von ihren Kunden eine so umfassende Krankenversicherung, dass damit auch die hohen Kosten abgedeckt sind, die ein Flug nach Singapur zu einer Behandlung erster Klasse verursacht.

In allen anderen Fällen müssen sich die Charterfirmen aufeinander verlassen. In einem riskanten Gebiet, wo Erdbeben und Tsunamis sich so beunruhigend häufen, versteht sich der Auftrag an die Kapitäne von selbst: kompetent und verantwortungsbewusst, vor allem aber höchst vorsichtig zu sein. Rund um die Uhr ist immer eines der Crewmitglieder wach und hält Wache (die Mannschaft schläft in Schichten), und für die Zeiten, in denen das Boot nicht auf hoher See unterwegs ist, kennt man sämtliche sicheren Ankerplätze. Da es kein öffentliches Notrufsystem gibt, haben die Kapitäne ein komplexes Kommunikationsnetzwerk aus Satellitentelefonen und inzwischen auch Facebook aufgebaut, um einander im Auge zu behalten und Warnungen und Alarm weitergeben zu können.

Diese Boote sind in Katastrophenfällen auch die ersten, die Hilfs- und Rettungsaktionen starten, wobei sie mit Hilfsorganisationen wie Ärzte ohne Grenzen und Non-Profit-Organisationen wie SurfAid kooperieren.

Doch die Mentawai-Inseln seien gerade wegen dieser Risiken, wegen ihres rauen Charmes und ihrer Unberührtheit etwas ganz Besonderes und die mühsame Anreise mit stundenlangen Flügen, langen Zwischenstopps, Inlandsflügen und die nächtliche Überfahrt auf der Fähre mehr als wert, so versichern Surfer.

Mentawai-Fans kommen wegen der sichelförmigen weißen Sandstrände, scheinbar unbewohnter Inseln mit üppiger Vegetation und den vereinzelten hinter Bäumen verborgenen klapprigen Hütten, wegen des glasklaren Wassers und vor allem wegen der riesigen, perfekten Wellen. Sie fahren mit Surfernarben, sonnenverbrannter Haut und Unmengen Fotos und Filmen über den besten Ritt aller Zeiten wieder nach Hause. Die Mentawais sind für Surfer der nie endende Sommer ihrer Träume.

Doch für die neun Männer aus Westville und die neun aus Perth würde diese Reise eine andere Bedeutung bekommen und zum Schauplatz eines wirklich unvergesslichen Geschehens werden. Auf sie alle wartete eine harte Prüfung, eine Prüfung ihrer Stärke, Ausdauer, Tapferkeit, Loyalität und Opferbereitschaft. Ihre Reise- und Lebenswege würden sich kreuzen und die Geschicke zweier Männer im Laufe von zwei unvergesslichen Tagen verknüpfen.

Diese zwei Tage würden sich als eine beispiellose Fügung des Schicksals erweisen.

Mittwoch, 17. April 2013, 8.12 Uhr
Auf der *Naga Laut*, im Hafen von Tua Pejat, Sipura

Brett ist nicht auf dem Boot.

Diese Erkenntnis trifft Jean-Marc nicht wie ein Hammerschlag, sie dämmert ihm vielmehr allmählich, und eine eigenartige Unruhe erfasst ihn, ein Gefühl der Leere breitet sich in seinem Bauch aus. Kurz fürchtet er, sich übergeben zu müssen. Aber er sagt kein Wort. Er will erst ganz sicher sein.

Von seinem Platz aus kann er in den Durchgang blicken, der zum sogenannten Kerker führt, der dunklen, fensterlosen Kajüte unter dem Bug des Schiffes. Er teilt sie mit Brett Archibald, der seit nunmehr 42 Jahren sein Freund ist. Er weiß, dass Brett nicht dort unten ist.

JM schiebt das Surfmagazin, das er gerade gelesen hat, ein paar Zentimeter weg und steht vom Tisch in der Kombüse auf. Weyne und Craig, die zum ersten Mal an so einem Trip teilnehmen, beugen sich gerade über die Kaffeemaschine, um herauszufinden, wie sie funktioniert. Tony und die zwei Marks sitzen am Kopfende des Tisches, rühren in ihrem Kaffee und schütten sich Müsli in ihre Schüsseln. Gespräche kommen nach der ungemütlichen nächtlichen Überfahrt nur zögernd in Gang.

JM bringt seine 1,80 Meter in die Senkrechte, quert den Essbereich und steigt hinauf zum Unterdeck der *Naga Laut*. Er atmet tief durch, um die in ihm aufsteigende Panik zu bekämpfen, und blickt hinauf zum Himmel. Die dunklen Wolken sehen fast wie Blutergüsse aus, und der Wind ist zwar etwas abgeflaut, aber noch immer fegen Böen über das Schiff hinweg.

Sein Blick gleitet über die Silhouette des Tropenwaldes auf der Insel, die etwa 150 Meter vor ihm liegt, aber die Vegetation ist so dicht, dass er die einzelnen zerrupften Palmen darin kaum ausmachen kann. Sie sehen durch den dünnen Regenschleier wie riesige Flaschenbürsten aus. An diesem trüben Morgen wirkt die Insel trostlos und abweisend. JM verschränkt angesichts der ungewohnten Kühle die Arme.

Letzte Nacht wütete kein *sumatra*, so die landessprachliche Bezeichnung für die kurzen Stürme, die diese Gegend der Tropen immer wieder heimsuchen. Diese Witterung hat sich festgesetzt. Das nächtliche Unwetter hat sich zwar etwas gelegt, aber die Nachwirkungen werden noch den ganzen Tag zu spüren sein. Es regnet weiter, und das Boot schaukelt und schwankt unter JMs Füßen, trotz des geschützten Ankerplatzes in der kleinen Bucht vor dem Hafen von Tua Pejat, der aus wenigen maroden Gebäuden besteht.

Es war eine schreckliche Nacht, die Überfahrt von Padang heftig. Der Sturm, der schlimmste, den JM bei seinen vielen Reisen nach Indonesien erlebte, hat das Boot in Mitleidenschaft gezogen und dafür gesorgt, dass vier der neun Freunde sich während der gesamten Nacht übergeben mussten – eine Kombination aus Seekrankheit, Jetlag und vermutlich einer Lebensmittelvergiftung. Das Bintangbier, das sie in einer Straßenkneipe in Padang getrunken hatten, hatte sich auch nicht gerade lindernd ausgewirkt.

Alles andere als ein gelungener Start ihres vielgepriesenen Surftrips, mit dem sie Weynes Fünfzigsten feiern wollten – ihre verdammt gute Ausrede, um einmal im Leben auf den phänomenalsten Wellen der Welt zu reiten.

Einige von ihnen wären beinahe nicht mitgekommen. Als erfolgreiche Geschäftsleute hatten sie erst ihre Kollegen und ihr Gewissen davon überzeugen müssen, dass es einen besseren Zeitpunkt für ein so maßloses und egoistisches Vergnügen nie geben würde. Zehn Tage lang wären sie alle so gut wie unerreichbar.

Es muss etwa acht Uhr sein, schätzt JM. In der Hektik des Kofferpackens hat er seine Armbanduhr vergessen. Er betrachtet den blassen Fleck auf seinem gebräunten linken Handgelenk und runzelt die Stirn.

Es ist das Fehlen einer speziellen Stimme, die ihn so beunruhigt. Brett, den er schon seit der Pfadfinderzeit in der Schule kennt, ist eine auffällige Erscheinung. Auf dem Boot. In einem Raum. Im Leben.

Er ist bekannt für seine ansteckende Begeisterung, die er für alles Mögliche an den Tag legt. Mit seiner unerschöpflichen Energie ist Brett eine starke Persönlichkeit, laut, unkompliziert, gutmütig, aber auch nonkonformistisch und risikofreudig im Privaten wie im Geschäftlichen, was ihm gleichermaßen Bewunderung und Feindschaft eingebracht hat.

In seiner wilden Jugend kannte, ja bewunderte man Brett für sein kompromisslos schlechtes Benehmen. Seine abenteuerlichen Dummheiten sind legendär, und daran ist er selbst nicht ganz unschuldig, denn seine Freunde kennen ihn als begnadeten Erzähler, der seine Geschichten phantasievoll ausschmückt, sich für alles und jeden Spitznamen ausdenkt und jederzeit einen unerschöpflichen Vorrat an Witzen anzapfen kann – Brett nicht zur Kenntnis zu nehmen ist praktisch unmöglich.

Doch heute Morgen hat noch niemand »the Arch«, diesen Mensch gewordenen Hurrikan, gesehen.

Es ist geradezu verstörend still.

Auch wenn Brett die ganze Nacht übel gewesen ist, würde ihn das nicht lange außer Gefecht setzen, da ist JM sich sicher. Er wischt sich die Regentropfen aus dem Gesicht und klettert vorsichtig die Edelstahlleiter zum Oberdeck hinauf. Die Sprossen sind rutschig. Es geht ein feiner Nieselregen nieder. Er inspiziert die nicht überdachte Fläche ganz oben. Keine Spur von Brett.

Er überprüft das Boot steuerbord und backbord und läuft dann im Sprühregen vorne zum Bug. Nichts.

»Hier oben ist er nicht, er muss in eurer Kajüte sein«, hat Tony gesagt, als JM vor einer halben Stunde beiläufig nach Brett fragte. Tony war gleich nach dem Aufwachen an Deck gegangen, um sein Surfbrett für den ersten Tag vorzubereiten.

Weyne war zu ihm hochgekommen. »O verdammt, was ist denn aus unserem Paradies geworden?«, hatte er beim Anblick des Wetters gefragt.

Tony Singleton, der in Durban eine Markisenfirma betreibt und den Urlaub organisiert hat, war bereits achtmal auf Surfbooten in Indonesien. »Die Verhältnisse ändern sich hier ganz schnell«, hatte er erwidert, »in einer Viertelstunde kann alles schon ganz anders aussehen, und dann haben wir bestimmt Wellen.«

Inzwischen scheint das nicht mehr so wahrscheinlich.

JM weiß, dass die Kajüte leer ist. Er hat sie vor zwei Stunden verlassen, und die Koje war zwar nicht gemacht, aber es schlief niemand darin.

Vielleicht habe ich ihn verpasst, denkt JM, vielleicht ist er zur Toilette gegangen und nun wieder drin. Oder er ist in die freie Koje in einer der anderen Kajüten umgezogen, und ich habe vergessen, welche das ist.

Der sogenannte Kerker liegt direkt unter der Ankerwinde, was die Kopffreiheit stark einschränkt, außerdem ganz in der Nähe des Maschinenraums mit seinen Dieselabgasen – bei Seekrankheit somit der ungünstigste Platz auf dem Boot.

Zurück in der Kombüse schiebt sich JM an den anderen vorbei, die jetzt bis auf Banger und Niall alle aufgestanden sind und sich leise unterhalten. Auch Banger und Niall haben sich in der Nacht heftig übergeben.

Im Kerker schaltet JM das Licht ein, das flackert und summt. Die Decke ist so niedrig, dass man kaum aufrecht stehen kann, weswegen JM auf allen vieren zu Bretts Koje kriecht und nochmals die zerknüllte Decke hochzieht, für den Fall, dass sein Freund sich darunter verkrochen und er ihn übersehen hat.

Leer.

Er schleudert das Kissen durch die Kajüte. Bretts halboffene Tasche, im Augenblick das einzige Zeichen seiner Existenz, steht nach wie vor in der gleichen Ecke. JM ist sie schon vorher aufgefallen, als er als Erster aufgewacht ist und im schwachen Schein seiner Stirnlampe seine Boardshorts und ein T-Shirt übergezogen hat. Sein Mitbewohner, hat er gemutmaßt, hat an Deck geschlafen.

Die Freunde hatten sich schon bei früheren Urlauben die Kajüte geteilt, und weil beide einen leichten Schlaf haben, hatte Brett es häufig vorgezogen, unter dem Sternenhimmel zu schlafen, vor allem in heißen Nächten. Da Brett wegen seiner Übelkeit in der Nacht immer wieder aufgestanden war, ging JM davon aus, dass er irgendwann auf einer der Bänke oben eingeschlafen war.

JM steigt die paar Stufen zu den anderen Kajüten hoch und bewegt sich langsam rückwärts durch den engen Gang. Er schaut in den kleineren Nachbarkajüten nach: Die eine bewohnt Weyne allein, die andere teilen sich Tony und Snowman. Beide sind leer. Dann kehrt er um, schaut bei Niall vorbei, der immer noch allein und zusammengerollt mit Blick zur Wand in seiner Koje liegt. Gegenüber hat sich Banger in der oberen Koje die Decke über den Kopf gezogen.

Vielleicht ist er wieder auf dem Klo, überlegt JM. Er kontrolliert die zwei Bordtoiletten auf beiden Seiten des Gangs, die in der Nacht stark frequentiert worden waren.

Auch leer.

Da stimmt was nicht. Angst steigt in ihm auf. Es gibt keine Stelle auf dem Boot mehr, an der Brett sein könnte.

»Hey, hat heute Morgen schon jemand Brett gesehen?«

Es fühlt sich an, als würde ihm ein Güterzug durch die Brust rasen, als er zurück in die Kombüse kommt.

Er blickt in ausdruckslose Gesichter.

»Ihm war letzte Nacht kotzübel, er schläft bestimmt«, meint Ridgy.

»In unserer Kajüte ist er jedenfalls nicht.« JMs Stimme klingt gepresst.

»Letzte Nacht war er auf dem Oberdeck. Hast du oben nachgesehen?«

JM fällt plötzlich noch eine letzte Stelle ein. Rasch durchquert er die Kombüse und steigt die Leiter zur Brücke hinauf. Er hat die Kojen der Crew hinter dem Steuerrad nicht gecheckt. Vielleicht hat sich Brett irgendwann einfach im nächstgelegenen Eck verkrochen. Ridgy läuft ihm nach.

Yanto, der Einzige in der indonesischen Crew, der Englisch spricht, ist auf dem Boot Mädchen für alles. Er scherzt mit dem Kapitän, einem älteren Mann, den Brett, gleich nachdem sie an Bord gegangen waren, »Skippy« getauft hatte. Die Mannschaft ist die ganze Nacht wach geblieben, um die *Naga Laut* auf der zwölfstündigen Überfahrt heil durch den Sturm zu bringen.

Neugierig verfolgt Yanto das Treiben der beiden Männer, die sich in der Kajüte umsehen und ihre Köpfe zwischen die Kojen stecken. Aus dem darunter befindlichen Maschinenraum dröhnt und ächzt es.

»Yanto, hast du Brett gesehen?« JM klingt eindringlich, sogar ein wenig ungeduldig, ein Zeichen seiner wachsenden Befürchtungen.

»Den lauten Typ mit der Glatze?« Da die Gäste erst gestern an Bord gegangen sind, ist auf die Kenntnis der Namen kein Verlass.

»Er hat heute Nacht auf Deck sich übergeben, Mr Jimmy«, erklärt Yanto.

»Ja, das wissen wir«, erwidert Ridgy, »aber hat er heute Nacht hier oben geschlafen?«

»Nein. Ist nicht in seiner Kajüte?«

»Nein«, sagt JM. »Ich habe schon überall gesucht. Brett ist nicht an Bord.«

Yanto erstarrt, alles Blut weicht aus seinem Gesicht. In seinen weitaufgerissenen Augen spiegelt sich die Bedeutung dieser Aussage: *Brett ist nicht an Bord.*

Im Bruchteil einer Sekunde registrieren alle drei Männer die Tragweite: Mann über Bord, das ist allen offensichtlich und unumstößlich klar, ist ein Ereignis mit schwerwiegenden Folgen. In Indonesien steht für den Verlust eines Menschenlebens auf See unweigerlich eine Gefängnisstrafe für den Kapitän und seinen ersten Offizier.

Yanto zittert nun am ganzen Leib und beginnt in der Landessprache Bahasa hektisch mit Skippy zu diskutieren.

»Okay, wir haben ein Riesenproblem.« JM hat sich im Griff. »Wir gehen so vor: Yanto, schick die ganze Mannschaft nach hinten. Alle. Ich versammle unsere Leute, und dann suchen wir noch mal das ganze Boot ab. Brett kann bei dem Sturm ausgerutscht sein, ist vielleicht irgendwo reingefallen, hat sich den Knöchel verstaucht. Wir müssen das Boot absuchen. Wenn wir ihn nicht finden, ist er über Bord gegangen.« Er ringt um Fassung.

Als Ridgy sich umdreht, um aufs Unterdeck zu gelangen, kommt ihm auf der Leiter Tony entgegen. »Hör zu, wir fürchten, Brett ist über Bord gegangen.«

Tony läuft es kalt über den Rücken. »Was meinst du mit über Bord?«

»Wir können ihn nirgends finden.«

Mit ausdruckslosem Blick versucht Tony, die Bedeutung dieser Worte zu begreifen.

Als hätte man einen Schalter umgelegt, sind alle nun in Alarmstimmung.

»Wie, was? Wo ist Brett?« Banger, ein großer, korpulenter Kerl, springt aus seiner Koje.

Auch Niall ist sofort bei der Gruppe. »Was ist los? Brett ist weg?«

Noch immer ein wenig verwirrt und abwesend, starren sich alle gegenseitig an. Bestürzung befällt sie, dann Ungläubigkeit.

In diesem Moment kommt JM herein. »Jungs, ich brauche euch alle hinten im Heck. Sofort, bitte!«

Einer lacht nervös. Das klingt doch verdammt nach einem von Bretts Jugendstreichen.

»Nein, im Ernst«, sagt JM, »ich habe ihn überall gesucht. Er sollte oben sein, aber jetzt finde ich ihn nirgends. Ich habe mehrfach alle Kajüten gecheckt. Er ist nicht da.«

Die entspannte Stimmung ist wie weggeblasen, und nach einem kurzen Briefing im Heck machen sich die Männer in alle Richtungen auf die Suche.

»Zählt mal die Surfbretter durch«, schlägt Craig Killeen vor. »Vielleicht ist er ganz früh aufgestanden und zum Strand gepaddelt.« Trotz des Regens ist die See ziemlich ruhig.

Tony und Ridgy prüfen den Stapel. Die Boards sind vollzählig.

»Oder ihm ist letzte Nacht kalt geworden und er hat in einer der Surfbretthüllen geschlafen?«, überlegt Snowman. Das ist auf solchen Surftrips durchaus üblich. Also werden pflichtschuldig sämtliche Hüllen unter den Bänken hervorgeholt, ohne Ergebnis.

Craig und Weyne eilen nach unten, um nochmals die Kajüten abzusuchen. »Ich habe mit Brett und JM die Kajüte getauscht, gleich als wir an Bord gingen. Vielleicht war er desorientiert und ist in die falsche gegangen«, meint Weyne. Er klingt verunsichert.

»Ich habe in allen nachgesehen«, beharrt JM.

»Und wenn er runter in den Maschinenraum gegangen ist, dort ist es warm«, mutmaßt Banger. Aber Yantos aschfahles Gesicht, mit dem er aus dem Inneren des Schiffsrumpfs zurückkehrt, macht auch diese Hoffnung zunichte.

Verstört wuseln sämtliche Männer durch das Boot. Die Situation fühlt sich so irreal an, als würden sie im Nebel tappen. Sie ist, das weiß jeder, alles andere als alltäglich.

»Lächerlich«, murmelt Craig, als er auch noch in den Schränken der Kombüse nachsieht.

»Ja, ich weiß, wie dämlich das ist, da wird er auch nicht drin hocken«, bestätigt Weyne, als er eine Schublade aufzieht.

Immer fassungsloser und entsetzter durchsuchen sie das ihnen noch unvertraute dreistöckige Boot. Brett ist sicher nicht aus Leichtsinn über Bord gegangen. Er hat einen Bootsführerschein und ist ein erfahrener Seemann.

»Vielleicht hatte er einen Herzanfall, ist zusammengebrochen, hat sich dabei den Kopf angestoßen und ist bewusstlos ins Wasser gefallen.« Nialls Szenario steigert ihre Panik.

»Ich schau mal, ob ich Blutspuren an der Reling finde. Oder ob einzelne Streben beschädigt sind.« JM klettert die Leiter zum Oberdeck hinauf.

»Ich prüfe das Beiboot. O Gott, wenn er im Wasser dagegengeknallt ist …« Ridgy mag den Satz gar nicht beenden. Sie hatten das Beiboot vor der Überfahrt in zwanzig Meter Abstand zur *Naga Laut* zu Wasser gelassen, um zu verhindern, dass es während des Sturms gegen das Schiff schlägt.

»Ich vermute mal, er hat sich über die Reling gebeugt und musste sich so heftig übergeben, dass er ganz erschöpft war, und bei dem Geschaukel des Boots hat er das Gleichgewicht verloren. Hier oben ist das Deck höllisch rutschig.« Banger klettert hinter JM die Leiter hinauf.

Fünfzehn Minuten später versammeln sich die acht Männer wieder im Heck. Erst starren sie sich eine Zeitlang schweigend an. Dann, als würde eine Seifenblase platzen, wird ihnen die furchtbare Tatsache schlagartig bewusst.

»Fuck! Und was machen wir jetzt?«, flüstert Tony.

»Wir müssen zu ihm rausfahren.« Ridgy spricht aus, was alle denken. »Wir müssen ihn finden.«

Es ist ein schwieriges Unterfangen, das wissen intuitiv alle, aber niemand stellt es in Frage.

Die indonesische Crew hingegen, die zwischen den Decks hin und her rennt, ist außer sich. In hektischem, hysterischem Tonfall redet Yanto auf den Kapitän, den Schiffsingenieur und die Deckarbeiter ein.

»Beruhige dich, Yanto«, sagt Ridgy und fasst ihn an den Schultern. »Wir müssen ruhig bleiben.«

»Die stecken Kapitän und mich ins Gefängnis, Mr Jimmy. Fünfzehn Jahre. Ich habe Frau, kleine Tochter, drei Jahre.« Er ist völlig verzweifelt. »Kapitän geht jetzt zu Hafenmeister und meldet Mr Brett über Bord.«

»Das geht jetzt nicht!«, schreit JM. »Wir müssen so schnell wie möglich zurückfahren.«

Yanto übersetzt das für den Kapitän, der schreiend etwas erwidert. Es folgt ein wirrer, unverständlicher Wortwechsel, doch Yantos Angst ist mit Händen zu greifen, und die Weigerung des Kapitäns erfordert auch keine Übersetzung.

»Menschen kommen nicht aus Meer zurück, Mr Jimmy«, sagt Yanto, und seine Augen füllen sich mit Tränen.

Das versetzt JM in Rage. »Hör mal, Yanto, wir haben dieses Boot für zehn Tage gebucht und bezahlt, und wenn es zehn Tage dauert, wir fahren da jetzt wieder raus und finden ihn.«

»Wir müssen es in Tua Pejat melden.« Yanto kreischt fast.

»Okay, ganz ruhig. Wir müssen die Regeln einhalten.« Ridgy ist Kreditberater, hat eine Firma, die Mautstraßen in Südafrika betreibt, ist außerdem ausgebildeter Pilot und war, wie einige andere auf der *Naga Laut*, während seines Wehrdienstes Offizier in der südafrikanischen Armee. Er ist definitiv ein Entscheider. »Wie lautet das Protokoll? Was muss getan werden?«

Yanto und der Rest der Crew wirken verstört und von der Situation überfordert. Den Südafrikanern wird klar, dass sie ihnen möglichst behutsam das Ruder aus der Hand nehmen müssen.

»Also gut«, wendet sich JM an den jungen Mann, »wenn wir keine Suchaktion starten können, bevor eine Meldung gemacht wurde, dann muss der Kapitän das Beiboot nehmen und zur Hafenmeisterei auf der Insel gehen. Wir machen inzwischen die *Naga Laut* fertig und wenden.«

Nach diesen Anweisungen will JM schon nach drinnen gehen, dreht sich dann aber noch einmal zu Yanto um.

»Wir werden ihn finden«, versichert er nachdrücklich, was Yanto kurzzeitig zu besänftigen scheint. »Ich verspreche dir, dass wir ihn finden werden. Irgendwo da draußen schwimmt er. Glaub mir, er schwimmt.«

Sechs Stunden früher
2.30–3.30 Uhr
Die erste Stunde im Wasser

Du solltest Angst verspüren, Brett. Panik.
Ich bin verwirrt. Ich spüre gar nichts.
Habe ich einen Schock? So eine Art emotionale Lähmung?
Und dann setzt, wie auf Knopfdruck, die Logik ein.

Es muss etwa 2.30 Uhr sein, kalkuliere ich, denn kurz bevor ich ins Wasser gefallen bin, ist mir noch die grün leuchtende Zeitanzeige auf dem GPS-Display des Kapitäns ins Auge gestochen. Ich weiß ziemlich exakt, wo in der Meerenge wir uns befinden.
Systematisch gehe ich die Ereignisse des Abends noch einmal durch. Weyne und ich sind als Letzte ins Bett gegangen, das war kurz vor Mitternacht. Wir waren an Deck geblieben, hatten einen Whisky getrunken und uns erzählt, was in den etwa 35 Jahren passiert war, seit wir uns zuletzt gesehen hatten. Bis wir es irgendwann in dem Regen und Wind nicht mehr ausgehalten haben.
Das Schaukeln des Bootes im starken Seegang hatte mich aus dem Schlaf gerissen. Ununterbrochen senkte sich der Bug in riesige Wellentäler und hob sich wieder daraus empor. Ich sah auf meinem Blackberry nach der Uhrzeit und stellte mit Schrecken fest, dass eine Nachricht an meine Frau Anita nicht durchgegangen war. Ich hatte ihr versprochen, ihr Bescheid zu geben, wenn wir Padang verließen, aber in der Aufregung beim Ablegen hatte ich es vergessen.
Mein Kabinengenosse JM war ebenfalls wach, und wir scherzten über die raue See und darüber, was für eine Feuertaufe diese Über-

fahrt für Craig, Niall und Weyne darstellte – die drei machten so eine Reise zum ersten Mal mit. Weil ich zur Toilette musste, kletterte ich die schmale Holzleiter aus dem Vorschiff hoch und stieß mittschiffs auf ein Chaos. Ridgy war dabei, die Tür der ersten Kajüte mit einem Schraubenzieher aufzuhebeln, und der Anblick, der sich dahinter bot, war kein schöner. Banger, mit seinen über 1,90 Meter und 110 Kilo Körpergewicht, war ganz grün im Gesicht und kippte gerade aus der oberen Koje den Inhalt seines Kulturbeutels auf den Kabinenboden, um sich umgehend in den leeren Beutel zu übergeben. Craig blickte aus der unteren Koje angewidert zu ihm hinauf.

Angesichts dieser Szene wollte ich es vor Banger auf die Toilette schaffen und taumelte den Gang entlang. Beim Pinkeln überfiel auch mich Übelkeit. Während ich mir die Hosen herunterzog, brachten mich die einsetzenden starken Magenkrämpfe darauf, welches Essen dafür verantwortlich sein könnte: die Pizza Calzone mit dem verdächtig verkrusteten Hackfleisch, die wir alle beim Abendessen so misstrauisch beäugt hatten.

Es war grauenvoll. Eine scheinbare Ewigkeit lang spie ich in das Waschbecken vor mir, während sich meine Därme in die Toilette unter mir entleerten und Schweiß in Strömen über meinen ganzen Körper lief. Noch nie in meinem ganzen Leben hatte ich mich so elend gefühlt.

Als das Schlimmste schließlich vorüber war, spritzte ich mich mit dem kleinen Schlauch, der an der Toilette befestigt war, von oben bis unten ab, und schleppte mich hinaus. Ich warf einen Blick auf die große Uhr in der Kombüse: Ihre krummen Zeiger standen auf Viertel nach zwei. Da ich frische Luft brauchte, stolperte ich Richtung Heck und hoch zu den grellen Lichtern des Hinterdecks, wo Banger mit einer Plastikschüssel in der Hand ausgestreckt auf dem Fiberglasboden lag und ächzte wie ein Sterbender.

Wellenartig stiegen die penetranten Abgase des Dieselmotors zu uns hoch. Mein Magen krampfte, in meinem Mund lief der Speichel zusammen. Mir war so übel, dass ich kaum Luft bekam.

»Banger!«, konnte ich gerade noch hervorkrächzen, »wir müssen aufs Oberdeck, damit wir frische Luft kriegen.«

Es ging ein steter Regen nieder, das Boot stürzte mit dem Bug voran in haushohe Wogen und kippte dabei stark nach links und rechts.

Banger stieg die Leiter vor mir hinauf, und als ich ihm folgte, fiel mir auf, dass Baz in seinem Stuhl am Rand des Bootes eingenickt war. Wie konnte man bloß bei so einem Sturm schlafen?

»Hey, Baz!«, rief ich, so munter es mir angesichts meines mitgenommenen Zustands möglich war. »Du musst aufwachen! Du hast Nachtdienst, Junge!«

Ganz oben setzte ich mich auf eine der Bänke und stützte den Kopf in die Hände. Banger lag auf der anderen Seite des Tisches und erbrach sich in unregelmäßigen Abständen in seine Schüssel.

»Jetman«, krächzte er irgendwann den Spitznamen hervor, den er mir verpasst hatte, »bitte frag den Skipper, wie lange es noch dauert. So halte ich das nicht mehr aus. Wenn das noch länger dauert, spring ich lieber über Bord und schwimme rüber.«

Unsicher auf den Beinen kämpfte ich mich zur Kajüte des Kapitäns, die sich direkt vor unseren zwei Bänken befand.

»Skippy«, überschrie ich den Sturm, »wie lange haben wir noch?«

»Großer Sturm, Mr Brett«, antwortete Yanto, der erste Offizier. »Dauert noch lange, vielleicht sind wir 9.30 Uhr da.«

Bei gutem Wetter hätten wir die Inseln drei Stunden früher erreicht. Konnte uns der Sturm wirklich derart ausbremsen? Ich spähte auf das kleine GPS-Display, das die zurückgelegte Distanz anzeigte.

»So weit müssen wir noch fahren«, übersetzte Yanto, als Skippy auf die noch vor uns liegende Strecke deutete.

Die Zeitanzeige stand auf 2.21 Uhr, was mich schockierte, denn es bedeutete, dass ich fast 45 Minuten lang damit verbracht hatte, mich zu erbrechen. Kein Wunder, dass ich mich so miserabel fühlte.

»Tut mir leid, Kumpel, wir haben noch sieben Stunden vor uns«, teilte ich Banger mit, nachdem ich zurück zum Tisch getaumelt war. Prompt spuckte er erneut in seine Schüssel.

Unter Deck hatte ich nur geblümte Cargoshorts getragen, aber draußen im Sturm wurde mir kalt. Aus einem der kleinen Spinde an Deck zog ich eines meiner T-Shirts, ein graues Rundhalsshirt aus Baumwolle, und zog es mir über den Kopf, einen Arm nach dem anderen, um beim Schlingern und Schwanken des Schiffes nicht das Gleichgewicht zu verlieren.

»Wir dehydrieren, wir sollten etwas trinken. Willst du eine Coke?«, fragte ich Banger.

Seine Antwort bestand aus neuerlichem Würgen.

Ich stolperte zu dem kleinen Barkühlschrank, den wir für das Chillen nach dem Surfen randvoll gemacht hatten. Er schloss nicht richtig und musste mit einem überdimensionalen Gummiband zusammengezurrt werden. Ich öffnete eine kleine Dose Cola und leerte sie in einem Zug. Doch sofort merkte ich, dass das sprudelnde Zuckerzeug jeden Moment wieder hochkommen würde.

Ich sprang auf und stürzte zur seitlichen Reling, wo der Regen sowohl von rechts als auch geradewegs aus dem Meer in mein Gesicht zu klatschen schien, während die *Naga Laut* heftig hin und her schaukelte. Mit der linken Hand umklammerte ich die senkrechte Stange, die das Dach aus Segeltuch stützte, das über das Deck gespannt war, und mit der rechten die niedrige Reling, die um das Boot lief.

Vage registrierte ich den Rettungsring in unmittelbarer Reichweite, keine zwanzig Zentimeter von meiner rechten Hand entfernt.

Warum hatte ich nicht einfach meine Hand unter die Leine geschoben und ihn so an meinem Arm befestigt?

Ich atmete tief durch.

Das läuft gar nicht gut, dachte ich. Wir sind in einer wirklich gefährlichen Lage, und das Boot kann unter diesen schwierigen Bedingungen nur schwer Kurs halten. Bilder aus dem Film *Der Sturm* schossen mir durch den Kopf.

»Wie geht's euch, Jungs?« Im Windgeheul und Regengeprassel konnte ich Ridgy kaum verstehen. Er hatte seinen Oberkörper vom unteren Deck heraufgestreckt.

»Gar nicht gut, Boss«, sagte ich. »Mir ist in meinem Leben noch nie so übel gewesen.«

Er sagte uns, dass es den anderen unten genauso erginge. »Ist echt die Hölle«, brüllte er. »Ich sehe mich nachher wieder nach euch um.«

Während er die Leiter wieder hinunterstieg, spürte ich, wie mir die

Mischung aus Cola und Galle hochkam, doch kaum hatte ich sie über die Reling gespuckt, blies der Wind sie mir zurück ins Gesicht. Ich wischte mir den Mund ab, da schickten meine Eingeweide schon eine weitere Ladung.

Wie ein Hydrant, schoss es mir durch den Kopf.

Mein Schädel dröhnte, meine Eingeweide krampften sich zusammen, im Magen spürte ich einen bohrenden Schmerz. Ich musste mich zum dritten Mal übergeben. Der Blick auf das weiß schäumende Wasser sechs Meter unter mir ließ mich schwindeln. Dann diese Explosion in meinem Schädel, wie ein von der Wirbelsäule kommender Stromschlag im Hinterkopf.

Wenn ich noch einmal derart kotzen muss, kippe ich um.

So ist es passiert, denke ich, während ich gegen das von allen Seiten auf mich einschlagende Wasser ankämpfe, um an der Oberfläche zu bleiben. Erschöpft, dehydriert und sogar ein bisschen weggetreten, wie ich war, muss ich kurz das Bewusstsein verloren haben und ins Wasser gefallen sein.

Und niemand hat es gesehen.

Die Dunkelheit nimmt stetig zu, wie ein schwarzes Loch verschluckt sie alles. Das Boot ist verschwunden und liefert mich diesen überwältigenden Wassermassen aus, die mich zu verschlingen drohen. Trotz der Finsternis kann ich noch immer das weiße Schäumen um mich herum sehen. Salzwasser strömt mir aus Mund, Nasenlöchern und Augen, und wieder erbreche ich in die tintenschwarzen Wellen.

Da verspüre ich Druck auf meinen Schließmuskel und öffne meinen Gürtel. Ich lasse meine Hose herunter, und nur Sekunden später wirbelt die warme Flüssigkeit hinter mir her, als ich mich erleichtere.

Wie seltsam, denke ich, dass man auf keinen Fall in die Hose machen und sichergehen will, dass sie nicht besudelt wird; dass eine Typ-A-Persönlichkeit und der Perfektionsdrang auch unter solchen Umständen noch die Oberhand gewinnen.

Dann höre ich eine Hyäne in einen afrikanischen Himmel heulen, bis mir bewusst wird, dass dieser Ton aus meiner eigenen Kehle kommt: Ich lache unkontrolliert, hysterisch über die absurde Hoffnungslosigkeit meiner Situation.

Ich treibe allein im Ozean.

»Ich werde hier sterben«, sage ich, wieder zu niemandem im Besonderen.

Und doch spüre ich keine Angst, nur überwältigende Trauer darüber, dass ich meine wunderschöne Frau und meine beiden Kinder nie wiedersehen werde.

3.30–4.30 Uhr
Die zweite Stunde im Wasser

Mich umgibt tiefe Nacht, doch die Dunkelheit ist nicht undurchdringlich. Der Hof des fast vollen Mondes schimmert durch die schweren Sturmwolken. Noch immer kann ich die gespenstischen weißen Wellenkämme sehen, die mich herumwerfen und über meinem Kopf zusammenschlagen. Wie Kobras mit gespreiztem Nackenschild sehen sie aus.

Um mich herum brodelt und sprudelt die Gischt, mein Rachen ist vom Salzwasser ganz rau und wund. Ich kann die Konturen meiner Arme erkennen, die rechtwinklig von meinem Körper abstehen, als hätte man mich im Wasser gekreuzigt.

So also wirst du sterben?

Es ist mehr eine Feststellung als eine Frage.

Hier, in den Weiten des Ozeans.

Ich hätte nie vermutet, dass es so passieren würde – was eine weitere Frage nach sich zieht:

Wie dachtest du denn, dass du sterben würdest?

Ich habe in meinem Leben eine Menge verrückter Sachen gemacht: Fallschirmspringen und Paragliding, ich bin von Dächern gesprungen – und habe oft darüber spekuliert, dass irgendeine gefährliche und dramatische Aktion mich einmal früh aus dem Leben reißen würde. Dass mein Leichtsinn mich einmal den Kopf kosten würde. Aber niemals wäre ich darauf gekommen, dass ich sterben würde, nachdem ich in der Meerenge Selat Mentawai über Bord gegangen war.

Seltsamerweise erzeugt die Unausweichlichkeit meines Todes keine Furcht – nur Resignation. Es gibt nicht die geringste Chance, das hier zu überleben, stelle ich fest. Worüber also sollte ich mir Sorgen machen?

Ich nehme mir etwas Zeit, um meine Gefühle zu ergründen. Erneut wundere ich mich darüber, dass ich keine Panik verspüre, nur eine tiefe Traurigkeit. Eine schwer zu definierende Leere. Hier werde ich meine letzten Stunden, den Rest meines Lebens verbringen: Ich werde im Meer treiben und mich so lange bemühen, an der Oberfläche zu bleiben, bis mich meine Kräfte im Stich lassen.

Der Regen hat ein wenig nachgelassen, geht in Schauer über. Doch der Wind bläst erbarmungslos weiter. Es ist, als kämen die wirbelnden Böen aus allen Himmelsrichtungen, mal als ein scharfes Pfeifen, dann wieder als ein Flüstern. Sie bringen sogar den leichten Nieselregen zum Zischen.

Ich bewege mich, langsam Wasser tretend, im Kreis, um so viel wie möglich wahrzunehmen. Wie Bergketten türmen sich Wellen vor mir auf, und ich werde hinuntergerissen von ihren Kämmen in tiefe Täler. Da ich bis zum Hals im Wasser stecke, kann ich nicht über die Höhe der Wogen hinwegsehen, aber ich spüre die Weite des Meeres, den Druck, den es auf meinen Körper ausübt und mir die Luft aus der Lunge presst. Doch das Wasser ist warm wie in der Badewanne.

Das überrascht mich.

Ich blicke hinauf zum Himmel, der voller Wolken hängt. Das Gewitter über mir sorgt für ein spektakuläres Schauspiel: Wie ein Disco-Stroboskop bringen ferne Blitze den Horizont zum Flackern.

Ohne Vorwarnung rollen aus der Finsternis riesige Wasserwalzen heran und schlagen über mir zusammen. Ich schlucke tonnenweise Salzwasser und huste, spucke, würge es wieder heraus. Ich muss mich konzentrieren, um mein Kinn über der Wasserlinie zu halten.

Vorsichtshalber taste ich unter Wasser kurz mein T-Shirt und meine Cargoshorts ab, um sicherzugehen, dass ich noch unversehrt bin, und fühle am linken Handgelenk nach meinem Puls. Er ist leicht zu finden, da er rattert wie ein Maschinengewehr.

»Das ist ganz schlecht, Brett.« Ich habe beschlossen, laut mit mir selbst zu sprechen. »Durch deinen Körper jagt reines Adrenalin, und sobald das nachlässt, gehst du unter.«

Ich stelle mir die tiefen Abgründe unter mir vor und die schrecklichen Geheimnisse, die sie bergen. Das Meer, das ich seit meiner Kindheit liebe, ist uns Menschen noch immer ein Rätsel. Und wird es wohl auch bleiben. Bevölkert von Lebewesen, die ich wohl bald kennenlernen werde.

Nie zuvor habe ich mich so verwundbar gefühlt. Niemals.

Ich schlucke zu viel Wasser und muss mich ebenso heftig erbrechen wie vorhin über die Reling, ein zermürbendes Gewürge, bei dem mir immer wieder der Magen zusammenkrampft. Das ist wirklich ein wenig glanzvoller Tod, denke ich. Klar, Leute ersticken an ihrem eigenen Erbrochenen, aber doch nicht so.

Wieder meldet sich mein Magen – offensichtlich macht die eklige Pizza nach wie vor Probleme. Wieder öffne ich meinen Gürtel und den obersten Knopf meiner Hose und ziehe sie bis zu den Oberschenkeln herunter, bevor ich ins Wasser mache. Ich wasche mich, ziehe die Hose wieder hoch und schließe den Gürtel. Im gleichen Augenblick wird mir die Absurdität meines Handelns bewusst. *Wen wird's interessieren, wie mein Hintern aussieht, wenn sie meinen Leichnam finden?*

Erneut muss ich brechen.

Ich weiß, dass ich mich konzentrieren muss und nur über die unmittelbare Situation nachdenken darf. Also versetze ich mich zurück in die Gegenwart. Weil ich japse, beschließe ich, mich meiner Atmung zu widmen. Ich versuche die riesigen donnernden Wellen im Blick zu behalten, die auf mich zurollen, mich zu ihrem Kamm hochreißen und mich, wenn sie brechen, wieder in die Tiefe schleudern. Als Surfer habe ich mich mit der Geometrie von Wellen eingehend beschäftigt. Daher versuche ich nun, wenn so ein Monster auf mich zukommt, einen tiefen Atemzug zu nehmen und einfach hindurchzuschwimmen.

Vergiss alles andere, sage ich mir. Es ist das Adrenalin, das mich nun antreibt. Ich muss unbedingt meine Herzfrequenz senken.

Ich habe bei den Pfadfindern, in der Schule und in der Armee

Erste Hilfe gelernt, weswegen ich wieder zu zählen beginne, diesmal, um festzustellen, wie schnell das Blut durch mein Handgelenk pulsiert: *tausendeins, tausendzwei* ... ich komme bis tausendfünfzehn, multipliziere mit vier und schätze meinen Puls auf etwa 150 bis 170.

Ich schließe die Augen und probiere es mit einer Technik zur Verlangsamung der Atmung, die ich mir angeeignet habe, als ich für diverse Sportwettkämpfe trainierte. Während ich mit meinen Armen im warmen Wasser unermüdlich im Kreis rudere, staune ich, wie schnell es mir gelingt, meinen Puls zu kontrollieren: Das wilde Pochen lässt tatsächlich nach.

Doch nun droht wie ein Damoklesschwert die Einsamkeit. Das Alleinsein wird mich auf eine harte Probe stellen, doch ich weiß, dass ich der Angst keinen Raum geben darf. Ruhig bleiben, trichtere ich mir ein, du musst wachsam sein und auf alles achten, was um dich herum passiert.

Vom Blick auf Skippys GPS weiß ich, dass ich etwa 30 bis 40 Seemeilen von Padang entfernt bin, wo wir losgefahren sind. Die gesamte Strecke beträgt 110 Seemeilen, mehr als 200 Kilometer, und ich schätze, dass ich nach etwa einem Drittel über Bord gegangen bin.

Die Überfahrt machen zwar vor allem Surfcharterboote, aber mir fällt plötzlich ein, dass in den frühen Morgenstunden auch einheimische Fischerboote vom Festland starten und auf dem Weg in flacheres Wasser Inseln und Atolle umkreisen.

Halte Ausschau nach Lichtern, sage ich mir. Vielleicht kommt ein anderes Boot vorbei. Doch die Chance, dass mich bei diesem Wetter ein Boot entdeckt, ist höchst gering, mache ich mir klar. Ich weiß auch, dass sich Fischer nur selten so weit ins offene Meer wagen. Deshalb versuche ich die Hoffnung auf ein anderes Boot aus meinem Kopf zu verbannen.

Meine Zunge fühlt sich immer schwerer und unbeweglicher an. Ich bin vom ständigen Erbrechen und dem vielen Salzwasser, das ich geschluckt habe, bereits stark dehydriert, und eine kratzende Mundtrockenheit kündigt Durst an.

Du musst Speichel produzieren, befehle ich mir. Ich spitze die Lippen und versuche, meine Zunge kreisen zu lassen, wie beim Gurgeln mit Mundwasser. Meine Zunge schwillt an, ein träger Klumpen, der gar nicht zu mir zu gehören scheint. Es dauert mehrere Minuten, bis meine Speicheldrüsen ein kleines bisschen zähe Flüssigkeit von sich geben.

Schutzlos und allein bin ich diesem weiten Ozean ausgeliefert. Mir wird bewusst, was ich vor mir habe. Und dass ich Hilfe brauche.

»Ich muss etwas finden, woran ich mich festhalten kann«, sage ich wieder laut zu dem Wasser um mich herum. Ich vermisse mein Surfboard, ein treuer Freund in jeder Brandung. Mit Blicken suche ich das Gebiet um mich herum nach etwas ab, auf das ich mich legen könnte, etwas, das mir ermöglicht, an der Wasseroberfläche zu bleiben. Komischerweise fallen mir da ausgerechnet die zahllosen Flipflops ein, die ich an indonesischen Stränden gesehen habe – es waren nie zusammenpassende Paare, nie die gleiche Farbe oder Größe.

Ich überlege und spekuliere: Ich könnte sie mir in meine Shorts stopfen, um mir Auftrieb zu verschaffen. Oder nach einem Stück Holz suchen oder einer Plastiktüte, die ich aufblasen und an meinem Gürtel befestigen könnte. Ich muss kläglich grinsen – schon wieder so eine lächerliche Idee.

Ich tröste mich mit dem Gedanken, dass das Meer rund um Indonesien zu den meistverschmutzten Gewässern gehört, die ich je gesehen habe. Auf einer früheren Fahrt hatten wir sehr lachen müssen, als wir einen alten Kühlschrank vorbeitreiben sahen. Ich stelle mir vor, wie die Jungs sich auf die Suche nach mir machen und mich in einem schwimmenden Kühlschrank mit einer Flasche Bintang in der Hand finden. Auch eine absurde Vorstellung.

Strampelnd drehe ich mich einmal im Kreis, um die Wasseroberfläche nach Treibgut abzusuchen, während ich mich auf meinen Atem konzentriere. Aber das wütende Meer schleudert mich herum, als wäre ich ein Stoffpüppchen. Ein Holzstück könnte direkt neben mir vorbeitreiben, und ich würde es nicht bemerken.

Abgesehen davon brauche ich mehr als nur etwas Materielles, um mich daran zu klammern.

Es muss etwa drei Uhr sein. Südafrika ist sechs Stunden hinterher, weiß ich, also muss es dort jetzt etwa neun Uhr abends sein. Ich muss an Anita und die Kinder denken, die zu Hause sitzen und noch keine Ahnung haben, dass sie mich verlieren werden.

Auf einmal überfällt mich mein schlechtes Gewissen. Ich hatte Anita versprochen, vor der Überfahrt anzurufen. Sie weiß, dass es auf dem Meer kein Netz gibt und ich etwa einen Tag lang nicht zu erreichen sein würde. Doch weil ich mit den anderen Jungs gequatscht und Neuigkeiten ausgetauscht und das Heraufziehen des Sturms beobachtet habe, habe ich vergessen, sie anzurufen, bevor wir in Padang ablegten. Und die Blackberrynachricht, die ich auf den letzten Drücker abgeschickt habe, ist nicht durchgegangen. Warum nur habe ich nicht wie versprochen mit ihr telefoniert?

Da ist noch immer keine Angst oder Panik, nur die Akzeptanz meines Todes. Dennoch erdrücken mich meine Selbstvorwürfe, weswegen ich laut mit Anita zu sprechen anfange.

»Es tut mir so leid, Liebste, dass ich es nicht geschafft habe, mich von dir zu verabschieden. Es tut mir leid, wirklich wahnsinnig leid, dass ich dich auf diese Weise allein lasse.«

Meine Entschuldigungen kommen so unablässig wie die Wellen, ich bitte Anita geschätzte tausend Mal um Verzeihung. »Ich lass dich mit unseren zwei Kleinen allein. Es tut mir so leid, dass du jetzt ohne mich zurechtkommen musst.«

Mir fällt das Gespräch ein, das ich vor meinem Abflug mit Anita im Auto geführt hatte, als sie mich in Kapstadt zum Flughafen brachte. Ich hatte eingecheckt und war dann zurückgekommen und hatte noch rund eine Stunde mit ihr im Auto zusammengesessen, um mich zu verabschieden.

»Du weißt, Schatz, ich kümmere mich um sämtliche Finanzen der Familie. Und wir haben zwar unser Testament gemacht, und es ist für alles gesorgt – aber wenn mir was passiert, wüsstest du nicht, was zu tun ist.«

Keine Ahnung, warum es mir in jenem Moment so wichtig war, dieses Gespräch zu führen. Ich war jahrelang geschäftlich viel unterwegs gewesen. Als wir in London lebten, war ich wöchentlich gependelt, und ich hatte auch mehrfach Männerurlaub ohne Anita gemacht. Nie zuvor war mir dabei in den Sinn gekommen, unsere Finanzangelegenheiten zu erörtern. Es war Sonntagmorgen um 7.30 Uhr, wir waren hundemüde nach nur drei Stunden Schlaf (wir waren am Abend zuvor auf der großen Hochzeitsparty ihrer Cousine Karmen in Stellenbosch gewesen).

Anita hatte gemurrt, als ich das unangenehme Thema anschnitt, doch ich hatte darauf bestanden weiterzureden: »Wenn mir etwas passiert, musst du unbedingt sofort Geld auf dein eigenes Konto überweisen, weil die Banken die Konten sperren, bis der Nachlass geregelt ist. Du musst schließlich Rechnungen und Schulgeld und so weiter zahlen.«

Sie unterbrach mich und schimpfte: »Red nicht so ein Zeug, dir wird nichts passieren.«

Trotzdem notierte ich alle Bankverbindungen, Zugangsdaten und Passwörter, und ich erinnere mich genau, was ich zu ihr sagte, als ich ihr den Zettel in die Hand drückte: »Anita, das ist unverantwortlich. Wir haben zwei Kinder. Wir können nicht wissen, wie das Leben uns mitspielt, und ich will nicht, dass du in einer Notsituation nicht an unser Geld rankommst. Du musst in diesen Dingen Bescheid wissen. Wir gehen das jetzt Punkt für Punkt durch.«

Ich zog meinen Laptop hervor und erläuterte meiner Frau etwa eine Dreiviertelstunde lang unsere familiären Finanzen. Ich nannte ihr die Kontaktdaten unseres Bankberaters, mit dem ich befreundet war, und erklärte ihr, dass ich zwei Freunde, Greg McKenzie und Steve van Coller, bestimmt hatte, meine Angelegenheiten zu regeln, falls mir etwas zustoßen sollte. »Ruf sofort Greg und Steve an«, sagte ich ihr, »die werden sich um alles kümmern.«

Irgendwann wandte sich Anita mir zu: »Hör mal, ich mag mir das jetzt nicht länger anhören«, sagte sie. »Das ist doch Blödsinn. Es wird alles glattgehen, und ich will jetzt nicht mehr über dieses Zeug reden.«

»Einverstanden«, sagte ich, »aber wenn ich zurück bin, dann setzen wir uns zusammen, und ich weihe dich in alle Geldangelegenheiten ein.«

Jetzt, in diesem nicht nachlassenden Sturm und der wogenden See, verfluche ich mich bei dem Gedanken an diese Unterhaltung. Es ist typisch für mich, so etwas bis zur letzten Minute aufzuschieben. Ein wenig tröstet mich, dass Anita und die Kinder durch meine Lebensversicherung versorgt sein werden.

»Bitte denk daran, das Geld zu überweisen, wenn du davon erfährst.« Wieder spreche ich laut. »Bitte, bitte, bitte – denn ich werde das nicht überleben. Ich werde hier nicht rauskommen.«

Anita, Neets, meine wunderschöne Frau.

Ich stelle mir vor, wie ich meine Hände vor dem Mund zum Trichter wölbe und ihr über diesen Abgrund hinweg zurufe. Wird sie es hören? Gibt es eine spirituelle Mailbox? Meine Gedanken wandern wieder zu ihr, um diese ganz spezielle Verbindung zwischen uns herzustellen.

Wir beide hatten immer eine verblüffende Harmonie verspürt. Wir hatten immer den Eindruck, auf einer höheren Ebene miteinander zu kommunizieren, wenn wir zum Beispiel den Satz des anderen beendeten oder dessen Gedanken aussprachen. Manchmal war das regelrecht unheimlich. Mir fällt ein, dass Anita einmal sagte, dass sie nie mit jemand anderem zusammen sein könnte, wenn mir etwas zustoßen sollte.

»Aber du bist noch so jung, erst achtunddreißig«, sage ich nun laut zu ihr. »Du musst dir einen anderen Mann suchen, Zara und Jamie brauchen doch einen Vater. Und auch du brauchst jemanden in deinem Leben.«

Ich muss an meine neunjährige Tochter Zara denken und an meinen Sohn Jamie, der erst sechs ist, und wieder muss ich mich übergeben. Obwohl ich mich am frühen Sonntagmorgen zu ihnen gesetzt, mit ihnen über meine Reise gesprochen und sie umarmt habe, kommt es mir nun so vor, als hätte ich mich nicht richtig von ihnen verabschiedet.

Meine Tochter ist meine Prinzessin, wir haben eine unglaublich starke Bindung. Sie scheint eine alte Seele zu sein, so unglaublich klug ist sie für ihr Alter. Mein Sohn dagegen ist eine verrückte, lustige Miniausgabe von mir selbst. Wir hätten ihn beinahe verloren, wegen einer Virusinfektion am Herz, als er gerade zwei Wochen alt war.

»Zara kommt schon klar«, sage ich zu Anita. »Aber Jamie braucht einen Vater.«

Dann rede ich laut mit meinen beiden Kindern, sage ihnen, wie sehr ich sie liebe und dass ich immer bei ihnen sein werde. Der Schmerz in meiner Brust fühlt sich an wie ein Tonnengewicht, das mich tiefer ins Wasser zu ziehen scheint und mir das Atmen schwermacht.

»Was sind wir doch für armselige, traurige Gestalten«, gehe ich innerlich mit mir ins Gericht. Wie oft nehmen wir uns vor, mit unserer Familie sinnstiftende Dinge zu unternehmen. Wir versprechen und planen große erfüllende Erlebnisse und setzen sie nie in die Tat um. Stattdessen sind wir gefangen in unserer täglichen Tretmühle. Ich fühle mich zutiefst schuldig angesichts meiner vielen gebrochenen Versprechen. Wanderungen auf dem Tafelberg, Tage am Strand, Urlaube … nun ist die Gelegenheit vorbei. Unsere kurzen gemeinsamen Unternehmungen haben, wenn ich es mir recht überlege, viel zu selten stattgefunden.

Meine Reue frisst mich förmlich auf.

Wir haben uns immer wieder vorgenommen, dass die Familie zusammen frühstückt und zu Abend isst, fällt mir ein. Das war doch der Grund, warum du aus dem Hamsterrad ausgestiegen und die Firmenlaufbahn in London aufgegeben hast, rufe ich mir in Erinnerung. Ausdrücklich aus Gründen der Lebensqualität bist du nach Kapstadt zurückgekehrt, aber dann hat dich deine Scheißfirma komplett absorbiert.

Vor drei Jahren hatte ich Awnmaster Cape, eine Firma für Markisen und Sonnensegel, von den Singletons gekauft. Doch das Geschäft hatte sich dann schlecht entwickelt, was enormen Stress mit sich brachte, meine Zeit auffraß und mich tagtäglich kreuzunglücklich machte.

Jetzt stirbst du, und damals war es deine Ausrede dafür, warum du all deine Versprechen nicht eingelöst hast.

Ich überlege, wie selten wir alle vier zum Rollerblading an der Sea Point Promenade waren. Und denke an das einzige Mal, das ich mit Jamie auf der Wiese vor unserem Haus Fußball gespielt habe. Dabei war genau die Wiese eines der Argumente für den Kauf des Hauses in Camps Bay. Ich hatte meinem Sohn versprochen, dass wir dort am

Sonntagmorgen immer herumtoben, Rugby oder Fußball spielen würden.

»Du bist doch ein ganz normaler kleiner Junge« – obwohl ich kaum Luft bekomme, spreche ich immer noch laut mit meinem Sohn –, »und ich habe nicht oft genug mit dir gespielt, mein Kleiner. Es tut mir so leid ...« Die Gedanken an ihn lassen mich unkontrolliert zittern.

Meine Trauer und Reue schlagen plötzlich um in Raserei. Das Zwiegespräch mit Anita, Zara und Jamie hat mich zornig gemacht. Ich suche Streit mit Gott.

»Das ist nicht fair!«, schreie ich den wirbelnden Wolken über mir zu. »Warum nur lässt du das zu? Warum holst du mich so zu dir? Ich bin doch erst zehn Jahre mit Anita verheiratet. Sie ist meine beste Freundin, meine Seelenverwandte. Wir haben noch so viele Pläne ...«

Ich steigere mich in eine Wut hinein, wie ich sie lange nicht verspürt habe.

»Du willst mich leiden lassen, Gott, stimmt's? Weil ich kein frommer Mensch, kein guter Christ war. Ich weiß, dass ich mich nur selten an dich wende. Nur um mich für einen Fehltritt zu entschuldigen, nur wenn ich Vergebung suche. Ist das nun die Strafe dafür? Willst du es mir so vergelten?«

Sintflutartig fällt der Regen aus dem kohlrabenschwarzen Himmel. Die riesigen Tropfen stechen im Gesicht wie Nadeln. Ich lege den Kopf so weit in den Nacken, wie ich nur kann, und öffne den Mund. Die Wassermassen stürzen mir auf Augen, Wangen und meine schmerzende Zunge, Süßwasser sammelt sich in meiner Kehle.

Ein Lebenselixier!

Ich schlucke gierig und lasse meine Zunge über die Zähne und die Schleimhaut meiner Wangen gleiten. Das verschafft mir eine Erleichterung, die mich beruhigt und mein wütendes Gejammer zum Verstummen bringt.

Doch immer noch kann ich an nichts anderes denken als ans Sterben. Was passiert beim Ertrinken? Wird es weh tun? Wann wird es passieren? Und was passiert danach?

Ich habe oft über den Tod nachgedacht – und natürlich über das

Danach. Ich bin anglikanisch getauft, und auch wenn ich diese formale Zugehörigkeit zu einer christlichen Kirche aus den Augen verloren habe, habe ich mich immer als einen auf individuelle Art spirituellen Menschen gesehen.

Bald wirst du es herausfinden, Brett. Du wirst herausfinden, was nach dem Tod passiert.

Dieser Gedanke spendet mir keinen Trost. Ich sehe nach oben. Noch immer fällt heftiger Regen in mein Gesicht.

»Also gut, Gott!«, schreie ich in die Nacht hinaus, »wenn das dein Plan ist, dann komm doch. Komm und hol mich!«

4.30–5.30 Uhr
Die dritte Stunde im Wasser

Die Zeit kriecht im Schneckentempo dahin. Jede einzelne Minute dehnt sich zur Ewigkeit, weil innerhalb von 60 Sekunden so viel durch mein Hirn rattert. Meine Gedanken rasen, einer jagt den nächsten, als hätte mein Verstand Angst davor, bei einem Thema zu verweilen.

Das Rauschen ist ohrenbetäubend, in der Dunkelheit kommt es mir noch lauter vor. Das Meer scheint mich foppen und mit mir Verstecken spielen zu wollen wie ein Kind.

Eine Zeitlang fühle ich mich seltsam abwesend. Mein Hirn ist zu überdreht, um Gefühle zuzulassen, zu durcheinander für einen klaren Gedanken. Fürs Erste stelle ich mir ein Ultimatum – schwimm oder stirb! – und treffe dafür eine bewusste Entscheidung: mich auf klar definierbare Einzelaufgaben zu konzentrieren, nämlich die Schwimmzüge, die Atmung, das Zählen.

Ich war nie ein besonders guter Schwimmer, und in den letzten Jahren bin ich sehr selten im Meer geschwommen. Für die Triathlons, an denen ich in meinen Zwanzigern teilgenommen habe, habe ich es natürlich getan, und an der Uni sind meine Mitbewohner und ich jeden Morgen sehr früh zum Strand gegangen, um eine Stunde zu surfen. Wenn die Wellen nicht taugten, sind wir am Strand gelaufen, um die Piers geschwommen, haben geduscht und sind dann an die Arbeit gegangen, und das fünf Tage die Woche. Doch zuletzt war mein Maximum zwei Stunden im Wasser, und das mit einem Surfbrett zum Festhalten.

Jetzt habe ich gar nichts.

Konzentriere dich bewusst auf die Schwimmzüge, sage ich mir, und bereite dich zugleich aufs Sterben vor.

Ich fange an, mit meinem verstorbenen Vater zu sprechen, was höchst merkwürdig ist, da ich in letzter Zeit überhaupt nicht mehr an ihn gedacht habe. Als ich sieben Jahre alt war, erlitt er einen schweren Nervenzusammenbruch, und in den darauf folgenden dreißig Jahren war er mir zutiefst verhasst.

Die Erinnerung an jenen Abend kehrt nun zu mir zurück, ein Freitagabend, an dem alles anders wurde. Der meine Welt veränderte. Das Bild ist deutlich, die Gefühle, die es hervorruft, sind klar und intensiv.

Meine Eltern waren ins Kino gegangen. Meine Großmutter, Klavierlehrerin von Beruf, war gekommen, um auf uns aufzupassen. Sie erzählte uns eine Geschichte, wobei sie die Geräuschkulisse auf dem Klavier mitlieferte. Ich war überrascht, aber sehr glücklich, dass meine Eltern früh nach Hause kamen, doch als mein Vater an uns vorbei in sein Zimmer stürmte, merkte ich, dass etwas nicht stimmte.

»Eurem Vater geht es nicht gut«, ließ meine Mutter uns wissen, sie klang abwesend.

Wir waren im Esszimmer. Meine Schwester Sandra saß auf dem Sofa, und Gregory, der noch sehr klein war, spielte auf dem Fußboden. Ich beschloss, nach meinem Vater zu sehen. Da ich ihn im Schlafzimmer nicht finden konnte, ging ich zum Badezimmer meiner Eltern und rief nach ihm. Wie ein Film läuft die Szene wieder vor meinem geistigen Auge ab.

Da ich Wasser laufen höre, öffne ich die Schiebetür, bekomme aber keine Antwort. Vorsichtig ziehe ich den Duschvorhang zurück. Da sehe ich es: Überall Scharlachrot, es klebt an den Wänden und an seinem Oberkörper, es breitet sich unten in der Dusche aus und läuft zum Abflussloch. Das Leben verlässt seinen Körper und fließt hinab in die Kanalisation.

Ich renne in mein Zimmer, zu geschockt, um einen Laut von mir zu geben. Danach bricht Hektik aus, die mich überwältigt, und meine Erinnerung verschwimmt. Wir drei Kinder werden in irgendeine Ecke geschoben.

Mein Vater hatte versucht, sich mit einem Brotmesser die Kehle durchzuschneiden. Auf diesen erfolglosen Suizidversuch folgten später weitere Ausbrüche, in denen Waffen eine Rolle spielten und die so bedrohlich waren, dass sie uns an die Grenzen unserer Belastbarkeit brachten. In dieser Nacht, in der ich Dinge sah, für die Kinder nicht gewappnet sind, wurde ich erwachsen. In dieser Nacht endete meine Kindheit.

Irgendwann wurde sein Zustand als bipolare Störung diagnostiziert. Ich hatte den Niedergang meines Helden erlebt, eines extrem intelligenten, aber emotional äußerst labilen Mannes. Er konnte sich zu maßlosen Höhenflügen aufschwingen und dann in tiefe Abgründe stürzen. In der Folge lebten wir als Familie in ständiger Angst und mit der völligen Unberechenbarkeit unserer Existenz.

Mein Vater und ich mieden uns daraufhin. Auch wenn wir vor seinem Tod irgendwie Frieden geschlossen hatten, richtig ausgesöhnt hatten wir uns nicht. Ich hatte meinen Groll nie ganz überwunden, und viel zu lange blieben Fragen zwischen uns unbeantwortet. Die Erinnerung an ihn reißt mich noch immer in einen Strudel aus Schmerz.

»Hallo, Dad, ich komme jetzt zu dir!«, rufe ich ihm zu. »Bist du oben oder unten?«

Über diesen fiesen Gedanken muss ich lachen. Vor seinem Zusammenbruch war er ein guter Vater. Er war Handelsvertreter einer Firma für Gastronomiebedarf und viel unterwegs. Damals fanden Geschäftsreisen auf der Straße statt. Er fuhr mit dem Auto durchs ganze Land, zu Orten, die mir höchst exotisch vorkamen, und ich konnte es kaum erwarten, ihn in den Schulferien auf solchen Fahrten zu begleiten. Dann packte ich meinen kleinen Schulkoffer und sprang in den Wagen. Ich erinnere mich, wie ich einmal mit ihm im Royal Hotel in Pietermaritzburg übernachtete. Als wir nach einer langen Autofahrt endlich in unserem Zimmer waren, packte ich den gesamten Inhalt meines Koffers in den Schrank.

Er lachte. »Aber Brett, wir fahren doch morgen sehr früh weiter.«

»Das macht nichts, Daddy«, antwortete ich, voller Staunen über all die aufregenden Dinge. »Dann packe ich eben morgen wieder ein.«

Ich war unglaublich gern in seiner Nähe. Aber er konnte auch sehr streng mit mir sein. Dreimal verpasste er mir Prügel, die ich mein Leben lang nicht vergessen hatte. Ich habe nun sein Gesicht vor Augen, mit blitzschnell wechselndem Ausdruck, wie auf den Bildern eines alten 8-mm-Films. Daran kann ich die ganze Skala seiner Empfindungen ablesen.

Und wieder wirbeln die unheimlichen Gedanken an den Tod durch mein Hirn. Sie manipulieren mich, sie erschüttern mich in meinem Innersten. Wieder quälen mich die gleichen Fragen: Wie ertrinkt man? Werde ich ein weißes Licht sehen? Wird etwas oder jemand mich zu sich holen? Ich will nicht allein sein ...

Ich komme zu dem Schluss, dass ein Gespräch mit Toten es mir leichter machen wird. Also rede ich mit Rob de Beer, der drei Tage vor unserem Abflug nach Indonesien gestorben ist. Seltsam, wenn ich mir vorstelle, dass das nur wenige Tage zurückliegt.

Rob, ein sehr enger Freund von Banger, war mit uns in Westville zur Schule gegangen. Banger überbrachte uns die schlechte Nachricht, als wir in Padang ausliefen. Rob arbeitete im Marketing eines der größten südafrikanischen Konsumgüterkonzerne und hielt sich geschäftlich in Thailand auf. Während einer Besprechung saß er neben einer Frau, die ununterbrochen hustete. Er kehrte am Sonntag nach Durban zurück, fühlte sich am Montag miserabel, und am Dienstag sagte ihm ein Kunde, dass er furchtbar schlecht aussehe. Am Mittwoch ging der fiebernde Rob zum Arzt und bekam Antibiotika verschrieben. Am Donnerstag suchte er nochmals den Arzt auf, der ihn sofort ins Krankenhaus von Westville einwies. Am Freitag fiel er ins Koma und starb noch am gleichen Tag. Als eigentlich kerngesunder Mann hatte er sich eine undefinierbare Lungeninfektion zugezogen, die ihn tötete – innerhalb von einer Woche.

Nur eine Woche: Ich erinnere mich daran, wie sehr mich das schockiert hatte. Bei mir wird es eine Frage von Stunden sein.

Wir legten für Rob eine Gedenkminute auf dem Boot ein, als wir Padang verließen. Die Stimmung war dadurch schwermütiger und gedämpfter als bei früheren Urlauben. Auch wenn es im mittleren Alter häufiger vorkommt, dass man einen Freund verliert, fühlt es sich doch an wie ein ganz feiner Schnitt ins Herz – unsichtbar, aber dennoch schmerzhaft.

»Rob, wo bist du?«, rufe ich laut. »Kannst du mich hören? Ich werde ertrinken. Sag mir doch bitte, was nun mit mir passieren wird. Wird mein Körper einfach auf den Grund sinken? Wohin werde ich gehen?«

Die Vorstellung von der enormen Tiefe des Ozeans nagt ständig an den Rändern meines Bewusstseins. Ich war gelegentlich beim Sporttauchen und kenne das Gefühl, mich in einem tiefen Gewässer aufzuhalten. Ich beschließe hinunterzutauchen, um die Tiefe einschätzen zu können.

Ich stecke meinen Kopf ins Wasser und öffne die Augen, um nach unten zu sehen. Das Salzwasser brennt in den Augen, und es dauert mehrere Sekunden, bis ich mich daran gewöhne. Ich versuche, mich zu konzentrieren. Alles ist so dunkel – ein warmes, teeriges Schwarz. Alles, was ich erkennen kann, sind noch dunklere Schatten, die alles verschlucken, was weiter entfernt ist als eine Armlänge.

Ich beschließe, es bleibenzulassen.

Ich befinde mich im tiefsten Teil des Ozeans, der lichtlos und rätselhaft ist, unter mir geht es Hunderte von Metern in einen salzigen Abgrund. Die alten Seeleute maßen diese Tiefen in der Einheit »Faden«. Das Wort geht mir im Kopf herum … Faden.

Das ist eine andere Welt, ein Ort, an den ich nicht gehöre. Er wird mein Grab sein.

Stellen sich im Angesicht des Todes alle Menschen diese Fragen, sehnen sich alle danach, ihren Frieden zu machen? Ist das hier eine Art erweiterte Todeszelle? Bringt Gott den Menschen auf diese Weise dazu, sich mit dem, was er im Leben getan hat, auseinanderzusetzen?

Meine Innenschau wird unterbrochen, weil der Himmel seine Schleusen öffnet. Wieder ist es ein äußerst starker Regen, die klatschenden Tropfen fühlen sich an wie Gewehrkugeln, und während ich versuche, mein Gesicht zu schützen, überlege ich, ob sie mich ernsthaft verletzen können. Wie kann etwas Lebenserhaltendes zugleich so grausam sein?

Die Wellen donnern mit unverminderter Wucht über mich hinweg, und im Wasser unter mir bilden sich mächtige Strudel.

Dadurch gewinnt wieder mein Pragmatismus die Oberhand. Ich beschließe, mein T-Shirt auszuziehen und es mir um den Kopf zu wickeln. Es dämpft das Geprassel des Regens, und sollte es bis zum Morgen aufklaren, wird es meine Glatze auch vor einem Sonnenbrand schützen.

Die Sonne. Denke ich wirklich ans Tageslicht, an etwas, das nach diesen dunklen Stunden kommen könnte? Gibt es auch nur den Schimmer einer Hoffnung, dass ich bis zur Morgendämmerung durchhalte?

Ich stoße meinen Körper mit Hilfe der Beine so weit wie möglich aus dem Wasser und ziehe mir mein T-Shirt über den Kopf. Wie man es sich um den Kopf bindet wie ein Bandana, habe ich schon zigmal auf Partys vorgeführt. Ich knote also die Ärmel am Hinterkopf zusammen und lasse das T-Shirt im Stil eines arabischen Turbans im Nacken herunterhängen. Das ist mit dem durchweichten und daher schweren Stoff ziemlich mühsam, aber er erweist sich als überraschend effektiv bei der Abwehr der Geschosse von oben.

Außerdem kann ich mich so besser konzentrieren. Ich öffne wieder den Mund, um Süßwasser aufzunehmen, und obwohl ich nicht sagen könnte, ob es Regen- oder Meerwasser ist, das mir ins Gesicht schlägt, ist es immerhin kühl und damit Balsam für meine geschwollene Zunge. Ich will nicht an Durst denken, sage ich mir, denn das ist ein negativer Gedanke, und solche verbanne ich aus meinem Kopf.

Denk nicht nach. Halt einfach durch.

Stattdessen widme ich mich weiter dem Mundspülen und befehle meinen Drüsen, Speichel zu produzieren.

Es ist diese seltsame Zeit vor Tagesanbruch, in der, wenn man den Mitarbeitern von Notfall-Hotlines glaubt, das Suizidrisiko sprunghaft ansteigt. Sie eignet sich so gut wie jede andere, um mich von den Menschen in meinem Leben zu verabschieden, die mir etwas bedeutet haben. Es ist der richtige Zeitpunkt, sie zu ehren, ihnen Anerkennung zu zollen und Dinge richtigzustellen.

Mich überfallen Erinnerungen an meine frühe Kindheit in Westville: die Spiele im elterlichen Garten, Sandburgen bauen, Fahrrad fahren im Viertel, die Bande der Nachbarjungen, mit der ich immer Robin Hood und seine fröhlichen Gefährten spielte. Dass ich immer darauf bestand, Robin Hood zu sein, bringt mich jetzt zum Lächeln.

Ich denke an meine Mutter Shirley. Sie hat schon so viel durchgemacht, und jetzt noch das. Wie wird sie es aufnehmen? Wie wird sie mit diesem Verlust fertig werden, dem Verlust eines Kindes?

Und meine Schwester Sarah und mein Bruder Gregory. Werden sie damit klarkommen? Ich habe mich immer für sie verantwortlich gefühlt, auch als wir schon erwachsen waren.

Ein gewaltiger, unerträglicher Schmerz breitet sich beim Gedanken an meine Mutter und meine Geschwister in meiner Brust aus. Ich bekomme kaum Luft.

Solltest du nicht weinen, Brett? Du weißt doch, dass du sterben musst.

Diese Überlegung treibt mich um: Beim Abschied von geliebten Menschen sollten einem doch die Tränen kommen, oder?

Ich fühle Trauer, aber kein Selbstmitleid, es ist ein brennender Schmerz beim Gedanken an meine Familie, meine Frau, meine Kinder.

Ich stelle mir meine Beerdigung vor: weiße Rosen, Anita in Schwarz, Zara und Jamie sehen verloren aus. Meine schluchzende Mutter, mein Bruder hält die Trauerrede, meine Schwester mit meinen Neffen und Nichten an der Hand. Meine Freunde in schwarzen Anzügen und mit melancholischem Gesichtsausdruck.

Da fällt mir plötzlich eine Übung ein, die ich mit Nick Christellis gemacht habe. Er arbeitete als Life-Coach für die Firma, die ich leitete. Er forderte uns einmal auf, unseren eigenen Nachruf zu verfassen.

»Wie möchten Sie in Erinnerung bleiben?«, hatte er gefragt. »Was glauben Sie, wie würde Ihr Umfeld Sie beschreiben?«

Damals empfand ich das Experiment als sehr aufwühlend, sogar ein wenig verstörend. Ich weiß, ich kann laut und aufdringlich, ein Angeber und Draufgänger sein. Die meisten Leute halten mich für einen Partylöwen. Aber mein wahres Ich unterscheidet sich von dieser Wahrnehmung, und sie entspricht auch nicht dem Bild, das von mir in Erinnerung bleiben soll. Die Nachruf-Übung hat jedenfalls einen bleibenden Eindruck bei mir hinterlassen, und noch Jahre später habe ich mich oft im Stillen gefragt, wie sich mein Verhalten wohl auf meine Grabinschrift auswirken würde.

Vergiss, was die Leute über dich sagen, Brett! Ich schüttele meinen Kopf. Du solltest dir wünschen, dass sie wissen, was mit dir passiert ist.

Langsam wird es heller. Ich weiß, dass etwa um 4.45 Uhr die Sonne aufgeht. Noch immer tröpfelt es aus einem bedeckten Himmel, aber die Finsternis weicht nach und nach einem trüben Grau. Die aufgehende Sonne wird in diesem Halbdunkel nicht zu sehen sein, aber wenn ich jetzt um mich blicke, habe ich zumindest eine Sicht von wenigen Metern. Die See ist noch immer unruhig und laut.

Ich bin jetzt schätzungsweise zwei bis drei Stunden im Wasser. In meinem Kopf geht es drunter und drüber, ich bin sogar ein wenig überrascht, wie ich mich die ganze Zeit beschäftigt habe. Noch etwas Bemerkenswertes fällt mir jetzt auf: Ich fühle mich gar nicht so erschöpft.

Mein Verstand schaltet schon wieder einen Gang höher: Niemand hat gesehen, wie du ins Wasser gefallen bist, Brett. Anita und die Kinder, Mum, Sandra und Greg werden nicht wissen, was dir zugestoßen ist. Du musst es ihnen mitteilen.

Da kommt mir eine verrückte Idee. Wasser tretend fange ich an, an meinem Gürtel herumzufummeln, und tatsächlich gelingt es mir, ihn vorsichtig aus den Schlaufen zu ziehen. Es ist mein schwarzer Golfgürtel, den ich auf der Hochzeit in Stellenbosch getragen habe, ein teures Exemplar der Marke Cutter & Buck, mit einer silbernen Schnalle. Ich hatte ihn genommen, weil auf die Schnelle kein anderer zu finden war. Und er war meine letzte Rettung, als ich beim Packen nach etwas suchte, das meine etwas zu weiten Shorts oben halten würde. Ich habe mir auch zum ersten Mal meine behaarte Brust rasiert, ein alter Surfertrick. Die anderen Jungs hatten sich bei früheren Surfurlauben schon über mich lustig gemacht, als ich mir als Einziger unter Schmerzen das Surfwachs aus den Brusthaaren zupfte. Sie hatten mir geraten, mich zu rasieren, doch ich hatte immer verlegen gescherzt: »Keine Ahnung, wie ich unter diesem Teppich aussehe. Ich habe meinen Körper schon seit meinem neunzehnten Lebensjahr nicht mehr gesehen.«

Nun lasse ich meine Hand über meine glatte Brust gleiten. Ich werde mit der Gürtelschnalle eine Botschaft hineinritzen, nehme ich mir vor, ich werde am Bund meiner Shorts anfangen und von unten nach oben quer über meinen Bauch schreiben. Ich öffne also den Metallverschluss und ziehe ihn über die Haut an meinem Bauch. Ich fange mit Anitas Kosenamen »Neets« an. Doch schon der erste Ritzer verursacht einen unerträglichen Schmerz. Ich verziehe mein Gesicht. Das wird hart.

Nach dem zweiten Ritzversuch komme ich wieder zur Vernunft. Das ist wirklich bescheuert, schelte ich mich. Wenn ich mich tätowiere, werde ich zu bluten anfangen, und Haie können Blut aus Kilometern Entfernung riechen. Wenn ich die Biester erst einmal angelockt habe, wird meine Botschaft sowieso niemand lesen können.

Nachdem ich davon abgekommen bin, überlege ich, was ich mit dem Gürtel in meiner Hand anfangen soll. Sein Gewicht zieht mich höchstens runter. Also lasse ich ihn los und beobachte, wie er rasch in dem stahlgrauen Wasser versinkt.

Als der Himmel sich aufhellt, wird auch mein Verstand klarer, und die düsteren nächtlichen Gedanken zerstreuen sich langsam. Ich stelle mir die Jungs auf dem Boot vor. Etwa um diese Zeit werden sie bemerken, dass ich nicht da bin, sage ich mir. Im schlimmsten Fall werden sie noch sieben oder acht Stunden weiterfahren, im Hafen ankommen, mein Verschwinden feststellen, das Boot wenden und nochmals sieben bis acht Stunden brauchen, um zurückzufahren. Ich bin felsenfest davon überzeugt, dass meine Freunde umkehren werden, um nach mir zu suchen.

Im besten Fall sind sie gegen Mittag da ...

Nach den zwei bis drei Stunden, die ich schon hinter mir habe, rechne ich mit weiteren elf Stunden, die ich mich über Wasser halten muss – vierzehn höchstens. Vierzehn Stunden.

Ein Gedanke nimmt Gestalt an: Ich muss durchhalten.

Der Wechsel kommt abrupt: Ich denke nicht mehr ans Sterben. Mein Hirn arbeitet schwerfällig und unpräzise, doch nach und nach macht sich Hoffnung breit, dass ich eine Chance habe. Mein Herz beginnt zu klopfen.

Tagsüber ist die Wahrscheinlichkeit größer, dass ich irgendein Boot sehe. Und es besteht zumindest eine geringe Chance, dass ich gesehen werde. Ich spähe seitlich zu dem grauen T-Shirt auf meiner Schulter, das auf der Wasseroberfläche hin und her treibt.

»Hätte ich bloß ein helleres T-Shirt genommen«, sage ich laut.

Diesmal lasse ich die Hose nicht mehr herunter, als ich Stuhldrang verspüre. In meinen Organen ist rein gar nichts mehr, es kommt nur noch Salzwasser.

Ich muss schwimmen, denke ich, und weiß sofort, dass das eine Riesenaufgabe ist, die meine volle Konzentration erfordert, doch ich komme zu dem Schluss, dass dieser Vorsatz besser ist als Resignation.

Ich habe mich inzwischen so oft im Kreis gedreht, dass ich komplett die Orientierung verloren habe. Ich will in die Richtung schwimmen, in die das Boot sich entfernt hat, kann aber nicht mehr sagen, welche das ist. In diesem Zwielicht, ohne Sonne, unter dem bleigrauen Wolkenhimmel kann ich keine Himmelsrichtung ausmachen.

Vielleicht nieselt es, vielleicht kommt das Sprühen auch vom Meer. Keine Ahnung, in welche Richtung ich schaue. Abwesend registriere ich einen Sturm am Horizont, der sich wie eine Bühne über den Himmel schiebt, mit dem Regen als Vorhang und dem fernen Donner als Orchester.

Angesichts von noch mindestens elf Stunden, die ich vor mir habe, muss ich mit meiner Energie haushalten. Ich versuche, mich auf den Rücken zu legen, doch die aus allen Richtungen kommenden Wellen werfen mich hin und her. Wasser schwappt mir in Augen und Nase. Ich schlucke literweise Salzwasser, muss husten und würge alles wieder heraus. Unter diesen Bedingungen ist es völlig unmöglich, sich treiben zu lassen, also probiere ich es mit Wassertreten.

Auch das funktioniert nicht, denn erneut schwappen die Wellen in mein Gesicht und schlagen über meinem Kopf zusammen. Meine

Gesichtshaut reagiert immer empfindlicher, jeder Wellenschlag ist schmerzhaft, und ich schreie diese Wand aus Wasser jedes Mal an, wenn sie mich trifft. Vom Salz brennen die Augen, vor allem unter den Lidern. In meiner Verzweiflung schließe ich sie, doch dann fühle ich mich völlig desorientiert. Hoffentlich halten meine Augen durch, denke ich.

Der Ozean kommt mir vor wie ein Folterknecht beim Verhör: Er blendet mich, misshandelt mich, bringt mich an meine Grenzen. Aber seine strafenden nassen Schläge halten mich zugleich wach.

Noch immer bleibt mir nichts anderes übrig, als mich in jede einzelne Welle zu werfen. Ich schwimme ihr entgegen und hole ganz bewusst Atem, um kein Wasser zu schlucken. Meine Kehle ist wund und geschwollen, und jeder Schluck Salzwasser tut weh.

Vom jahrelangen Surfen habe ich einen ziemlich kräftigen Oberkörper, dennoch fühlen sich meine Arme und Schultern inzwischen wie Pudding an. Wie kommt man bloß durch eine Welle, ohne Energie zu verschwenden, überlege ich.

Brustschwimmen ist zu anstrengend, also entscheide ich mich für eine rudernde Bewegung mit den Armen und große, leichte Tritte mit den Beinen. Tritt und Rudern, Tritt und Rudern. Ich bewege mich nicht schnell, aber ich bewege mich – langsam, aber kontinuierlich komme ich voran.

Eine gewisse Ruhe überkommt mich, und es gelingt mir, sie in positive Gedanken zu verwandeln. Daraus entsteht eine neue Motivation. Vielleicht gibt es doch Hoffnung? Vielleicht schaffe ich es, so lange zu überleben, bis das Boot zurückkommt? Halt durch, sage ich mir immer wieder, halt durch. Die Jungs kommen dich holen.

Ich beschließe, in die Richtung zu schwimmen, in der ich das Boot vermute. Selbst wenn ich acht Stunden für einen Kilometer brauche, bin ich ihnen schon einen Kilometer näher, wenn sie zu mir zurückfahren, rede ich mir zu.

Diese Art der Fortbewegung gibt mir Kontrolle zurück. Das Wasser schlägt mir nicht mehr ins Gesicht, und es gelingt mir, weniger Salzwasser zu schlucken. Ich habe den Eindruck, in die richtige Richtung zu schwimmen, ohne mich allzu sehr zu verausgaben. Im Vergleich zu den vergangenen drei Stunden voller Wut und Selbstmitleid kommt mir mein Verhalten sehr konstruktiv vor.

Dennoch finde ich es äußerst frustrierend, dass in diesem verdreckten Meer noch nichts an mir vorbeigetrieben ist, kein Blatt, kein Ast, keine Kokosnuss. Rein gar nichts.

Ich sehe mich um. »Lieber Gott, du tust rein gar nichts, um mir zu helfen. Bald werde ich müde sein. Bitte gib mir doch irgendetwas zum Festhalten, ein kaputtes Surfboard, ein Bodyboard, irgendwas!«

Ich weiß nicht, warum ich plötzlich auf die Idee komme, meine Shorts abzutasten. Ich spüre ein hartes Rechteck in meiner rechten Hosentasche. Ich stecke meine Hand hinein und ziehe eine rosa Papphülle heraus, die ich vorsichtig öffne, während ich mich mit langsamen Beinstößen stabilisiere. Meine Hände zittern.

Es ist die kreditkartengroße Schlüsselkarte des Hotels, in dem wir in Jakarta übernachtet haben. Wir waren beim Auschecken so spät dran, dass ich vergessen habe, sie abzugeben.

Verdammt, ich weiß, wie ärgerlich das für ein Hotel ist. Ich denke an meine Zeit in der Tourismusbranche. Das verursacht hohe Kosten.

Ich hatte das Hotel vorab bezahlt, aber die Rezeption hat mir pro forma einen Beleg ausgedruckt, der ebenfalls in der Hülle steckt. Das kleine Stück Papier ist erstaunlich trocken und gut erhalten. Komisch, dass es sich nicht längst aufgelöst hat. Ich drehe die schwarzsilberne Karte zwischen meinen Fingern hin und her und will sie schon in den Wellenschaum werfen, als mir eine Idee durch den Kopf schießt. Wenn die Sonne herauskommt, kann ich das Silber auf der Karte als Reflektor benützen, um einem nahenden Schiff Blinksignale zu geben. MacGyver-mäßig. Ich stecke die Karte zurück in die Hosentasche.

Von einem Moment auf den anderen überfällt mich eine bleierne Müdigkeit, fühlen sich meine Arme schwach und meine Beine steif an. Obwohl ich ohne besondere Kraftanstrengung schwimme, zehrt es meine Energiereserven auf.

Sei realistisch. Du bist jetzt seit vier Stunden im Wasser, natürlich macht dich das müde.

Ich beginne zu zweifeln, dass ich zwölf Stunden durchhalten kann. Plötzlich bin ich mir da nicht mehr so sicher.

Du musst die Regie übernehmen, coache ich mich. Führe dich selbst wie ein Unternehmen. Also beschließe ich, in meinem Kopf eine Firma zu gründen. Meinen Mund nenne ich Bob, er leitet die Produktion. Mein linkes Nasenloch heißt Emily und ist Verkaufsleiterin, mein rechtes Nasenloch, Hilary, ist Marketingchefin. Ich selbst bin CEO. Ich werde regelmäßige Vorstandssitzungen zur Beurteilung meiner Lage abhalten. Wir werden alle Themen gemeinsam besprechen, und wenn ich müde werde oder den Mut verliere, motivieren wir uns gegenseitig dazu, wieder aktiv zu werden.

Ich gebe ein Schnauben von mir. Das ist doch albern. Warum tust du das?, frage ich mich.

Wie aus der Pistole geschossen antworte ich mir: um eine Struktur zu haben, um mich zu konzentrieren, um mich zu beschäftigen. Ich muss davon überzeugt sein, die Sache im Griff zu haben. Vielleicht weil ich in den Firmen, in denen ich bisher gearbeitet habe, immer in verantwortlichen Positionen war, habe ich auf diese Weise auch jetzt eher das Gefühl, die Kontrolle zu behalten, egal, wie erschöpft ich bin.

Die Wellen schlagen nicht mehr über mir zusammen, doch unter mir brodelt es. Auch wenn ich ihren Sog nicht spüre, weiß ich, dass ich mich in einer Strömung befinden muss.

Ich fummele in meiner Hosentasche und ziehe die rosa Hülle mit der Schlüsselkarte des Hotels und dem Kreditkartenbeleg heraus. Ich zupfe ein kleines Stück Papier ab und lege es ins Wasser. Es bewegt sich mit großem Tempo von mir weg.

Es ist wie eine Erleuchtung: *Darum bist du so erschöpft! Du schwimmst die ganze Zeit gegen die Strömung an.*

Fast vier Stunden lang habe ich gegen etwas angekämpft, das viel stärker ist als ich, eine Kraft, die sich mir ständig entgegenstellte.

Das einzig Sinnvolle ist es, mich umzudrehen und von ihr tragen zu lassen.

5.30–6.30 Uhr
Die vierte Stunde im Wasser

Nun, in der Strömung, lasse ich mich von ihr tragen. Ihre Dynamik fühlt sich uralt an, die Entlastung ist unmittelbar spürbar. Nachdem ich stundenlang gegen den Sog des Meeres angepflügt habe, arbeite ich nun mit ihm. Das Schwimmen, sogar das Treibenlassen, fällt mir sofort viel leichter. Ein neuer Ehrgeiz elektrisiert meinen ganzen Körper.

Ich kann nun erkennen, wie die Strömung verläuft. Surfer- und Volksweisheit und alles, was ich über das Meer gelernt habe, stimmen darin überein, dass Strömungen langfristig immer an Land führen. Ich überlege, ob diese hier von Padang aus die gesamte Meerenge passiert. So oder so wird sie irgendwann auf die Hauptinsel Sumatra oder eine der kleineren Inseln treffen. Der Kampf gegen die Strömung erklärt auch, warum die Boote so lange für die Überfahrt brauchen.

Ich behalte das kleine Papierfetzchen so lange wie möglich im Auge, aber es ist schnell durchgeweicht. Ich stecke meinen Kopf in das trübe Wasser und sehe dabei zu, wie es sinkt und langsam verschwindet. Immer wieder zupfe ich fingernagelgroße Papierstücke ab und verwende sie, um die Richtung der Strömung festzustellen.

Dann wieder werfe ich einen Blick auf den Beleg, dessen eine Ecke schon leicht eingerissen ist. Ich muss sparsam damit umgehen.

Ich will keinesfalls über Mittag oder den frühen Nachmittag hinausdenken, den Zeitpunkt, zu dem ich hoffentlich wieder mit der *Naga Laut* zusammentreffe. Ich kann natürlich nicht sicher sagen, wie lange die Jungs brauchen werden, um zu mir zurückzukommen, aber ich kann bis dahin durchhalten. Tief in meinem Inneren weiß ich jedoch, dass ich dafür mein Äußerstes geben muss.

Die Strömung trägt dich ihnen entgegen, beruhige ich mich. Ein Gedanke, der mich aufmuntert. Während im Osten das erste Tageslicht schimmert, brenne ich innerlich für dieses Ziel. Die Firma in meinem Kopf arbeitet unermüdlich, denn ich höre immer wieder Gesprächsfetzen.

»Wie läuft die Produktion?«

»Und im Marketing – alles in Ordnung?«

»Vertrieb, habt ihr eure Ziele festgelegt?«

»Jetzt nicht rumtrödeln.«

Wieder kommuniziere ich ausgiebig mit Anita und entschuldige mich dabei immer noch ständig.

»Sprich mit mir, Neets.« Ich versuche, in ihren Kopf vorzudringen. »Wenn du bei mir bist, wenn du mit mir redest, dann schaffe ich es. Dann komme ich durch.«

Ich überlege, ob sie schon wissen kann, dass ich vermisst werde. Wenn ich müde werde, rufe ich nach ihr: »Hilf mir, fokussiert zu bleiben, Anita. Setz dich für mich ein, kämpfe für mich. Sorg dafür, dass ich stark bleibe.«

Dann wieder denke ich an meine Mutter. Doch wenn ihr Gesicht vor meinem geistigen Auge auftaucht, werde ich traurig.

Erneut versuche ich, mit Gott zu verhandeln, zu tun, was ich am besten kann: Deals aushandeln und Versprechungen machen. »Wenn du mir hier raushilfst, lieber Gott, dann werde ich mein Leben ändern. Dann werde ich ein besserer Mensch.«

Ich höre meine eigene Stimme etwas erwidern, ich beantworte meine eigenen Fragen. Ich war schon immer gut im Feilschen.

Ich muss laut lachen: Gespräche mit Gott! Ich habe die gleichnamigen Bücher gelesen, und nun führe ich mein eigenes Gespräch mit ihm.

Mir fallen die Kirchenbesuche in meiner Kindheit ein, als meine Eltern uns jede Woche mit in den Gottesdienst nahmen und uns in die Sonntagsschule schickten. Ich war von der vierten Klasse bis zum

Abitur Messdiener und versuchte mich auch in der Kirchenband an der Gitarre. Als Teenager wurde ich sogar Lehrer in der Sonntagsschule. Ich mochte an der Kirche den geselligen Aspekt, unsere Jugendgruppen, die Zeltlager am Wochenende.

Die Erinnerung daran gibt mir Geborgenheit, spendet mir einen stummen Trost. In der schwachen Dämmerung stimme ich ein bekanntes Kirchenlied an:

Du großer Gott, wenn ich die Welt betrachte,
die du geschaffen durch dein Allmachtswort …

Ich habe nur noch die ersten beiden Verse im Kopf, doch die schreie ich immer wieder heraus, während mich die aufgewühlte See hin und her wirft.

Als würde mein Gebet erhört, lässt der Wind nach, und der Regen wird zu einem beständigen kräftigen Nieseln. Die Wogen, die mich stundenlang herumgeschleudert haben, scheinen nun selbst müde zu werden, plätschern nur noch über mich hinweg, bis ich schließlich in einer leichten, flachen Dünung sanft auf- und niedersinke.

Wer bist du gewesen?, höre ich Gott in meinen Gedanken fragen. *Wie bist du in deinem Leben gewesen?*

»Alles andere als vollkommen«, lautet meine klägliche Antwort.

Die Wahrheit ist, dass ich vor meiner Heirat mit Anita nichts hatte anbrennen lassen und deshalb große Schuldgefühle hegte. Ich hege sie immer noch.

Vor unserer Hochzeit habe ich ihr all meine Eroberungen gestanden. Ich wollte nicht, dass es irgendwann Überraschungen gibt, also erzählte ich ihr von all meinen Beziehungen und Begegnungen. Sie sollte sicher sein, dass sie mich dennoch heiraten wollte.

Wegen meiner Affären habe ich mir große Vorwürfe gemacht, sie belasteten mein Gewissen, und in den letzten fünfzehn Jahren habe ich mit Unterstützung meiner Coach versucht, die Schuldgefühle zu bewältigen. Nun kehren diese Gespenster zu mir zurück.

Ich empfinde das Bedürfnis, mich erneut mit dem Thema zu beschäftigen, dorthin vorzudringen, wo sich meine Scham versteckt.

Interessanterweise kommt mir da plötzlich der Ausspruch *Memento mori* in den Sinn. Ich erinnere mich, dass man ihn uns in der Schule beigebracht hat: »Bedenke, dass du sterben musst …«

Trotz meiner neu aufgekeimten Hoffnung stoßen mich meine dunklen Gedanken mit der Nase wieder auf diese Unausweichlichkeit.

»Na gut, Gott, wenn ich also sterben muss, sollte ich dann nicht beichten? Um Vergebung bitten? Mich daranmachen, mein Gewissen zu reinigen – von dem und allem anderen, worauf ich nicht stolz bin?«

Das ist emotionaler Treibsand, das weiß ich. Negatives Denken. Reue. Selbstverachtung.

Eine seltsame Reaktion, dieses plötzliche Bedürfnis, mich von meinen Sünden zu reinigen. Ich weiß, dass ich manchmal hart zu mir sein kann. Manchmal bin ich selbst mein schärfster Kritiker, aber es gibt eben Dinge an mir, deretwegen ich Enttäuschung und Leere spüre.

»Warum nur, lieber Gott, lähmt mich das Gefühl der Unzulänglichkeit ausgerechnet mitten in diesem Kampf?«, frage ich nun.

In den Coachingsitzungen habe ich mich ausgiebig mit dieser übersteigerten Empfänglichkeit für Schuld und Scham auseinandergesetzt. Nach wie vor verstört es mich, dass ich unter diesem unerklärlichen Mangel an Selbstwertgefühl leide, aber inzwischen habe ich mich an diese dunkle Seite an mir gewöhnt.

Durch die Wellen rudernd, lasse ich meine Gedanken fließen.

Ich habe darüber mit meiner Frau, meiner Life-Coach und einigen meiner engsten Freunde gesprochen. Jetzt fühlt es sich erlösend an, mich auch den Elementen zu offenbaren. Meine Grübeleien drehen sich im Kreis. Die meisten Menschen glauben, dass mir im Leben alles leichtgefallen ist. So jedenfalls haben sich Freunde bei tiefsinnigen Kneipengesprächen im angeheiterten Zustand geäußert. An der Oberfläche sehen sie einen erfolgreichen Manager; einen Mann, der schon auf Bühnen stand, um große Veranstaltungen zu leiten; einen Sportler, der für wohltätige Zwecke große körperliche Herausforderungen bewältigt hat. Meine ängstliche Seite, den Menschen hinter der Fassade haben sie nie zu Gesicht bekommen. Diese Kluft hat mich mein ganzes Erwachsenenleben hindurch beunruhigt, ja fast verstört.

Ich muss an meine Zeit als Geschäftsführer von RCI zurückdenken. Nach außen hin hatte ich beruflich alles im Griff, doch die Wahrheit sah anders aus. Es war eine Phase, in der ich äußerst hart gearbeitet und einen hohen Preis dafür bezahlt hatte.

Meine Mitarbeiter trafen mich häufig schon um sieben Uhr morgens im Büro an, um elf Uhr abends war ich immer noch da. Sie wussten nicht, dass es daran lag, dass ich mich von meiner ersten Frau scheiden ließ, emotional völlig ausgebrannt war und nicht wusste, wo ich sonst hingehen sollte. Dass ich in meinem Wagen wohnte, der in der Firmengarage geparkt war.

Lächerlich, denke ich. Warum bin ich so? Was glaube ich beweisen zu müssen?

Ich reiße mich von diesen Quälereien los, ich wechsele mental den Gang: *Warum schreist du nicht nach Wasser? Warum verspürst du keinen Hunger?*

Doch sofort schelte ich mich auch für Überlegungen zu meinem körperlichen Zustand. Konzentriere dich lieber auf Dinge, die du selbst in der Hand hast: Schwimmen und Speichel produzieren.

Ich sehe nach oben. Der Himmel ist nach wie vor komplett bedeckt, doch ein fahles Licht suggeriert, dass sich hinter den dicken Wolken die Sonne befindet. Endlich: die Morgendämmerung.

Sofort muss ich pinkeln.

Mein Magen fühlt sich aufgebläht an, und auf meiner Blase lastet ein quälender Druck. Vermutlich das ganze Salzwasser, das ich geschluckt habe. Das Urinieren verursacht einen unerträglichen Schmerz – als würde mir ein glühender Schürhaken in die Harnröhre gestoßen. Ich wimmere und heule, während mein Urin das sowieso schon warme Wasser um mich herum noch wärmer macht. Der Schmerz nimmt an Intensität zu – ich stelle mir vor, wie die Salzkristalle in meinem Penis Wunden reißen.

Es ist das längste Pinkeln meines Lebens.

Doch der grässliche Schmerz bringt mich dazu, wieder klar zu denken. Meine Sinne sind hellwach, ich bin wieder auf Zack.

Ich blicke auf meine Hände. Die Finger sind weiß, und das Fleisch rund um die Nägel ist aufgedunsen. Sie sehen aus wie Schweinswürstchen, hässlich und schwach, wie in Formaldehyd konservierte Tierexponate. Mir fallen die Frösche im Glas ein, die mich in der ersten Klasse im Naturkundeunterricht so geschockt hatten. Nun frage ich mich erstmals, was mit meinem Fleisch passieren wird. Werde ich mich zersetzen? Einfach auflösen? Wenn ich zu bluten anfange, ist das eine Einladung an Haie und Barrakudas.

»Schwimm vorsichtig«, ermahne ich mich, »tu nichts, was eine Verletzung verursachen könnte. Blut im Wasser könnte diesem Tag das schlimmstmögliche Ende bereiten.«

6.30–7.30 Uhr
Die fünfte Stunde im Wasser

Der Sturm, dem ich seit Stunden ausgesetzt war, scheint vorüber, doch nach wie vor ist das Meer unruhig und wankelmütig und fest entschlossen, es mir so schwer wie möglich zu machen, an der Oberfläche zu bleiben.

Weiße Schaumlinien laufen die Kämme riesiger Wellen entlang, was aussieht, als würde man Gestricktes auftrennen. Der Himmel ist grau wie ein Kriegsschiff, die dunklen, schweren Wolken lassen bestenfalls ahnen, dass der Tag angebrochen ist.

Obwohl das Licht noch sehr trübe ist, kann ich zum ersten Mal eine etwas weitere Distanz überblicken. Nirgendwo Land oder ein Schiff, nichts als Wasser, in allen Richtungen weites, gesichtsloses Meer, das nach dem Sturm immer noch aufgewühlt ist. Einen Augenblick lang stelle ich mir vor, wie es mich umschließt und in die Tiefe saugt. Sofort bin ich wieder völlig entmutigt.

Ich muss ruhig bleiben, ich weiß. Ich muss gleichmäßig atmen, um am Leben zu bleiben.

»Nur bis das Boot wieder da ist«, sage ich mir immer wieder.

Der schiere Geruch des Meeres, der aus dem Nieselregen und Morgendunst aufsteigt, sticht mir in der Nase. Wie die Nacht bringt auch der Tag schlechtes Wetter. Ich beobachte, wie sintflutartiger Regen aus tiefhängenden Wolken fällt, die langsam in der Ferne vorbeiziehen. Die dunklen Wasserschleier vollführen einen gespenstischen Tanz und scheinen auf unheimliche Weise genau über der Wasseroberfläche haltzumachen. Ich sehe ihnen zu, ich verfolge sie, ich bete manchmal, dass der Sturm zu mir herüberzieht, denn ich brauche dringend frisches Wasser, doch ich habe auch Angst davor. Wenn das Unwetter das Meer wieder in Wallung bringt, könnte unser Boot mich verfehlen.

Ich mache einen Kontrollgang in der Firma: »Bob, wie geht's?«
»Emily, wie sieht unser Zeitrahmen aus?«
»Hilary, stimmen unsere Berechnungen?«
»Was meint ihr, wie viel Uhr ist es?«
»Vertrieb, Marketing, wie lauten die Prognosen?«
»Gute Arbeit, Leute, haltet die Ohren steif. Ich will bis Mittag einen Bericht haben.«

Ich lasse mich auf einer Welle emportragen und spüre dabei, wie meine widerstreitenden Gefühle mich wieder zu überwältigen drohen. Ich weiß, dass ich für Ordnung in meinem Kopf sorgen muss, dass die Unordnung meinen Verstand zu zerrütten droht.

Entschlossen, heiter zu bleiben, fange ich wieder zu singen an, wofür ich in Gedanken die Playlist meines iPods durchgehe.

Als Kind wollte ich unbedingt Sänger werden und zweifelte nicht daran, eine Melodie halten zu können. Doch schon in der ersten Klasse machte meine Lehrerin Mrs Puesey meine naiven Träume zunichte: »Archibald«, sagte sie einmal beim Singen im Chor, »nimm du doch bitte die Triangel.«

Doch ich war nicht zu bremsen. In der Highschool lernte ich Gitarre spielen. Auch dort sagte meine Musiklehrerin: »Brett, du kannst einfach nicht singen. Und ich kann es dir nicht beibringen.«

Ich war am Boden zerstört.

Als ich nun zu singen anfange, schießt mir ein merkwürdiger Gedanke durch den Kopf. Mir fällt ein, dass ich auf dem einstündigen Flug von Jakarta nach Padang iPod gehört habe. War das erst gestern? Wirklich?

Ich hatte den Kopf an die Kopfstütze gelehnt und die Augen geschlossen und mit laut aufgedrehter Musik gar nicht bemerkt, dass ich laut mitsang. Lachend stieß mich Niall mit dem Ellenbogen an. Als ich mich umsah, schlug mir aus den Gesichtern der indonesischen Passagiere Missbilligung entgegen – so schlecht singe ich.

Von all den Dingen, über die ich jetzt nachdenken könnte …

Ich singe jetzt die Lieder meiner Lieblings-Playlist, eine beschwingte Rockcompilation, die Banger für mich zusammengestellt hat. Ich erinnere mich nur an neunzehn Songs, doch die singe ich jetzt in chronologischer Folge. Ich fange mit »Black Betty« von Ram Jam an.

Hier draußen gibt es niemanden, der mich runtermachen könnte. Keinen, der sich beklagt. Niemand kann mich hören. Niemand kann hören. Niemand.

Als Nächstes kommt »Dancing in the Dark« von Springsteen dran, dann Dylans »Like a Rolling Stone« und »Bohemian Rhapsody« von Queen. Ich kann mich nicht an alle Songtitel und Interpreten erinnern, doch die Texte sind mir alle ins Hirn graviert. Ich kann alle auswendig. Für so was habe ich ein exzellentes Gedächtnis.

Die Lieder erinnern mich an Benoit, den wir Banger nennen. Benoit hat eine Immobilienfirma und lebt auf Mauritius. Und weil ich für Afrika, die Seychellen und Mauritius zuständig war, als ich noch im Tourismus arbeitete, war ich oft geschäftlich auf Mauritius, insgesamt elfmal. Damit habe ich mir Bangers Spitznamen für mich verdient: »Jetman«. Ich nenne ihn »Bang Bang Makatini«, in Anlehnung an einen Fernsehwerbespot für einen südafrikanischen Schokoriegel. Ich gebe Namen gerne einen persönlichen Touch.

Banger und mich verbindet eine ganz besondere Freundschaft, die auch lange Trennungen überstanden hat. Selbst wenn wir fünf Jahre lang keinen Kontakt hatten, machen wir beim nächsten Treffen weiter, als hätten wir uns gestern erst gesehen. Unsere Partys auf Mauritius waren oft ziemlich wild, aber ich erinnere mich auch gern an ruhige Zeiten mit ihm.

Banger ist sehr musikalisch, und wenn ich ihn besuchte, brachte ich ihn oft dazu, seine Gitarre hervorzuholen, und dann saßen wir auf seiner Veranda und sangen gemeinsam. Er, die Verkörperung meiner unerfüllten Ambitionen, verzieh mir, dass ich keinen Ton traf.

Vorgestern hat er bei einem Zwischenstopp in Kuala Lumpur seinem Sohn eine Stahlsaitengitarre gekauft. Sie liegt nun in seiner Kajüte auf der *Naga Laut*, und gestern Abend beim Essen habe ich ihn gebeten, uns etwas vorzuspielen. Aber er war zu schüchtern und hat sich geweigert.

Cat Stevens und Rodriguez. Ich schreie die Texte heraus, so laut ich kann. Manchmal erinnere ich mich nur an eine einzige Zeile, die ich dann endlos wiederhole.

Mein Hirn versucht, in diesem Chaos Sinn zu stiften, meine unklaren Gedanken wandern mal hier-, mal dorthin. Sie bleiben an meinen Jungs hängen, meinen Freunden auf der *Naga Laut*, die bald bemerken müssten, dass ich nicht mehr an Bord bin. Ich denke an unseren nur wenige Stunden zurückliegenden Aufenthalt in einem Café in Padang, wo wir darauf warteten, an Bord gehen zu können. Unsere Aufgekratztheit, die erregten Gespräche, das Gelächter. Zehn grüne Flaschen. Ich denke an das Foto, das die Kellnerin von uns gemacht hat, wie wir hinter den Bierflaschen posierten, die wir wie Wachposten aufgereiht hatten.

Zehn grüne Flaschen, die hängen an der Wand,
Zehn grüne Flaschen, die hängen an der Wand,
Und wenn mal eine runterfällt …

Ich habe angefangen, das Lied zu summen, ohne mir etwas dabei zu denken, doch der Hohn dieser Zeile trifft mich ins Mark. Sie führt mir die Lächerlichkeit meiner Lage vor Augen. Die Hoffnungslosigkeit. Die Unmöglichkeit.

Ich sehe das Meer um mich, sein schieres Ausmaß. In diesem frühen Morgenlicht verschmilzt in allen Richtungen sein stählernes Grau mit der Dunkelheit in der Ferne, ein eindringlicher und geheimnisvoller Anblick. Ich drehe mich einmal um mich selbst und betrachte fasziniert die Form und Bewegung der Wellen. Sie scheinen mich in sanftem Bogen nach oben zu tragen und dann zu buckeln, um mich wieder abzuwerfen. Wasserspritzer, vom Wind getragen, fühlen sich in meinem Gesicht an wie Nadelstiche. Das sind Spuren von Meersalz auf meiner Haut, nicht das Salz meiner Tränen.

Du weinst immer noch nicht …

Das ärgert mich. Ich sehe Anitas lachendes Gesicht vor mir, doch selbst der schreckliche Kummer, der mich dabei übermannt, bringt keine Tränen. Wie um die Erlösung zu erzwingen, stimme ich »Words« von den Bee Gees an. Ich bin sehr anfällig für Schnulzen.

Der Text evoziert schnappschussartige Erinnerungen an scheinbar unwichtige alltägliche Kleinigkeiten: Anita, die den Kaffee genau so zubereitet, wie ich ihn mag. Wie Zara sich die Haare frisiert. Die Soundeffekte, die Jamie auf meinem iPad produziert, wenn er damit herumspielt, weil er denkt, ich sehe es nicht.

Ich muss wieder an meinen Vater denken und an das Lied »Old Man« von Neil Young, das mir, als ich ein Teenager war, eine Zeitlang wie eine Hymne auf ihn vorkam. Ich konnte es damals auf der Gitarre spielen und hatte den Eindruck, es handele von meiner Beziehung zu meinem Vater. Insgeheim sehnte ich mich vermutlich nach seiner Zuneigung.

Zigmal singe ich das Lied und suche dabei den Himmel ab. Verstehe ich ihn nun ein wenig besser, da ich manche seiner Ängste nachvollziehen kann?

»Hey, Bally«, rufe ich nach ihm, »bist du da irgendwo? Kannst du mich sehen?«

Ich möchte, dass er mir ein Zeichen gibt.

Ich steige und falle mit den Wellen und versuche, mich auf dem Rücken treiben zu lassen. Es ist eine große Erleichterung, dass die Schaumkronen nicht mehr in mein Gesicht klatschen. Mich treiben zu lassen heißt, dass meine Gliedmaßen sich erholen können.

Nach wie vor springen meine Gedanken hin und her, sind wie Kegel, die fallen und in alle Richtungen rollen.

Eine Erinnerung aus meiner Kindheit: Meine Mutter treibt auf dem Rücken liegend im Schwimmbad von Westville, das mir damals riesig vorkam. Heiter und souverän gleitet sie über die Oberfläche, wie ein Krokodil. Als Kind versuchte ich, sie nachzuahmen, aber meine bleischweren Beine zogen mich nach unten. Ich habe es nie hinbekommen, mich treiben zu lassen.

Genauso ist es jetzt. Das Meer ist wie flüssiges Quecksilber, seine Anziehungskraft überwältigend. Ich kann Kopf und Beine nicht ausbalancieren, weswegen ich sofort untergehe. Das Wasser zieht mich hinab und dringt in Mund, Nase, Ohren. Heftig strampelnd und hustend drücke ich mich wieder nach oben.

Ich wechsele wieder zum Wassertreten, beschreibe mit Armen und Beinen kleine Kreise.

Obwohl das Wasser warm ist, kriecht mir Kälte bis in die Knochen. Meine Arme und Beine fühlen sich geschwollen und arthritisch an. Wie lange kannst du so weitermachen? Der Gedanke überfällt mich blitzartig, schon ist meine Gelassenheit wie weggeblasen, und ich kehre zurück an jenen dunklen Ort, wo ich begonnen habe.

Ich werde hier draußen sterben.

Meine Gedanken verdüstern sich wieder.

Meine Güte, Brett, sei doch mal realistisch! Wer, verdammt nochmal, soll dich hier sehen? Hier ist einfach kein Schwein unterwegs!

Unausweichlich lande ich beim immer gleichen Gedanken: Wie wird der Tod kommen? Ich will nicht panisch werden und um mich schlagen, heulen, schreien und dagegen ankämpfen, wenn es so weit ist.

Ich habe einen Kloß im Hals.

»Bitte versprich mir, dass es schnell geht«, flehe ich Gott, die Natur, sogar meinen eigenen Körper an.

Sing! Sing doch! Fang wieder an zu singen, befehle ich mir. Ich gehe zu ein paar Versen aus »Du großer Gott« über und brülle dann mehrfach »Der Herr ist mein Hirte«.

Unvermittelt erscheint das Bild eines langjährigen geschäftlichen Erzfeindes in meinem Kopf.

Um Himmels willen, warum jetzt? Warum ausgerechnet hier?

Es handelt sich um einen Mann, den ich zutiefst hasste, der jahrelang ein Stachel in meinem Fleisch war.

Meine Laufbahn in der Reisebranche begann als Kunde des Johannesburger Lizenznehmers einer weltweit agierenden Firma. Man überzeugte mich, in der Südafrika-Abteilung des damaligen CEO Steve anzufangen, der später einer meiner engsten Freunde werden sollte. Aus geschäftlicher Perspektive waren diese zehn Jahre die besten meines Lebens. Steve und ich waren ein großartiges Team. Er war ein sehr unorthodoxer Kopf, seine Vision machte aus der relativ kleinen Firma einen der Big Player der südafrikanischen Reisebranche. Wir brachten kühne, riskante Projekte auf den Weg, mit denen wir häufig als Versuchskaninchen für andere Niederlassungen auf der ganzen Welt dienten. Sie schauten sich an, was wir auf die Beine stellten, und übertrugen unsere Strategien dann auf ihre heimischen Märkte.

Nach einiger Zeit rückte ich in den Vorstand auf und bekam Firmenanteile. Doch zugleich machte ich mir einen Feind, der Steve und mir den Erfolg nicht gönnte und uns dafür hasste, wie mir schien. Die Abneigung beruhte auf Gegenseitigkeit.

Irgendwann zettelte er einen meiner Ansicht nach skrupellosen Putsch an, verdrängte Steve, wurde selbst CEO und machte in der Folge den Versuch, die Firma zu verkaufen. Ich war damals verzweifelt, aber auch pragmatisch: Ich war vor allem an meiner Karriere interessiert.

Nach einer längeren Zeit der Intrigen versammelte sich an einem Wochenende schließlich die obere Managementebene im Haus des IT-Chefs, um einen ganzen Samstag lang auszudiskutieren, was zu tun sei. Wir beschlossen, mit dem Käufer unserer Firma in Kontakt zu treten und anzubieten, dem neuen CEO das Vertrauen zu entziehen. Doch als es darauf ankam, bekamen wir kein einstimmiges Votum, da drei Mitglieder des Managements im Eifer des Gefechts ausscherten.

Ich beschloss zu kündigen, denn mir war sofort klar, dass ich nicht länger mit einem Mann zusammenarbeiten konnte, der bei jeder sich bietenden Gelegenheit versucht hatte, mich zu sabotieren. Ich rief ihn gleich an, stieg ins Auto und fuhr zu ihm nach Hause, um es ihm mitzuteilen.

Ich hielt meine vierwöchige Kündigungsfrist ein, bevor ich mich davonmachte. Drei Monate war ich arbeitslos, dann bot mir Steve einen neuen Job in dem Reiseunternehmen an, das er nach seinem Ausscheiden gegründet hatte.

Doch wie ich feststellte, geht das Schicksal oft seltsame Wege. Ein Jahr später bat mich der frisch gekürte Gesamtchef unserer ehemaligen Firma, einen Posten in der internationalen Abteilung zu übernehmen: Ich sollte den Bereich Europa, Naher Osten, Indien und Afrika leiten. Wir kauften die südafrikanische Lizenz zurück, und ich hatte es in der Hand, dafür zu sorgen, dass in der Firma kein Platz mehr für den Mann war, der mir das Leben so schwergemacht hatte. Ich wollte ihn einfach aus meinem Leben verbannen. Er verließ daraufhin Südafrika, und dennoch, obwohl ich schließlich die Oberhand bekommen hatte, trug ich das Feindbild noch jahrelang mit mir herum, und mein Hass wuchs wie ein Krebsgeschwür. So viel Bitterkeit und Groll, eine Wut, die mich lange Zeit innerlich auffraß.

Ich will nicht mit solch unbewältigten Konflikten sterben, beschließe ich jetzt.

»Lieber Gott, hilf mir loszulassen. Hilf mir, ihm zu vergeben.«

Ich spüre die Erleichterung fast unmittelbar, als sei eine schwere Last von mir genommen. Einfach so. Fast kommt es mir vor, als hätte ich nun mehr Auftrieb.

Es war gar nicht so schwer.

Ich bin verblüfft.

Warum hast du das nicht schon vor Jahren getan?

Jahrelang hatte ich mir die Szene eines erneuten Zusammentreffens ausgemalt, sie in meinem Kopf immer wieder durchgespielt. Ich hatte mir vorgestellt, wie ich mich vor ihm aufbaue, ihm gehörig die Meinung pfeife und dann die Faust ins Gesicht schlage. Das kommt mir jetzt völlig absurd vor.

Während ich durch das nach wie vor dampfende, wogende Meer paddele, scheinen alle Geräusche plötzlich zu verstummen, und ich fühle mich seltsam gefasst.

»Ich habe ihm verziehen, Neets«, sage ich laut zu meiner Frau. »Kannst du dir das vorstellen?«

Mental fühle ich mich jetzt sehr erschöpft und überlege, ob ich wieder zu zählen anfangen soll, doch die Vorstellung, strukturiert denken zu müssen, entmutigt mich auf einmal. Ich glaube nicht, dass ich dazu noch in der Lage bin.

Der Soundtrack von »Im Rausch der Tiefe« erklingt in meinem Kopf, Delphingeschnatter inklusive.

Werde ich langsam verrückt?

Diese Befürchtung ist nicht so weit hergeholt.

Der Film hat mich stark beeindruckt, als er Ende der achtziger Jahre ins Kino kam. Er führte mir die Doppelnatur des Meeres vor Augen: dass es gefährlich und tödlich sein, aber auch Frieden, eine Art Erlösung bringen kann. Hier und jetzt verspüre ich trotz der turbulenten Wellen und des Windes eine stoische Resignation.

Du bist bereit. Du kannst jetzt sterben.

Ich habe den Eindruck, es akzeptieren zu können. Es fühlt sich richtig an, dass es im Meer passieren wird.

An dem Ort, den du liebst.

Ich versuche, mich sinken zu lassen. Ich kann hier bewusst einen Schlussstrich ziehen, denke ich. Ich kann es beenden, bevor es richtig hässlich wird.

Ich öffne die Augen, blicke in den grauen, trüben Abgrund unter mir. Ein heftiger Schmerz pocht hinter meinen Augäpfeln. Es brennt höllisch.

Das kannst du nicht tun! Du kannst Anita, Zara und Jamie nicht so im Stich lassen!

Als hätte mir jemand von hinten einen Schlag versetzt, schießt mir die tragische Geschichte einer Freundin durch den Kopf. Ich denke an diese Frau und versuche, mich zu erinnern, was sie uns erzählt hat. Ihr jüngster Sohn wollte sich nach Abschluss der Uni ein Jahr frei nehmen, um Asien zu bereisen, und war nach Singapur geflogen. Dort stieg er in ein Flugzeug nach Nepal. Das Flugzeug stürzte ab, alle an Bord kamen ums Leben.

In ihrer Trauer reiste die Familie mehrmals nach Nepal, um dem Unglück auf den Grund zu gehen. Sie zogen die Polizei und Privatdetektive hinzu und brauchten doch unendlich lange, um Teile seiner Leiche zu finden, die sie schließlich bestatten konnten. Ich musste immer wieder an den Ausdruck in den Augen unserer Freundin denken, wenn sie von ihrem Sohn erzählte. Dieser leere Blick, aus dem ihr Verlust sprach. Sie hat sich nie ganz davon erholt. Wer kann sich schon jemals vom Verlust eines Kindes erholen?

Shirls, liebe wunderbare Mutter, es tut mir so unendlich leid.

Wild strampelnd tauche ich wieder an die Oberfläche. Das Salzwasser frisst sich in meine Augen. Ich will nicht, dass meine Familie das Gleiche durchmachen muss. Ich will nicht, dass sie sich den Rest ihres Lebens fragen müssen, was mir zugestoßen ist.

Dann trifft mich ein neuer Gedanke wie ein Schock: Was, wenn meine Lebensversicherung ohne einen Leichnam nicht zahlt? Ich erinnere mich, von Fällen gelesen zu haben, in denen es mindestens sieben Jahre dauerte, bis ein Unfall als solcher anerkannt wurde.

Es würde Fragen geben, alle möglichen Theorien, was passiert sein könnte, auch Spekulationen, dass ich mit Absicht gehandelt hätte. Ich und Suizid? Diese absurde Vorstellung befeuert mich: Meine Kinder müssen wissen, was mit ihrem Vater geschehen ist. Und meine Mutter, meine Schwester, mein Bruder … meine Frau. Sie können nicht durchs Leben gehen, ohne zu wissen, wie ich gestorben bin.

Begib dich nicht auf diesen Pfad. Das zieht dich mental nur runter. Du musst am Leben bleiben, bis das Boot zurück ist. Du musst.

7.30–8.30 Uhr
Die sechste Stunde im Wasser

Ich habe mich für das Leben entschieden. Das heißt, dass für Selbstmitleid kein Platz ist. Keine Zweifel mehr, keine Gewissensbisse. Kein Schwanken mehr, keine Unsicherheit. Mein Ziel ist es, am Leben zu bleiben, bis das Boot zurück ist. Von diesem Moment an, schärfe ich mir ein, darf ich gar nicht mehr daran denken, dass dies vielleicht nicht geschehen könnte. Es ist ein Sieg über die Angst.

Ich stelle mir vor, wie die Jungs auf dem Boot aktiv werden. Sobald sie feststellen, dass ich nicht an Bord bin, vermutlich beim Kaffee in der Kombüse, werden sie umdrehen, um mich zu suchen. Sie werden nicht panisch werden, sie werden nicht ratlos sein, was zu tun ist. Sie werden sich organisieren. JM, Ridgy, Banger, Tony, Snowman – sie alle kennen solche Surftrips und können die Lage einschätzen.

Ich stelle mir die einzelnen Gesichter vor.

»Weyne«, sage ich und denke dabei an unsere Unterhaltung gestern Abend. »Es tut mir so leid, Kumpel. Das ist dein erster Surftrip und dein fünfzigster Geburtstag! Seit Jahren könnten wir zum ersten Mal wieder Zeit mit dir zusammen verbringen, und jetzt ist alles ruiniert. Verdammte Scheiße ...« Ich schwöre, mich höchstpersönlich bei ihm zu entschuldigen.

Welcher Hohn, wenn ich bedenke, dass ich die Reise beinahe gar nicht angetreten hätte. Meine Firma Awnmaster verursacht gerade so viel Stress und Probleme, dass es mir eigentlich unvernünftig erschienen war, ausgerechnet mitten in der Krise zu verschwinden. Ich hatte

JM und Tony vor ein paar Tagen angerufen, um ihnen mitzuteilen, dass ich nicht mitfahren würde.

Es war Anita, die mich dann doch dazu überredet hat. »Du musst mal rauskommen«, sagte sie eines Abends im Bett zu mir. »Die Mentawais sind dein Sehnsuchtsort. Du musst mitfahren, du musst dieses warme Meer genießen. Du musst dir diese Zeit mit deinen ›Brüdern‹ gönnen.«

Ironie des Schicksals – es gelingt mir sogar zu schmunzeln. Ja, ich wollte ins Meer, aber doch nicht so. Hätte ich wegen Awnmaster auf die Reise verzichtet, wäre ich jetzt nicht hier draußen.

Vom Regen in die Traufe.

Mein Hirn arbeitet auf Hochtouren, es ist aufgewühlt wie das Wasser rundum. Noch immer werfen mich die Wellen hin und her, und auch wenn sie beim Heranrollen nicht mehr über mir zusammenschlagen, weht mir der Wind eine feine Gischt ins Gesicht, die mir die Sicht vernebelt und mir in die Nase steigt. Es fühlt sich an, als hätte meine Kehle ein Loch.

Unablässig zähle ich meine Atemzüge, meine Schwimmzüge. Sie geben meinem Hirn den Takt vor.

Die unruhige See verhindert nach wie vor, dass ich weiter als zehn Meter sehen kann. Der Sprühregen beeinträchtigt überhaupt mein Sehvermögen – was vermutlich ein Segen ist. Ich möchte meinem Verstand erst gar nicht die Gelegenheit geben, über die realen Gegebenheiten nachzudenken: die aufgewühlte See, deren immense graugrüne Weite sich um mich ausdehnt, der über mir gähnende graue Himmel, die zunehmende Taubheit und Steife meiner Gelenke.

Eine Zeitlang ist mir nicht einmal bewusst, dass ich schwimme. Mein Hirn steuert meinen Körper. Ich muss es einfach am Laufen halten. Ich werde mir etwas einfallen lassen müssen.

Wie in diesem Film ...

Wieder so ein alberner, willkürlicher Gedankenblitz. Wie war noch mal dieser Film mit Tom Hanks? Über diesen Typen, der auf einer unbewohnten Insel gestrandet ist. Ich habe sein bärtiges Gesicht am Ende des Films vor Augen, und seinen abgemagerten Körper. Er hat auch mit sich selbst geredet, wie ich, und mit diesem dämlichen Ball

namens Wilson. Ich weiß nicht mehr genau: Ist er verrückt geworden?
Crusoe?
Überlebender?
Er hat überlebt ... das weiß ich jedenfalls noch. Aber es dauert mehrere Minuten, bis ich den Filmtitel aus der hintersten Ecke meines Gedächtnisses hervorkramen kann: »Verschollen«!
Ich schicke einen Jauchzer gen Himmel, schreie in die Sturmwolken, als hätte ich gerade im Lotto gewonnen. Die kleinsten Kleinigkeiten fühlen sich plötzlich wie ein Riesenerfolg an.
»Warum habe ich keinen Wilson, lieber Gott? Oder ein Floß?«
Ich muss an den Film »Life of Pi – Schiffbruch mit Tiger« denken, der gerade erst in die Kinos kam. Ich habe ihn noch nicht gesehen, aber ich weiß, dass er von einem Mann handelt, der über Bord geht, als sein Schiff sinkt. Alle schwärmen von dem Film. Er treibt dann zusammen mit einem Tiger auf einem Floß. Eine Wahnsinnsgeschichte!
Wenigstens war er nicht allein!
Mit den Augen suche ich die über und neben mir zusammenschlagenden Wellen ab, um etwas zum Festhalten zu finden, und es macht mich sehr wütend, dass ich nichts sehe. Absolut nichts. Nach kurzer Rücksprache mit Bob, Hilary und Emily komme ich zu dem Schluss, dass ich etwas anderes brauche, um mein Hirn zu beschäftigen.
Ich werde daheim aufräumen. Im ganz wörtlichen Sinne. Ich denke an die bevorstehende Renovierung unseres Hauses in Camps Bay. All unsere Sachen sind bereits in Kartons verpackt.
Ich habe eigentlich überall im Haus Bücher, doch die meisten stecken im Augenblick in turmhoch geschichteten Kisten in der Garage. Diese dämlichen Kisten. Es sind Hunderte, und in den letzten Monaten hat es mich wahnsinnig gemacht, dass all unsere Besitztümer darin versenkt sind und verstauben.
Ich denke über die Bücher nach: die vielen Bücher, die ich im Laufe meines Lebens gekauft und gelesen habe. Wie viele ich besitze. Ich wollte immer eine Bibliothek in meinem Zuhause haben. Wir hatten eine ganze Bücherwand in dem Haus, in dem ich groß geworden bin, und bis ich zwölf war, hatte ich mich hindurchgelesen.

Ich will in unserem neuen Haus eine Bibliothek. Ich will meine Bücher auspacken, sie alphabetisch geordnet ins Regal stellen und alle noch einmal lesen. Ich stelle mir jetzt vor, wie ich die Kartons durchgehe. Ich bin ein solcher Erbsenzähler, dass ich die Bände alphabetisch sortiert hineingepackt habe. Im Geiste packe ich sie jetzt wieder aus und gehe sie ganz langsam, Stück für Stück, durch. Ich fange bei A an. Ich visualisiere die Titel, überlege, wer sie geschrieben hat, und katalogisiere sie wie ein imaginärer Bibliothekar. Ich zähle jedes einzelne Buch, indem ich seinen Titel mit einem weit ausholenden Brustschwimmzug kombiniere. Ich höre mit dem Wassertreten auf, als mein Gedächtnis keine einzelnen Titel mehr reproduzieren kann, zähle aber weiter die Bücher, von denen ich weiß, dass sie noch in den Kisten sein müssen – ich weiß genau, wie viele es sind, weil ich die Kisten durchnummeriert habe. Beim abschließenden Addieren komme ich auf knapp zweitausend Bücher.

Ein Brecher kommt überraschend aus dem Nichts und klatscht mir ins Gesicht. Besser, ich schwimme wieder.

Während ich mich erneut in Bewegung setze, stelle ich eine Kopfrechnung an: Zweitausend Bücher zu durchschnittlich 200 Rand pro Buch, das bedeutet, dass ich ungefähr 400 000 Rand (umgerechnet etwa 28 000 Euro) für Bücher ausgegeben habe.

Eine Summe, die unserem Renovierungsbudget sehr guttun würde … du hättest die Bücher auch einfach in der örtlichen Bibliothek ausleihen oder runterladen können. Verrückte Gedanken, sie erscheinen so irrelevant, aber mein Verstand braucht eine neue Aufgabe.

Das Gleiche gilt für meine CDs. Ich muss etwa dreitausend davon besitzen, auch sie habe ich alphabetisch geordnet. Ich stelle mir die von mir per Hand beschrifteten Kartons vor und denke daran, dass ich die CDs zum Teil nach Musikgenres sortiert habe.

Ich wiederhole meine Übung mit den CDs. Ich zähle all die Plastikhüllen durch, die zu wackligen Stapeln getürmt, weggeräumt und dem Vergessen anheimgegeben sind. Was für eine verdammte Verschwendung!

Mein Frust ist dumm und völlig fehl am Platz, aber die Aufgabe beschäftigt mich und hindert mich daran, an irgendetwas anderes zu denken. Ich bin fest entschlossen, meine Gedanken nur zu sicheren Themen wandern zu lassen, die ich im Griff habe. Ich möchte keinesfalls, dass sie sich über meine Fingerspitzen hinauswagen in dieses unvorstellbar tiefe Nichts.

Ich weigere mich, über die Zeit nachzudenken, über die monotonen Stunden, die noch zwischen mir und der Rückkehr des Bootes liegen. Ich weigere mich, der Angst Raum zu geben.

Stattdessen treffe ich eine Entscheidung: Wenn ich zurückkomme, werde ich meine Musik elektronisch speichern und die CDs wegwerfen. Und ich werde die ganzen verdammten Bücher verkaufen.

Auf der *Naga Laut*, im Hafen von Tua Pejat, Sipura
9.16 Uhr

»Wer hat Brett als Letzter gesehen?« JM sieht jedem Mann in der Kombüse einzeln ins Gesicht. »Wir müssen herausfinden, zu welcher Zeit er über Bord gegangen sein kann.«

Der Esstisch dient nun der Lagebesprechung, und die Männer sind darum versammelt wie Generäle, die einen Angriff planen. Ridgy ist oben auf der Brücke gewesen, um herauszufinden, wie das Navigationsgerät des Kapitäns funktioniert, hat es aber für unzuverlässig und ungeeignet befunden.

Stattdessen hat er Yanto um die verfügbaren Seekarten für das Gebiet gebeten und breitet sie nun auf dem Tisch aus. Mit Pilotenlizenz und Bootsführerschein traut er sich zu, den Bereich zu berechnen, in dem Brett wahrscheinlich ins Wasser gefallen ist.

»Brett und ich hatten gestern Abend an Deck noch einen Schlummertrunk, als ihr alle schon im Bett wart.« Weynes Stimme klingt angespannt, als er die Ereignisse rekapituliert. »Aber als das Meer anfing, verrückt zu spielen, sind wir runtergegangen, das war so gegen Mitternacht, denke ich. Ich jedenfalls bin runtergegangen. Ich dachte, dass Brett gleich nachgekommen ist.«

Weyne fühlt sich miserabel. Insgeheim plagen ihn Schuldgefühle, weil er davon ausgeht, dass er Brett als Letzter gesehen hat. Er macht sich Vorwürfe, weil er nicht überprüft hat, ob sein Freund tatsächlich hinter ihm die Treppen heruntergestiegen und sicher in seiner Kajüte gelandet ist.

Deshalb verspürt er eine ganz und gar eigennützige Erleichterung, als Banger verkündet, dass er danach noch mit Brett zusammen war.

»Uns war in unseren Kajüten so übel, dass wir an Deck gegangen sind, um frische Luft zu schnappen. Ich lag dort draußen auf der Bank und habe in einen Eimer gekotzt. Auch Brett war furchtbar schlecht. Er hat sich an der Seite über die Reling gebeugt.«

Weyne erkennt sofort das Schuldbewusstsein in Bangers Gesicht, das sich automatisch einstellende Gefühl, die Verantwortung zu tragen, ein quälender Gedanke, der nicht ausgesprochen wird.

Banger ist unsicher, was den Zeitpunkt betrifft. »Es könnte gegen drei oder vier Uhr gewesen sein.« Er ist blass. »Ich weiß es nicht.«

»Ich habe ihn auch oben gesehen«, meldet sich Ridgy als Letzter zu Wort. »Mir war nicht übel, ich bin nur aufs Oberdeck gestiegen, um nach euch zu sehen. Brett hat sich über die Backbordseite gebeugt und übergeben. Ich habe ihn gefragt, wie es ihm ginge, und er antwortete: ›Gar nicht gut, Boss. Mir war schon lange nicht mehr so schlecht.‹«

»Was hatte er an? Hatte er überhaupt was an?« Niall denkt praktisch.

»Shorts. Ich glaube, er hat sich auch ein T-Shirt angezogen.« Banger reibt sich die Augen und runzelt die Stirn.

»Das waren Shorts von Bad Boy.« JM erinnert sich an die Marke, weil er in Durban einen Großhandel für Surfbekleidung betreibt. Er hat Brett die Shorts geschenkt.

»Es ist da draußen gerade verdammt kalt.« Banger weist mit dem Kopf Richtung Tür.

»Ja, aber Gott sei Dank ist das Wasser warm.« Craig denkt laut nach. »In Kapstadt sähe die Sache anders aus …«

Die Überfahrt von Padang zu dem sicheren Ankerplatz bei Tua Pejat ist mehr oder weniger eine Gerade. Um den ungefähren Ort zu bestimmen, hebt Ridgy die Karte, knickt und faltet sie entsprechend dem ungefähren Kurs. Er bezieht die Abfahrtszeit in Padang und die Ankunft in Tua Pejat in seine Berechnung ein.

»Die halbe Strecke ist ungefähr hier«, sagt er und deutet mit der Spitze eines Stifts ein Rechteck in der Mitte der Meerenge an. »Um halb drei, als ich ihn gesehen habe, waren wir ungefähr hier.« Er kreist den Punkt mit dem Stift ein.

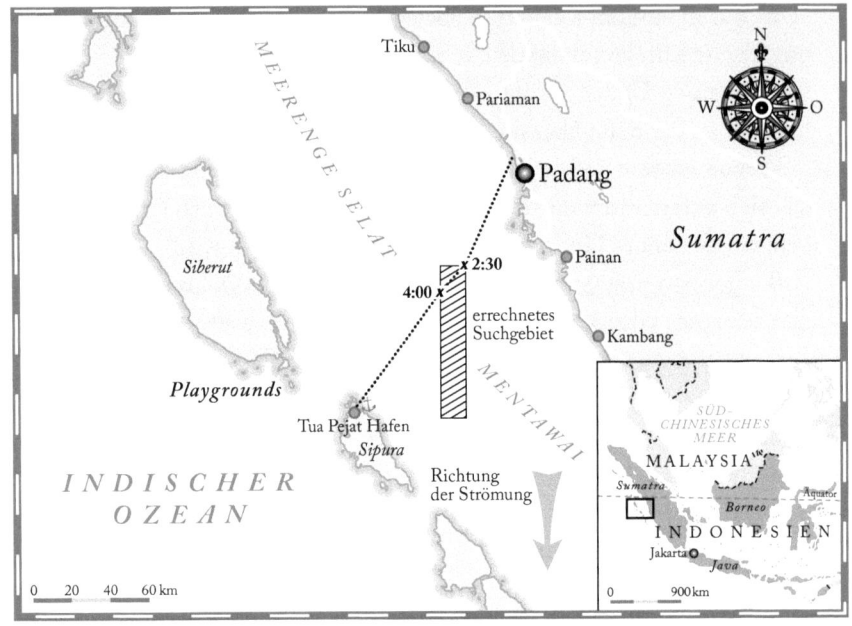

»Es könnte auch später gewesen sein. So um vier Uhr etwa«, wirft Banger ein.

»Na gut, vier Uhr wäre ungefähr hier.« Ridgy zieht noch einen Kreis. »Der Kreis für 2.30 Uhr ist der Worst Case. Dann wäre er am weitesten von uns entfernt.« Er sieht die angespannten, ernsten Blicke der anderen, die alle auf die Karte gerichtet sind.

»Dann ist er jetzt bereits fünf bis sieben Stunden im Wasser«, erwidert Snowman finster.

»Yanto!« Ridgy ruft nach dem jungen Mann, der sich in den Gang zurückgezogen hat. »Wie sieht es hier mit der Strömung aus?«

»Strömung?« Yantos Gesicht ist starr vor Anspannung.

»Der Kapitän müsste es wissen«, meint Craig, »er ist schließlich täglich hier unterwegs. Verdammt blöd, dass er jetzt nicht auf dem Boot ist.«

»Strömung ist zwei Knoten. Richtung Süden«, sagt Yanto leise.

Ridgy saugt am Stift herum, während er über den Einfluss der Strömung nachdenkt. Durch das Fenster der Kombüse mustert er den grauen Himmel und den Regen, der an der Scheibe herunterläuft.

»Wir müssen auch den aktuellen Wellengang und die Wetterbedingungen mit einbeziehen …«, spricht Niall Ridgys Gedankengang aus.

Langsam zeichnet Ridgy ein rechteckiges Raster auf die Karte. »Hier. Das ist unser Suchgebiet.«

Die Männer brauchen ein bisschen, sie sind immer noch ziemlich verstört und wollen nicht recht glauben, dass ihr Urlaub ruiniert ist. Auch wenn sie an unterschiedlichen Orten Südafrikas und der ganzen Welt verstreut leben, sind sie alle Surfer – die Komplexität des Meeres ist ihnen vertraut. Sie schätzen seine Stärke, seine Schönheit, seine Schätze, doch sie wissen auch um seine Gefahren und Tücken. Das eigene Verhältnis zum Meer, das weiß jeder Surfer, muss man sorgsam ausbalancieren zwischen Faszination und gehörigem Respekt. Und jetzt ist ihr Freund dieser gefährlichen Dynamik ausgeliefert und schwimmt hoffentlich um sein Leben.

JM bricht das Schweigen und spricht aus, was alle denken: »Wir müssen Anita informieren. Und Bretts Mutter.«

»O Gott …« Tony fährt sich mit der Hand über seinen frisch geschorenen Kopf. Brett war mit dem Rasierer drübergegangen, während sie einen Sundowner getrunken hatten, nachdem sie am Abend zuvor an Bord gegangen waren. Sie alle müssen nun an Bretts Familie denken, seine Frau, mit der er seit zehn Jahren verheiratet ist, und seine beiden Kinder. Sie wissen, dass sie auch seiner Mutter Shirley und seinen Geschwister Sandra und Greg Bescheid geben müssen.

»Andererseits«, schiebt JM schnell nach, »weiß ich nicht, ob wir es Anita jetzt schon sagen sollten. Lasst uns erst versuchen, ihn zu finden.«

»Da stimme ich zu«, sagt Niall.

»Verdammt nochmal, nein!« Ridgy klingt ungeduldig und aufgebracht. »Wir müssen es ihr sagen, egal, wie schwer uns das fällt. Sie muss wissen, was passiert ist. Wir können nicht drei, vier Stunden warten und dann fragt sie: ›Warum habt ihr mir nichts gesagt?‹«

»Du hast recht«, antwortet JM mit ruhiger Stimme. Streit will er auf jeden Fall vermeiden. Auch die anderen Männer nicken zustimmend.

»Das wird ein schwieriger Anruf ...« Banger scheint nach den richtigen Worten zu suchen.

»Und was sollen wir ihr sagen? Wir wissen ja nicht mal, was genau passiert ist«, gibt Niall zu denken.

»Dann sagen wir ihr das, genau das. Dass wir nicht wissen, was passiert ist, aber denken, dass Brett über Bord gegangen ist«, antwortet Ridgy.

»Aber es ist furchtbar, so was am Telefon zu erfahren. Jemand sollte es ihr persönlich sagen.«

»Wenn wir Anita informieren, dann sollten wir Louise bitten, das zu übernehmen«, ergreift der eigentlich eher wortkarge Craig das Wort. Seine Frau sei stark, erklärt er ihnen, sie werde direkt und doch einfühlsam sein. »Außerdem wohnen wir auch in Camps Bay, sie ist ganz in der Nähe.«

»Okay, ich bitte Lulu, sie zu begleiten«, sagt Ridgy, überzeugt, dass seine Frau in einer solchen Situation eine wichtige Stütze sein kann.

»Und solange wir noch Handyempfang haben, stelle ich es auf Facebook. Wir müssen das bekanntmachen, alle informieren, dass Brett über Bord ist.« JM kann die neue Tatkraft in der Gruppe spüren.

»Aber mach das nicht, bevor Anita Bescheid weiß. Es wäre schrecklich, wenn sie es auf diesem Weg erfährt, bevor unsere Frauen bei ihr waren«, gibt Craig zu bedenken.

»Hört mal, in Südafrika ist es noch mitten in der Nacht. Wir müssen noch ein paar Stunden abwarten ...«

Es ist nun schon bald Vormittag. Die Männer warten auf den Kapitän, und die Zeit verrinnt dabei quälend langsam. Sie wollen mit der *Naga Laut* so schnell wie möglich wieder aus der geschützten Bucht hinaus aufs offene Meer.

Während die Südafrikaner ihre finsteren Vermutungen angestellt und ihre Rettungsaktion geplant haben, hat die indonesische Crew das Boot für die Rückfahrt fertig gemacht. Sie sind niedergeschlagen, ja verzweifelt, und definitiv wenig optimistisch hinsichtlich einer Rettung.

»Mensch hält nur drei Stunden im Wasser durch.« Yanto nennt Ridgy die längste Zeitspanne, die seines Wissens jemand bei so einem

Wellengang überlebt hat. Es ist offensichtlich, dass der Crew bei der Vorstellung, wieder raus in den Sturm zu müssen, angst und bange ist. Die Ungeduld der Südafrikaner wächst. Sie sind wütend, weil sie Zeit verlieren, und haben ihren Groll gegen die zögerliche Besatzung kaum mehr im Griff. In dieser brenzligen Situation wird der Ton schließlich schärfer, und Ridgy verliert die Selbstbeherrschung. »Wir fahren wieder raus. Und wir bringen ihn zurück«, bellt er Yanto an.

»Wo, verdammt nochmal, bleibt eigentlich der Kapitän?«, fragt Banger.

»Und wo die verdammte Marine?«, fügt Weyne hinzu. »Uns ist ein Mann über Bord gegangen, und wir sind hilflos. Total auf uns allein gestellt.«

Unten in der Kombüse versucht Craig Killeen, mit dem Satellitentelefon seine Frau Louise anzurufen. In Südafrika ist es 5.30 Uhr, und erst nach mehreren Versuchen und mehrfach unterbrochener Verbindung gelingt es ihm.

»Schatz«, krächzt er, »wir haben ein Riesenproblem. Brett ist verlorengegangen. Er ist nicht an Bord.«

»Wie bitte? Wo ist er denn?« Louises Stimme klingt noch sehr verschlafen.

»Wir vermuten, dass er über Bord gegangen ist. Wir haben keine Ahnung, wieso und wo, aber wir fahren jetzt wieder raus, um ihn zu suchen.«

»Ach du Scheiße! O Gott! Seid ihr sicher? Scheiße …«

»Tut mir leid, dass ich dir das aufhalsen muss, Schatz, aber du musst zu Anita gehen und es ihr sagen.«

»Du meine Güte! Warum denn ich?«

Craig verliert die Fassung. Indem er es seiner Frau mitgeteilt hat, ist diese Nachricht draußen, ist sie Fakt, Realität. Solange sie noch niemanden informiert hatten, hat irgendwie die letzte Bestätigung gefehlt.

»Ich kann es selbst kaum glauben«, sagt er, »aber Brett ist weg.« Er braucht einen Augenblick, um sich wieder zu fangen. »Aber wir kehren um und versuchen, ihn zu finden. Wir werden ihn finden!«

»O Gott!«, sagt Louise noch einmal, als sie das Gewicht der Verantwortung spürt, die ihr gerade übertragen wurde. »Aber ihr werdet ihn finden, Liebster. Und er wird okay sein. Ich gehe zu Anita. Ich geh hin und sage es ihr.«

Einige der anderen versuchen nun, über Handy ihre Ehefrauen anzurufen, aber die Verbindung ist schlecht, und die Anrufe werden immer wieder unterbrochen. Draußen in der Meerenge werden sie auf keinen Fall ein Netz haben, und so bleibt ihnen als einzige Hoffnung das Satellitentelefon und ein Funkgerät mit wenig verlässlichem Empfang.

Tony hat bereits Chantal Malherbe kontaktiert, die Reiseveranstalterin, die die »Zehn-grüne-Flaschen-Tour« und frühere Touren auf Charterbooten, die Tony schon unternommen hat, organisiert hat. Sie leitet ihre Firma zusammen mit ihrem Mann Gideon von Hermanus aus, einer Küstenstadt, die etwa eineinhalb Stunden von Kapstadt entfernt liegt. Sie wird in den kommenden Stunden in Sachen Kommunikation eine entscheidende Rolle spielen.

Ridgy ruft seine Frau Lulu in Rondebosch, einem Vorort von Kapstadt, an. Er bittet sie, sich mit Louise in Verbindung zu setzen und sie nach Camps Bay zu Anita zu begleiten.

»Wir brauchen auch die Küstenwachen- und Notrufnummern für dieses Gebiet und auch für Australien«, erklärt er, womit er wieder einmal seine berühmte Umsicht unter Beweis stellt.

Auch wenn es in Südafrika noch sehr früh am Morgen ist, macht Lulu sich sofort daran, die gewünschten Nummern zu recherchieren, und schickt sie per SMS.

JM ruft Tessa an. Er hat seine Frau zwar schon per SMS über seine Ankunft in Tua Pejat informiert, doch das war, bevor sie festgestellt haben, dass Brett nicht mehr an Bord ist. Die Nachricht enthielt also keinen Hinweis auf die vor ihnen liegenden Schwierigkeiten. Nun ist alles anders.

»Wir haben heute Morgen festgestellt, dass er nicht an Bord ist«, erklärt er Tessa aufgeregt, »aber wir werden ihn finden.«

Tessa ist schockiert: »O Gott, habt ihr Anita Bescheid gegeben?«

»Louise wird das übernehmen, aber sonst können wir es noch niemandem sagen.«

Zufällig ist Tessa mit Barbara, Tonys Frau, zum Frühstück verabredet.

»Sag ihr nichts«, warnt JM sie nochmals. »Gib es nicht weiter, bevor Anita informiert ist. Sie wird Shirley, Sandra und Greg benachrichtigen. Wir dürfen die Sache nicht rausgeben, bevor Bretts Familie Bescheid weiß. Danach können wir überlegen, ob wir es auf Facebook stellen.« Es schüttelt ihn angesichts dieses Gesprächs, und er zieht eine Grimasse. »Und ruf auch Mama und Pierre an. Sie sollen Gebetskreise organisieren. Pierre ist Journalist, er soll es unbedingt an Reuters geben. Hör zu, Schatz, wahrscheinlich bricht die Verbindung gleich ab, und ich weiß nicht, wann wir dann wieder sprechen können. Aber ich gebe dir Bescheid, sobald wir wieder ein Netz haben.«

Ridgy, Niall und Craig haben Yanto davon überzeugt, dass sie nicht länger auf den Kapitän warten können. Also wird die *Naga Laut* gewendet, und sie informieren den Kapitän auf seinem Handy. Er kann ihnen ja im Beiboot hinterherkommen.

Die Motoren werden wieder angeworfen. Ohne weitere Worte nehmen die Männer zügig ihre jeweiligen Posten für die Suche ein. Mit den quälenden Gedanken ist jeder allein.

»Vier steuerbord, drei backbord«, weist Tony die Gruppe an. »Ich komme gleich dazu, ich will vorher noch versuchen, die australische Küstenwache zu erreichen.«

Auch Ridgy klinkt sich aus. Er, der für die Logistik zuständig ist, spürt eine besondere Verantwortung. Er nimmt den Zettel zur Hand, auf dem er die Nummern notiert hat, die Lulu ihm geschickt hat.

Wer eine Regenjacke eingepackt hat, zieht sie jetzt bei der Abfahrt an, denn der Wind bläst wieder heftig, und der Regen kommt von allen Seiten.

Es ist eigenartig kalt geworden.

Als Weyne durch die Kombüse geht, sieht er JM am Tisch. Sie werden gleich kein Netz mehr haben, und JM hat auf seinem Handy einen Text für Facebook getippt. Jetzt starrt er mit leerem Blick aus dem Fenster in den Regen. Weyne sieht, dass dem großgewachsenen Mann Tränen über die Wangen laufen. Er bleibt kurz stehen und legt JM eine Hand auf die Schulter. Keiner sagt ein Wort.

Doch dann verkündet JM sehr entschieden: »Er schwimmt. Ich weiß es. Wir müssen ihn nur finden, bevor ihm die Kraft ausgeht.«

»Wir werden ihn finden«, antwortet Weyne leise. Er geht hinauf zur Steuerbordseite, wo schon Tony, Snowman und Craig Ausschau halten.

Die Männer klammern sich an die Reling des Oberdecks, um dem Wetter standzuhalten. Ridgy ist auf der Brücke und weist Yanto an, sich leicht südlich zu halten. Der Wind sorgt für Kreuzsee, und das Boot stampft und giert, als sie die Bucht verlassen. Die Suchmannschaft an Bord der *Naga Laut* liefert sich einem wilden, tobenden Ozean aus.

8.30–9.30 Uhr
Die siebte Stunde im Wasser

Ich darf mein Zeitgefühl nicht verlieren. Ich beschließe, genauer zu eruieren, wie lange ich schon im Wasser bin, um einschätzen zu können, wann das Boot zurück sein wird. Mein Hirn arbeitet jetzt wieder strukturiert und diszipliniert. Ich fange an, meine Schwimmzüge zu zählen, während ich mich durch die Wellen kämpfe.

Es sind richtige Hochseebrecher. Da muss sich ein neuer Sturm zusammenbrauen. Ich bin sehr beeindruckt davon, wie viel rationaler und pragmatischer ich nun denke. Behäbige Wellen wechseln sich alle paar Sekunden mit heftigeren Wogen ab, die unerwartet in die Höhe schießen. Der nicht nachlassende Wind klingt wie johlende Massen in einem entfernten Sportstadion. Es nieselt wieder.

Ich mache etwa 22 Züge pro Minute. Meine Arme ziehen große, weite Kreise vor mir, allerdings mit flachen Handflächen. Mit meinen immer steifer werdenden Fingern kann ich keine hohle Hand mehr formen.

Ich multipliziere meine 22 Züge pro Minute mal 60: 1320 Züge pro Stunde.

Es muss jetzt so gegen neun Uhr sein, auch wenn ohne sichtbare Sonne meine Schätzung ungenau bleibt. Ich betrachte sie als Basis zur Zählung der Stunden bis Mittag, wenn das Boot zurück sein muss.

Immer mehr schiefergraue Wolken ballen sich über mir zusammen, als konkurrierten sie um einen Platz in der ersten Reihe. In dieser Gegend ziehen Stürme schnell und ohne Vorwarnung auf.

Die See ist vom schweren Sturm der letzten Nacht noch aufgewühlt, was mich zwingt, praktisch jede Minute einmal tief Luft zu holen und durch eine sich überschlagende Welle hindurchzutauchen. Um mehr Kontrolle zu haben und genug Luft zu bekommen, bewege ich mich immer, wenn das Brennen meiner Lunge und die damit einhergehende quälende Atemlosigkeit kurz nachlassen.

Ich bemerke zugleich, dass meine Zunge weiter anschwillt, doch erneut schiebe ich diesen Gedanken ganz bewusst beiseite. Ich bin jetzt darauf programmiert, keinesfalls an Wasser oder Essen zu denken. Indem ich negative Gedanken meide, schütze ich mich vor der Realität.

Stattdessen denke ich an die 850 Kilometer, die ich in den letzten sechs Wochen mit dem Rad gefahren bin. »Bob«, sage ich zu meinem imaginären Angestellten, »wirklich ein Glück, dass wir das Cape-Rouleur-Rennen gefahren sind und unsere Beine noch gut trainiert sind. Wenn wir die Tour geschafft haben, dann schaffen wir das hier auch.«

Das dreitägige Straßenradrennen mit Etappen zwischen 150 und 200 Kilometern pro Tag war mörderisch, insbesondere wegen Sommerhitze und Wind. Ich hatte mich darauf nicht adäquat vorbereitet, sondern hatte einfach Anfang Januar mein Rad rausgeholt und war sechs Wochen lang die Straßen von Camps Bay rauf und runter gefahren. Das waren eher sonntägliche Spazierfahrten als echtes Training.

Das Rennen hätte mich auch fast kleingekriegt, ich war danach fix und fertig. Trotzdem war es mir gelungen, meine körperlichen Beschwerden zu ignorieren und am nächsten Tag wieder aufs Rad zu steigen, um ein 100-Kilometer-Wohltätigkeitsrennen von Franschhoek nach Kapstadt zu absolvieren. Und zwei Tage später fuhr ich auch noch die »Pick n Pay Cape Argus Cycle Tour«, das berühmte 109-Kilometer-Radrennen rund ums Kap.

Nach dem Surfen ist Radfahren meine zweite Leidenschaft. Es ist, wie Surfen auch, eine sehr meditative Angelegenheit. Wenn ich auf dem Rad sitze, gibt es nur noch mich, die Geschwindigkeit und die Beschaffenheit der Straße.

Natürlich habe ich dabei die eine oder andere Schramme abgekriegt. Mein Gedächtnis liefert mir nun unvermittelt die Erinnerung an meinen ersten Unfall. Ich war siebzehn und verbrachte ein Wochenende in unserer Kirche. Ich absolvierte mit meiner Jugendgruppe für wohltätige Zwecke einen Tischtennis-Marathon, und die Vorgabe lautete, dass von Freitagnachmittag um 16 Uhr bis zum Sonntagabend immer acht von uns am Spielen sein sollten.

Während ich Pause hatte, machte ich mich mit dem Fahrrad davon. Wir durften die Kirche eigentlich nicht verlassen, aber ich ging, ohne jemandem Bescheid zu sagen, eine Freundin besuchen, die ganz in der Nähe wohnte.

Als ich den Hügel hinunterflitzte, kam ein Auto mit hoher Geschwindigkeit um die Ecke. Ich hörte quietschende Bremsen und realisierte im Bruchteil einer Sekunde, dass der Wagen mein Rad hinten gestreift hatte. Ich wurde aus dem Sattel und über den Lenker gehoben, und in dem Augenblick, bevor ich auf den Asphalt knallte, sah ich die Gesichter meiner Mutter, meines Vater, meines Bruders und meiner Schwester. Ich riss die Arme hoch, um den Aufprall zu abzumildern, aber mein Gesicht schlug trotzdem auf der Straße auf, und der Rest meines Körpers folgte. Ich schlitterte die Fahrbahn entlang, wobei ich mir die Haut abschürfte.

Ich kniete mich hin, verwundert, dass ich noch lebte, und schaffte es sogar, aufzustehen. Dann rannte ich ins Gebüsch, weil ich die Strafe wegen unerlaubten Verlassens des Tischtennis-Marathons fürchtete. Der Autofahrer verfolgte mich durch zwei Vorgärten, erwischte mich, verfrachtete mich in sein Auto und fuhr mich nach Hause. Ich wurde mit ein paar Stichen genäht und war wieder in Ordnung.

»Also, Bob, da siehst du, wie stark du bist. Ich will aus der Produktion keine Klagen hören.«

Der Wind trägt meine Worte davon. Meine Stimme klingt seltsam und heiser, wie die meines Vaters mit seinem Lungenemphysem im Endstadium.

Ich bin stolz darauf, sehr sportlich zu sein. Auch mit fünfzig bin ich noch fit genug, um die Sportarten zu betreiben, die ich liebe: Surfen,

Radfahren oder Touch Rugby am Strand. Ich habe mich bei physischen Herausforderungen immer auf meinen Körper verlassen können.

Und diesmal wird es nicht anders sein.

Meine Gedanken mäandern durch die Zeit, von der Vergangenheit in die Gegenwart, und manchmal streifen sie auch die Zukunft. Beschäftige dein Hirn, mach weiter so. Ich muss zurückdenken und mich auf meine körperlichen Glanzleistungen konzentrieren, beschließe ich.

Ich erinnere mich an die »Four Peaks Challenge«, die ich 2009 in Großbritannien absolviert habe. Ich war Teil einer vierköpfigen Mannschaft, von der drei Mitglieder die höchsten Berge Schottlands, Englands, Irlands und Wales' besteigen sollten. Den letzten Berg absolvierte das ganze Team, doch als der Fahrer hatte ich in 56 Stunden kaum geschlafen.

Wir starteten an einem Freitag um 16 Uhr. Drei Mannschaftsmitglieder sprinteten zuerst den Ben Nevis in Schottland hoch, das dauerte vier Stunden. Danach fuhr ich uns über Nacht zum Fuße des Helvellyn im englischen Lake District, wo wir um 6 Uhr morgens ankamen. Unser Team kam in dreieinhalb Stunden rauf und wieder runter. Wir mussten den Mount Snowdon in Wales bis 14 Uhr erreichen, wo die Mannschaft drei Stunden für Auf- und Abstieg brauchte. Dann fuhren wir in einem Affentempo zum Hafen von Holyhead, um über Nacht mit der Fähre nach Irland zu gelangen. Wir hatten vier Stunden zu fahren, um den höchsten Berg Irlands, den Carrantouhill, zu erreichen, den wir alle gemeinsam bestiegen. Auf- und Abstieg dauerten noch einmal viereinhalb Stunden.

Dieser Berg hat mich fast umgebracht. Die anderen Läufer waren jünger, und ich war mit Abstand der Schwächste von allen. Ich hatte höllische Schmerzen. Ich erinnere mich, wie ich an einen Punkt gelangte, den ich für den Gipfel hielt, und Rebecca zurief: »Wir haben es geschafft, wir haben es wirklich geschafft!«

Ihren Gesichtsausdruck werde ich nie vergessen. »Brett, wir sind noch nicht oben. Schau mal da rauf!«

Ich drehte mich um und sah, dass es noch weitere 600 Höhenmeter stramm bergauf ging. Mein verzerrter Blick prallte an ungerührten Felsen ab, und mir stiegen Tränen in die Augen. Rebecca schleifte mich hinter sich her, und letztendlich gewannen wir sogar in der Mixed-Kategorie.

Es hatte das Darwin'sche Gesetz gegriffen: Anpassen oder sterben. Und das trifft auch hier zu. Im wahrsten Sinne des Wortes.

Das kurze prickelnde Gefühl des Stolzes angesichts solcher Erinnerungen wird abgelöst von Grübeln und Hinterfragen.

Warum gibst du nicht einfach auf, Brett?

Ich kenne die Antwort.

Es ist etwas, womit ich mich in meinen Coachingsitzungen jahrelang beschäftigt habe. Ich habe eine schreckliche Angst davor zu versagen. Es ist das Urteil, das ich selbst über mich gesprochen habe, und es hat mein ganzes Leben geprägt. Schon als kleiner Junge habe ich mich für belanglose Niederlagen, ganz normale Schwächen und kleinste Fehltritte innerlich gegeißelt. Vielleicht liegt es an einer tiefsitzenden Unsicherheit, dass ich mich ein Leben lang davon habe leiten lassen, was andere von mir denken. Ich habe schon immer gefürchtet, dass die Leute sagen könnten: »Das kriegt er nicht hin.«

Plötzlich erscheint mir das sehr merkwürdig: Ich bin verloren in der endlosen Weite dieses Ozeans und denke nicht über das Sterben nach. Wieder einmal sorge ich mich mehr darum, was die Leute von mir halten könnten, statt mich aufs simple Überleben zu konzentrieren.

Es ist eine andere Angst.

Seit ich fünfzig geworden bin, bin ich weniger selbstkritisch, aber ich denke darüber nach, wie jahrelang all meine Entscheidungen von dieser zermürbenden Motivation bestimmt waren. Ich habe viel zu oft aus Dummheit gehandelt. Oder aus Stolz.

Wie damals, als ich den Comrades-Marathon lief.

Dieser Marathon wird gerne als »größtes Rennen der Menschheit« bezeichnet. Es sind 90 Kilometer zwischen Durban und Pietermaritzburg in der Provinz KwaZulu-Natal. Der Lauf fand erstmals 1921 statt, als 34 Männer damit ihre im Ersten Weltkrieg gefallenen Kameraden ehren wollten.

Heute kommen zu dem Rennen jedes Jahr mehr als 15 000 Läufer aus aller Welt, die sich im Sinne des Sports- und Kameradschaftsgeistes auf der Strecke gegenseitig unterstützen und motivieren. In Südafrika gilt es als extreme Herausforderung.

Irgendwann einmal war ich einige Monate vor dem Lauf in meiner Stammbar im Westville Hotel und prahlte vor ein paar Freunden: »Also Jungs, sooo furchtbar hart kann der Comrades-Lauf auch wieder nicht sein.«

Natürlich wusste ich, dass es weltweit eines der härtesten Rennen ist. Aber als alter Angeber wollte ich sie ein bisschen provozieren. Am Ende des Abends hatten sie einen Kasten Bier gewettet, dass ich die Strecke nicht lebend überstehen würde – eine Kinderei.

Ich hatte nur drei Monate zum Trainieren. Die meisten Läufer nehmen sich dafür ein ganzes Jahr Zeit, und einige der besten absolvieren in dem Jahr nur diesen einen Lauf.

In dieser Zeit entwickelte ich eine geradezu paranoide Angst, den Comrades-Lauf nicht zu schaffen. In meiner Panik, am Ende als der Dumme dazustehen, verließ ich an einem Sonntag zwei Wochen vor dem Rennen das Haus meiner Mutter mit der Absicht, einen Teil der Strecke zu laufen.

Nach fünfzig Kilometern dachte ich: »Jetzt kannst du auch noch zu Ende laufen.« Auf den letzten etwa dreißig Kilometern stellte ich mir vor, dass heute das Rennen wäre. Ich lief am Kricket-Feld in das Stadion von Pietermaritzburg ein, stellte mir vor, wie ich die Ziellinie überquere, während die Massen jubeln und Fahnen schwenken und die Stimmen der Kommentatoren aus den Lautsprechern dröhnen.

Das ist töricht, ich weiß. Während des Laufens ging mir die Titelmelodie von *Chariots of Fire* durch den Kopf, und ich feuerte mich selbst an. Ich war wie ein Sechsjähriger.

Meine Stoppuhr zeigte eine Zeit, die mir fast eine Silbermedaille einbringen würde. Danach hatte ich keine Angst mehr. Ich wusste, dass ich die Strecke bewältigen konnte, was ich zwei Wochen später bei dem Rennen auch bewies.

Diese Freunde haben mir meinen Kasten Bier nie gekauft. Und sie haben mir bestimmt auch nicht geglaubt, dass ich die Strecke in zwei Wochen sogar zweimal gelaufen bin.

»Jetzt bloß nicht größenwahnsinnig werden!« Bobs mürrische Stimme reißt mich aus meinen Gedanken und holt mich zurück in die prekäre Gegenwart.

Nur eine Sekunde später schießt mir ein lähmender Schmerz in beide Beine. Es ist, als würden 1000 Volt der Länge nach durch meinen Körper zucken. Mein Unterkörper wird zu Blei, ich bin völlig paralysiert.

Ein Krampf.

Ich gehe unter wie ein Stein.

Auf der *Barrenjoey*, im Hafen von Tua Pejat, Sipura
10.12 Uhr

»Pak Doris! Pak Doris!«

Es ist der hohe, drängende Ton in Anas' Stimme, der Tony »Doris« Eltherington, Kapitän der *Barrenjoey*, sofort in Unruhe versetzt. Doris steht im leicht erhöhten Steuerhaus seiner 21 Meter langen Stahlketsch und beobachtet, wie drei seiner Chartergäste zusammen mit zwei Crewmitgliedern aus dem Beiboot steigen. Die Männer haben das miserable Wetter für einen Landgang nach Tua Pejat genutzt.

»Das Wetter ist große Scheiße, Leute«, hatte Doris seine westaustralischen Gäste am Morgen wissen lassen, als er in den »Dreamlands« den Anker warf. Sie waren nach nächtlicher Überfahrt im Stockdunklen und bei strömendem Regen im Hafen angekommen. »Da schickt man keinen Hund vor die Tür!«

Er hatte nach einer weiteren Marlboro gegriffen und gesagt: »Heute könnt ihr das Surfen vergessen. Meine Crew muss nach Tua Pejat und uns abmelden, weil wir die Insel morgen verlassen, aber ich denke, ihr solltet euch einfach hier auf dem Boot einen schönen Tag machen. Frühstückt, geht schnorcheln, wenn euch danach ist. Vielleicht wird das Wetter besser, und ihr könnt später noch surfen.«

Drei der neun Gäste, Colin Chenu, Jeff Vidler und Pete Inglis, hatten beschlossen, für eine Stunde in das heruntergekommene kleine Örtchen mitzukommen. Trotz des unablässigen Regens konnten sie diverse Kleinigkeiten einkaufen und ein paar Fotos machen.

Danach hatten sie sich auf der Veranda des schmuddeligen Hafenmeisterbüros wieder mit den Crewmitgliedern, Aneraigo »Anas« Laia und Aroziduhu »Elvis« Waruwu, getroffen. Von der Verandawand blätterte der Anstrich, der die Farbe einer faulenden Papaya hatte. Davor saß der Hafenmeister in seinem Stuhl, rauchte eine Nelkenzigarette und klimperte auf seiner Gitarre herum. Am anderen Ende der Veranda tranken zwei Männer Kaffee und spielten Domino. »In Indonesien lebt man nicht schlecht im öffentlichen Dienst«, witzelte einer der Australier.

Den lebhaften Wortwechsel auf Bahasa kurze Zeit später verstanden sie nicht, aber sein Inhalt schien Elvis und Anas, die von hier waren, sichtlich zu besorgen.

»Warum heizt ihr in diesem Höllentempo mit dem Beiboot rum?«, brüllt Doris seinen beiden Crewmitgliedern entgegen, als sie hastig zu ihm hinaufsteigen. Der ruppige Ton ist für den eingewanderten Australier sehr ungewöhnlich, der den Ruf hat, die Einheimischen fair und respektvoll zu behandeln.

Im Gegensatz zu anderen Skippern ist Doris bekannt dafür, anständige Löhne zu zahlen und seine Mannschaft gründlich zu schulen – er bringt ihnen das Schwimmen, Surfen und Sporttauchen bei –, und er hat den bescheidenen Wahlspruch »Ich bin Tourist in eurem Land«. Das Verhalten eines gestrengen »Kolonialherrn« war nie sein Stil, was wohl auch dazu beitrug, dass er in Indonesien blieb und andere nicht.

Doris Eltherington, ein rauer, harter Bursche aus Queensland, ist einer der erfahrensten Seeleute der Gegend und bei den meisten Einheimischen als genügsamer Lebenskünstler bekannt, vielleicht einen Hauch exzentrisch und wie die meisten Menschen manchmal aufbrausend. Den größten Respekt aber verschafften ihm seine Fähigkeiten im Umgang mit dem Boot und seine Kenntnis der hiesigen Gewässer. Ein wortkarger alter Seebär mit schillerndem Ruf.

Doch zugleich strahlt er noch etwas anderes aus: eine innere Zerrissenheit oder schwer zu definierende Traurigkeit. Den meisten Menschen fällt es schwer, ihn in ein längeres Gespräch zu verwickeln. Es dauert eine Zeitlang, bis er auftaut.

Doris' Stimme ist rau und heiser, was von einem Motorradunfall auf Bali 1999 herrührt, bei dem sein Kehlkopf gequetscht wurde –

aber auch seine sechzig Zigaretten täglich tragen wohl nicht unwesentlich dazu bei. Sein Krächzen ist ebenso sein Markenzeichen wie sein origineller Spitzname Doris, den er als Kind in Queensland verpasst bekam. Mit seinem blonden Wuschelkopf sähe er wie Doris Day aus, wurde er immer gehänselt.

Anas erreicht Doris als Erster: »Notfall, Pak Doris!«, stößt er atemlos hervor (»Pak« ist in der Landessprache die respektvolle Anrede für einen Älteren). Dann überlässt er dem ersten Offizier das Wort.

Elvis kennt Doris schon jahrelang über seinen festen Arbeitgeber John McGroder, ebenfalls ein beliebter australischer Surfcharter-Kapitän und enger Freund von Doris.

»Tony!« Elvis kommt mit weit aufgerissenen Augen und sichtlich aufgelöst ins Steuerhaus. Dass er den richtigen Namen des Kapitäns verwendet, lässt darauf schließen, dass etwas Schlimmes passiert ist.

Doris spricht zwar Bahasa, doch Elvis' Englisch ist besser. »Tony, ein *bule* ist über Bord gegangen. Das hat uns der Hafenmeister eben erzählt.« Als *bule*, wörtlich »Albino«, bezeichnen die Einheimischen die Weißen.

»Was?« Doris fährt herum, als hätte die Neuigkeit ihm einen Schlag versetzt. Ertrinken ist in dieser Gegend zwar nichts Ungewöhnliches, doch dass ein Tourist über Bord geht, hört er in den siebzehn Jahren, die er nun schon auf den Mentawai-Inseln arbeitet, zum ersten Mal, und es schockiert ihn.

»Ja, ein *bule* ist von der *Naga Laut* gefallen. Heute Nacht.«

»Ein Tourist ist über Bord gegangen? Von der *Naga Laut*?« Während Doris Elvis' Aussage wiederholt, verdüstert sich sein Gesichtsausdruck. Nach ein paar Sekunden verwandelt sich die Besorgnis in Bestürzung. »Letzte Nacht? Bist du sicher?«

»Ja, der Hafenmeister hat es uns erzählt. Die Crew der *Naga Laut* hat den Vorfall gerade gemeldet.«

Doris schnürt es die Brust zusammen, das Herz schlägt ihm bis zum Hals. Seine Reaktion ist geradezu explosiv, und damit überrascht er die Westaustralier ein wenig, die gerade an Deck kommen.

»Fuck! Scheiße!«, schreit Doris, als er im Steuerhaus herumwirbelt. »Aber die sind doch gleich da drüben!« Er deutet auf die *Naga Laut*, die etwa 500 Meter entfernt traurig hinter einem Regenvorhang vor sich hinschaukelt. Sie sieht verlassen aus, wie ein Geisterschiff.

Er schnippt seine Zigarette in eine halbvolle Tasse kalten Kaffee und schaltet das Funkgerät ein.

»*Naga Laut, Naga Laut, Naga Laut.* Hier *Barrenjoey, Barrenjoey.* Verstanden? Verstanden?«

Lautes Rauschen kommt aus dem Lautsprecher über Doris' Kopf.

»Verdammt, was treiben die denn da?«, fragt er sich und starrt in Richtung des Bootes. Er kennt den Besitzer, einen hier lebenden Italiener, aber nicht den aktuellen Kapitän oder die Crew.

»*Naga Laut, Naga Laut.* Hier *Barrenjoey.* Doris hier.«

»Oh, Pak Doris!« Die Stimme über Funk ist kaum zu hören. Draußen nimmt der Regen wieder an Stärke zu, und Wasser läuft in Strömen über die Windschutzscheibe. Die *Naga Laut* sieht in dem Wolkenbruch aus wie ein Schmutzfleck.

»Wer ist da?«, brüllt Doris in das Mikrophon. Seine Hände zittern, er ist wütend.

»Hier ist Yanto.«

»Was ist denn bei euch los, Yanto?« Der Satz klingt wie ein langgezogenes Knurren.

»Ach, *bule* im Wasser, Pak Doris.« Die Panik in Yantos Stimme ist unüberhörbar.

»Wo denn? Wann ist das passiert?«, scheint Doris durch die Sturzbäche auf der Scheibe hindurch Richtung *Naga Laut* zu schreien.

Darauf ergießt sich ein hysterischer Wortschwall auf Bahasa aus dem Lautsprecher. Völlig unverständlich. Ohne die *Naga Laut* aus den Augen zu lassen, dreht Doris sich zu Elvis um und drückt ihm das Mikrophon in die Hand.

»Ich verliere ihn gleich. Und versteh kein verdammtes Wort, Kumpel. Sprich du mit ihm Indonesisch. Und versuch rauszufinden, bei welcher Länge und Breite sie glauben, ihn verloren zu haben. Wir müssen wissen, wo auf der Überfahrt von Padang es passiert ist.«

Während Elvis laut und schnell in das Gerät spricht, fummelt Doris an seiner Zigarettenschachtel herum und fällt ihm dann ins Wort: »Frag sie, warum sie hier sind. Warum sind sie nicht draußen und suchen den Kerl? Warum, verdammt nochmal, sind sie denn noch hier? Es wird zu spät, um rauszufahren.«

Für die Männer um ihn herum sieht es aus, als würde Doris gleich durchdrehen. Er rennt in dem Steuerhaus auf und ab wie ein wild gewordenes Tier und knurrt in sich hinein.

Elvis legt auf. »Er sagt, dem Mann war schlecht. Hat über die Reling gekotzt. Ist Südafrikaner. Ist gegen drei Uhr passiert.«

»Hat er dir die Koordinaten gegeben?« Doris macht drei Schritte auf Elvis zu, der mit einem stumpfen Bleistift bereits die von der *Naga Laut* vermuteten Koordinaten des Unglücksorts notiert. Doris greift gleichzeitig nach dem Mikrophon, um den Hafenmeister anzurufen.

»Hier Tony Eltherington. Auf der *Barrenjoey*. Sie müssen rausfahren und den Kerl suchen!« Eine Einleitung oder Begrüßung spart er sich, schreit einfach die Aufforderung in sein Funkgerät. Die Lautstärke ist nun auf 10 gestellt, so dass das Gespräch ganz deutlich zu hören ist.

Die Antwort, die durch das Steuerhaus hallt, klingt reichlich gelangweilt: »Wetter ist zu schlecht.«

Doris ist nicht in der Stimmung, so diplomatisch zu verhandeln, wie es in dieser Situation normalerweise nötig wäre.

»Nichts da, mein Lieber. Er wird immer noch auf See vermisst. Also rufen Sie gefälligst die SAR, die Jungs von der Marine, die TNI.« SAR ist der Rettungsdienst, TNI die indonesische Armee. »Ihr Boot ist da draußen, ein SurfAid-Boot ankert auch hier. Wir brauchen Schnellboote. Die haben alle Doppelmotoren, damit könnten wir viel schneller sein.«

»Zu viel Sturm. Wetter ist zu schlecht.«

Diese gereizte Erwiderung bildet den Schlusspunkt des Gesprächs. An einem lauten Klicken hört man, dass das Funkgerät abgeschaltet wurde. Die Reaktion des Hafenmeisters belegt wieder einmal das unerschütterliche Phlegma der indonesischen Bürokratie, die Doris inzwischen nur allzu gut kennt.

Schweigend, mit aufeinandergepressten Zähnen und zusammengekniffenen Augen, dreht er sich der Insel Sipura zu. Er weiß, dass die

Behörden den Vorfall ignorieren werden. Sie reagieren nur auf große Katastrophen, einen Vulkanausbruch oder Tsunami, und selbst dann ist ihr Einsatz in der Regel schlecht organisiert und ineffizient. In einem Notfall wie diesem bleibt es üblicherweise Hilfsorganisationen und anderen Surfcharterbooten überlassen, Hilfe anzubieten und Rettungsaktionen zu organisieren. Warum sollte in einer Gegend, wo Tausende oder gar Hunderttausende Menschen bei großen Naturkatastrophen ums Leben kommen, sich die Inselregierung um das Schicksal eines einzelnen Mannes scheren?

Doris gleicht den Vulkanen dieser Inselgruppe. In ihm rumort etwas, das jeden Moment ausbrechen kann. Er ist an all die offiziellen Ausreden gewöhnt, ebenso wie an das ungeschriebene Gesetz, nach dem sich Dinge regeln lassen: Bestechung heißt die Währung, und meist wird sie nicht einmal notdürftig getarnt. Korruption ist überall präsent.

Minutenlang starrt er auf den Notizzettel mit den Koordinaten, dann schließt er die Augen. In diesem Augenblick betreten vier seiner Gäste das Steuerhaus, sie überschreiten die Türschwelle gerade so weit, dass sie dem Regen entkommen.

»Ist tatsächlich jemand über Bord gegangen?«, fragt Lyall Davieson, ein schmaler Mann und etwas älter als die anderen. Eine regennasse Strähne seines sonnengebleichten Haares klebt ihm auf der Stirn. »Er soll seekrank gewesen sein und sich mitten in der Nacht über die Reling gebeugt und übergeben haben?«

»Stimmt.« Doris' Stimme ist jetzt leise und nachdenklich. Man kann ihm seine schlechte Laune ansehen.

»Ach, das ist ja furchtbar«, sagt Simon Carlin. Er kennt Doris schon aus alten Surferzeiten an der Gold Coast und merkt sofort, dass die Neuigkeit den Skipper sehr betroffen gemacht hat. »So etwas ist hier noch nie vorgekommen.«

»Nein.« Doris scheint in anderen Sphären zu schweben und nicht zurückzufinden. »Er ist von der *Naga Laut* gefallen, so um drei Uhr morgens.«

Doris weist mit dem Kopf zu dem anderen Boot, das, wie er jetzt sieht, gerade die Bucht verlässt. Durch den Schleier des immer stärkeren Regens ist gerade noch zu erkennen, dass es sich Richtung Horizont bewegt. »Sie fahren nach Osten«, stellt er verwundert fest, »zurück nach Padang. Es muss ihnen doch klar sein, dass die Strömung ihn von diesem Kurs abgetrieben haben muss.«

»O Gott«, stößt Simon hervor.

Stumm starren alle Männer dem ausfahrenden Boot hinterher. Dann blicken sie zu Boden, weil sie nicht wissen, was sie denken oder sagen sollen.

Draußen zieht ein neues Unwetter auf. Der Himmel ist bedeckt von tief hängenden Wolken, und der Wind hat nochmals zugelegt. Die Takelage der *Barrenjoey*, die gegen den Aluminiummast schlägt, klingt wie ein Glockenspiel.

»*Naga Laut, Naga Laut, Naga Laut.* Hier *Barrenjoey*. Hört ihr mich?«

Das Rauschen erscheint als Verstärkung des Regens draußen. Es kommt keine Antwort auf Doris' Funkspruch. Er wiederholt ihn, und als wieder keine Reaktion erfolgt, sagt er zu niemandem speziell: »Außer Reichweite.«

Sein leerer Blick ist aufs Meer gerichtet. »Sie werden nach dem Kerl nicht suchen. Niemand wird nach ihm suchen«, sagt Doris zu sich selbst. Er scheint am Boden zerstört.

Colin Cheno, ein Anwalt aus Perth, fragt nach kurzer Pause: »Was wirst du tun?« Er weiß intuitiv, dass Doris sich von der mangelnden Einsatzbereitschaft anderer nicht entmutigen lassen wird. In Erwartung einer Ankündigung schiebt er seine beschlagene Brille die Nase hoch.

»Na ja, ich weiß nicht, was ihr Jungs vorhabt …« Doris klingt plötzlich zuversichtlich, entschlossen, verantwortungsbewusst, als hätte man dem alten Seebären einen Energieschub verpasst. Er nimmt seine Brille, setzt seine Mütze auf und fängt an, Befehle zu erteilen: »Elvis, füll den Tank des Schnellboots. Ich brauche Essen, Schwimmwesten, Decken, Wasser, das Satellitentelefon und so weiter. Der Typ ist noch am Leben. Und wir müssen ihn da rausfischen.«

9.30–10.30 Uhr
Die achte Stunde im Wasser

Der Krampf macht mich fertig.

Wasser dringt mir in den Mund, in den Rachen, in die Ohren. Ich fühle, wie es unablässig auf Kopf und Brust drückt. Ich öffne unter Wasser meine Augen. Das Graugrün um mich herum geht in ein tieferes Schwarz über, das es mir unmöglich macht, weiter als fünf Meter zu sehen. Ich konzentriere mich auf die glitzernden Schaumkronen, die vor mir herumwirbeln wie die silbernen Flöckchen in einer Schneekugel.

Ich werde ertrinken. Dieser panische Gedanke kommt mir, als ich von unten zur Wasseroberfläche hochblicke, die ein erbarmungsloser Wind aufpeitscht. Unter mir ist es sehr dunkel.

Ich kann meine Beine nicht bewegen, da sie völlig taub sind, doch meine Arme schwingen instinktiv und automatisch nach vorn. Ich beuge meinen Körper in der Hüfte, greife meine Zehen, ziehe sie Richtung Körper und strecke meine Oberschenkel. Meine Gliedmaßen fühlen sich fremd an, als würde ich sie zum ersten Mal benutzen.

Beim Surfen habe ich früher auch Krämpfe im Wasser bekommen, doch es ist mir immer gelungen, mich an meinem Surfbrett festzuhalten, bis der Schmerz wieder nachließ.

Ich bin ein, zwei Meter unter Wasser, und meine Lunge explodiert gleich. Ich brauche Luft. Ich muss atmen. Ich ziehe beide Beine zusammen nach hinten und stoße mich wie die plumpe Ausgabe einer Meerjungfrau mit einer einzigen Bewegung wieder an die Oberfläche.

Wenig elegant tauche ich auf, spuckend und hustend klatsche ich mit den Händen auf die Oberfläche. Das Salzwasser, das ich hervorwürge, schäumt mir übers Kinn. Meine Lunge brennt wie Feuer, meine Kehle fühlt sich an wie gehäutet.

Ich schnappe nach Luft, aber die kommt mir so dünn und unzureichend vor wie auf 8000 Metern Höhe. In der Todeszone. Jeder Atemzug ist eine Qual, trotzdem sauge ich so viel Luft ein, wie ich nur kann, langsam und regelmäßig, auch wenn ich jedes Mal huste, wenn sie auf meine wunde Kehle trifft.

Außer den Krämpfen lassen mich auch tiefe Zweifel wieder zittern. Wieder denke ich über die Chancen nach, gefunden zu werden. Ich habe diese Überfahrt schon vier Mal gemacht, ich weiß, wie riesig die Mentawai-Meerenge ist: etwa 200 Kilometer breit und mehr als 1000 Kilometer lang, das sind 200 000 Quadratkilometer Meer. Bilde ich mir ein, dass sich das Wasser plötzlich dichter anfühlt?

Ich blicke zum Himmel, ständig bemüht, den Kopf über den nicht nachlassenden Wellen zu behalten. Ich suche nach einem Riss in der Wolkendecke, nach einem Hauch mehr Licht. Stattdessen wird es nur noch düsterer, und es fängt wieder an zu regnen. Ein neuer Sturm zieht auf.

Ein Flugzeug oder Hubschrauber wird dich keinesfalls sehen, Brett.

Der Pessimismus ist eine Begleiterscheinung meiner Lethargie.

Sie werden dich nie finden. Bei diesen Brechern, bei diesem Wetter, ist die Chance, deinen kleinen Kopf zu entdecken, gleich null.

Die Regentropfen in meinem Gesicht lassen alles verschwimmen, also schließe ich die Augen. Der Regen wird stärker und macht seltsame Geräusche: Ich höre Kinderstimmen flüstern. Meine psychische Verfassung ist so labil und wechselhaft wie das Wasser um mich herum, und schon wieder hat mich die Verzweiflung im Griff. Verzweiflung ist so ein lähmendes Gefühl.

Ich muss diese Gedanken aus meinem Hirn herausschneiden.

Nichts von alldem kannst du ändern, schelte ich mich und öffne die Augen. Du kannst deinen Kopf nicht vergrößern. Du kannst dir kein Leuchtsignal draufpflanzen. Alles, was du nicht ändern kannst, musst du ignorieren.

Ich fühle mich seltsam abgelöst von meinem Körper, aber ich will nicht, dass er glaubt, er brauche nicht mehr zu funktionieren, er könne aufgeben. Um mich zu trösten, fange ich rasch wieder zu singen an. Drei Lieder laufen in einer unterbewussten Dauerschleife: »Words« von den Bee Gees und »Daniel« und »Candle in the Wind« von Elton John. Ich brülle sie nun heraus, so laut ich kann, immer wieder, aber alle paar Sekunden bricht und versagt mir die Stimme, weswegen ich darauf verfalle, mir Witze aus meinem riesigen und vielseitigen Repertoire zu erzählen.

Das wird dich bei Laune halten, spotte ich. Ich klinge wie mein Vater. Ich erzähle mir einen Witz nach dem anderen, und sofort komme ich auf andere Gedanken.

Schon seit meiner Kindheit bin ich ein Meister des Multitasking. Bis heute kann ich gleichzeitig einen Brief schreiben, mit jemandem reden und einem Gespräch folgen. Doch in dieser Situation muss mein Hirn mehr leisten als Multitasking – es wimmelt darin wie in einem Ameisennest. Vor meinem geistigen Auge habe ich einen Computerbildschirm, der kurz davor ist, den Geist aufzugeben, auf dem unendliche Abfolgen von Zahlen von oben nach unten laufen und sich in irrwitziger Geschwindigkeit Fenster öffnen und schließen. Ich bin nicht in der Lage, das Tempo zu drosseln.

Ich fange an, die Kontaktdaten in meinem Handy durchzugehen. Ich denke daran, dass dieses Gerät leb- und nutzlos in meiner Tasche auf der *Naga Laut* liegt. In dem Telefon sind mehr als 5000 Namen und Nummern gespeichert. Es handelt sich nicht nur um Freunde; das meiste sind eher Bekanntschaften, die ich in über 25 Jahren Berufsleben gemacht habe.

Ich verlege mich aufs Rechnen. Ich war CEO einer Firma mit 3500 Angestellten in neunzehn Büros auf der ganzen Welt. Wir hatten mehr als tausend Klienten, mit deren Leitungsteams ich aktiv Kontakt hielt. Die Beziehungen zu ihnen habe ich über Jahrzehnte hinweg gepflegt.

Zum Zeitvertreib gehe ich alphabetisch einige der Namen in meinem Handy durch. Bei den Namen enger Freunde halte ich inne: die Jungs auf dem Boot, meine anderen guten Freunde – Chris Joseph,

Dylan Pooley, Gary Knowles, Pete Jones, Steve Griessel, Ute Latzke – Menschen, die mir viel bedeuten, aber über den ganzen Globus verstreut leben.

Ich kümmere mich intensiv um meine Freundschaften, ich lege großen Wert darauf, alle, die mir wichtig sind, zu ihren Geburtstagen zu kontaktieren – entweder telefonisch oder per Mail. Viele von ihnen wissen umgekehrt gar nicht, wann ich Geburtstag habe, aber mir sind Geburtstage wichtig – schon seit meiner Kindheit.

Gewissenhaft gehe ich all die Menschen durch, an denen mir liegt, Familienmitglieder und Freunde, denen ich Dankbarkeit schulde. Das versetzt mich in eine eigenartige Traumstimmung.

In diesem Augenblick, wo mir der Regen in Strömen über das Gesicht läuft, bin ich nicht sicher, ob ich sie wiedersehen werde. Deshalb verabschiede ich mich von allen. Ich sage ihnen Dinge, die ich längst hatte sagen wollen, aber zurückgehalten habe. Ich schließe Frieden mit meinen Feinden und löse mich von langgehegten Ängsten und Traumata. Ich vergebe mir das, wofür ich mich schäme.

Wenn ich auf diese Weise langsam in den Tod hinübergleite, so denke ich, dann hatte ich wenigstens noch die Gelegenheit, bestimmte Dinge zu reflektieren. Ohne Wut, ohne Hysterie, merkwürdig verlangsamt, ein kontinuierlicher Prozess. Viel besser als ein plötzlicher Tod, finde ich.

Anita.

Wacht sie gerade auf? Weiß sie es schon? Wie wird sie es den Kindern beibringen? In meinem Kopf höre ich sie lachen. Ich bin fest entschlossen, mich von diesem Klang ermutigen und nicht niederdrücken zu lassen. Wenn meine Angst die Oberhand gewinnt, das weiß ich, dann brechen alle Dämme.

Ich flehe Anita unablässig an, mit mir zu sprechen.

»Sind die Jungs schon unterwegs, Neets? Werden sie mich finden? Wenn ich müde werde, musst du mir sagen, dass ich weitermachen soll. Du musst dafür sorgen, dass ich durchhalte.«

Fiskaal Road, Camps Bay, Kapstadt
Mittwoch, 17. April 2013
6.13 Uhr

Ihr Gesicht taucht völlig unvermittelt hinter der regennassen Glasscheibe der Eingangstür auf. Louise Killeen ist über den Zaun gestiegen, weil das Gartentor mit einem Vorhängeschloss gesichert ist. Der Mantel über ihrem Trainingsanzug und der Schal um ihren Hals sind triefend nass. Ihr blondes Haar hat sie zu einem lockeren Knoten gebunden, aber einige Strähnen kleben ihr an der Stirn, und von ihrem Kinn tropft Wasser. Ihr Gesicht sieht im fahlen Licht unter dem Vordach gespenstisch aus.

Energisch klopft sie mit dem Zeigefinger gegen die Tür. Die Glocke muss in dem strömenden Regen mal wieder den Geist aufgegeben haben. Es ist ein paar Minuten nach sechs, immer noch dunkel, und das Wetter an diesem Herbstmorgen bestätigt nachdrücklich den schlechten Ruf der Halbinsel als »Kap der Stürme«.

Auch durch das tropfnasse Glas erfasst Anita sofort den Gesichtsausdruck ihrer Freundin. Irgendetwas Schreckliches ist passiert. Es ist der trostlose Blick derer, die Trauernde zu trösten haben.

Im Bruchteil einer Sekunde fällt ihr der verpasste Anruf von Louise auf ihrem Handy ein, den sie um sechs registriert hat, kurz bevor sie die Kinder weckte. Sie ist an ihr Bett gegangen, um nachzusehen, ob Brett auf ihre Nachricht der letzten Nacht geantwortet hat, aber das Handy zeigte nach wie vor nur an, dass ihre rausgegangen war. Gelesen wurde sie noch nicht.

Da sie keinen Festnetzanschluss haben, schaltet Anita ihr Handy nie aus, schon gar nicht, wenn Brett auf Reisen ist.

Es ist ihr seltsam vorgekommen, dass Louise so früh am Morgen versucht hat, sie anzurufen, und sie hat sich vorgenommen, sie auf dem Weg zur Schule zurückzurufen. Sie wollte erst einmal nach unten gehen, Tee kochen und Frühstück machen.

Bei dem heftigen Klopfen an die Scheibe läuft ihr ein kalter Schauer über den Rücken – ein flüchtiger Moment nur, der doch Unheil verkündet. Anita zittert bereits, obwohl ihr das kaum bewusst ist.

»Du hast mich vielleicht erschreckt, Lou!« Anita öffnet die Tür und zieht ihren Pyjama fester um ihren Körper. »Wo ist das Boot?«, fragt sie dann ohne Überleitung.

»Es geht nicht ums Boot«, antwortet Louise schwer atmend, und ihr Gesicht zeigt widerstreitende Gefühle. »Es geht um Brett. Es tut mir so leid, Anita, aber er ist über Bord gegangen, und sie wissen nicht wo. Und nicht wann. Sie glauben, dass er schon seit sieben oder acht Stunden im Meer treibt.« Louise sprudelt das alles so schnell wie möglich hervor, um nichts zu beschönigen. Dann muss sie schlucken.

Anita kommt plötzlich alles wie Zeitlupe vor. Dann spürt sie eine physische Kraft, wie ein Schlag ins Gesicht. Es ist, als hätte sie ihren Körper verlassen und beobachte die Szene aus einer Zimmerecke. Sie bekommt keine Luft und hört sich japsen, ein seltsamer tierischer Laut, der da aus ihrer Brust steigt.

»Nein! Nein, nein, nein!« In ihrem Kopf dreht sich alles. Wird sie gleich ohnmächtig? Ihre Schulter streift die Wand, und sie gleitet zu Boden. Luft! Sie kann irgendwie nicht mehr einatmen.

»Nein! Unmöglich!« Sie schüttelt den Kopf, sie nimmt ihre Hände vor den Mund, legt sie an ihren Hals. Er ist wie zugeschnürt.

»Das muss ein Irrtum sein. Es ist nicht Brett. Die müssen ihn verwechseln.« Ein Gedanke schießt ihr durch den Kopf, und sie wirft Louise einen vorwurfsvollen Blick zu. Warum Brett? Warum er? Warum nicht dein Mann? Das spricht sie aber nicht aus. Es ist nur ein flüchtiger Gedanke, schnell abgelöst von einer schwachen Hoffnung: dass von allen auf dem Boot Brett der Einzige ist, der so etwas überleben könnte.

Zusammengekrümmt, mit unnatürlich abgewinkelten Beinen sitzt sie da.

Louise drückt die Eingangstür ganz auf und beugt sich hinunter, um ihrer Freundin aufzuhelfen. Sie hat keine Worte des Trostes parat. Ihr bedrücktes Gesicht und ihr Schweigen machen Anita immer stärker bewusst, dass dies kein Albtraum ist. Unvermittelt steigt Panik in ihr auf, Tränen schießen ihr in die Augen.

»Was soll ich denn tun, Lou? Was soll ich bloß tun?«

Die neunjährige Zara taucht aus der Küche auf, mit einem eigenartigen Gesichtsausdruck, einer Mischung aus Verwirrung und Bescheidwissen. Sie trägt noch den rosa Schlafanzug mit den Häschen, und ihr blondes Haar, das normalerweise zurückgebunden ist, hängt ihr in losen Strähnen auf die Schultern.

»Was ist denn passiert, Mami?«

Louise und Anita sehen sich an. Anita steht auf, rückt die Brille auf ihrer Nase gerade und holt tief Luft. Sie zieht ihren halb aufgelösten Pferdeschwanz fester, als könne sie dadurch ihre Fassung zurückgewinnen.

In diesem Augenblick beschließt sie, ihre Tochter anzulügen. »Wir kriegen keine Verbindung zu dem Boot. Papa und die anderen sind auf dieser Überfahrt in Indonesien, und wir können sie nicht erreichen. Ein paar von den anderen Müttern kommen heute hier vorbei, und wir werden versuchen, sie auf dem Satellitentelefon zu erreichen.«

Entschlossen blinzelt Anita ihre Tränen weg. Sie hat eine eherne Regel: Ihre Kinder sollen sie nie traurig sehen. Sie kann ihnen also nicht sagen, dass ihr Vater vermisst wird.

»Zieh dich an, Schätzchen«, sagt sie zu ihrer Tochter. »Mach dich für die Schule fertig.«

»Ich denke nicht, dass sie heute in die Schule müssen«, wendet Louise mit sanfter Stimme ein.

Anita sieht sie flehend an. Sie ist vor Unsicherheit und Verwirrung kurz wie gelähmt, dann hat sie sich wieder im Griff. »Hol Jamie. Ihr dürft fernsehen.«

Zara sieht ihre Mutter lange fragend an. Dann dreht sich die Kleine langsam um und geht zur Treppe, die ihr Bruder gerade herunterkommt.

»Komm«, sagt sie und nimmt ihn an der Hand. Widerspruchslos folgt er ihr.

Im gleichen Moment steht Lettie Marondera, seit drei Jahren Haushaltshilfe bei der Familie Archibald, in der offenen Tür und schüttelt das Regenwasser von ihrem Mantel.

»Was ist los?«, fragt sie, weil sie sofort alarmiert ist, als sie Anita mit bleichem Gesicht und zitternden Lippen und Händen im Flur stehen sieht. Anita lässt den Kopf sinken, und Lettie tritt ein. Ganz intuitiv verzichtet sie darauf, ihre Frage zu wiederholen, und nimmt stattdessen ihre Chefin tröstend in den Arm, eine sehr innige, ergreifende Geste. Der jüngeren Frau ist diese Art von Schmerz vertraut.

Louise geht durchs Wohnzimmer zur Schiebetür. Der frühen Stunde zum Trotz braucht sie jetzt dringend eine Zigarette. Im Vorübergehen drückt sie den Lichtschalter an der Wand. Die Glühbirne auf der Veranda flackert kurz, dann brennt sie durch. Sie hört einen Lufthauch und ein leises Ploppen, bevor das Licht ausgeht. Als sich ihre Augen angepasst haben, kann sie draußen die grauen Schemen wahrnehmen.

Es ist das schummrige Licht vor Tagesanbruch, ein unentschlossenes Halbdunkel. Der Morgen mit dem unaufhörlichen Regen aus diesem grau gähnenden Himmel raubt ihr die Luft.

Nach dem ersten Zug aus der Zigarette klingelt Louises Telefon. Es ist Lulu Ridgway, die gerade in die Einfahrt biegt. Louise winkt zur Bestätigung, legt auf und schirmt dann mit der Hand ihre Augen gegen die Frontscheinwerfer ab, in deren Licht der strömende Regen aufblitzt. Louise zieht sich den Schal über den Kopf und eilt am leeren Pool vorbei, um Marks Frau das Tor neben der Garage zu öffnen.

Lulu ist seit vier Uhr wach. Der Anruf ihres Mannes von der *Naga Laut* kam in einer sowieso sehr unruhigen Nacht, in der sie ihre an Krupphusten erkrankten kleinen Söhne versorgen musste. Die beiden schliefen auf Matratzen neben ihrem Bett.

»Du musst leider aufstehen«, hat Mark gesagt. »Schalte den Computer ein und such bei Google ›Notruf in Indonesien‹. Ich kann nicht lange reden. Brett wird vermisst, und wir denken, er ist vom Boot gefallen.«

Die Neuigkeit hat sie erschüttert, aber sofort hellwach gemacht. Schon aus dem Tonfall ihres Mannes konnte sie schließen, dass die Lage ernst war. Und sie wusste, dass er frustriert sein musste, weil er machtlos war – Mark hasste es, nicht alles unter Kontrolle zu haben.

Die nächsten zwei Stunden saß Lulu im Schlafanzug in ihrem Arbeitszimmer und brütete über Websites, die Auskunft darüber geben könnten, wen man anrufen sollte. Fieberhaft suchte sie nach einer offiziellen Küstenwache, der Marine, irgendeiner Organisation, die eine Rettungsaktion einleiten könnte. Stattdessen stieß sie auf Berichte von in dieser Region gesunkenen Booten, Vermissten, ganzen Familien, die ertrunken waren. Dass es so gar keine Notfall-Infrastruktur, weder zu Wasser noch zu Land, gab, machte sie fassungslos. Wenn man ganze Schiffe voller Menschen ihrem Schicksal überließ, welche Chance hatte dann ein einzelner Mann?

Allmählich war Lulu klargeworden, wie isoliert die *Naga Laut* und wie ernst die Lage war. Und sie verstand zugleich die Verzweiflung ihres Mannes.

Sie simste Mark sämtliche Nummern, die sie finden konnte – die örtlichen aus Padang versuchte sie selbst anzurufen, doch als niemand abhob, wuchs ihre Besorgnis noch. Sie schickte Mark auch das, was aus ihrer Sicht die Rettung sein könnte: Notrufnummern aus Australien.

Nun eilt sie mit gesenktem Kopf und hochgezogenen Schultern durch den Regen auf Louise zu und umarmt sie.

»Wo ist sie?« Ihre Gesichter sind bei dem Wolkenbruch sofort klatschnass.

»Drinnen. Sie hat einen Schock.« Louise fasst sie am Arm, und aneinandergedrückt eilen sie in den Schutz der überdachten Veranda.

Anita steht in der Küche. Es ist, als würde sich eine unsichtbare Faust um ihr Herz schließen. Während sie mit Lettie spricht, ist sie sich bewusst, wie labil sie ist.

»Bitte, mach den Kindern etwas zu essen, Lets.« Sie schluchzen beide. »Toast oder irgendwas, und sorg dafür, dass sie im Fernsehzimmer bleiben. Ich muss irgendetwas tun … irgendwas Nützliches, um Brett zu finden.«

Anita wirft einen Blick auf den Zeichentrickfilm, der im Zimmer nebenan über den Bildschirm flimmert und mit seiner hysterischen Fröhlichkeit die Situation höchst surreal erscheinen lässt.

Lulu sieht Anita in der Tür stehen, mit hängenden Armen und verzerrtem Gesicht. Sie weint lautlos, als sie sich umarmen. »Wie soll ich ihn nur finden, Lu?«, flüstert Anita.

»Sie fahren zurück. Sie suchen ihn«, sagt Lulu, die selbst weint. »Wir müssen stark sein.«

Louise kommt gerade aus der nassen Dunkelheit wieder herein, nachdem sie ein Gespräch auf ihrem Handy beendet hat. »Anita, hol deinen Laptop raus«, sagt sie schnell, ihr Ton duldet keinen Widerspruch. »Chantal Malherbe hat angerufen, von dem Reisebüro, bei dem sie das Boot gebucht haben. Sie hat meine Nummer von Craig bekommen. Sie will dir eine Mail schicken, wie man eine Rettungsaktion einleiten könnte.« Louise wischt sich Regentropfen aus dem Gesicht. »Wir müssen Bretts Reiseunterlagen suchen, rausfinden, ob er eine Versicherung für die Reise abgeschlossen hat. Hast du seine Ausweisnummer? Gibt es hier im Haus irgendwelche Versicherungsunterlagen?«

Anita starrt sie ausdruckslos an. Sie ist ratlos. Brett ist so oft unterwegs, dass sie über sein Kommen und Gehen manchmal den Überblick verliert. Sie weiß natürlich, dass er in Indonesien ist, sie hat ihn ja zum Flughafen gebracht, aber sie könnte nicht sagen, wo genau auf den Mentawai-Inseln die Männer sich befinden. Sie hat weder Bretts Flugnummer, noch kennt sie den Namen des Bootes, das sie gechartert haben, oder weiß sonst besonders viel darüber, was zu dieser Situation geführt hat.

Es sind diese zwei Pole, ihre Organisiertheit einerseits und andererseits die Ahnungslosigkeit, mit der sie durchs Leben geht, die Brett an Anita zugleich faszinieren und auf die Nerven gehen. Ihr Zusammengehörigkeitsgefühl und Anitas verträumte Naivität empfand er immer als eine bezaubernde Mischung. Doch angesichts dieser Notsituation wird Anita von Schuldgefühlen überwältigt.

»Ich habe keine Ahnung. Ich weiß gar nichts.«

Trotz der Angst, die von ihrem Körper Besitz ergreift, holt Anita tief Luft und ordnet ihre Gedanken. Im Laufe der nächsten Minuten wird sie ruhig, beinahe abwesend, was Lulu und Louise irgendwie bewunderungswürdig finden. Trotz der niederschmetternden Fakten ist Anita sich einer Sache ganz sicher: Ihr Mann ist nicht tot. Das kann sie spüren.

»Ich muss zuerst meine Mutter anrufen. Und Shirley und … o Gott, ich muss es Greg und Sandra sagen …« Es ist, als habe sie gerade nach unten gesehen und festgestellt, dass sie direkt an einem gefährlichen Abgrund steht. Die Verantwortung ist erdrückend und erfüllt sie mit Schrecken. Wie soll sie diese im augenblicklichen Stadium so unpräzise Schreckensbotschaft nur kommunizieren, so aufgewühlt, wie sie selbst ist?

Sie streicht sich eine Strähne ihres kohlschwarzen Haares aus dem Gesicht. Wie eine Schlafwandlerin dreht sie sich um und geht hinauf. Sie muss für diese Anrufe allein sein.

Beim Betreten ihres Schlafzimmers fällt ihr Blick sofort auf Bretts Bettseite und gleitet über seine Sachen auf dem Nachtkästchen. Dort ist auch ihre Armbanduhr, die in dieser Nacht komischerweise stehengeblieben ist. Daneben liegt ihr Telefon mit der Nachricht an ihren Mann, die unbeantwortet geblieben ist.

Ihre Gedanken springen zum Vorabend, als sie mit den Kindern zum Abendessen zu ihrer jüngeren Schwester Helene nach Constantia gefahren ist, das auf der anderen Seite des Tafelbergs liegt. So hatten Zara und Jamie die Gelegenheit, nach der Hochzeitsfeier am Wochenende in Stellenbosch mehr Zeit mit ihren Großeltern, die gerade bei Helene waren, mit Helenes Mann Andrew und deren Kindern zu verbringen. Aber Jamie hatte einen Keks mit Spuren von Erdnüssen erwischt, und da er eine Nussallergie hat, war ihm während der gesamten Heimfahrt im Auto furchtbar schlecht. Anita hatte Zara ins Bett gebracht und Jamie mit in ihr eigenes Bett genommen, um seine Atmung zu überwachen. Irgendwann hatte sie wissen wollen, wie spät es ist, und festgestellt, dass ihre Uhr stehengeblieben war, die Zeiger standen auf zehn. Sauer, dass Brett noch nichts von sich hatte hören lassen, hatte sie die Uhr abgenommen und beschlossen, ihm noch eine Nachricht zu schicken.

»Warum hast du nicht angerufen oder gesimst? Du hast es doch versprochen! Jamie hat was mit Erdnuss gegessen. Er hat sich auf dem Heimweg die ganze Zeit übergeben. Ich hab ihn mit zu mir ins Bett genommen. Das wird eine laaaange Nacht ...«

Jetzt muss sie schlucken angesichts ihrer prophetischen Nachricht. Mit geschlossenen Augen geht sie zum Balkon, schiebt die Tür auf und schaltet das Außenlicht an. In dem Halbdunkel kommt es ihr so vor, als wolle das Unwetter das Haus erstürmen – es ist ein Orkan von geradezu albtraumhaften Ausmaßen. Trotz des strömenden Regens wischt Anita über den Bildschirm ihres Smartphones und beschließt, zuerst ihre Schwester anzurufen. Mit zitternden Händen, doch immun gegen die Kälte, wählt sie Helenes Nummer und landet auf der Mailbox. Dann versucht sie es bei ihrer Mutter. Als diese rangeht, sagt sie ohne Begrüßung oder Einleitung: »Mama, Brett ist vom Boot gefallen«, und legt wieder auf.

Anita beschließt, Gary Knowles anzurufen, einen von Bretts besten Freunden, der in Australien lebt und für John Spence arbeitet, ein anderer Kollege von Brett aus der Tourismusbranche. Spence besitzt Hotels auf Bali und in ganz Indonesien. »Die müssen doch Kontakte, ein Netzwerk haben. Die werden wissen, was zu tun ist«, murmelt sie. Doch auch bei Gary erreicht sie nur die Mailbox.

Dann versucht sie es bei Chris Joseph, einem Südafrikaner, der in Singapur lebt. Seit er und Brett sich 1996 bei einem größeren Golf-Event in Erinvale kennengelernt haben, ist Brett wie ein Bruder für CJ; die beiden verbindet eine tiefe Zuneigung. Sie erreicht CJ im Transitbereich des Flughafens von Jakarta.

»*Was* hast du gesagt?« CJ ist geschockt.

»Er ist ... über Bord gegangen und wird vermisst, CJ.« Anita wird wieder panisch, aber sie versucht verzweifelt, die Hysterie in ihrer Stimme zu unterdrücken. »Ich brauche da drüben Augen und Ohren. Ich brauche Flugzeuge am Himmel. Ich brauche dich, damit du dort alles organisierst, koste es, was es wolle.«

Sie verliert die Fassung. Eine Zeitlang bringt sie keinen Ton heraus. »Hilf mir, ihn wieder heimzubringen, CJ«, schluchzt sie schließlich.

»Lass mich mal ein bisschen telefonieren, Anita. Ich muss rausfinden, was los ist.« CJ klingt atemlos am anderen Ende der Leitung.

»Ich ruf dich wieder an.«

Anita muss schlucken und kneift die Augen zusammen. Jetzt hat sie endlich den Mut, den schwierigsten Anruf von allen zu tätigen. Sie wählt die Nummer ihrer Schwiegermutter. Shirley Archibald ist schon an der Wohnungstür, auf dem Sprung zu ihrem Gebetskreis, der immer am frühen Mittwochmorgen stattfindet, und balanciert in einer Hand einen Geburtstagskuchen für eine Freundin, als ihr Festnetzanschluss klingelt.

»Mom, ich habe schlechte Nachrichten, Brett wird vermisst.« Anita überbringt die Nachricht in einem bemerkenswert ruhigen Ton. »Wir wissen noch gar nichts. Ich melde mich wieder.«

Anitas Gleichmut hält auch noch an, als sie mit ihrem Anruf bei ihrer Schwägerin Sandra nicht durchkommt und Bretts jüngeren Bruder Greg erreicht, der mit seiner Familie auf dem Weg zu einem Urlaub in den Drakensbergen ist. Sie frühstücken gerade in einem Schnellrestaurant an der Straße.

»Die Details sind noch unklar«, erklärt sie Greg. »Ich ruf dich wieder an, wenn ich mehr weiß.« Auf die bestürzte Reaktion ihrer Gesprächspartner reagiert sie praktisch gar nicht. Sie scheint sich an die Vorstellung gewöhnt zu haben wie an einen dunklen Schatten über ihr.

Später wird sich Anita nicht einmal mehr erinnern können, diese Telefonate überhaupt geführt zu haben.

Sie schließt die Schiebetür, um das prasselnde Geräusch des Regens auszusperren, und angelt sich ihren Laptop vom Bett. Sie muss die E-Mail von Chantal Malherbe lesen. Sie geht wieder nach unten und öffnet den Laptop auf dem Wohnzimmertisch. »Mann über Bord auf den Mentawais« lautet die Betreffzeile. Die Sätze verschwimmen vor ihren Augen. Sie kann nicht verhindern, dass ihr Tränen der Angst und Verstörung in die Augen steigen. Sie kann kein Wort lesen.

»Sie hat die Angaben zum Boot geschickt, die Nummer des Satellitentelefons, die Kontaktdaten der Besitzer …« Lulu liest über ihre

Schulter gebeugt mit. »Das sind die gleichen, die mir Mark schon gesimst hat.«

»Du musst nachschauen, welche Papiere du finden kannst, Liebes«, sagt Louise behutsam.

Anitas Angst ist mit Händen zu greifen, doch sie reißt sich zusammen.

»Offensichtlich hat Brett seine Reise nach Indonesien selbst gebucht, nicht über Chantal«, ergänzt Lulu. »Die Unterlagen müssen in seinem Büro oben sein. Schau mal in seinem Computer nach. Da müssen Infos zu finden sein. Chantal wird dir auch ein Formular mailen, mit dem du einer Suchaktion zustimmst, das musst du unterschreiben.«

Anita geht wieder die Treppe hinauf in Bretts Büro.

Lulu schließt für einen Augenblick die Augen. Allein die Formulierung »vom Boot gefallen« verursacht ihr regelrecht Schmerzen. Sie reibt sich die Arme – es ist kalt hier drinnen – und folgt dann langsam Anita. In Bretts Büro liegt überall Papierkram herum.

Das sieht ihm gar nicht ähnlich, so ein Durcheinander zurückzulassen, geht es Anita ganz nebenbei durch den Kopf. Sie überlässt es Lulu, die Unterlagen auf seinem Schreibtisch durchzusehen, und geht über den Flur zurück in ihr Schlafzimmer. Sie sucht auf seiner Bettseite nach Bretts Reisemappe. Normalerweise hinterlässt er eine Kopie seines Reiseplans in der Schublade seines Nachtkästchens. Stattdessen entdeckt sie einen Stapel Blätter auf dem Fußboden. Langsam beugt sie sich hinunter, um sie aufzuheben – sie weiß schon, worum es sich handelt: Kopien ihrer Testamente.

»Das sehen wir uns heute nicht an«, sagt Anita laut. Als wolle sie ein böses Omen durch Nichtbeachtung neutralisieren, öffnet sie die Schublade und legt die Papiere mit der beschrifteten Seite nach unten hinein.

Sie erwähnt die Testamente niemandem gegenüber.

Draußen dämmert endlich ein kalter, diffuser Tag. Louise steht da und sieht dabei zu, wie der Regen in Böen gegen die Wohnzimmerfenster schlägt. Der Wind hämmert gegen die Traufen. Das Chaos draußen korrespondiert mit dem Aufruhr in ihrem Inneren.

Die Familien Killeen und Archibald haben nach mehreren Jahren erst kürzlich wieder Kontakt aufgenommen, und Louise hat den Eindruck, Anita noch nicht besonders gut zu kennen. Sie überlegt, wie sie mit der kritischen Lage umgehen soll, versucht, sich zurechtzulegen, was sie sagen wird.

Dieser Tag, das weiß sie, wird alles verändern.

10.30–11.30 Uhr
Die neunte Stunde im Wasser

Ich muss an ein Gespräch mit meiner Life-Coach im Januar denken. Ich war zusammen mit Anita und den Kindern ein verlängertes Wochenende in Knysna an der Garden Route, auf der Hochzeitsfeier eines Freundes. Doch ich war innerlich so aufgewühlt, verunsichert und voller Selbstzweifel, dass ich mich einfach nicht entspannen konnte.

Zwei Stunden lang saß ich im Auto, um mit meiner Coach zu skypen.

»Ich habe doch alle meine Ziele erreicht«, sagte ich ihr, »und dennoch fühle ich mich so zerrissen. Das macht mich wirklich fertig. Ich habe so viel Geld verdient, dass ich nicht mehr arbeiten müsste, wir haben keine Schulden, die Schulbildung meiner Kinder ist gesichert, unsere Altersversorgung geregelt. Wir sind zurück in Kapstadt, führen ein angenehmes Leben, aber immer noch bin ich auf der Suche nach dem Sinn.«

Viele Fragen, keine Antworten. Midlife-Crisis?

Damals haben wir begonnen, nach einem Antrieb, einer Motivation für den »Rest meines Lebens« zu suchen. Doch nun gibt es keinen »Rest meines Lebens«. Ich werde sterben, ohne eine Antwort gefunden zu haben. Vielleicht bekomme ich ja hier und jetzt noch eine Botschaft, eine Erleuchtung?

Ganz langsam und systematisch gehe ich alles noch einmal durch.

Meine erste Erkenntnis ist ganz einfach: Mein ganzes Leben hat das Geld bestimmt. Je mehr ich verdient habe, desto mehr habe ich gefürchtet, es wieder zu verlieren. Wann würde ich je genug haben? Ich war ein Gefangener meiner Angst und Habsucht.

In meinen ersten Lebensjahren hatte meine Familie viel Geld zur Verfügung. Wir lebten sehr komfortabel in Westville in einem großen Haus mit Angestellten und allem, was man sich nur wünschen konnte. Jedes Jahr machten wir Urlaub an wunderschönen Orten in feinen Hotels. Aber nach dem psychischen Zusammenbruch meines Vaters löste sich das mit einem Mal in Luft auf. Er verlor alles, und meine Mutter musste wieder arbeiten gehen. Jahrelang wurde ich den Gedanken nicht los, dass mein Vater uns im Stich gelassen hatte.

Eine Erinnerung ist mir ins Gedächtnis gebrannt: wie meine Mutter im Büro des Schuldirektors saß, weinte und ihn anflehte, ihr bei der Zahlung des Schulgelds Aufschub zu gewähren. Mein Bruder und ich hatten sie an diesem Tag begleitet und wurden Zeugen ihrer Demütigung. Dieses Erlebnis beschäftigt mich noch immer.

Ich schwor mir damals, dass ich meine Familie niemals in eine solch unwürdige Lage bringen würde. Ich wollte nie Schulden haben oder in finanzieller Unsicherheit leben. Geld wurde mein einziger Maßstab, Messlatte meiner Männlichkeit, mein Leitstern. Geld war mein unbarmherziger Antreiber. Jetzt scheint es mir so offensichtlich und leicht zu begreifen, wie sinnlos und unbedeutend all das ist.

»Dumm, so verdammt dumm!« Ich dresche auf das Wasser ein.

Ebenso kann ich sehr kleinlich, pedantisch und dominant sein. Ich bin eine Typ-A-Persönlichkeit, extrem organisiert, ein Kontrollfreak. Die Pullis in meinem Schrank sind nach Farben sortiert, ebenso wie meine Jeans.

Als wir nach Südafrika zurückkehrten, wollte Anita die eingelagerten Möbel in unser Haus holen. Sie wollte uns ein lebendiges, wohnliches Heim schaffen. Doch angesichts der bevorstehenden Renovierung hatte ich sie davon abgehalten. »Was macht das für einen Sinn? Es muss ja doch bald alles wieder abgebaut werden.«

Also leben wir nun seit zwei Jahren in einer nackten, kalten Hülle. Die Vorhänge blieben eingepackt. Ich hatte Jamie nicht erlaubt, sein Zimmer bunt zu streichen. Wir haben nicht einmal den Geschirrspüler installiert. Was hätte denn dagegen gesprochen, den Geschirrspüler auszupacken? Nun waschen wir seit zwei Jahren per Hand ab und hassen es – nur weil ich alles lieber sauber und ordentlich in Kartons verstaut habe.

»Ich verspreche dir, Anita, ich verspreche dir, dass ich nie wieder ›Warte erst mal‹ zu dir sagen werde. Wenn ich nach Hause komme, hängen wir diese Bilder auf.«

Solche Nebensächlichkeiten ärgern mich plötzlich furchtbar. Es ist Kleinkram, aber er fühlt sich gerade sehr bedeutend an. Das Meer ist immer noch sehr unruhig, und meine langsamen Stöße beim Wassertreten fressen allmählich meine Kraft auf, aber ich bin so wütend auf mich, dass ich es kaum bemerke.

Du machst dir über lauter falsche Sachen Sorgen, Brett.

Ich schüttele den Kopf. Zufriedenheit war immer gleich um die Ecke zu haben und doch außer Reichweite.

Du hast immer »Wenn doch nur« oder »Wenn ich das erledigt habe« gedacht …

Ich habe es immer gewusst, aber nie danach gehandelt: Für Erfüllung sorgt nicht der Kontostand oder das Auto, das man fährt. Die Oberflächlichkeit und der Egoismus in unserer konsumorientierten Welt sind so unsinnig, so absolut lächerlich.

Anita, Zara, Jamie, wenn ich das hier überlebe, werde ich ein anderer Mensch.

Ich überlege, wie enthemmt und rücksichtslos ich gelebt habe, bevor Anita und die Kinder in mein Leben kamen. Es war eine Zeit des ungezügelten Hedonismus. Nun lebst du für deine Familie – dieser Gedanke pulsiert wie ein Leuchtsignal in meinem Kopf.

Ich habe in dieser Welt des großen Erfolgs und der noch größeren Ansprüche meinen Glauben verloren – doch nun wende ich mich Gott zu.

»Willst du, dass ich in die Kirche gehe?«, schreie ich. »Denn das werde ich nicht tun.«

Ich stehe nicht auf Weihrauch, kalte Kirchenbänke und modrige Gesangbücher. Das Meer ist meine Kirche.

Ich höre auf zu schreien, während meine Gedanken weiter rotieren.

Ein neuer Sturm hat sich zusammengebraut, der Regen prasselt aufs Wasser, und Windböen pfeifen mir um die Ohren. Auch wenn meine Knöchel und Knie zu schmerzen beginnen, fühle ich mich durch meine Beichte gestärkt.

Das Boot wird zu mir zurückkommen, davon bin ich plötzlich felsenfest überzeugt. Ich bin wie elektrisiert und ganz sicher, dass ich durchhalten kann, bis sie mich erreichen.

Ich kann es schaffen. Ich kann überleben.

Auf der *Barrenjoey*, im Hafen von Tua Pejat
12.16 Uhr

»Können wir helfen?« Simon, Colin und Jeff umringen Doris am Heck der *Barrenjoey*, wo die *Bynda Laut*, das sieben Meter lange Beiboot mit seinem 175-PS-Doppelmotor festgemacht ist.
Es ist bereits nach zwölf, doch der Himmel ist so dunkel, dass man daran unmöglich die Tageszeit ablesen könnte. Nur der Regen hat etwas nachgelassen.
»Wir würden gern mitkommen, wenn es dir recht ist«, sagt Simon ruhig.
Doris hantiert mit einem tragbaren Navigationsgerät, um zu prüfen, ob es funktioniert. Elvis hat Proviant aufs Boot geschafft und zieht eine Plane über das kleine Deck. Er schielt zu Doris hinüber, unsicher, wie der reagieren wird.
Die Hilfsbereitschaft ist ein Friedensangebot.
»Der Kerl wird doch schon mindestens neun Stunden auf See vermisst«, hatte einer von ihnen gesagt. »Der ist weg.«
Diese nüchterne Bemerkung hatte bei Doris das Fass zum Überlaufen gebracht. Er bekam einen Wutausbruch.
»Verdammte Scheiße!«, brüllte er. »Wir müssen versuchen, ihn zu finden. Wenn ich es wäre, würde ich auch wollen, dass man mich sucht. Es hätte genauso gut einem von euch passieren können …«
Er rannte wie ein eingesperrtes Tier auf dem Boot hin und her und fluchte vor sich hin. Seine Entscheidung, sich auf die Suche zu machen, kam ihm wie eine unerträgliche Bürde vor.
»Wilson«, hatte er einem der Crewmitglieder zugerufen, »nimm

das Schlauchboot. Du kannst die Jungs hier zu den ›Icelands‹ rüberfahren, wenn sie surfen wollen …« Dann blaffte er noch einen letzten Satz, bevor er davonstiefelte: »Selbst wenn wir nur die Leiche finden, würde ich sie gern seiner Familie übergeben!«

Seine Gäste begriffen, dass sich die Situation dramatisch verändert hatte: Doris' Entscheidung, nach dem Vermissten zu suchen, war zu einer persönlichen Mission geworden.

»Kommt mit, wenn ihr wollt«, antwortet Doris nun und meidet dabei den direkten Augenkontakt. »Aber zuerst muss ich noch rauf und einen Anruf erledigen.«

Manche sagen, dass Tony Eltherington davongelaufen ist, vor einer Surferkarriere mit außergewöhnlichem Potential, vor seinen familiären Verpflichtungen, vor sich selbst. Er verließ sein Heimatland Australien und ging nach Indonesien, erst nach Bali und dann in die abgeschiedenste Ecke, die er finden konnte, auf die Mentawai-Inseln. Der Lockruf des Meeres und die Jagd nach der perfekten Welle waren sein Heilmittel gegen die Angst, in einer leistungsorientierten Gesellschaft zu versagen. In einer komplett isolierten Gegend dieser Welt baute er sich ein Leben nach seinen eigenen Regeln auf.

Tony Raymond Eltherington war von Anfang an anders als alle anderen – vielleicht auch nur entschlossener, seinen eigenen Weg zu gehen.

Er kam ein wenig unerwartet: Seine Mutter besuchte im August 1956 gerade seine Großmutter in Brisbane, als die Wehen einsetzten und man sie schleunigst ins Royal Brisbane Hospital brachte. Die Mutter und ihr jüngster Sohn kehrten zum Vater, einem Metzger, und zwei Schwestern sowie einem Bruder zurück. Die Familie wohnte etwas südlich an der Gold Coast, in Burleigh Heads, direkt am Wasser, gleich bei der rechts brechenden Barrel, die damals als eine der besten Wellen des Landes galt.

Tonys erste Lebensjahre waren ein unbeschwerter Mix aus Barfußlaufen im weißen, heißen Sand, langen Tagen in der Sonne und dem Erlernen aller möglichen Fähigkeiten im und am türkisblauen Wasser. Seit er vier war, stand der hübsche kleine Blondschopf mit seinem

Onkel am Steuer von dessen Boot und entdeckte seine Liebe zum Meer, die ein Leben lang anhalten sollte. Und so zog es ihn schon von klein auf weg von zu Hause, hin zum geliebten Nass.

Als Tony sechs oder sieben Jahre alt war, riefen die Nachbarn in Southport voller Panik seine Eltern an, weil sie beobachteten, wie er allein in der Broadwater-Bucht aus der Kanalmündung segelte. Der sogenannte Gold Coast Seaway galt damals, vor Aufschüttung eines Damms, als sehr tückisch.

»Ich wusste genau, was ich tat«, protestierte Tony, als man ihn für seine gewagte nachmittägliche Eskapade versohlte. »Die Flut setzte ein, und ich bin dagegen angekreuzt. Außerdem hatte ich meine Schwimmweste an ...«

Strafpredigten konnten ihn nicht aufhalten. Der kleine Rabauke lief häufig davon, um allein segeln oder fischen zu gehen, oder er schleppte Kanus oder Surfbretter zu den trägen Bachläufen, die sich durch seine Wohngegend schlängelten und Richtung Meer flossen.

»Der wird noch mal verschüttgehen«, grummelte sein Onkel immer. »Besser, wir nehmen das Segel von dem Ding runter, dann kann er sich nicht mehr dünn machen.«

»Aber mir gefällt's da draußen«, verteidigte sich Tony gegenüber seiner Mutter. »Das Wasser ist da so schön grün, da gibt's Delphine, und ich kann allein sein.«

Seine Mutter raufte sich die Haare vor Sorge, wenn ihr Huckleberry Finn nach Einbruch der Dunkelheit immer noch nicht zu Hause war. Seine Geschwister waren meist schon auf der Suche nach ihm, wenn Tony mit dem Fang des Tages hereinspazierte, Tintenfischen oder sonstigen Kreaturen, die er in den heimatlichen Gewässern entdeckt hatte. Seine Großmutter nannte ihn »Vagabund«, ein Spitzname, der sich irgendwie in ihm festgesetzt haben musste, da er unbewusst sein gesamtes künftiges Leben danach ausrichtete.

Es war seine älteste Schwester Denise, die Tony das Surfen beibrachte. Mit sieben schon stand er auf einem Drei-Meter-Surfbrett aus Balsaholz und durchpaddelte die von Haien bevölkerten Wasserläufe rund um sein Zuhause. Dort, direkt vor der Nase der Wasserwacht von Southport, brachte Denise ihm auch bei, im Meer zu surfen. Manchmal packte sie sämtliche Geschwister, Cousins und Nachbarn, plus die zwei alten Surfbretter ins Auto und fuhr die Küste rauf und runter, um die besten Breaks zwischen Tweed Heads und Burleigh zu finden. Es war die einzige Möglichkeit, einem Zuhause zu entfliehen, wo immer die Hölle los war, weil ihr gewalttätiger Vater mit Hilfe von Alkohol gegen seinen inneren Dämon ankämpfte.

Die Eltheringtons waren alles andere als wohlhabend, aber bewaffnet mit Sandwiches und ein paar Würstchen aus der väterlichen Metzgerei, die sie am Strand grillten, führte Denise Tony ein glückliches und freies Leben vor, eröffnete ihm eine ganz andere Welt.

»So war das: kein Fernsehen, nur Moskitos, Schlammkrabben und Bier. Und das Meer.«

Und so begann der Junge im Rhythmus von Ebbe und Flut zu leben. Tony war ein sogenannter Goofy Foot, das heißt, er stellte auf dem Board seinen rechten Fuß nach vorn, was ihn von den meisten anderen Surfern unterschied. Und er entwickelte schon von Anfang an einen ausgefeilten Stil, mit dem er umso mehr herausstach.

Mit elf konnte er es mit den viel älteren Jungen aufnehmen, mit denen er gemeinsam surfte. Einige von ihnen würden später zu den großen Namen des australischen und internationalen Surfsports gehören: Michael Peterson, Peter Drouyn, Paul Neilsen, Keith Paull, Wayne Deane, Dick van Straalen und Wayne »Rabbit« Bartholomew.

Sie waren eine eingeschworene Gemeinschaft, die besten Surfer, die die beste Welle des Landes beherrschten. Und sie verteidigten ihren Spot. Surfen ist eine Art Stammessport, mit lokal abgegrenzten Terrains, und noch mehr als durch Talent wird die Hierarchie durch die Leute bestimmt, die die Regeln aufstellen. In seiner Gruppe hatte sich der viel jüngere Tony bereits Bewunderung und Respekt verdient.

In dem kleinen Wohnort, wo jeder jeden kannte, machten sich die Eltheringtons, stolz auf ihre irischen Wurzeln, einen Namen, und zwar nicht nur durch ihren schwer zu bändigenden Sohn Tony, sondern auch durch eine höchst ungewöhnliche Betätigung, nämlich als Lebensretter.

Dass Tonys Mutter Dawn Babys mit Behinderung, deren Eltern sich nicht um sie kümmerten, aufnahm und pflegte, war bekannt, aber in den lokalen Schlagzeilen landete sie erst, als sie 1963 ein kleines Mädchen vor dem Ertrinken in einem örtlichen Bach rettete.

Zwar hatten alle Kinder des Viertels in diesem tiefen Teich, den der Wasserlauf bildete, das Paddeln auf ihren Surfboards gelernt, dennoch galt die Stelle als gefährlich. Es kam öfter vor, dass jemand dort verschwand und nicht mehr auftauchte.

In jenem Jahr war ein Mädchen untergegangen, und irgendwann hatten diejenigen, die versucht hatten, sie zu retten, aufgegeben. Dawn wollte das auf keinen Fall, sie tauchte verbissen weiter, bis sie die Kleine schließlich aus dem Wasser zog. Tony beobachtete dann angewidert, wie bei den Wiederbelebungsmaßnahmen das Mädchen seiner Mutter in den Mund spie. Diese Rettung machte Dawn in der Stadt zu einer Heldin, Tonys Vater allerdings war von der öffentlichen Aufmerksamkeit alles andere als begeistert.

Später, etwa 1969, rettete Tonys älterer Bruder Kim – Spitzname »Bowie« – in den Weihnachtsferien einen Mann und eine Frau, die in der Brandung von Main Beach zu ertrinken drohten. Bowie war aufgefallen, dass das Paar hinter den Wellenbrechern in Schwierigkeiten war. Er ließ sein Surfboard fallen, schwamm hinaus und holte sie nacheinander ans Ufer. Für seinen heroischen Einsatz bekam Bowie vom Gouverneur von Queensland eine Medaille, eine Armbanduhr und einen Kasten Coca-Cola.

Mit ihrer Stärke und Entschlossenheit waren die Eltheringtons die Personifizierung der typisch australischen »Wir schaffen das«-Haltung. Die Beziehung zwischen Tonys Eltern jedoch war zu jener Zeit bereits völlig zerrüttet. Die ständigen Spannungen in ihrem Haus am Wasser mündeten in eine schmutzige Scheidung, in deren Folge Tonys Mutter sehr überstürzt nach Surfers Paradise, einem Ort weiter südlich an der Gold Coast, zog. Tony geriet durch diese Auseinandersetzungen in eine schwere Krise und verließ die staatliche Schule von Southport: »Hab da nicht lange durchgehalten.«

Er war damals zehn Jahre alt. Sein achtzehn Monate älterer Bruder Bowie kümmerte sich zwei Jahre lang um ihn. Die Jungen pendelten zwischen verschiedenen Familienmitgliedern und sahen auch regelmäßig ihren Vater, der damals nach wie vor starker Alkoholiker war.

»Wir hatten über die Jahre unsere Probleme, aber ich liebte ihn bis zu seinem letzten Atemzug«, so schildert es Tony.

In diesen Jahren blieben die Frauen in Tonys Leben eine Konstante – seine Großmutter (»mein Engel«), seine Mutter und seine Schwestern Denise und Kerry. Wütend und traumatisiert vom Auseinanderbrechen seiner Familie, fand Tony Trost auf dem Meer: Er segelte die Küste entlang und perfektionierte sein Backside-Tuberiding.

Er war ein Einzelgänger und Außenseiter an den Stränden von Burleigh Heads, ein Junge mit gebrochenem Herzen. Er beschäftigte sich viel mit sich selbst, konnte sich schlecht ausdrücken und hielt lieber den Mund. Schon als Kind umgab ihn daher eine Aura des Geheimnisvollen und Unnahbaren. Die Geschichte von dem Jungen, der das Meer so liebte und die Wellen beherrschte, entwickelte sich zu einem wildromantischen Märchen.

Das Meer formte Tony, und umgekehrt nutzte Tony seit seinem elften Lebensjahr seine intime Kenntnis des Meeres, um Surfboards zu formen. Sein ungewöhnliches Talent als sogenannter Surfboard-Shaper perfektionierte er mit den Jahren immer weiter, was ihm ein lebenslanges Einkommen und eine ergebene Anhängerschaft einbrachte.

Eines Tages betrat der junge Tony das Geschäft der berühmten Brüder Paul und Rick Neilsen (die später einmal dreißig kultige Surfläden in ganz Australien besitzen und dann alle wieder verlieren würden). Rick galt als bester Board-Shaper der Gold Coast. Mit dem Geld, das Tony beim Zeitungsaustragen verdient hatte, wollte er sich ein Surfboard kaufen. Da seine dürftigen Ersparnisse aber nicht ausreichten, willigte er ein, den Rest abzuarbeiten, indem er für den Laden Dellen in Surfboards reparierte.

So begann er unter seinen Mentoren Richard Harvey und Dick van Straalen zu arbeiten. Es war eine ganz besondere Art der Ausbildung bei den Großmeistern des Surfsports, die ihm beibrachten, »nicht in den eingefahrenen konventionellen Bahnen«, sondern »um die Ecke zu denken«. Er nutzte seine Segelkenntnisse, sein Wissen darüber, wie ein Boot oder Delphin durchs Wasser gleitet, um nach und nach immer neue Möglichkeiten zu entdecken, Surfbretter zu konstruieren und zu formen. Er experimentierte auch viel mit seinen eigenen Boards statt mit denen anderer, wodurch er aus seinen Fehlern lernte.

Es heißt, dass er mit den Küchengeräten seiner Mutter aus alten Longboards seine Boards konstruierte. Die Resultate, ursprünglich für fünf Dollar zu haben, waren nach wenigen Jahren hoch geschätzt und wurden schließlich unter der Qualitätsbezeichnung »Gold Coast Gold« berühmt.

Zu dieser Zeit war die »Doris Day Show« ein internationaler Fernseherfolg, und Paul Neilsen konnte einfach nicht widerstehen: Er verpasste Tony – sonnengebleichter Blondschopf, hübsch wie ein Filmstar und scheues Lächeln – den liebevollen Spitznamen »Doris«. Er wurde ihn von da an nie wieder los: Doris Eltherington.

Mit zwölf nahm Doris zum ersten Mal an einem Wettkampf teil: beim Duranbah Beach Club Contest in New South Wales, mit einem selbstgebauten Surfboard. Da er eigentlich viel zu jung war, musste er gegen Fünfzehnjährige antreten, und als er den Wettkampf überraschend gewann, wollten die Veranstalter die Trophäe keinem Kind überreichen. Stattdessen bekam er einen Kasten Cola, der übrig geblieben war – damals offensichtlich eine Standard-Prämie.

Doris gewann daraufhin in den frühen 70er Jahren eine Reihe weiterer Wettkämpfe an der australischen Ostküste. Er wurde Dritter im landesweiten Schulwettkampf, hinter Wayne Bartholomew (der später Weltmeister werden sollte) und Bruce Raymond (der die Surfbekleidungsfirma Quiksilver leiten würde). Mit sechzehn wurde er für die in Westaustralien stattfindenden australischen Meisterschaften in die Mannschaft von Queensland aufgenommen. Da er das Geld für ein Flugticket nicht zusammenkratzen konnte, trampte er die mehr als 3200 Kilometer quer durchs Land. Er wohnte bei Aborigines in der Nullabor-Ebene und schlief in kalten Wüstennächten am Straßenrand in seiner Surfboard-Hülle.

Die Brandung war immens in Margaret River, und Tony war überfordert. Ihm fehlte bei der Veranstaltung der Surfer-Geist, und als Puristen enttäuschte ihn die aggressive Wettkampfstimmung. Er verlor seine erste Vorentscheidung und trampte nach Hause.

Doris mochte keine Wettkämpfe, er war nicht mit Herzblut bei der Sache, trotz seines Talents und seines Drangs, sich gebührenden Herausforderungen zu stellen. Er hasste die Lautsprecher, die Preise, die Ellenbogenmentalität. Gewinnen war ihm nicht wichtig, er fühlte sich leer und deprimiert danach.

Für ihn war Surfen etwas sehr Egozentrisches. Es war seine Leidenschaft, seine Droge, aber zugleich eine Form der Reinigung, der Befreiung, der Meditation. »Es hilft einem, mit Problemen fertig zu werden – besser als jeder Psychologe.«

Er hatte keine Lust, sich Gedanken darüber zu machen, ob er gut oder schlecht surfen würde. Er konnte sich nicht vorstellen, dafür bezahlt zu werden. »Wenn du erst einmal auf dem Brett stehst und deine erste Welle reitest, dann wirst du dem Meer nie mehr den Rücken kehren. Dann wirst du immer wieder nach diesem Kick suchen. Mein Leben lang habe ich mich immer gefragt: Was für eine Welle wohl dort hinten auf mich wartet?«

Doris' Leben fand auf dem Wasser statt. Nirgends fühlte er sich wohler. Und so wurde aus dem Träumer der Herumtreiber. Mit siebzehn baute er am freien Liegeplatz eines Freundes zusammen mit seinem Bruder eine Yacht aus Stahlbeton. Zwischen diversen Surf-Wettkämpfen (die Meisterschaften des Bundesstaates Queensland gewann er zweimal in Folge) segelte er damit tagelang allein herum und kämpfte mit seiner inneren Zerrissenheit.

Er experimentierte mit Drogen und Alkohol – »waren schließlich die Siebziger!« Obwohl er früh von der Schule abging, war er immer ein begeisterter Leser, und so erwarb er sich im Laufe seines Lebens in Eigeninitiative eine enorme Bildung. Das Ende der Schulzeit hatte seinen intellektuellen Ehrgeiz in keiner Weise gebremst.

Menschen, die ihm nahe waren, bemerkten, dass er hin- und herschwankte zwischen ruhiger Nachdenklichkeit und wütender Selbstzerfleischung, die ihn ängstlich und unruhig machte. Seinen Hunger nach Abenteuern befeuerten die verlockenden Berichte der Surfpioniere über neue Surfspots: Sie erzählten von vollkommenen, unberührten Lefts, so groß und schön, dass man es nur glauben konnte, wenn man sie selbst gesehen hatte. Zweierlei reizte den Teenager an diesen Geschichten: die Abgelegenheit der Orte und ihre angebliche Exotik.

Der neueste Schrei war Indonesien. Dort hinzugelangen und es selbst zu erkunden wurde für Doris zur geheimen Obsession. Er kratzte all seine Ersparnisse zusammen, und mit neunzehn war er schließlich überglücklich, in Uluwatu und Padang Padang auf Bali surfen zu können. Dort machte er sich dann einen Namen – nicht durch Wettkämpfe, sondern als Künstler, der einen Surfstil entwickelte, der einfach schön anzusehen war. Er schien damit auch seinen Sehnsuchtsort gefunden zu haben, der seine innere Einsamkeit zu lindern vermochte. Denn obwohl die folgenden Jahre ihn auch zu den berühmten Surfspots auf Hawaii – North Shore, Sunset Beach und Pipeline – führen würden, hatte er sein Herz doch an Indonesien verloren.

Doris war im australischen Surfsport eine echte Größe und warf doch im Alter von dreiundzwanzig Jahren alles hin – nach einem einzigen Ereignis, das alles für ihn veränderte. 1979 im Viertelfinale der Bells Beach Surf Classic im australischen Bundesstaat Victoria besiegte er sein Idol Wayne Lynch. »Für ihn war das irgendein Tag, völlig unwichtig, doch ich hatte mein bisheriges Leben damit verbracht, zu ihm aufzusehen«, erklärt Tony.

Wie Alexander der Große, der nach seiner größten Schlacht geweint haben soll, weil es nun nichts auf der Welt mehr zu erobern gab, empfand Doris nach diesem Sieg eine große Leere. Wie im Schockzustand schnappte er sich sein Brett und verließ den Wettbewerb. Er fuhr die 1600 Kilometer allein nach Hause.

Diese Erfahrung hinterließ bei Doris tiefe Spuren. Er verschwand aus der Surferszene, was zu Verwunderung und Gerüchten führte. Er zog sich in seinen Garten zurück und baute sich eine Stahlyacht, einen elf Meter langen Kutter, mit dem er allein zum Barrier Reef und weiter bis Neukaledonien, Vanuatu und Neuguinea segelte.

Er heiratete Leslie, ein bildschönes Model und seine Jugendfreundin. Er kannte sie, seit er sechzehn war. Die Ehe stand unter keinem guten Stern. 1983 bekamen sie eine Tochter, Taryn, doch ein geregeltes, sesshaftes Leben konnte Doris' Dämon nicht bezähmen. Im Gegenteil, er ertrug den häuslichen Alltag nur schwer. Immer lockte ihn das Meer, und auch wenn er seine immer begehrteren Boards an Land produzierte, fand er doch ständig Möglichkeiten, sich davonzumachen, zu Solo-Segeltörns oder zu Jobs, die nur auf dem Meer zu bekommen sind.

Als seine Ehe mit Leslie dann in die Brüche ging, lernte Doris Suzanne kennen, mit der er später zwei Kinder, Jarrah und Madeline, hatte. Sie heirateten und eröffneten einen Surfladen an der Gold Coast. Was er in diesen fünf Jahren verdiente, war Durchschnitt. Die von ihm nach Kundenwünschen produzierten Surfboards waren es nicht.

Einige waren aus traditionellen Materialien wie Styropor und Epoxidharz, andere sehr exzentrisch: Er baute Boards aus Holz, wie sie ursprünglich waren, aus vakuum-verpackten Brettern und ganz ohne Glasfaser. Einmal baute er sogar eines aus Kunststoff-Dachplatten.

»Bevor ich jemandem ein Board bauen kann, muss ich mir erst ein Bild von ihm machen, mit ihm surfen gehen, um seine Technik zu erfassen. Die meisten Leute wollen erst alles besprechen, aber dann muss ich mir ansehen, wie sie wirklich surfen. Ich baue immer irgendwelche Kleinigkeiten ein, die sie nicht sehen können, ein, zwei Kniffe, von denen ich weiß, dass sie ihnen helfen werden. Wenn man jemandem das beste Board baut, mit dem er je gesurft ist, dann wird er sein Leben lang immer wieder zu dir kommen.«

So sehr sich Doris auch bemühte, der Sesshaftigkeit etwas abzugewinnen, er fühlte sich doch immer wie eine Fliege im Netz. Immer zog ihn die rohe Kraft des Meeres an, ihr musste er folgen und sie sich zunutze machen. Die Familie wohnte am Fluss, in Laufweite zum Hauptstrand, und seine Yacht ankerte direkt vor der Tür.

»Suzanne wollte sich immer mit mir zusammensetzen und diese Wir-müssen-reden-Diskussionen führen. Dann setzte ich mich hin und sah sie an, aber ich sah gleichzeitig an ihr vorbei, auf den Wellengang und wie das Wasser den Fluss hochkam. Ich ließ sie reden, hatte aber auch das Boot im Blick. Daran, dass es sich nur ein bisschen drehte, erkannte ich den Gezeitenwechsel und wusste, dass die Wellen gut waren. Ich hatte mir den Platz extra so ausgesucht. Dann sprang ich auf und sagte: ›Ich muss jetzt weg.‹«

Und er musste weg. An Land fühlte Doris sich eingesperrt. Als er es irgendwann nicht mehr aushielt, beschloss er, sein Geschäft zu verkaufen und mit der ganzen Familie, inklusive Taryn, nach Ostjava zu gehen, um auf dem Meer zu leben. Indonesien hatte ihn erobert.

Doch das Nomadenleben gefällt nicht jedem. Nach sechs Monaten hatte Suzanne genug von dem niedrigen Lebensstandard, den ein Dritte-Welt-Land bietet. Sie kam zu dem Schluss, dass ihre Kinder ein Dach überm Kopf und eine anständige Schulbildung brauchten, und verschwand eines Nachts, ohne Doris Bescheid zu sagen, zurück nach Australien. Doris lief seiner Familie nicht hinterher.

Nach inzwischen drei Jahrzehnten kennt niemand die hiesigen Gewässer besser als Doris: die Winde, die Wellen und die Launen der Strömung. Es ist gut, auf diesen Mann zählen zu können, wenn man allein im Meer treibt.

11.30–12.30 Uhr
Die zehnte Stunde im Wasser

Der Himmel ist aschfarben. Es hat ein wenig aufgeklart, jedenfalls kommt es mir heller vor. Um etwa neun Uhr habe ich zu zählen angefangen, jetzt muss es, vermute ich, etwa Mittag sein. Der halbe Tag ist um, denke ich, das Boot kann nicht mehr weit sein.

Dann taucht aus dem Nichts eine riesige Welle auf, wie ein Wall aus dunklem Granit bewegt sie sich auf mich zu. Ich sehe sie nur wenige Sekunden, bevor sie mich trifft.

»Wo zum Teufel kommst du denn her?«, schreie ich, als das graue Nass sich über mich ergießt. Ich höre, noch in einiger Entfernung, Donnergrollen. Der Wind lässt die See wieder schäumen, und ich werde in den Wellen herumgeschleudert. Seitlich gerate ich in ein besonders tiefes Wellental, und wieder dringt mir Salzwasser in Augen und Ohren, steigt mir in die Nase und strömt mir durch die Kehle. Über mir flackert ein stummer Blitz, wie von einem Fotoapparat.

Dieser plötzliche Sturm beunruhigt mich. Nein, das ist nicht gut. Das ist gar nicht gut. Der Sturm lässt meine latente Angst erneut aufflackern. Wenn er zu lange anhält, werden sie mich vom Boot aus nicht sehen.

Zugleich wird mir bewusst, dass ich Regenwasser auf meiner Zunge brauche. Mein Speichel ist zäh und grau wie Kleister, und meine Zunge kommt mir fünfmal so dick vor wie normal. Ich kann mich nicht daran erinnern, wann ich zuletzt schmerzfrei und ohne Mühe schlucken konnte.

Mit vereinten Kräften konfrontieren mich die Elemente und mein

Körper wieder mit der Realität. Während ich mich mit den hochschießenden Wellen und scheinbar von der Seite kommendem Regen herumschlage, werde ich zum zweiten Mal von Krämpfen heimgesucht. Sie laufen auf der Rückseite der Beine entlang, von den Oberschenkeln zu den Waden und den Füßen, die sich wie Vogelkrallen zusammenkrümmen.

Vor Schmerz schreie ich laut auf.

Ich beuge mich im Wasser nach vorn, greife nach meinen Zehen und versuche, wie zuvor meine Beine durchzustrecken. Der Schmerz ist unerträglich und schießt mir glühend durch den ganzen Körper. Wieder gehe ich unter.

Ich werde mich so sehr verkrampfen, sage ich mir, dass ich nicht mehr schwimmen kann. Es wird furchtbar werden – ich werde unter Qualen sterben, weil ich nicht mehr in der Lage sein werde, an die Oberfläche zu gelangen.

Wie durch ein Wunder lassen die Krämpfe nach, ich tauche auf und strecke und beuge langsam meine Füße. Aber der Anfall hat mich völlig erschöpft, ich bin zu müde, um traurig oder wütend zu sein.

Und noch immer brandet um mich herum erbarmungslos das Meer und gönnt mir keine Sekunde Ruhe.

Meiner Rechnung nach treibe ich inzwischen seit zehn Stunden im Meer. Es ist die längste Zeitspanne körperlicher Aktivität, die ich je bewältigt habe. Der Comrades-Lauf hat acht Stunden gedauert, meine Radrennen zwischen sechs und acht Stunden. Das hier ist unerforschtes Gebiet.

Praktisch sofort lösen sich alle positiven Gedanken in Luft auf, und wieder überwältigt mich meine Hilflosigkeit. Ich fühle mich unglaublich allein.

Ich sehe mich um. Die Wellen gewinnen immer noch an Höhe, ich kann im seltensten Fall über sie hinwegsehen. Und wenn ich doch einmal einen Blick erhasche, erstreckt sich vor mir stahlgraues Wasser bis zum Horizont.

Ich blicke hinunter zu meiner Brust und meinen Armen unter der Wasseroberfläche. Meine Haut hat die Farbe gewechselt, sie ist kalkweiß und inzwischen so runzelig wie Krepppapier. Ich spreize meine Finger: Sie sind geschwollen und verschrumpelt, mein Ehering versinkt in Hautfalten, die wie verwestes Fleisch aussehen.

»Die Hände eines Toten«, sage ich laut. Mir fällt ein, wie mein Schulfreund Greg McKenzie und ich in Chaka's Rock an der Nordküste von KwaZulu-Natal einen an den Strand geschwemmten Leichnam fanden. Wir waren achtzehn und mit dem Tod noch nicht in Berührung gekommen, und der Anblick dieses Körpers, der geraume Zeit dem Wasser ausgesetzt gewesen war, erschreckte und verstörte uns.

Meine Leiche wird genauso aussehen.

Erschöpfung und die Monotonie meiner Gedanken fordern ihren Tribut. Plötzlich scheinen die Wasserwände immer näher an mich heranzurücken.

Ich bin ein Gefangener des Meeres. Und meiner Einsamkeit.

Ich fühle mich geschlagen.

Auf der *Naga Laut*
12.27 Uhr

Es zischt leise, wenn der Regen aufs Meer trifft. Wasserschleier senken sich auf das Boot wie ein Bühnenvorhang zwischen den Akten. Der Bug der *Naga Laut* hebt und senkt sich in den Wellen, die immer höher werden, je weiter das Boot ins offene Meer kommt.

Tony Singleton sitzt im Schneidersitz auf dem Oberdeck und wirft über seine Schulter einen Blick zurück auf die sich entfernenden Inseln. Die Küstenlinie ist schon fast verschwunden, es ist, als wäre sie nie dagewesen. Am Horizont bleibt nur ein grauer Fleck. Der Wind ist stark und ungewöhnlich kalt und treibt ihnen dichte Schwaden entgegen.

Die Männer auf der *Naga Laut* fahren ins Ungewisse. Wie dieser Tag enden wird, daran wagen sie nicht zu denken.

Tony spürt einen Schmerz in seiner Brust, einen immer stärker werdenden körperlicher Schmerz, der nach oben wandert und ihm die Luft abschnürt. Das Regenwasser, das ihm in den Nacken rinnt, verursacht eine neue, seltsame Empfindung, und er muss an den gestrigen Abend und seine Kopfrasur denken. Er hat Bretts Spott und Späßchen noch im Ohr und versucht, durch Schlucken gegen die Enge in seiner Kehle anzukämpfen.

Keiner sagt ein Wort. Die acht Männer haben ihre Posten eingenommen. Zusammengekauert, mit Jacken oder Handtüchern über dem Kopf, starren sie auf die aufgewühlte See. Ausgerechnet heute arbeitet das Wetter gegen sie.

Nicht Arch, denkt Tony, nicht Arch.

Tränen steigen ihm in die Augen. Immer wieder muss er an die Sicherheitshinweise denken, die der Reiseveranstalter Gideon Malherbe ihnen 2002 für ihren ersten Surfcharterurlaub mit auf den Weg gab.

»Wenn ihr nachts bei der Überfahrt über Bord geht, seid ihr verloren«, hatte er sie gewarnt, sämtliche Gefahren aufgezählt und sie ermahnt, ihre Schwimmwesten zu tragen. Penibel war er alle Regeln durchgegangen, um sicherzugehen, dass ihnen alle Risiken auf See bewusst waren.

»Vergiss das jetzt erst mal, es hilft uns momentan nicht weiter«, hatte einer während der Durchsuchung des Bootes gemeint, als das Thema zur Sprache kam. Aber jetzt gehen Tony Gideons Worte wie ein Echo durch den Kopf: »… dann seid ihr verloren.«

Der ganze Tag wird für Tony ein Wechselbad der Gefühle sein. Er wird gegen den Eindruck völliger Hilflosigkeit ankämpfen, gegen seinen Pessimismus, den Drang, sich das Schlimmste auszumalen. Stattdessen wird er sich einreden, dass Brett irgendwo da draußen ist, irgendwo in diesen unermesslich großen grauen Wogen, und dass sie ihn finden werden.

Er sieht hinunter zu dem Celestron-Fernglas in seinem Schoß. Er hat es bei seinem ersten Surfchartertrip vor zehn Jahren in Singapur gekauft, und es hat ihn seither auf allen seinen Reisen begleitet. Es soll ihm bei dieser miserablen Sicht heute seine Augen ersetzen. Das Fernglas wird Brett entdecken.

»Wir kommen zu dir«, flüstert Tony seinem Freund zu. »Wir kommen.«

Auch JM, ebenfalls auf der Steuerbordseite, kämpft stumm mit seinen widerstreitenden Emotionen. Jetzt, wo er die Nachricht verbreitet hat, fühlt er sich ein wenig besser. Weniger allein. Weniger hilflos.

Er hat möglichst lange gewartet, damit Louise Killeen in Kapstadt Anita informieren konnte. Als das Boot dann den Hafen von Tua Pejat verließ, hat er schnell seinen ersten Bericht über die Vorkommnisse auf Facebook gestellt:

Brett Archibald aus Camps Bay
ist in der Meerenge Selat Mentawai
im Dunkeln über Bord gegangen.

Dieser nüchternen Tatsache fügte er die verzweifelte Bitte an, dafür zu beten, dass Brett wiedergefunden würde – ein Schrei in die Wildnis des Cyberspace.

Er hat die gleiche Nachricht über WhatsApp an seine Frau Tessa und seinen Bruder Pierre geschickt, der als Reporter für Reuters arbeitet und ein international gut vernetzter Surfer ist. Surfer, hatte JM gedacht, sollten davon wissen. Einer von ihnen wird vermisst, und vielleicht können die globalen sozialen Netzwerke und irgendwelche speziellen Communitys, die dank der neuen Technologien ihre Blüten treiben, dazu beitragen, andere Surfer oder sogar andere Boote in der Gegend in Alarmbereitschaft zu versetzen.

JM hat auch Gigs Cilliers, einen Freund und Radiomoderator, benachrichtigt, der bei einem lokalen südafrikanischen Sender für die Surfreports zuständig ist. Sobald er kann, wird er Updates schicken, hat JM Tessa geschrieben, und sie gebeten, diese auf Facebook zu stellen.

»Wir müssen mehr Aufmerksamkeit dafür kriegen«, erklärte JM Banger, während er in sein Handy tippte. »Wir brauchen viel mehr Unterstützung bei unserer Suche.«

Im Lauf des Tages werden sich die regelmäßigen Updates über den Mann, der irgendwo im Meer vor Indonesien vermisst wird, rasend schnell im Internet und damit weltweit verbreiten. Medien in den entlegensten Winkeln der Erde werden die Geschichte aufgreifen und Bretts Schicksal in vielen Ländern zur Schlagzeile machen.

Aber darüber denkt JM jetzt nicht nach. Er zieht seine Kappe tief ins Gesicht, um seine Augen vor dem Regen zu schützen, und sucht schweigend das Wasser ab. Der anfängliche Adrenalinstoß, ausgelöst durch die Suche nach Brett auf dem Boot und das Fertigmachen der *Naga Laut* für eine erneute Überfahrt, ist nicht mehr zu spüren. Der Schock ist einer bleibenden Angst und einer fast irrealen Distanziertheit gewichen.

Er mustert die tief über dem Boot hängenden Wolken und fühlt den schneidenden Wind in seinem Gesicht. Die schäumende See, die das Boot schwanken und schlingern lässt, erstreckt sich endlos vor ihm. Er hat nichts als die weißen Schaumkronen vor Augen, und das vermittelt den Eindruck totaler Isolation.

Das einzig Beständige ist das Meeresrauschen.

»Wo zum Teufel bist du ins Wasser gefallen, Brett?«

Er starrt in das Gebrodel und hat einen Flashback: die Zeit mit Brett bei den Pfadfindern; ein Wochenend-Survivaltraining, an dem sie mit sechzehn teilgenommen haben. Beim gemeinsamen Zelten war Brett immer der Anführer: immer zuständig, immer einfallsreich, immer Herr der Lage. JM erinnert sich an den Schwimmwettkampf über 1600 Meter, den sie an jenem Wochenende veranstaltet hatten, und das Leidenschaftliche, Ehrgeizige in Bretts Charakter.

Er wird schwimmen, sagt JM sich.

Er ruft sich auch ins Gedächtnis, dass Brett zu Zeiten der Apartheid seine Wehrpflicht abgeleistet hat. Für die Offiziersausbildung musste er ein Survivaltraining absolvieren. Dabei hat sein Hirn bestimmt gelernt, auf den reinen Überlebensinstinkt umzuschalten. JMs Zuversicht wächst. Solange er nicht verletzt ist, wird er es schaffen. Wir müssen ihn nur finden, bevor seine Kräfte ihn verlassen.

Seine Kräfte …

JM war schon oft mit Brett surfen und weiß, welche Muskelpakete sein Freund dabei zum Einsatz bringt. Er weiß aber auch, dass Brett nach nur zwei Stunden Schlaf ins Flugzeug gesprungen ist, 54 Stunden unterwegs war, stundenlang in der stinkenden Hitze von Padang ausgeharrt und dann ein fragwürdiges Essen in einem ziemlich schmuddeligen Dorf zu sich genommen hatte. Und dass er sich in der letzten Nacht mehrere Stunden lang übergeben musste. Die anderen, denen es ebenso ging, sind heute ziemlich mitgenommen. Wie lange kann Brett durchhalten, erschöpft, dehydriert und ohne Reserven?

Ridgy würde in der Kapitänskajüte gern auf- und ablaufen, aber dazu ist sie zu klein, und außerdem muss er ruhig und gefasst wirken.

Der Kapitän hat sich mit dem Beiboot mühsam durch die unruhige See zur *Naga Laut* zurückgekämpft. Er taucht genau zu dem Zeitpunkt auf, als Ridgy und Yanto wieder über der Seekarte brüten. Nach einem kurzen Wortwechsel mit Yanto stapft er ins Steuerhaus.

»Was ist los?« Banger steckt seinen Kopf in die Kajüte.

»Er hat es gemeldet«, lautet Yantos knappe Antwort. »Sie müssen es der Einreisebehörde melden, weil ihr Ausländer seid.«

»Schicken sie die Küstenwache?«

Bangers Frage beantwortet Yanto mit einem Schulterzucken und wendet sich ab.

Wie draußen tobt auch ein Sturm in Ridgys Kopf. Dass nicht entschlossen gehandelt wird, macht ihn wahnsinnig. »Wie ist die Frequenz des Bordfunkgeräts?«, fragt er barsch.

Die internationale Notruffrequenz ist 1215, und er will einen Notruf absetzen. Doch Yanto und der Kapitän blicken ihn nur verdutzt an, beugen sich abwechselnd vor und drehen ratlos am Knopf des Funkgeräts. Sie kommen ihm vor wie Schauspieler, die ihren Text nicht können.

Ein Rauschen erfüllt den kleinen Raum.

Ridgy ist derartige Ineffizienz verhasst. Er beißt die Zähne zusammen. Hier sind klares Denken, schnelle Entscheidungen und Ruhe vonnöten.

»Sag dem Kapitän, dass wir uns an dieser Linie orientieren müssen, etwas südlich von der Route, auf der wir gestern Nacht aus Padang kamen«, sagt er in bestimmtem Ton. »Damit berücksichtigen wir auch ein mögliches Abtreiben durch die Strömung, okay?«

Yanto nickt stumm und spricht dann leise mit dem Skipper.

»Ich bleibe hier, damit wir auch sicher auf Kurs bleiben«, erklärt Ridgy. Es ist offensichtlich, wie nervös die Crew ist und dass dies natürlich zu Konflikten führt.

Das Satellitentelefon klingelt, und Yanto gibt es automatisch an Ridgy weiter. Es ist die australische Küstenwache in Darwin, die zurückruft.

»Wenn der Kapitän es der Hafenbehörde gemeldet hat und es indonesisches Gebiet ist, können wir leider nichts für Sie tun, mein

Freund.« Die Stimme des Mannes klingt professionell, aber es schwingt durchaus Verständnis für die Verzweiflung, die seine Nachricht hervorrufen könnte, mit.

»Sie können uns nicht helfen?« Ridgy ist wie vor den Kopf gestoßen. »Aber das ist ein Notfall …«

»Wir können in indonesischen Gewässern tätig werden, aber nur, wenn wir eine Anfrage von den Behörden dort bekommen. Darauf müssten wir warten …«

Ridgy weiß, dass Lulu versuchen will, eine zuständige Stelle zu erreichen, irgendwen in Jakarta oder Padang. Er hat aber bisher nichts von ihr gehört.

»Okay, vielen Dank. Aber wir würden gern mit Ihnen in Verbindung bleiben, wenn das okay ist.«

»Klar. Wir beobachten das weiter. Viel Glück!«

Ridgy geht hinaus an Deck und starrt vom Heck aus auf die kabbelige See. Er ist sicher, dass der Kreis, den er auf der Seekarte für 2.30 Uhr gezogen hat, stimmt: Zu der Uhrzeit hat er Brett zum letzten Mal gesehen. Weniger sicher ist er bei seiner 4-Uhr-Markierung. »Wenn wir diesen Kurs halten«, sagt er sich, »besteht die Chance, eine vage Chance, dass wir ihn sehen.«

Der Seegang kommt ihm komischerweise heftig und langsam zugleich vor, was ihn benommen macht. Er fixiert eine Linie, die nicht weiter als 150 Meter von ihm entfernt sein kann, und stellt sich Dinge auf den Kämmen und in den Tälern der Wellen vor. Er blinzelt, konzentriert sich und schaut wieder hin.

Dort ist nichts als brausendes Wasser.

Ridgy denkt an das Buch, das er gerade liest. »Unbeugsam« von Laura Hillenbrand erzählt die wahre Geschichte des Läufers und Olympiateilnehmers Louis Zamparini, der durch die Hölle ging, nachdem er im Zweiten Weltkrieg einen Flugzeugabsturz in den Pazifik überlebt hatte – ein Beispiel für außergewöhnliches Durchhaltevermögen. Wenn der Kerl so etwas überlebt hat, dann kannst du das auch, Brett, macht Ridgy in Gedanken seinem Freund Mut.

Er denkt über den manchmal ruppigen Umgangston zwischen ihnen beiden nach. Die Rivalität, ihre gegenseitigen Provokationen hatte es seit der Schulzeit gegeben, aber sie waren nie über ein spielerisches Maß hinausgegangen. Er atmet tief durch, als er an die bevorstehende Überfahrt denkt.

Jetzt gibt es kein Zurück mehr. Ridgy schwört sich, dass sie das hier mit unbeirrbarer Entschlossenheit durchziehen werden. Er ist überzeugt von Bretts immenser Willenskraft. Und dass sein Freund das Glück immer auf seiner Seite hat.

»Wenn irgendwer es schafft, aus einem Schlamassel wieder rauszukommen, dann du, Brett!« Das sagt er diesmal laut.

12.30–13.30 Uhr
Die elfte Stunde im Wasser

Ich friere fürchterlich. Trotz des warmen Wassers fällt meine Körpertemperatur, und mir wird immer kälter. Ich habe begonnen zu zittern. Meine Zähne klappern, beißen seitlich auf meine weiter anschwellende Zunge, weswegen ich den leicht metallischen Geschmack von Blut im Mund habe. Auch meine Lippen sind geschwollen und so trocken wie die Schale von Kokosnüssen.
Meine Sorge wegen der Krämpfe wächst sich schnell zu echter Panik aus.
Wenn sie weiter so stark und häufig kommen, kannst du sie nicht mehr kontrollieren, dann wirst du deswegen ertrinken.
Ich stelle mir vor, wie mein gesamter Körper sich zusammenkrampft: meine Beine, dann meine Arme und Schultern, schließlich meine Hände. Werde ich einfach erstarren? Wird mein Körper mich nach alldem doch noch im Stich lassen, nachdem er mich so weit gebracht hat?
Wieder denke ich darüber nach, wie das vor sich geht: Tod durch Ertrinken. Werde ich untergehen? Und dann? Ich überlege, wie man Wasser einatmet. Läuft es so? Wasser statt Luft in meiner Lunge? Schwarz vor Augen. Weißes Licht. Tot?
Der Regen lässt nach und hört nach ein paar Minuten ganz auf. Die Regenwolken über mir ziehen davon, und es wird überraschend hell. Vielleicht reißt es sogar auf, überlege ich.
Jetzt müsstest du doch etwas sehen können, sage ich mir, aber um mich herum brechen noch immer die Wellen, und weite Sicht habe

ich in keiner Richtung. Ein Boot. Um diese Zeit muss doch ein Boot die Meerenge passieren. Oder vielleicht sieht man Land …

Doch da ist nichts. Nur Wasser.

Dann, plötzlich, glaube ich im Augenwinkel etwas zu entdecken. Was ist das? Etwas Kleines, Flüchtiges, und dann ist es verschwunden. Ich drehe mich im Kreis. Meine erschöpften Arme lassen meinen ganzen Körper rotieren, so schnell sie können. Ich will das Ding unbedingt wieder sehen.

Eine Kokosnuss? Ein Baumstamm?

Verzweifelt schwimme ich in die Richtung, in der ich was auch immer erblickt zu haben glaube. Dann stoppe ich und blicke mich hektisch um, aber die Wellen sind zu hoch, und ich kann über ihre Kämme nicht hinwegsehen.

Ist es da etwa wieder? Mir fehlt ein Gefühl für den Maßstab – ist es nur eine Kiste, die da treibt, oder könnte es ein Boot in der Ferne sein? Ich drehe mich immer wieder um die eigene Achse. Nichts als Meer.

Ich bin verwirrt und aufgebracht. Zum ersten Mal scheint mir die Kontrolle über meine Emotionen zu entgleiten. Spielen mir meine Augen einen Streich? Halluziniere ich schon, verliere ich meinen Realitätssinn, jegliche Perspektive?

Wieder glaube ich, ein paar Meter vor mir und zu meiner Linken etwas zu sehen. Ich halte an, konzentriere mich einige Sekunden lang und beginne dann hastig in die entsprechende Richtung zu schwimmen. Verzweiflung steigt in mir auf, eine heftige Empfindung, die vom Magen über die Brust in meinen Hals wandert. Inzwischen sichte ich so oft etwas, dass mir klarwird, dass ich mir das einbilde. Je ängstlicher ich werde, umso mehr falsche Hoffnung mache ich mir.

Wenn man Dinge sieht, die nicht real sind, ist man kurz davor, wahnsinnig zu werden …

Meine Beine schmerzen vor Müdigkeit. Meine Gliedmaßen sind so schwer, dass ich mir plump und unbeholfen vorkomme. Meine Lunge fühlt sich wie verbrannt an. In meinem Innersten bin ich nicht mehr sicher, dass ich noch lange durchhalte. Eine unterschwellige Verzweiflung macht sich in jeder Faser meines Körpers breit. Ich muss das ändern, bevor ich vollends hysterisch werde. Diese Art der Angst ist nicht leicht zu überwinden.

Beruhige dich, sage ich mir ganz langsam – es ist der Versuch, bedächtig zu klingen und zu logischem Denken zurückzukehren. Du willst unbedingt etwas finden, an dem du dich festhalten kannst, aber das wird nicht passieren. Lass dich durch diese Visionen nicht aus der Ruhe bringen. Da ist nichts. Das Meer nimmt dich nur auf die Schippe.

Ich hole wieder die Hülle mit der Schlüsselkarte aus meiner Tasche und zupfe ein weiteres Fitzelchen von der Quittung. Die Hälfte ist noch übrig. Das Papier treibt eine Minute lang an der Oberfläche, hebt sich weiß von der Gischt ab und wird dann vor meinen Augen schnell nach unten gesogen.

Du bewegst dich noch immer in die richtige Richtung, beruhige ich mich. Du treibst noch immer mit der Strömung. Vergiss nicht, Strömungen sind wie eine Rettungsleine. Das ist doch schon mal was.

Auf der *Barrenjoey*, im Hafen von Tua Pejat
12.48 Uhr

Doris steht im Steuerhaus, das Pete Inglis nun betritt.
»Hast du rausgefunden, wo er sein könnte, Skipper?«, fragt Pete höflich. Es ist ein weiterer Versuch, die gespannte Atmosphäre an Bord zu verbessern. Stille Wasser sind bekanntlich tief, das scheint auch auf Doris zuzutreffen, und Pete tut sein Bestes, damit sich die Lage entspannt.

Doris ist ein Gefangener seiner Vergangenheit. Viele Menschen haben ihn enttäuscht, und umgekehrt hat er viele enttäuscht, weswegen er sich entschieden hat, seinen eigenen Weg zu gehen, in Indonesien, dem einzigen Ort, an dem er seinen Dämon besiegen zu können glaubte. Er wollte *sindiri* (Bahasa für »allein« oder »abgesondert«) sein, ein Solist auf See.

»Weil es da so friedlich ist, man Platz hat und niemand einem auf die Nerven geht«, erklärte er immer.

Außerdem war er, seit er die außergewöhnliche Faszination des Surfens entdeckt hatte, ständig auf der Suche nach neuen Wellen. Das Geld und die Angeberei, von denen die Wettkämpfe bestimmt waren, langweilten ihn. Stattdessen forschte er nach entlegenen Orten, wo an bestimmten Tagen, bei idealem Wind und Wellengang ein einzigartiger Ritt möglich war. Diesem Impuls folgt er nach wie vor mit bedingungsloser Hingabe. Diese Faszination war sogar stärker als seine engsten Beziehungen, so stark, dass er blieb, als 1999 seine Frau und seine Kinder Bali wieder verließen.

Seine Reaktion darauf war ein Alkoholrausch gigantischen Ausmaßes: Er dauerte vier Jahre. Manche behaupteten damals, dass Doris Eltherington von einem Todeswunsch getrieben war, und damit lagen sie sicher nicht falsch.

An einem Tag im Jahr 2001, als andere schon das Wasser am Strand von Padang Padang verließen, wollte Doris es unbedingt noch mit der nachlassenden Brandung aufnehmen. Eine Monsterwelle sorgte für einen Abgang, und zwar mit solcher Wucht, dass das Board gegen seinen rechten Oberschenkel schlug und den Knochen sauber in der Mitte durchtrennte.

»Mein Bein hing immer noch an der Leine und schlug mir an den Hinterkopf«, erzählte er Matt George für einen Artikel in »The Surfer's Journal«. »Ich dachte, das wäre wer anderes. Noch eine Welle und ich wäre hinüber gewesen.«

Andere Surfer zogen ihn aus dem Wasser, und er wurde ins Krankenhaus gebracht. Erst nach zehn unerträglichen Stunden bekam er zur Schmerzlinderung eine Betäubungsspritze in den Rücken. Bilanz des Unfalls: ein mit fünfzehn Schrauben fixierter Titanknochen im rechten Bein und eine Narbe über den ganzen Oberschenkel. Und er habe Glück gehabt, sagten ihm die Ärzte. An einem offenen Bruch wäre er gestorben.

Ein Jahr später machte er einen Abgang anderer Art. Es war 2002 kurz nach dem Terroranschlag auf eine Bar in Bali. Doris hatte Kufa, die Touristengegend, wo die Bombe in einem Rucksack deponiert war, zwanzig Minuten vor der Detonation verlassen. Er war schockiert, denn er hatte einige der 202 Todesopfer, darunter viele Australier, persönlich gekannt. Weitere 240 Personen wurden schwer verletzt. Von seiner Trauer überwältigt, raste Doris mit seinem Motorrad eine Straße mit starkem Gefälle hinunter. Der Monsun hatte für Überflutungen gesorgt, und Doris' Bremsen versagten auf dem weichen, matschigen Untergrund. Er schlitterte auf einen steilen Abhang zu. Ein Baum, gegen den er mit dem Gesicht prallte, rettete ihm das Leben – aber nur knapp.

Er erlitt schwere Kopfverletzungen. Sein Unterkiefer war zertrümmert, der Kehlkopf gequetscht und der Hals aufgeschlitzt. In der

Nacht riefen die Ärzte im Krankenhaus von Denpasar seine Tochter Taryn an der Gold Coast an, um ihr mitzuteilen, dass er es ihrer Einschätzung nach nicht schaffen würde. Mit der ihm eigenen Zähigkeit kämpfte Doris sich zurück ins Leben, aber der Heilungsprozess war lang und schmerzhaft. »Du hast nicht neun Leben, Doris, du hast neunzehn!«, bestätigten ihm seine Freunde.

Nach diesem Unfall flehte Taryn ihren Vater an, nach Australien zurückzukehren, damit sie sich um ihn kümmern könne, doch Doris wollte sein geliebtes Indonesien nicht verlassen. »Ein Ort, an dem alle lächeln«, erklärte er seiner Tochter. Und es sei weniger überlaufen, sauberer und beständiger als andere Surferparadiese. Außerdem sehr billig und natürlich wunderschön. »Abgesehen davon mag ich die Indonesier. Sie sind hart im Nehmen. Sie wurden 400 Jahre lang von den Holländern, den Japanern, den Engländern geknechtet. Sie haben Erdbeben, Vulkanausbrüche und Tsunamis ausgehalten und Aufstände, Staatsstreiche, Bombenanschläge und Finanzcrashs überstanden. Und trotz allem sind sie fröhlich. Ich habe vieles davon zusammen mit ihnen durchgemacht. Hier ist mein Zuhause.«

Der Motorradunfall war dennoch ein Wendepunkt, da er Doris bewusstmachte, dass sein Leben aus dem Ruder gelaufen war, dass sein Dämon ihn fast besiegt hatte. Es war an der Zeit, sich am Riemen zu reißen – wenn nicht in seinem, dann doch zumindest im Interesse seiner Kinder, an denen er einiges gutzumachen hatte. Er ignorierte alle Schwarzseher. »Wenn mir jemand sagte: ›Das schaffst du nie‹, dann war das wie ein Startschuss für mich. Ich antwortete dann: ›Ach tatsächlich?‹ Aber ich gebe nicht auf. Versagen kommt überhaupt nicht in Frage.«

Doris hörte mit dem Trinken auf und begann, sich vom Hafen Benoa auf Bali aus an Rettungsaktionen zu beteiligen, doch das Wichtigste war, dass er sich seiner entfremdeten Familie wieder annäherte. Seine Kinder ergriffen sofort die Gelegenheit, die Bindung zu ihrem Vater zu erneuern, und seine Familie hörte ihm geduldig zu, als er ihnen die Abgründe seiner Psyche offenbarte, etwas, das ihm persönlich sehr wichtig war.

Es war im Jahr 2004, als Martin Daly eines Tages bei einer Geschäftsreise auf Bali ein vor Energie strotzender Doris über den Weg lief. Schnell begriff Daly, dass Doris einer der erfahrensten Seeleute war, die ihm je begegnet waren, und er beschloss, über Doris' schlechten Ruf und die Warnungen, die ihm hinter dessen Rücken zugeflüstert wurden, hinwegzusehen. Er hatte auf den Mentawai-Inseln gerade ein Surfcharterunternehmen gegründet und bot Doris an, eines der Charterboote als Kapitän zu übernehmen. Doris ergriff Dalys Angebot wie einen Rettungsanker.

Acht Jahre lang segelte er für Daly rund um die Mentawais. Sein Arbeitgeber merkte bald, dass er mit Doris nicht nur einen der besten Segler weit und breit gefunden hatte, sondern auch eine Persönlichkeit mit festen Prinzipien. Er mochte sich hin und wieder ein wenig unorthodox und unberechenbar verhalten, war zugleich aber clever, humorvoll und geistreich. Doris hatte in seinem Leben einiges zu bereuen, doch das war inzwischen halbwegs verarbeitet, und er hatte seinen Frieden damit gemacht.

Doris arbeitete hart daran, seinen schlechten Leumund loszuwerden, und fasste insgeheim einen neuen Plan: irgendwann ein eigenes Charterboot zu besitzen. Er lernte wieder ganz neu, Vater zu sein und mit den Jahren auch Großvater. Er unterdrückte die Panik, die ihn erfasste, wenn er in engen, überfüllten Flugzeugen eingesperrt war, und flog, sooft es ging, zurück nach Australien, um Kontakt zu seinen Kindern zu halten.

Wenn Indonesien ganz allgemein sein Zuhause war, eroberten insbesondere die Mentawai-Inseln sein Herz. Er verliebte sich unsterblich in das umwerfende Meer, das Inselleben (trotz der damit verbundenen Entbehrungen) und die Menschen. Es war die Rückkehr zu seiner ersten großen Liebe: dem Meer.

Als am zweiten Weihnachtstag 2004 der Tsunami diese Weltgegend verwüstete, war er tief getroffen. Wochen und Monate arbeitete er mit Dalys Charterbootflotte und zusammen mit anderen Surfcharterbooten unermüdlich, um dem traumatisierten Archipel Hilfe zu leisten und Überlebende zu retten. Er soll in dieser Phase tagelang nicht geschlafen habe.

2012 hatte Doris genug Geld gespart, um sein eigenes Boot zu kaufen. Die *Rajah Elang*, ein 20 Meter langes Surfcharterboot, wurde zu seinem schwimmenden Palast und ermöglichte ihm die Erfüllung eines langgehegten Traums: eine eigene Firma auf den Mentawais zu gründen. Neben den Chartertrips blieben die Hilfsaktionen Doris' zentrales Anliegen: kleine Akte tätiger Reue, die ihm halfen, sein Gewissen von früheren Fehltritten zu reinigen.

Die Einheimischen lernten ihn als unkonventionell, aber verlässlich kennen, und wenn sie ihm auf den Straßen von Padang begegneten und ihm dankbar die Hände schüttelten, lächelte er nur bescheiden. Doch innerlich empfand er ihre Anerkennung wie einen Glücksbringer.

Ganz im Sinne der Familientradition erarbeitete sich Doris einen Ruf als Lebensretter.

Nun beugen sich Doris und Pete über die Seekarten, die Ersterer über das hölzerne Steuerrad gebreitet hat, und einige Minuten lang herrscht Stille. Zwei Männer, ein Ziel.

»Wenn die *Naga Laut* etwa um fünf Uhr morgens in Tua Pejat angekommen ist und er etwa zwei Stunden früher ins Wasser gefallen ist, muss er irgendwo da sein«, sagt Doris schließlich und legt seine wettergegerbten Finger auf zwei Quadrate der Karte.

»Wenn er etwas abgetrieben wurde, könnte er etwas weiter östlich sein«, meint Pete. »Da ungefähr, was meinst du? Wie weit ist das draußen?«

»So 25 bis 35 Meilen. Ich fahr mal mit dem Beiboot dort raus« – Doris lässt seinen Zeigefinger auf das zerknitterte Papier fallen –, »um rauszufinden, was wir bei dem Mistwetter sehen können.«

Doris geht sofort rüber zu seinem Funkgerät, und Pete nutzt die Gelegenheit, sich davonzumachen.

»Suley, Suley, hier ist die *Barrenjoey*. Kannst du mich hören?«

Die Stimme aus dem Lautsprecher klingt vertraut. Verlässlich, fest, zuversichtlich. Mit Steven Sewell, ebenfalls ein aus Westaustralien stammender Charterkapitän, hat Doris erst kürzlich zusammengearbeitet. Für ein Projekt zur Erkundung von Ölvorkommen haben sie mit ihren zwei Booten gemeinsam 127 Tage lang systematisch entlang von Suchlinien ein Gebiet in der Straße von Malakka abgefahren.

»Suley, Kumpel, ich sitz hier in der Tinte. Auf der *Naga Laut* ist ein *bule* über Bord gegangen.«

»O Gott, wann denn?«

»Nicht ganz klar, aber sie denken, so gegen drei Uhr nachts. Ein Südafrikaner.«

»Das ist ja schon eine Weile her. Und, was meinst du?«

»Ich denke, er schwimmt. Das Wetter ist scheiße, aber es scheint keine Sonne …«

»Wo ist die *Naga Laut* jetzt?«

»Keine Ahnung. Ich hab sie vor ungefähr zwei Stunden hier rausfahren sehen.«

Die Männer diskutieren die bisher bekannten Fakten, und Doris bestätigt, dass er den anderen Booten in der Gegend Bescheid gegeben hat. Er weiß, dass er eine Suchaktion in Gang setzen muss, und hat seine Eingreiftruppe aktiviert, ein kleines Netzwerk von Charterbooten, die sich in Notfällen aufeinander verlassen können. Er hat John McGroder, den Eigentümer der *Barrenjoey*, kontaktiert, der sich gerade mit seiner Frau Belinda und seinen Söhnen Fynn und Duke auf dem Katamaran der Familie, der *Amandla*, befindet. Er hat auch Martin Daly angerufen. Sein ehemaliger Arbeitgeber wartet gerade am Flughafen in Perth auf seinen Abflug.

»Ich sag dir, Suley, der Typ ist am Leben. Belinda McGroder hat mit Chantal Malherbe gesprochen, die von Südafrika aus den Urlaub auf der *Naga Laut* organisiert hat. Er ist ungefähr 51, aber fit, ein Radfahrer oder so. Der schwimmt – da bin ich mir ganz sicher.«

»Die Bedingungen sind ganz schön miserabel, Mann, aber es gibt nur eine Möglichkeit, es rauszufinden«, meint Sewell. »Ruf mich wieder an. Sag mir, ob du ihn gefunden hast.«

13.30–14.30 Uhr
Die zwölfte Stunde im Wasser

Meine Gedanken werden mir inzwischen gefährlich. Fieberhaft suche ich auf dem Meer und am Himmel nach Ablenkungen. Die Wolken da oben sehen mitgenommen aus.

Ich fürchte, wahnsinnig zu werden, das muss ich in den Griff kriegen, bevor mein Hirn Halluzinationen zu Fakten erklärt. Denn dann werde ich durchdrehen, kreischen, heulen, um mich schlagen.

Es ist, als würde ich Tetris spielen und die Würfel würden immer schneller herunterfallen und sich dabei verkanten und überschneiden.

Ich konzentriere mich ganz bewusst auf mein T-Shirt, das manchmal unangenehm schwer auf meine Schultern drückt und manchmal gegen meinen Nacken schlägt. Es ist klebrig und kalt wie eine dicke zweite Haut. Das ist mir lästig. Immer wieder stelle ich mir vor, dass es zum Leben erwacht, der Stoff sich um meine Kehle schlingt und mir den letzten Rest Luft abschnürt.

Das Gewicht der nassen Baumwolle reißt jedes Mal, wenn ich durch eine Welle tauche, meinen Kopf nach hinten, und dieses ständige Gezerre am Hals macht mich schwerfällig und ermüdet mich. Zugleich ist es eine psychische Belastung, denn gefühlsmäßig zieht das T-Shirt mich rückwärts, es hindert mich am Vorankommen.

Letzte Nacht habe ich es mir um den Kopf gebunden, weil ich mich vor dem prasselnden Regen schützen wollte und weil ich auch Angst vor einem Sonnenbrand hatte. Doch die Sonne hat für heute kapituliert. Es fällt wieder ein spärlicher Regen.

Letztendlich beschließe ich, das T-Shirt loszuwerden. Es ist mir eine Last. Ich fälle meine Entscheidung schnell und unwiderruflich. Hastig löse ich den Knoten am Hinterkopf, während meine Beine vorübergehend mehr arbeiten müssen, weil ihnen die Unterstützung meiner Arme fehlt, und mit aller Kraft, die ich in meinem rechten Arm aufbringen kann, schleudere ich das T-Shirt mehrere Meter von mir weg und sehe dabei zu, wie die Strömung es davonträgt.

Sofort packt mich die Reue.

»War das wirklich klug?«, frage ich mich laut.

Einerseits drängt es mich, ihm schnell hinterherzuschwimmen, andererseits wird mich das wertvolle Energie kosten, und davon habe ich nur noch wenig.

»Es behindert dich doch nur«, mache ich mir klar.

Mir entfährt ein nervöses Lachen. Der gute alte Tom Hanks in »Verschollen« – er ist ausgeflippt, als er seinen Ball verloren hat. Ich kann es ihm nachfühlen. Dieses T-Shirt ist mein Freund geworden, und nun lasse ich es im Stich.

Verliere es.

Ganz allmählich.

Auf der *Naga Laut*
13.06 Uhr

»Was ist passiert, Tony?«

Aus dem Satellitentelefon ertönt Anitas Stimme. Es knackt, und die Leitung wird immer wieder unterbrochen. Tony kann sie kaum verstehen. Sie könnten genauso gut auf dem Mond sein.

»Hat Brett getrunken? Wer war als Letzter bei ihm? Wie konnte er denn ins Wasser fallen?« Die letzte Frage schreit Anita fast.

Tony geht vor zum Bug, um ungestört zu sein. Ein paar Minuten zuvor hatte zuerst Snowman Bretts Frau am Apparat. Während sie eine ganze Flut von Fragen stellte, brach die Leitung zusammen. Verschreckt von ihrem panischen, aggressiven Tonfall reichte Snowman das Telefon wortlos an Tony weiter.

»O Gott, Anita, das alles ist echt schwer vorstellbar. Wir wissen nicht, wann er über Bord gegangen ist. Wir haben es erst heute Morgen gegen acht festgestellt. Aber ich kann dir versichern, dass er nicht betrunken war. Auch wenn wir ein paar Drinks gekippt haben, waren wir bis dahin längst wieder nüchtern. Ehrlich. Fünf von uns haben eine Lebensmittelvergiftung. Brett hat sich die ganze Nacht erbrochen.«

»Er hat mich nicht angerufen, obwohl er es versprochen hat.« In diesem fast kindlichen Quengeln schwingt dumpfe Verzweiflung mit, und Tony hört auch, dass sie weint.

»Er und Banger haben sich heftig übergeben müssen und sich dabei über die Reling gebeugt. Ridgy hat ihn dort noch gegen halb drei gesehen, aber wir hatten einen schweren Sturm. Anita, er muss ausgerutscht sein …«

»O Gott ...« Kurz ist es still, und dann: »Tony, bitte findet ihn. Ihr müsst ...«
Die Leitung ist wieder unterbrochen. Tony, der seit der Grundschulzeit mit Brett befreundet ist, vergräbt das Gesicht in seinen Händen und schluchzt. Dann erregt sein piepsendes Handy seine Aufmerksamkeit. Es ist das Einzige, auf dem überhaupt SMS ankommen, aber bei einem Balken Signalstärke ist der Empfang ziemlich instabil.
Tony hatte die Reiseveranstalterin Chantal Malherbe per SMS über ihre verzweifelte Lage informiert und dann auf dem Satellitentelefon angerufen, bevor sie Tua Pejat verließen.
Mit einem derartigen Notfall war Chantal bisher nie konfrontiert. Zuerst war sie völlig durcheinander, doch es gelang ihr schnell, sich zusammenzureißen. Mit ihrem Mann Gideon hat sie ihr Büro zur Vermittlungsstelle zwischen der *Naga Laut* und dem Kreis potentieller Helfer gemacht. Ein guter Freund und früherer Weltmeister auf dem Kneeboard, Gigs Cilliers, der Brett gut kennt, ist nach Hermanus gekommen, um sie zu unterstützen. Chantal setzt sich mit ihren Freunden Belinda und John McGroder in Verbindung, die die Surfcharter-Yacht *Barrenjoey* auf den Mentawais unterhalten, mit Anita in Camps Bay, mit Tony und den anderen Männern auf der *Naga Laut* und sonstigen Leuten, die sie erreichen kann.
Die Malherbes haben eine Zeitlang auf den Mentawai-Inseln gelebt und kennen sich dort gut aus. Sie haben bereits ihre Erfahrungen mit der indonesischen Bürokratie gemacht und wissen, dass sie vor allem auf Leute vor Ort angewiesen sind. Deshalb rufen sie alle möglichen Bekannten in der Gegend dort an. Mit diesen Aktivitäten werden sie zum Rettungsanker der *Naga Laut*.
»Habe das australische Ehepaar John und Belinda McGroder benachrichtigt, die auf den Inseln leben und viele Leute kennen. Sie kontaktieren andere Boote«, simst Chantal.
Tony ist übel und schwindlig. Das alles kommt ihm immer noch wie ein Albtraum vor.
Während die acht Männer in Wind und Regen auf den offenen Decks der *Naga Laut* stehen, verlieren sie jedes Zeitgefühl. Sie

schauen schweigend auf die grauen Wellen und wechseln ab und an die Bootsseiten. Sie starren in die Gischt, die vom Meer hochwirbelt. Sie können nichts weiter tun, als die Augen offenzuhalten und sich ihren düsteren Gedanken zu stellen. Trotz der Stille spüren sie ihre Verbundenheit untereinander, eine Kameradschaft, die ihnen durch diesen Tag hilft.

Craig zieht seine Windjacke fester um sich. Es überrascht ihn, wie kalt es jetzt ist, vor allem, weil es gestern, als sie ankamen, so schwül und stickig war. War das wirklich erst gestern? Er lässt die Ereignisse des Vortags Revue passieren.

Angesichts der enormen Hitze und Luftfeuchtigkeit in Padang waren alle ziemlich entsetzt, aber Tony hatte sie beruhigt: Wenn sie erst einmal auf dem Boot wären, würde die Meeresbrise für Abkühlung sorgen.

Als Yanto sie vom überfüllten Flughafen in Padang abholte, trieften sie alle vor Schweiß. Es war fast Mittag und damit der heißeste Zeitpunkt des Tages.

Sie waren ziemlich erledigt. Ridgy und Craig waren von Kapstadt nach Dubai geflogen, wo sie sich mit Niall trafen, der allein aus Johannesburg gekommen war. Die drei hatten die fünf Stunden Aufenthalt in Dubai mit Ed Pickles verbracht, der dort lebte und eigentlich der zehnte Mann auf ihrer Tour sein sollte. Bei einem Bier redeten sie über das noch ausstehende Ergebnis der Biopsie, die bei Ed wegen des Verdachts auf ein Melanom vorgenommen worden war.

War das der erste Hinweis darauf, dass diese Reise unter einem schlechten Stern stand? Während Craig seine Brillengläser mit einem Handtuch abwischt, überlegt er, was sonst noch alles schiefgegangen ist.

Für eine Übernachtung waren sie nach Jakarta geflogen, aber der Flug war sehr unruhig. Die hohe Luftfeuchtigkeit, ihr gestörter Biorhythmus und der Jetlag hatten dann dafür gesorgt, dass sie alle nur wenige Stunden Schlaf abbekamen.

In dieser Nacht hatte Tony seine Markisen- und Sonnendach-Firma verlassen, JM sein Franchise für Surfbekleidung und

Weyne sein Unternehmen für Geschäftsausstattung. Die drei waren vom King-Shaka-Flughafen in Durban abgeflogen. Die sieben hatten erstmals am nächsten Morgen bei einem hektischen Frühstück im Flughafenhotel zusammengefunden. Dann hatten sie sich, bewaffnet mit ihren verpackten Surfboards, einen Weg durch die Massen gebahnt, um den einstündigen Flug nach Padang zu erreichen. Irgendwo im Flughafengebäude war ihnen Brett abhandengekommen. Jedenfalls war er auf dem Weg zum Check-in nirgends zu finden.

»Verdammter Mist«, fluchte Ridgy. »Er ist in den Bus zum anderen Terminal gestiegen.«

Das erste Gebot solcher Reisen – alle bleiben zusammen – war schon mal gebrochen worden.

Mit dem Handy beorderten sie Brett zurück zur Gruppe. Allgemeines Fluchen und Spotten folgten. Eine Dreiviertelstunde lang rannten sie herum und überprüften ihre Surfboards auf Schäden, bevor sie endlich am Check-in-Schalter ankamen.

»Das ist nicht Ihr Flug, Sir«, erfuhr Niall von einer Mitarbeiterin des Bodenpersonals. »Sie müssen zu Terminal 1 …«

»Ihr Blödmänner!«, mokierte sich Brett. »Ihr hättet mal auf den hören sollen, der mehr Flugmeilen gesammelt hat als ihr alle zusammen!«

Erneut rannten sie schwitzend, genervt und gestresst durch die Menschenmassen, um den Shuttlebus zu erreichen. Dass Brett recht gehabt hatte, würde er ihnen garantiert noch eine ganze Zeit lang unter die Nase reiben.

Doch als das Flugzeug in Padang abhob, da hob sich auch ihre Stimmung. Nach monatelanger Vorfreude fühlten sie sich nun wie Jungen auf einem Schulausflug. Nicht einmal die Enttäuschung darüber, dass Ed zurückbleiben musste, konnte ihnen die Laune verderben. Genauso wenig wie das Chaos von Padang: Drahtesel, geistesgestörte Mopedfahrer und lebensgefährliche Klapperkisten rasten klingelnd, hupend und brüllend durch die überfüllten Straßen. Als sie von der Schwüle und dem Gestank schon ganz benebelt waren, rettete sie die Klimaanlage in Yantos Van.

Craig wusste, dass Indonesier prinzipiell sehr höflich und liebenswürdig sind. Er hatte sich vor ein paar Jahren eine Auszeit von seiner Firma für Marketing im Gesundheitswesen gegönnt und war mit Louise und den beiden Söhnen in den Osten gereist. Die schmächtigen Menschen mit dem pechschwarzen Haar, der kastanienbraunen Haut und den sanften Augen hatten immer gelächelt und ihnen fröhlich zugewinkt. Diese Gutherzigkeit entschädigte für ihre begrenzten Englischkenntnisse genauso wie für das saunaartige Klima und die strengen Gerüche.

Statt sie zum Hafen von Teluk Bayur zu fahren, wo sie bei früheren Chartertouren gestartet waren, verkündete Yanto, dass die *Naga Laut* an der Flussmündung der Stadt ankerte.

»Wir fahren heute Nacht von Batang Kuranji ab«, sagte er über seine Schulter hinweg, während er Schlaglöchern in der Größe von Bombenkratern auswich. »Nur ein Problem: Wir müssen warten, bis Flut kommt …«

»Und wann ist das?«, fragte JM.

»Etwa neun Uhr heute Abend.« Ein Moped kollidierte fast mit dem Seitenspiegel, aber das schien Yanto gar nicht zu bemerken.

»Und warum starten wir nicht vom Hafen?«, fragte Tony.

»Special Deal mit Surfguide. Mit mir können wir am Fluss starten und müssen nicht so weit fahren.«

»Nur dass wir inzwischen seit vierzig Stunden unterwegs sind und dreimal umsteigen mussten. Was machen wir denn jetzt neun Stunden in dem Dreckloch?« Trotz seiner Wortwahl war Ridgys Ton freundlich.

Aber im Grunde dachten sie alle dasselbe, als der Van an windschiefen Barackensiedlungen und den bröckelnden Kolonialbauten vorbeifuhr, die die Holländer hinterlassen hatten, die wegen Pfeffer und Erz nach Indonesien gekommen waren. Für Craig sah es aus, als würden sich diese klapprigen Konstrukte und die Palmen, die aus dem Unterholz ragten wie die Hauben von Kakadus, gegenseitig den Platz streitig machen.

»Ich bringe euch in Restaurant am Fluss, dort können wir auf restliche Gäste warten«, sagte Yanto.

»Solange sie eiskaltes Bier haben!«, krähte Brett aus dem Heck des Wagens. »Dann kann die Party ja losgehen!«

Alle lachten und einer rief: »Yeah!!«

Yanto setzte sie an einer Freiluft-Bar an der Straße ab, bei einem Gebäude mit der unheilvollen Aufschrift »Plan B Hotel«. Sie fanden den Namen lustig.

Das Restaurant wurde ihren niedrigen Erwartungen voll gerecht. Eine riesige Heineken-Werbetafel war an einer Deckenverkleidung aus neongelben, -orangen und -grünen Rechtecken befestigt, die über der Bar schwebte, als hätte man eine schreiend bunte Disco aus den Achtzigern auf den Kopf gestellt. Die Lautsprecher rauschten derart, dass die indonesische Popmusik, die aus ihnen dudelte, kaum zu hören war.

Die Männer wählten einen Tisch unter einem Säulengewölbe in Schwefelgelb und Orange, um auf den von Mauritius kommenden Banger und auf Snowman zu warten, der von der australischen Gold Coast anreiste.

Yanto winkte ihnen zum Abschied fröhlich zu, als er sich zurück in das Gewühl aus knatternden Mopeds und nach Diesel stinkenden Bussen stürzte, um Surfbretter und Gepäck zum Boot zu bringen.

Die an einer Wand angebrachten ächzenden Ventilatoren schafften in der drückenden Hitze und Feuchtigkeit nur wenig Abhilfe. Über ihnen hing ein völlig unpassendes gewölbtes Dach aus Wellblech, ein Musterbeispiel für die wahllos zusammengestückelten Bauten, die die gesamte Stadt verunstalteten. Alle bestellten sich sofort ein Bintang, auf dessen Etikett ein roter Stern prangte.

Während der Stunden des Wartens schwelgten die neun Freunde gemeinsam in Nostalgie. In aller Ausführlichkeit brachten sie sich gegenseitig auf den neuesten Stand, erzählten von ihrem Leben, vom Surfen, vom Reisen, von ihren Frauen und Kindern. Mit Videokameras und iPads dokumentierten sie ihre Wiedervereinigung.

»Weyne, Kumpel, am Donnerstag wirst du fünfzig. Für den Tag wünschen wir dir die beste Barrel aller Zeiten!«, schrie Brett quer durch den Raum.

»Dein Wort in Gottes Ohr!« Weyne lachte.

Währenddessen traf die Crew der *Naga Laut* die letzten Vorbereitungen für die nächtliche Überfahrt. Wegen der späten Abfahrt würde es kein Abendessen auf dem Boot geben, weswegen die Gruppe am späten Nachmittag etwas zu essen bestellte. Die Mehrheit wählte aus den schmuddeligen, abgegriffenen Speisekarten ein klebrig aussehendes Nasi Goreng, nur JM entschied sich für gedämpften Reis mit Rindfleisch und Chili.

Zu guter Letzt stand auf dem Linoleumtisch ein ganzes Regiment leerer Bintang-Flaschen stramm. »Das ist die Zehn-grüne-Flaschen-Tour«, scherzte Banger, als die Kellnerin ein Foto machte. Alle lachten und freuten sich über diese identitätsstiftende Bezeichnung. »Bloß dass Eddie nicht da ist, dann sind wir wohl nur neun«, stellte Banger richtig.

»Ich kann hier nicht mehr länger rumsitzen«, sagte Snowman irgendwann. »Lasst uns lieber auf dem Boot warten. Wir können uns einrichten, die Boards auspacken und die Finnen dranmachen.«

Alle stimmten zu.

Es war nur eine kurze Fahrt zum Fluss, wo das Boot lag. Inzwischen warf die Sonne schon lange Schatten auf die verwahrlosten Straßen. Die Männer stiegen aus dem Van, schnappten sich ihre Taschen und stapften durch die erbarmungslose stehende Hitze. Den Gestank der Kanalisation überlagerte der süßliche Geruch des Holzrauchs, der von den Verkaufsständen kam.

Die *Naga Laut* lag in dem flachen graugrünen Flusswasser. Am gegenüberliegenden Ufer standen alte Backsteinvillen, die einmal holländischen Händlern gehört hatten, neben rohen Betonklötzen, die wohl Häuser darstellen sollten, aber mehr wie Bunker aussahen.

Dazwischen duckten sich Holzhütten, teils auf Pfählen, mit löchrigen Dächern aus Ziegeln oder rostigem Wellblech. Holzschiffe, alte Lastkähne und kleine Motorboote schaukelten in dem schmutzigen Wasser, das träge einem ebenso schmutzigen Meer zufloss.

Als die Südafrikaner über den klapprigen Steg auf das Boot zugingen, empfing sie eine diensteifrige Crew.

»Hallo, ich bin Banger!« Der großgewachsene Mann streckte dem schmächtigen Besatzungsmitglied, das in Boardshorts auf dem unteren Deck stand, seine Hand entgegen wie eine Bärentatze.

»Jaipur«, antwortete der Indonesier herzlich, »ich bin Schiffsingenieur.«

»*Jou moer*« (»Du Trottel« auf Afrikaans), reimte Brett, der hinter Banger kam, und lachte schallend. Sie alle lachten über sein derbes Wortspiel.

»Hi. Ich bin Brett – aber du kannst Archie zu mir sagen.«

Die Männer begrüßten nacheinander die anderen vier verlegen lächelnden Crewmitglieder. Es war eine etwas holperige Vorstellungsrunde, da die Indonesier nur sehr wenig Englisch sprachen. Den Kapitän taufte Brett sofort »Skippy«, als er ihm die Hand schüttelte. Jaipur stellte seinen Sohn Anton vor, der an Deck arbeitete, und den Koch, der den irritierenden Namen »Boi« trug, obwohl er doch ein Erwachsener war. Yanto fungierte als Dolmetscher.

Als sie schließlich an Bord gingen, kam es beinahe zu einem Unfall. Snowman stieg mit eingezogenem Kopf in das stockdunkle Innere der *Naga Laut*, doch seine Augen kamen nicht auf Anhieb mit den geänderten Lichtverhältnissen zurecht. Während er ein paar Hängeschränken auswich, übersah er die geöffnete Luke, die zu den unteren Kajüten führte, stürzte vornüber und fiel prompt die sechs Sprossen der Leiter herunter.

»O Gott!«, rief Tony und eilte hinter ihm her, »Snowman, alles okay?«

Snowman hatte erst zwei Jahre zuvor eine größere Rückenoperation überstanden. Nach kurzer Stille war von unten ein Stöhnen und dann ein etwas zittriges »Nichts passiert« zu hören.

»Mensch, stell dir mal vor«, sagte Niall zu Ridgy, als sie zu den Kajüten hinunterstiegen. »Snowman hätte sich gleich am ersten Tag unseres Urlaubs ein Bein gebrochen.«

Nachdem sie ihre Boards ausgepackt, die Hüllen säuberlich gefaltet unter den Bänken verstaut und sich in ihren Kajüten eingerichtet hatten, setzten die Männer sich am Oberdeck zusammen, um auf die Dunkelheit und die Flut zu warten.

Irgendwer schloss seinen iPod an die Anlage des Bootes an, und begleitet vom Soundtrack ihrer Jugend – U2, Pink Floyd, Queen, Rodriguez –, wich der schwüle Nachmittag einem kühlen, ruhigen Abend und dem umwerfenden Schauspiel eines indonesischen Sonnenuntergangs.

Am Ufer ließen ein paar Kinder Drachen steigen, deren Silhouetten sich gegen den prächtig orange leuchtenden Himmel abhoben, und die Männer diskutierten spaßeshalber über deren Flughöhe.

Dann senkte sich sanft eine warme Nacht herab. Ab und an streifte eine leichte Brise ihre Gesichter, die den verheerenden Sturm, der ihr folgen würde, nicht ahnen ließ.

Fiskaal Road, Camps Bay
9.07 Uhr

Lulu Ridgway will gerade in ihr Auto steigen, um Zigarettennachschub zu besorgen, als Anitas Familie eintrifft: Loni und Paula Nicolopulos und ihre Tochter Helene, die zweieinhalb Jahre jünger ist als Anita. Die drei haben während ihrer Fahrt von Helenes Haus in Contantia Hills nach Camps Bay, um den Tafelberg herum, kein Wort gesprochen.

Den Himmel bedecken noch immer dunkle graue Wolken, als habe der Tag keine rechte Lust anzubrechen. Der Regen hat sich allerdings zu einem Nieseln abgeschwächt, als sie am zweistöckigen Haus der Archibalds eintreffen. Brett und Anita hatten das Grundstück mit seinem beeindruckenden Blick auf die Bucht und den Atlantik 2011 gekauft, kurz nachdem sie aus England zurückgekehrt waren. Sie haben vor, das dunkle, knarzende Bauwerk aus den 60er Jahren abzureißen, aber die Pläne für ihr neues Haus warten bei der Gemeindeverwaltung noch auf Genehmigung. Anita nerven die dunklen Winkel, die alte Ausstattung, die trüben Farben. Im Winter wirkt das Haus irgendwie noch kälter und bedrückender, und heute hat es die Ausstrahlung eines Beerdigungsinstituts.

Lulu macht die Fahrertür wieder zu und geht hinüber, um Paula und Loni in die Arme zu schließen, die den leichten Regen gar nicht zu bemerken scheinen. Worte sind überflüssig. Mit geschlossenen Augen und hängenden Schultern angesichts der schrecklichen Neuigkeiten drücken sie sich und schütteln fassungslos den Kopf.

Drinnen, am Fuß der Treppe, kommt die Familie in einer großen

Umarmung zusammen, und auch wenn alle stumm bleiben, ist ihre vereinte Bestürzung und Angst mit Händen zu greifen. Mit ein paar Schritten Abstand und gesenktem Kopf ist Louise Zeugin dieser ergreifenden Szene.

Sollte einer von ihnen der Ansicht sein, dass eine Suche nach Brett sinnlos ist, spricht er das zumindest nicht aus. Vielmehr sagt Paula leise: »Sie werden ihn finden.«

Anita fängt wieder an zu schluchzen. Loni ist bewegt, das sieht man ihm an, aber zu sprechen wagt er nicht. Er legt einfach den Arm um seine älteste Tochter.

»Dad.« Anita, von ihren Gefühlen überwältigt, weint jetzt hemmungslos. Wie ihr Kopf auf der Schulter ihres Vaters ruht, sagt einiges über ihre Verzweiflung.

Im Verlauf der letzten Stunde haben Louise, Lulu und Anita versucht, die Fassungslosigkeit, die alle im Haus gelähmt hat, abzuschütteln und in den Handlungsmodus umzuschalten. Louise widmet sich Bretts Reisemappe. Seine grüne Versicherungskarte und alle relevanten Unterlagen sind vor ihr auf dem Esstisch ausgebreitet.

Lulu, die Vernunft und Ruhe selbst, hat eine Karte der Meerenge Selat Mentawai gegoogelt und ausgedruckt. Die Karte ist das Zentrum eines sich ausbreitenden Netzes aus Zetteln, mit denen sie wie bei einer polizeilichen Ermittlung das Rätsel zu lösen versuchen. Auf der Karte sieht das Suchgebiet nach einem relativ kleinen Bereich in einer großen Fläche aus. Das ist irgendwie tröstlich.

Auch ein Laptop steht geöffnet auf dem Tisch, und ihre Handys hängen an den Ladekabeln, damit den in dieser Situation lebensnotwendigen Geräten keinesfalls der Strom ausgeht.

»Wo sind Zara und Jamie?«

Helene, die Tante der beiden, ist Psychologin und Dramatherapeutin, und sie gilt als praktisch veranlagt und umsichtig. Ihre Stimme durchbricht die hochemotionale Situation. Keiner antwortet – alle wissen, dass man die Kinder mit Samthandschuhen anfassen muss.

Lettie deutet auf die geschlossene Tür des Fernsehzimmers.

»Wir haben ihnen nichts gesagt«, bringt Anita hervor.

Loni und Helene nicken einvernehmlich. Zu dritt gehen sie ins

Fernsehzimmer, Helene schließt die Tür, und dann können die anderen draußen die gezwungene Fröhlichkeit in ihrer Stimme hören: »Hallo, ihr zwei!«

Wie dieser Tag auf den Kopf gestellt, aus seiner Routine gerissen wurde! Um acht Uhr hatte Helene nach ihrem Yoga-Unterricht verpasste Anrufe und AB-Nachrichten ihrer Mutter und ihres Mannes Andrew vorgefunden. Die Aussage »Brett ist vom Boot gefallen« hatte sie für einen von Bretts üblichen Scherzen gehalten. Helene versteht sich sehr gut mit ihrem Schwager und kennt und schätzt seine Eigenheiten.

»Das ist ein Witz, oder?«, fragte sie, als sie in Constantia durch ihre Eingangstür trat. Doch der Anblick ihrer Mutter machte sofort deutlich, dass ihr Optimismus völlig fehl am Platz war.

Die Geschichte kam ihr dennoch ziemlich unglaubwürdig vor. »Das ist doch Quatsch«, beschied sie ihre Eltern ungehalten. »Wir haben nur die halbe Wahrheit. Anita ist nicht so gut darin, bei einem Notfall präzise Informationen weiterzugeben. Er wird ins Wasser gefallen sein, aber sie haben ihn wieder rausgeholt. Er wird sich den Kopf verletzt haben oder so. Das kann alles nicht so schlimm sein.«

Die Bestätigung, die ein Rückruf brachte, traf sie dann so hart wie ein ungerechtes Urteil.

Eigentlich wollten Loni und Paula heute nach Johannesburg zurückfliegen. Stattdessen haben sie hektisch ihre Flüge gecancelt und ihre Taschen geschnappt. In dieser kritischen Situation versammelt sich die ganze Familie. Sie rufen Karmen und Luke an, die am Wochenende in Stellenbosch geheiratet haben. Um nach Camps Bay zu fahren, unterbrechen die beiden auf der Stelle ihre Hochzeitsreise – die Freude daran ist ihnen nun verdorben.

Anitas Tante Zenda Stravino war ebenfalls auf der Hochzeit. Überstürzt verlässt sie eine Meditationssitzung in einem Wellnesshotel in Stellenbosch, wo sie und ihr Mann Joe noch ein paar Tage verbringen wollten. Als Joe ihr vom Anruf ihrer Schwester Paula erzählt, zu der sie ein sehr enges Verhältnis hat, fährt sie sofort nach Kapstadt.

Nach dem ersten Schock versinkt das Haus in der Fiskaal Road in Traurigkeit, doch ihr zum Trotz entwickeln sich schnell diverse kleine

167

Aktivitäten. Louise hat ausgiebig mit der Reiseversicherung telefoniert und wird schließlich an einen Verantwortlichen in Singapur verwiesen.

»Eine Suchaktion hängt davon ab, in welchem Land Mr Archibald vermisst wird«, teilt der ihr mit. »Wir rufen Sie dann zurück.« Das berichtet sie allen Umstehenden genau in dem Moment, als Loni und Helene wieder aus dem Fernsehzimmer kommen. Alle starren sich verstört an.

Ihre vielfältigen Emotionen sind schwer zu definieren, doch alle scheinen darauf zu warten, dass im Lauf des Tages Informationen eintreffen werden, die sie noch stärker aufwühlen werden. Sie werden Mut brauchen.

»Du musst dir ein paar Gedanken über die Finanzen machen«, sagt Louise sanft und ergreift Anitas Hand. »Hast du genug auf dem Konto? Vielleicht müssen wir für einen Rettungsflug ja Geld überweisen. Hast du Zugang zu euren Ersparnissen?« Bankkonten werden im Todesfall eingefroren, denkt sie im Stillen.

Anita sieht sie stumm an. Sie schließt die Augen, als ihr plötzlich das Gespräch mit Brett im Auto am Flughafen einfällt. Sie schlingt die Arme um ihren Leib, als hätte sie Schmerzen.

Ich habe den Zettel verloren, auf dem er mir alles aufgeschrieben hat, denkt sie. Ich habe die Passwörter vergessen. Ich habe vergessen, wen ich anrufen soll, wie ich das Geld umschichte …

Sie hat ein lautes Rauschen im Ohr, wieder steigt Panik in ihr auf. Still betet sie, dass dieser entsetzliche Albtraum vorbei ist, wenn sie die Augen öffnet.

Der Regen, der nun wieder stärker gegen die Wohnzimmerfenster prasselt, holt sie in die Realität zurück. Diese Sturzflut ist wild und trostlos und damit die passende Begleitung für das Chaos in ihrem Kopf und die Angst in ihrem Herzen.

Lettie geht rasch zu ihrer Chefin hinüber, bückt sich und steckt Anitas nackte Füße in Socken und übergroße, flauschige schwarze Schlappen. Wortlos schiebt sie Anitas Arm in den Bademantelärmel, so wie sie es macht, wenn sie die Kinder anzieht.

Anita steht auf und geht stumm hinüber zu ihrem Vater, zu dem sie immer eine starke Bindung hatte. Zuerst scheint sein Gesicht ausdruckslos, aber Anita kann die Zeichen darin deuten. Er hat seine Gefühle nie sehr gut verbergen können. Sie sieht zu ihm hoch: In seinen Augen stehen schon die Tränen.

»Was soll ich tun, Dad?«, fragt Anita mit brüchiger Stimme.

»Nichts. Noch nicht. Du musst dich nicht jetzt gleich ums Geld kümmern.«

Für Loni käme das einem Eingeständnis seiner schlimmsten Befürchtungen gleich, nämlich dass Brett tot ist – dazu ist er jetzt nicht in der Lage. Er sieht seine Tochter an und sucht nach Worten, findet aber keine.

»Ich will auf dem Boot anrufen.« Anita wendet sich ab. Sie will mit jemandem reden, irgendwem, der ihr Antworten liefern kann. Louise greift nach einem Handy und wählt die Nummer des Satellitentelefons. Als Snowman sich meldet, reicht sie es an Anita weiter. Deren Panik und Frustration machen sich in einer mühsam hervorgestammelten Wutrede Luft: »Wo ist mein Mann? Hatte er eine Schwimmweste an? Was unternehmt ihr, um ihn zu finden?«

Nach einer Minute wird die Verbindung unterbrochen, und sie versucht es noch einmal. Diesmal ist Tony dran, und Anita heult los, kaum dass sie seine Stimme hört.

»Tony«, wimmert sie, »wie ist das denn passiert?«

Sie geht zur Veranda, setzt sich dort auf einen der Holzstühle und stützt den Kopf in die Hand. Das Gespräch verläuft stockend, auch wenn die Leitung diesmal einige Minuten funktioniert, bevor sie wieder zusammenbricht. »Bitte, Tony, findet ihn«, gelingt es ihr am Ende noch zu flüstern.

Drinnen telefoniert Louise mit Bretts Freund CJ. Sie gibt ihm die Nummer des Satellitentelefons auf der *Naga Laut* und die Koordinaten des Bootes. CJ, der immer noch am Flughafen von Jakarta ist, hat seine Rückreise nach Singapur storniert und ist nur einen kurzen Flug von Padang entfernt. Er überlegt, was er unter den gegebenen Umständen von dort aus unternehmen könnte.

»Ich rufe später wieder an«, verspricht er Louise.

»Anita.« Helene klingt plötzlich sehr entschlossen. Sie legt ihrer

Schwester den Arm um die Schultern. »Die Kinder müssen in die Schule. Sie können hier nicht den ganzen Tag rumsitzen, das verwirrt und deprimiert sie nur, und wir sollten uns nicht den ganzen Tag Sorgen machen, ob sie vielleicht Fragen stellen.«

Anita nimmt ihre Hände vom Gesicht und signalisiert Zustimmung. Sie kann sich auf nichts konzentrieren und ist froh, dass ihr jemand eine Entscheidung abnimmt.

»Wir müssen ihre Routine beibehalten«, erläutert Helene ganz ruhig, »damit alles so normal wie möglich wirkt. Komm, Dad!« Wie ihr Vater geht sie Gefühlen aus dem Weg, indem sie tätig wird. »Du und ich können sie hinfahren. Lettie, hilf mir doch bitte, sie anzuziehen.«

In der plötzlich aufkommenden Hektik geht Anita langsam ins Wohnzimmer und nimmt einen Bilderrahmen vom Kaminsims. Das alte Foto zeigt Brett, als er noch Haare hatte. Die blonden Strähnen fallen ihm in die Augen. Auf dem Bild lacht er. Sie kann sein Lachen beinahe hören.

»Brett.« Tränen rinnen über ihre Wangen, während die anderen leise redend um den Wohnzimmertisch laufen. »Stirb nicht. Bitte nicht!« In ihrem Kopf ist es fast ein Kreischen, obwohl sie die Worte nur wispert. »Ich weiß, dass du nicht tot bist. Du bist noch da draußen. Ich weiß es. Du musst nach Hause kommen.«

Stumm nimmt sie das gerahmte Foto in die eine, die ausgedruckte Google-Karte in die andere Hand und stellt sie auf das kleine Tablett auf dem Tisch im Flur. In ihren Pantoffeln schlurft sie in die Küche, wo neben der Kaffeemaschine eine Schachtel mit weißen Kerzen steht, die von Karmens Hochzeit übrig geblieben sind. Sie nimmt drei von den Kerzen und geht zurück zu dem Tablett.

»Aller guten Dinge sind drei« – dieser Rat von Pamela Pendini, einer Freundin ihrer Mutter, klingt ihr noch im Ohr. Anita hat die zutiefst spirituelle Künstlerin an Wendepunkten ihres Lebens schon öfter zu Rate gezogen. Und Paula hat ihrer Freundin am frühen Morgen telefonisch die schlechten Nachrichten überbracht, worauf Pamela eine SMS an Anita geschrieben hat. Ihre schlichte Anweisung: »Anita, du musst in Gedanken nach deinem Mann rufen. Ruf so, wie du nach deiner Katze rufst. Ruf ihn, er wird dich hören.«

Anita verwandelt das Tablett in einen kleinen Hausaltar. Sie stellt das Foto des lachenden Brett auf die Google-Karte, genau in die Mitte der Meerenge, wo er vermutlich über Bord gegangen ist. Die Kerzen arrangiert sie in einem Dreieck drum herum und zündet sie an.

Sie schließt die Augen und beginnt zu beten, zuerst das Vaterunser. Dann bittet sie Gott darum, Brett eine Schar Engel zu schicken, die ihn umfangen. Während ihr die Tränen über die Wangen laufen, bittet sie die Jungfrau Maria, Brett in ihren Armen zu halten, so fest, wie nur eine Mutter ihr Kind halten kann. Sie ruft den heiligen Antonius an, den Schutzheiligen der verlorenen Dinge und vermissten Personen, und bittet ihn, all denen Auge und Ohr zu sein, die Brett suchen. Und schließlich bittet sie noch den heiligen Expeditus um schnelle Hilfe, denn die Zeit, das weiß sie, wird knapp.

Die Kerzen flackern, Anita tritt einen Schritt zurück und starrt in die Augen hinter dem Glas.

Dieser Altar wird zum Fixpunkt ihrer eigenwilligen Mischung aus Glauben und Aberglauben, Ort des Gebets, vielleicht aber auch, so hofft sie, Ort einer besonderen Form der Gedankenübertragung. In jedem Fall ein Ort, an dem sie Brett nahe sein und mit ihm sprechen kann. Sie schließt die Augen wieder und sagt: »Komm heim zu mir, Brett.«

Sie glaubt, ihn ihren Namen rufen zu hören.

Auf der *Naga Laut*
13.38 Uhr

Tony lässt sein Fernglas schweifen. Einer aus der Mannschaft hat auch das vom Boot gefunden, aber es ist trübe und taugt nicht mehr viel. Immer wieder reiben sich die Männer die Augen, nachdem sie stundenlang in das von den Wolken und der Wasseroberfläche reflektierte blendende Licht gestarrt haben. Die Haut auf ihren Wangen spannt und brennt vom Wind, und in ihren Augenbrauen haben sich winzige Salzkristalle festgesetzt.

»Wir müssen dich sehen, Brett. Im Wasser gesehen zu werden ist deine einzige Chance.« Niall späht in den feinen Regen, der alles verschwimmen lässt.

Die Sicht ist gleich null, und das dumpfe Brummen der Motoren, die sich mühsam durch die Wellen kämpfen, konkurriert mit dem Heulen des Windes. Trotz seiner Müdigkeit versucht Niall, sich zu konzentrieren.

Dann: »Was ist denn das?«

Augenblicklich sitzt er kerzengerade.

Er könnte schwören, etwas gesehen zu haben, aber was immer es war, eine Welle hat es schnell wieder verschlungen.

»Wartet! Stopp! Was ist das?«, ruft er, steht auf und beugt sich über die Reling. »Dort drüben!«

Banger ist mit einem einzigen Schritt bei ihm. Tony und Craig eilen mit ihren Ferngläsern herbei, und auch die anderen stehen auf oder laufen schnell nach Steuerbord. Sie alle recken ihre Hälse über die Reling. Das ganze Boot scheint vor Aufregung zu vibrieren.

»Dort! Hast du gesehen? Es ist ziemlich weit weg, vielleicht 150 Meter.« Während das Boot Kurs hält, deutet Niall nach Backbord. Sein Herz schlägt wie wild.

Auch Yanto und der Kapitän, die hinter dem Steuer waren, kommen angelaufen. Es ist, als hielten alle den Atem an.

»Ich sehe es«, sagt Tony, nachdem er ein halbe Minute durch sein Fernglas geschaut hat. Sein Tonfall sagt alles. »Das ist er nicht. Das ist eine alte Boje, nicht der Kopf eines Menschen. Es ist ein orangefarbener Styroporblock.«

Die Männer kehren mit hängenden Köpfen auf ihre Posten zurück.

»Tut mir leid, Leute, es hat von weitem wirklich wie ein Kopf ausgesehen.« Niall fühlt sich schuldig, der falsche Alarm tut ihm leid.

»Nicht dein Fehler«, brummt Banger, als er vorsichtig das Bugfenster umrundet. »Das ist schließlich das Einzige, was wir in der ganzen Zeit gesehen haben.«

Es wird ein Mittagessen zubereitet und serviert, aber keiner isst. Später wird es unangerührt wieder abgetragen.

Nach und nach treffen über das Satellitentelefon Nachrichten ein. Chantal teilt Ridgy mit, dass die Küstenwache von Padang aus losfahren wolle, diese Zusage aber sehr vage und unverlässlich sei. Dann ruft CJ zurück, der immer noch am Flughafen von Jakarta sitzt. Er bestätigt, dass er zusammen mit Gary Knowles versucht, ein Luftrettungsteam zu organisieren. Bald werden Hubschrauber bereitstehen, und sie planen, Rettungsflugzeuge von Singapur aus loszuschicken, sagt er.

Eine Boeing braucht von Singapur nach Jakarta eine Stunde, eine weitere bis Padang, denkt Ridgy, der Flugzeuge, Helikopter und Leichtflugzeuge fliegen kann. Kleinere Maschinen brauchen sogar noch länger. Wann zum Teufel gedenken die hier zu sein?

JM steht schweigend vorne am Bug. Er denkt über Bretts Späßchen gestern Abend auf dem Boot nach.

»Komm schon, Tony, du kannst nicht bestreiten, dass du eine Glatze hast, Kumpel.« Brett hatte Tony in der Abendsonne unablässig aufgezogen. »Warum versuchst du, dich an diesen kargen Bewuchs zu klammern, den du Haar nennst? Zeit, ihn abzurasieren. Am besten sofort!«

»Erzähl keinen Quatsch, Arch!«, hatte Tony lachend geantwortet. Den Spitznamen hatte er Brett schon in der gemeinsamen Schulzeit verpasst.

»Ich mein's ernst. Ich rasiere mir meinen Schädel doch auch. Du wirst damit viel cooler aussehen.«

»Das ist nun wirklich nicht meine Sorge, Brett. Barbara würde mir den Kopf schon rasieren, wenn sie wollte, dass ich cooler aussehe.«

»Nein, nein, Tony.« Brett hatte dieses Funkeln in den Augen. Er würde nicht lockerlassen. »Es ist höchste Zeit. Ich habe mir für diesen Urlaub zum ersten Mal die Brust rasiert. Zeit für was Neues, Tony, Zeit, dir den Kopf zu rasieren. Ich hole meinen Apparat.«

Zuerst verpasste Brett ihm einen wilden Irokesen, während die anderen johlten und alles auf Filmen und Fotos festhielten. Als er schließlich über Tonys blanken Schädel strich, lachte er: »Jetzt passen unsere Frisuren zusammen.«

»Meine Rübe wird rösten wie eine Kastanie«, stellte Tony belustigt fest und schnappte sich einen der Mopedhelme der Crew. »Die nächsten zehn Tage muss ich wohl so was aufsetzen.«

»Vielleicht brauchst du den für diese großen Lefts, was, Tony?«, scherzte Banger.

Als es dunkel wurde, löste eine Runde Gin Tonic die Bintang-Flaschen ab.

»Das ist Medizin«, verkündete Niall, »um die Moskitos fernzuhalten.«

Kurze Zeit später rief Yanto sie zu einem kleinen Abendessen in die Kombüse. »Flut. Wir können los«, teilte er ihnen mit, als sie sich um den Tisch mit den zehn Plätzen versammelten. An beiden Tischenden waren je drei unappetitlich aussehende Pizzas von einem lokalen Imbiss drapiert.

»Heute Nacht großer Sturm. Meer wird rau sein. Überfahrt wird unruhig.«

Das beeindruckte JM nicht: »Dann kriegen wir morgen gute Wellen.«

Ridgy griff nach einem Stück Pizza. »Wird der alte Kahn das aushalten?«

»Das ist ein stabiles Boot«, antwortete Tony, etwas ernster. »Das wird schon gutgehen.«

»Vor zwei Jahren hatten wir doch auch einen Sturm bei der Überfahrt. Tony, Brett, wisst ihr noch, diese wilde Nacht?«, erinnerte JM an ein Erlebnis, das sie damals ziemlich erschreckt hatte.

»Stimmt, du hast recht. Als Mark Nash fast über Bord gegangen wäre«, sagte Brett. Und mit der ihm eigenen Theatralik schilderte er, wie ihr Surferfreund beinahe über die Reling gefallen wäre, als das Boot heftig hin und her schlingerte, und führte vor, wie JM und er Mark gerade noch rechtzeitig festgehalten hatten. »Mist, ja! Das Deck kann ganz schön rutschig sein.«

»Du hast keine Tabletten gegen Seekrankheit auf die Ausrüstungsliste geschrieben, Tony«, gab Craig zu bedenken. Das Boot schaukelte zu dem Zeitpunkt schon ziemlich in den Wellen.

»Wieso, wirst du welche brauchen?«

»Ich komme schon zurecht. Wobei, hier bin ich nicht so sicher …« Craig warf einen misstrauischen Blick auf die Pizza Calzone vor ihm. »Meint ihr, das Hackfleisch soll so schwarz aussehen?«

»Schmeckt lecker – vorausgesetzt, man hat richtig Hunger«, sagte Brett, lachte und nahm einen riesigen Bissen.

14.30–15.30 Uhr
Die dreizehnte Stunde im Wasser

Alles verschwimmt. So ein Licht habe ich noch nie gesehen, und der Nieselregen, der auf mein Gesicht fällt, schmeckt salzig, als würde nur das Meerwasser recycelt.

Meine Augen schmerzen, sie brennen vom Salz. Eine Schwellung drückt sie immer weiter zu. Mein Gesicht fühlt sich aufgedunsen und entstellt an, meine Beine sind taub. Ich friere entsetzlich.

Durch meine Augenschlitze beobachte ich, wie in der Ferne eine riesenhafte schwarze Wolke andere vereinnahmt und so zu einem bedrohlichen Sturm anwächst, der sich mir kontinuierlich vom Horizont her nähert. Grelle Blitze schießen in dramatischem Zickzack über den Himmel.

»Siehst du! Es war saudumm von dir, das T-Shirt wegzuwerfen. Da kommt ein neuer Monsterorkan und wird dich dafür bestrafen«, schelte ich mich laut.

Irgendein Gott befehligt dort oben seine Truppen, er schickt seine Armee in eine gigantische Unwetterschlacht. Ich verbringe gefühlt eine Stunde damit, die Vorhut zu beobachten und zu hoffen, dass der Sturm vorüberzieht. Wahrscheinlich aber ist es nur ein Bruchteil dieser Zeit.

Bitte lass ihn nicht in meine Richtung ziehen, bete ich.

Ich denke eigentlich, dass ich ihn im Blick habe, die ganze Zeit verfolge. Doch dann ist er ganz unerwartet direkt über mir. Ein heftiger Wind kommt aus dem Nichts und peitscht die Wellen auf. Ich bin völlig benebelt.

»Nein, Gott, nein, bitte nicht! Bitte lass mich nicht noch mal so was durchmachen.«

Ich hebe meinen Kopf und konzentriere mich ausschließlich darauf, Flüssigkeit in meinen Körper zu bekommen. Vom Himmel fallen riesige Tropfen. Es sieht aus, als würde es große Silbermünzen regnen. Ich versuche zu zählen, wie viele Tropfen auf meiner Zunge landen. Die ist inzwischen wirklich sehr dick und drückt unangenehm gegen den Gaumen; es schmerzt, sie im Mund zu bewegen.

Das Wasser wird helfen. Es muss helfen.

Der Sturm hält, nachdem er erst einmal in voller Stärke losgebrochen ist, nicht lange an. Er zieht über mich hinweg, an mir als Beute scheint er gar nicht interessiert.

So ein Glück, finde ich, denn der Regen trommelt auf meinen nun ja unbedeckten Kopf.

Die dunklen Wolken verschwinden, als wäre eine unheilvolle Gestalt, ihren Schatten im Schlepptau, davongezogen. Zurück bleibt ein fahler Himmel, der Regen fühlt sich nun sachter an, nur der Wind wühlt nach wie vor das Meer auf. Die herannahenden Wellen sind offensichtlich entschlossen, mir eine Abreibung zu verpassen.

Dann, in einer kurzen Lücke in den Wogen, sehe ich es – in etwa 300 Meter Entfernung durch einen Regenschleier: meine Erlösung. Ein Boot. Unverkennbar. Unbestreitbar.

Das ist keine optische Täuschung. Kein Hirngespinst. Keine Fata Morgana.

Es ist unser Boot. Es ist die *Naga Laut*.

Auf der *Naga Laut*
14.37 Uhr

Bei dem starken Seegang stampft das Boot auf und ab und schlingert nach links und rechts. Die indonesische Crew diskutiert laut und aufgeregt auf Bahasa. Jaipur taucht aus dem Maschinenraum auf und schüttelt den Kopf. Eine Minute später wird der Motor gedrosselt.

»Verdammt, was ist denn los? Warum halten wir an?«, schnauzt Ridgy.

»Boot kopflastig. Maschinenraum läuft voll.« Yantos Gesichtsausdruck ist schwer zu deuten. »Wegen hohen Wellen. Wir müssen reparieren.«

Das Boot senkt sich langsam in die Wogen, und der Kapitän stoppt den Motor ganz. Ridgy weiß, dass die Crew gar nicht begeistert davon ist, bei diesem Wetter unterwegs zu sein. Er erinnert sich, wie ängstlich der Kapitän im Steuerhaus während der Überfahrt letzte Nacht dreinblickte.

»Was sagt er?« Er bemerkt die skeptischen Blicke, die Anton, der Deckarbeiter, und der Kapitän bei ihrer leisen Unterhaltung wechseln. Ridgy bittet Yanto um Übersetzung.

Erst nach einem gewissen Zögern antwortet Yanto widerstrebend: »Es sind schon viele Stunden. Wir glauben, Mr Brett ist ertrunken. Sein Körper geht erst unter, immer tiefer. Kommt dann nach acht Stunden wieder hoch.«

Es ist nun schon länger als acht Stunden her, denkt sich Ridgy. Wahrscheinlich eher zehn oder elf. »Er ist nicht ertrunken«, blafft er ungeduldig zurück. »Er ist immer noch da draußen. Wir müssen zurück und ihn suchen.«

Er dreht sich um und geht wieder zum Heck, wo die anderen Männer sich versammelt haben, seit das Boot steht.

»Sie denken, dass er tot ist«, sagt Ridgy und schiebt noch einen Fluch nach.

»Sie kennen Brett nicht«, sagt JM. Seine Stimme ist dünn und leise, aber zur Ermutigung kriegt er so etwas wie ein Lächeln zustande.

Snowman fasst die kollektive Frustration in Worte. »Was«, fragt er, »ist hier eigentlich los? Ich sehe keine Flugzeuge am Himmel und keine Küstenwache.«

»Ja, nun, die sind offensichtlich noch unterwegs«, antwortet Tony.

»Haben wir denn genug getan? Haben wir alles getan, was möglich ist, um eine Rettungsaktion in Gang zu setzen?« Craig schlägt sich schon seit Stunden mit dieser Frage herum. »Ich verstehe ja nichts davon, aber können wir nicht noch irgendwas unternehmen? Wir haben nur das Satellitentelefon. Können wir denn noch wen anrufen? Bei uns zu Hause wäre längst die NSRI unterwegs …«

Das National Sea Rescue Institute in Südafrika ist ein gut organisierter Freiwilligendienst, der das ganze Jahr über zahlreiche Seenotrettungen durchführt. Entlang der gesamten Küste des Landes sind Boote stationiert, die innerhalb von Minuten ablegen können. Die Männer auf der *Naga Laut* zweifeln mehr und mehr daran, dass in Indonesien etwas Vergleichbares existiert.

»Sie behaupten, die Küstenwache sei unterwegs. Wir müssen ihnen das glauben«, sagt Tony achselzuckend.

»Also nicht abwarten können, aber trotzdem Tee trinken«, brummt Snowman, während er davontrottet.

Dieselabgase hängen eine Sekunde in der Luft, bevor die steife Brise sie davonträgt. Der starke Regen hat nachgelassen, die Wolkendecke ist ein wenig aufgerissen und die Sicht ein wenig besser, aber die See ist immer noch launisch. Die abgestellten Motoren geben Jaipur zehn Minuten Zeit, um schnell unter Deck zu gehen, wo er das verstopfte Ventil der Bilgepumpe säubert.

Als die Motoren wieder anspringen, kehren die Männer auf ihre Beobachtungsposten zurück. Eine Stunde lang fällt kein Wort. Die Stimmung an Bord ist so labil wie das Wetter. Sie alle fühlen sich isoliert, verlassen, und die Ungewissheit hängt über ihnen wie eine Dunstglocke.

Das Boot kämpft sich widerwillig mit vier oder fünf Knoten voran. Dann erneut ein Wetterumschwung. Ganz plötzlich wird der Himmel wieder bedrohlich dunkel, und tief hängende Wolken hüllen das Boot ein wie ein Leichentuch. Das Licht ist gebrochen, diffus, wie in einem Traum verändert es sich ständig, verwandelt Formen und Umrisse …

Ihre Augen spielen den Männern Streiche. Was ist das da für ein Schatten? Winkt da ein Arm? Sie wollen vermeiden, Alarm zu schlagen und unter diesen schwierigen Wetterbedingungen vielleicht ganz unnötig ein Wendemanöver zu veranlassen, nur um dann wieder enttäuscht zu werden. Sie verfluchen diese optischen Täuschungen.

Der nun wieder heftiger fallende Regen umgibt das Boot wie ein Vorhang, lässt die Wasseroberfläche verschwimmen. Dazu bläst ein starker Wind, der die Wellen wieder aufwühlt.

Die Männer sehen mit ihren bedeckten Köpfen und Schultern aus wie mittelalterliche Mönche. Ihre elende Lage treibt sie zur Verzweiflung, umso mehr, als sie »die Zone« erreichen, das Gebiet, in dem laut Ridgys Berechnungen Brett über Bord gegangen sein muss.

»Hier ist es!«, brüllt Ridgy gegen den Wind an.

Das Meer scheint unermesslich weit, wenn man einen Vermissten darin sucht. Von seinen Gedanken wie gelähmt steht Craig am Bug. Er nimmt seine Sonnenbrille ab. Er kann durch den Regen nichts sehen.

»Ich kann es einfach nicht glauben.« Weyne tritt neben Niall. »Wir sind hier komplett auf uns allein gestellt. Warum können sie nicht ein Satellitenbild abrufen, das Gebiet eingrenzen und ranzoomen, um ihn zu finden?«

Die Bemerkung ist sarkastisch gemeint, denn er weiß vom Jet-Skiing, dass selbst an einem guten Tag zehn Meter Entfernung reichen, um im Wellengang jemanden zu übersehen. Nach kurzem Schweigen fragt er leise: »Glaubst du, er kann es schaffen?«

»Na hör mal, es ist Brett«, meint Niall achselzuckend.

»Ich denke die ganze Zeit darüber nach, was ich an seiner Stelle machen würde ...«

»Ich glaube, das tun wir alle.« Niall lässt seinen Blick ziellos über das Meer schweifen.

Weyne nimmt zum zigsten Mal seine Brille und wischt mit seinem T-Shirt die Regentropfen ab. Es ist schon Nachmittag, aber dass Zeit vergeht, ist hier nur an der Farbe des Wassers abzulesen. Im Lauf des Tages hat es sich von graugrün über tintenblau zu milchig weiß gewandelt.

»Was ist das? Was ist das da?« Ridgys Schrei reißt sie aus der kollektiven Beklemmung. Er läuft bereits über das Deck zu Banger, der Tonys Fernglas um den Hals trägt.

»Ich habe da drüben was gesehen.«

15.30–16.30 Uhr
Die vierzehnte Stunde im Wasser

Ich muss sichergehen, dass ich mir das nicht wieder nur einbilde. Durch den Regenschleier kann ich flüchtig und unscharf den Umriss unseres Bootes ausmachen. Ich beobachte es mehrere Minuten lang, und als es immer größer wird, liefern mir die drei Decks und die blaue Aufschrift an der Steuerbordseite den Beweis, den ich brauche.

Die *Naga Laut*. Die Jungs sind zurückgekommen. Zurück zu mir. Eine immense Erleichterung durchflutet mich. Mein ganzer Körper wird wieder warm, und die Gewissheit, dass ich nicht mehr allein bin, dass ich in Reichweite des Bootes bin, fühlt sich so gut an, dass es fast schon weh tut.

Ich merke, dass ich zittere. Die Angst, die sich über die letzten Stunden aufgebaut hat, verschwindet auf der Stelle. Ich spüre, wie sie meinen Körper verlässt, und ich stelle mir vor, wie sie sich in dem mich umgebenden Wasser ausbreitet.

Du hast es geschafft! Ich stoße einen Jubelschrei aus, so laut ich kann. Mein Herz will vor Freude zerspringen. Sie sind zurück! Alles wird sich fügen. Heute Abend wirst du ein Bier trinken und morgen surfen gehen. Das hier wird wie ein schlechter Traum gewesen sein. Alles wird wieder gut.

Es beginnt wieder stärker zu regnen. Ich höre auf zu schwimmen und trete nur noch Wasser, während ich sehe, wie das Boot sich nähert – sie steuern direkt auf mich zu. Im Geiste klatsche ich schon alle Jungs ab und klopfe ihnen auf die Schultern. Vor Freude schnürt es mir die Kehle zu.

Ich will ihren Kurs einschätzen und gebe mir Anweisungen: Schau genau, in welche Richtung sie fahren, schwimm ihnen entgegen.

Sie kommen immer noch direkt auf mich zu.

Denk nach, Brett, los! Du musst dafür sorgen, dass sie dich sehen.

Ich hole die Schlüsselkarte aus meiner Tasche, aber da ist keine Sonne. Ich weiß, dass es sinnlos ist zu versuchen, ihnen damit Signale zu geben, und stecke sie wieder weg.

Plötzlich stoppt das Boot. Ich schätze, dass es noch 150 bis 200 Meter von mir entfernt ist. »Warum halten sie an?«, schreie ich laut. »Sie müssen mich doch gesehen haben. Sie müssen …«

Ich fange an zu schreien, ich brülle, was meine Stimme hergibt: »Hier bin ich! Hierher, Jungs!«

Eine Minute später dreht mir das Boot die Seite zu. Ich kann Niall ausmachen, eine kleinere Gestalt neben Banger, dem Riesen. Sie stehen an Steuerbord und haben Handtücher auf Kopf und Schultern. Wieder fällt beständig Regen. Es ist kalt dort drüben. Ich kann es sehen.

Ich suche das Boot ab. Ridgy steht am Heck, er schreit und gestikuliert wild.

Sie haben mich gesehen.

Auch wenn ich ihre Gesichter nicht erkennen kann, sehe ich deutlich ihre tröstlich vertrauten Silhouetten. Wo sind JM und die anderen, frage ich mich.

Alle paar Sekunden wische ich mir das Wasser aus den Augen, um besser sehen zu können. Alles ist umgeben von einem diffusen Licht und verschwimmt in dem unablässig strömenden Regen.

»Niall! Banger! Hier bin ich, hier!« Immer wieder schreie ich, aber meine Stimme verliert sich im Wind.

Dann sehe ich, wie Niall den Kopf sinken lässt und Banger die Arme verschränkt. Und dann weiß ich es.

Ich weiß, dass sie mich nicht gesehen haben.

Ich gerate in Panik. »Nein, o Gott, nein. Nein, nein, nein!«

Ich senke den Kopf und schwimme wie ein Wahnsinniger auf das Boot zu. Gefühlte zehn Minuten lang kraule ich, so schnell ich kann, dann blicke ich auf und muss erkennen, dass ich ihnen nicht näher gekommen bin. Es kann nicht so lange dauern, sie zu erreichen.

Ich halte an. Es ist, als hätte ich mich überhaupt nicht bewegt. Zwischen uns ist die Strömung, sie hat mich in ihrer Gewalt und zieht mich seitlich weg. Ich bin wie ein Vogel, der in einem Raum mit Fenster gefangen ist. Er kann zwar nach draußen sehen, aber die Barriere ist unüberwindlich.

»Das ist doch nicht möglich«, schreie ich voller Wut. »Ich komme da nicht rüber. Ich komme nicht zu ihnen hin.«

Wieder senke ich den Kopf und gebe alles. Ich schwimme wie ein Irrer.

Immer wenn ich den Kopf hebe, um Luft zu holen, schreie ich, winke ich, spritze ich Wasser in die Luft. Bitte, lieber Gott, sie müssen mich doch sehen. Sie werden das Beiboot ins Wasser lassen, sie kommen zu mir rüber.

Der Wind heult mir um die Ohren, der Regen prasselt herunter. Es weht die Tropfen seitlich von mir weg, sie müssen das Boot frontal treffen.

Und dann nehmen sie Fahrt auf.

Ich kann es hören, bevor ich die zwei schwarzen Rauchwolken sehe, die hinten aus dem Boot kommen. Das Boot bewegt sich. Sie drehen langsam nach links und fahren davon.

Ich kann es nicht glauben.

»O mein Gott, nein, nein!«, brülle ich. »Kommt zurück! Niall! Banger! Kommt zurück!«

Entgeistert sehe ich, wie das Boot sich entfernt. Ich habe so lange überlebt, und nun verfehlen sie mich.

Ich lasse meinen Körper nach unten sinken. Das ist alles, was ich tun kann, um meinen Kopf an der Wasseroberfläche zu halten.

Die Verzweiflung trifft mich mit voller Wucht. So sehr mir, als ich über Bord ging, bewusst war, dass mein Tod unausweichlich ist, das hier ist noch tausendmal stärker, noch gewisser. Ich weiß, dass ich nicht länger durchhalten werde.

Ich beginne, unkontrolliert zu zittern. Vor Kälte, aber auch, weil ich einen Schock habe.

»Wie konntest du mir das antun, Gott?«

Diese Ungerechtigkeit ist zu viel für mich, ich fühle mich weit mehr als erschöpft. Mein Körper ist am Ende, als hätte jemand den Stecker gezogen.

»Willst du, dass es so passiert? Du lässt zu, dass sie mich suchen kommen, dass sie so nahe herankommen und dann wieder davonfahren. Warum?«

Es ist, als würde selbst das Meer unter mir wegbrechen. Ich fühle mich vollkommen allein. Eine absolute Trostlosigkeit erfasst mich. Und immer noch kann ich nicht weinen.

»Warum?«

Auch meine Tränen haben mich verlassen.

Meine Gliedmaßen hängen leblos an meinem Körper, können mich kaum mehr über Wasser halten.

»Warum hast du mich nicht schon früher ertrinken lassen? Warum quälst du mich so?«

Gönnerhaft wurde mir Hoffnung geschenkt und dann so grausam wieder geraubt. Wut befällt mich. Ich fluche gen Himmel, ich schreie: »Was bist du nur für ein Gott? Bestrafst du mich? Willst du mich leiden lassen?«

Mir scheint, ich habe eine Grenze überschritten. Die letzte Stunde kommt mir unwirklich vor, als hätte ich sie nur geträumt. Meine unaussprechliche Lage lastet wieder wie ein Tonnengewicht auf mir. Und ich hänge an einem seidenen Faden.

So nah. Und jetzt ist meine Chance, meine einzige Chance, meine letzte Chance, gerettet zu werden, dahin.

Und noch immer weine ich nicht.

Auf der *Naga Laut*
15.40 Uhr

»Was ist das? Was ist das da?« Ridgys Rufe haben die Männer wieder aufgeschreckt. Alle laufen zur Backbordseite und folgen mit ihren Blicken Ridgys Finger, der in mehreren Bootslängen Entfernung auf das schäumende Grau deutet.

»Gib mir mal das Fernglas!«

Banger gehorcht. Einer gibt dem Kapitän Bescheid, das Boot zu stoppen, während Ridgy versucht, das Fernglas durch den Regen hindurch auf die aufgewühlte See zu fokussieren. Die gedrosselten Motoren röcheln, und die *Naga Laut* schwankt schwerfällig durch die Wellen.

»Dort! Dort ist definitiv irgendwas ...«

Niemand antwortet. Es hängt so viel ab von diesem Augenblick, von diesem Tag, aber die Männer haben bereits einen falschen Alarm verwinden müssen und wollen keine Hoffnung aufkommen lassen, die dann doch wieder grausam enttäuscht wird.

Plötzlich verstummen die Motoren.

»Ich sehe es auch.« Aber Snowman ist weniger enthusiastisch als Ridgy.

»Ich auch«, sagt Craig. »Er könnte es sein, aber ...«

Fast alle können nun etwas im Wasser ausmachen, doch während die *Naga Laut* sich nähert, wird immer deutlicher, wie bleich und leblos das Ding aussieht. Sie alle haben den gleichen Gedanken: Wenn das Brett ist, dann kommen wir zu spät.

Diese Einsicht erfasst das ganze Boot.

Endlich lokalisiert Ridgy den Gegenstand mit dem Fernglas. »Das ist er nicht. Das ist nur Müll oder so.«

In dem vom Wind herumgepeitschten Regen will sich eine allgemeine Erleichterung nicht recht einstellen. Im Lauf einer einzigen unendlich langen Minute wurden alle von großer Hoffnung in tiefe Verzweiflung gestürzt, und nun – was? Nun ist da wieder diese vertraute Leere im Bauch.

Craig und Weyne schauen weiter zu, wie das Treibgut in ihr Blickfeld und wieder hinaus gerät. Jetzt, da es nur einen Steinwurf von der linken Bugseite entfernt ist, sehen sie, dass es sich um ein Stück Styropor handelt. »O Gott, und ich dachte, das sei sein Schädel«, sagt Weyne.

JM, Tony und Snowman bringen sich auf ihren Posten backbord vor dem Regen in Sicherheit, während Ridgy, durchnässt wie alle anderen, wieder zur Brücke trottet, um von dort weiter Ausschau zu halten. Banger und Niall ziehen sich wortlos auf die Steuerbordseite zurück, wo auch sie weiter resigniert aufs Wasser starren. Als das von Wind und Wellen durchgerüttelte Boot leicht nach backbord dreht, prasselt ihnen der Regen direkt ins Gesicht, was ihre Sicht praktisch auf null reduziert.

Im Steuerhaus führen Yanto und der Kapitän ein lebhaftes Gespräch. Beide wirken nervös. Offensichtlich beraten sie über das weitere Vorgehen. Keine Minute später ruft Ridgy der Crew auf der Brücke zu: »Yanto, ich glaube, ich habe noch etwas gesehen! Sag dem Kapitän, wir müssen umdrehen und das Gebiet absuchen.«

Diesmal reagieren die Männer nicht wie zuvor. Ihre Köpfe drehen sich zwar automatisch zu Ridgy, aber sie rühren sich nicht von der Stelle, eine instinktive Abwehrreaktion.

»Kapitän sagt, wir können da nicht fahren«, teilt Yanto mit zerknirschtem Gesicht JM und Tony mit. »Er sagt, wir fahren zu Festland.«

»Aber wir müssen die Stelle dort überprüfen.« Ridgy deutet steuerbord aufs Meer.

Yanto schüttelt den Kopf. »Ist nicht sicher dort. Kommt noch ein Sturm. Nicht gut für Boot.«

»Das hier ist unser Suchgebiet«, sagt Craig, »warum sollten wir es verlassen?«

»Wir können dort nicht fahren!« Yanto schreit jetzt fast. »Boot wird sinken.«

Die Männer blicken sich an, sie fühlen sich in der aufgebrachten Stimmung äußerst unwohl. Einige wenden einfach den Kopf ab, als könnten sie die Szene so ausblenden.

»Wir müssen zu Festland, tanken.«

»Gibt's hier keine nähere Insel, wo wir das tun können?« Snowman klingt angespannt, verzweifelt.

»Nein. Tanken am Festland.«

Sie können sehen, wie Yanto mit sich hadert. Er will seinen Gästen entgegenkommen und weiß zugleich, dass er die Autorität des Kapitäns nicht in Frage stellen darf. Er scheint unsicher, was zu tun ist.

»Na gut, er hat keine Lust, weiter hier rumzufahren, und er ist der Kapitän.« Snowman klingt nun wieder erstaunlich beherrscht. »Es ist seine Entscheidung.«

»Das ist verdammt nochmal unfassbar!«, schreit JM. Aber auch ihm ist bewusst, dass Streiten sinnlos ist. Eine Meuterei wäre lächerlich. Das hier ist nicht der richtige Zeitpunkt für Rebellion.

»Wir können nicht die Leben aller auf einem seeuntüchtigen Boot riskieren.« Snowmans Blick ist offen, als er ihre Zwickmühle in Worte fasst: aufgeben oder weitermachen.

»Wir fahren zu Festland und tanken. Und fahren dann früh wieder raus, drei Uhr morgens, wir kommen zurück.« Yantos Gesicht ist blass und ernst. Die Besprechung ist zu Ende.

»Aber ich habe was gesehen, da bin ich sicher«, sagt Ridgy an niemanden gerichtet. Der Wind trägt seine Worte aufs Meer hinaus.

Stumm und gebeugt stehen die Männer da, als die Dieselmotoren wieder anspringen und die *Naga Laut* sich zu ihrer langsamen Fahrt Richtung Festland aufmacht.

Fiskaal Road, Camps Bay
10.23 Uhr

Die Atmosphäre im Haus in der Fiskaal Road ist entsetzlich bedrückend, doch eigenartiger Weise herrscht zugleich Aktivität, Klarheit, ja sogar Ordnung. Die Menschen unter diesem Dach funktionieren wie aufgezogene Automaten.

Nachdem sich die Neuigkeit schnell in Kapstadt und darüber hinaus verbreitet hat, strömen immer mehr Freunde, Verwandte und Bekannte herbei. Es geht fast den ganzen Vormittag zu wie an einem Bahnhof.

Loni und Helene verlassen den Ort des Geschehens als Erste wieder. Sie fahren die Kinder auf regennassen Straßen quer durch die Stadt, in der inzwischen reger Verkehr herrscht. Der Tafelberg ist in Wolken gehüllt und wirkt heute irgendwie böswillig.

Sie setzen Zara an der St. Cyprian's School im Stadtzentrum ab und fahren dann um den Devil's Peak herum, um Jamie zu seiner Grundschule in Rondebosch zu bringen. Vorerst müssen die Kinder vor der schrecklichen Wahrheit geschützt werden.

Helene erklärt den Lehrern, was geschehen ist, und bittet sie, die Kinder genau im Auge zu behalten. »Falls sie früher nach Hause möchten oder anfangen, Fragen zu stellen, rufen Sie mich bitte an.« Sie versucht, gelassen zu wirken.

Auf dem Rückweg kaufen sie im örtlichen Lebensmittelladen Brot und Milch ein, und selbst diese unbedeutende alltägliche Handlung hat heute etwas erstaunlich Entmutigendes. Nichts ist mehr, wie es war, nicht einmal das Gewöhnlichste.

Es wird ein Tag des Wartens und des Fragens, des Sehnens, Flehens und Betens werden.

Als Vater und Tochter zurückkommen, hat sich das Wohnzimmer in ein militärisches Kommandozentrum verwandelt. Ununterbrochen klingeln Handys, und Leute wuseln herum, um die Anrufe entgegenzunehmen. Auf dem Wohnzimmertisch sind mehrere Laptops aufgestellt. Sie erleuchten den Raum mit ihren Bildschirmen, auf denen Mentawai-Websites, Karten der Region, lokale Wetterberichte, Seewetterberichte und Angaben zu Wellenhöhen zu sehen sind.

Inzwischen sind auch die frisch Verheirateten, Anitas Cousine Karmen mit ihrem Mann Luke, eingetroffen. Die beiden sind erfahrene Segler und jahrelang in Gewässern auf der ganzen Welt unterwegs gewesen. Sie haben sich sogar auf einer Segelyacht kennengelernt. Angesichts der großen Ungewissheit haben sie ihre Hochzeitsreise storniert.

Anitas Familie steht Karmen sehr nahe, und sie hat auch ihre Cousins und Cousinen in Johannesburg, Claudia, Giulia, Luigi und Paolo, angerufen. Luigi und Paolo sind Hubschrauberpiloten und haben weltweit entsprechende Kontakte, die sie sofort nutzen, als sie von Bretts Unglück erfahren. Sie wollen dazu beitragen, eine Suche aus der Luft in Gang zu setzen.

Bretts Bruder Greg und seine Frau Joanne befinden sich in der kleinen Stadt Harrismith in KwaZulu-Natal. Sie sind der Meinung, dass die Archibalds zusammen sein sollten, bis sie Genaueres wissen. Sie benachrichtigen ihren ältesten Sohn Terence, der noch in Johannesburg geblieben ist, um an einem Rugbyspiel teilzunehmen. Er soll Bretts Schwester Sandra abholen und mit ihr und seiner Freundin zu ihnen, in das Ferienhaus eines Freundes in den Drakensbergen, kommen. Joanne und ihre Mutter Irene beschließen, mit einem ihrer Autos nach Westville zu fahren, um Bretts Mutter Shirley mitzunehmen, während Greg, sein Schwiegervater Mike, sein jüngerer Sohn Nicholas und die Jüngste, Megan, weiter zu dem Haus im Champagne Valley fahren.

Anitas Anruf am Morgen versetzte Shirley in einen Schockzustand. Nach dem Auflegen sank sie leise wimmernd zu Boden. Erst zwei Tage zuvor hatte Brett sie vom Flughafen in Kapstadt angerufen. »Du bist jetzt ein Mann im mittleren Alter, Brett, höchste Zeit, dass du solche Albernheiten lässt«, hatte sie geschimpft, als er ihr von dem Surfurlaub erzählte.

Zitternd versuchte sie mehrfach, Sandras Nummer zu wählen. Als sie schließlich durchkam, war Sandra gerade auf dem Sprung zur Arbeit. »Nein!«, schrie sie und riss damit ihren Sohn Neil aus dem Bett, der sich um seine Mutter kümmerte, seit sie sich kürzlich bei einem Sturz die Schulter verletzt hatte. In der Küche mischte die Haushälterin ihr, ohne lange zu fragen, gleich ein Glas Zuckerwasser.

»Ich weiß, S.« Gregory benutzte ihren Kosenamen, den Anfangsbuchstaben ihres Vornamens, als er Minuten später in Harrismith ihren Anruf entgegennahm. »Anita hat mich auch eben angerufen.« Doch Greg, überwältigt von seiner Angst und den Tränen nahe, war nicht zu einem ausführlichen Gespräch imstande. »Warte erst mal, wir müssen überlegen, was wir tun«, sagte er ihr.

Nun, da Sandra, den verletzten Arm in einer Schlinge, in Terences Wagen sitzt, hätte sie wahnsinnig gerne eine Zigarette. Sie hat erst vor zwei Monaten mit dem Rauchen aufgehört. Stumm und verängstigt hockt sie da, muss ständig schluchzen und liest zwanghaft immer wieder Anitas Mails mit Updates, die regelmäßig auf ihrem Handy aufleuchten.

»Jetzt reiß dich mal zusammen, Sandra«, ermahnt Terence schließlich seine Tante. »Brett ist ein Archibald, er wird das schaffen.«

In Camps Bay ist inzwischen Anitas Freundin Gaby Grieveson eingetroffen. Gaby und ihr Mann Wayne kennen Brett, weil sie früher zusammen arbeiteten. Wayne ist seinem ehemaligen Chef sehr verbunden, und seit Jahren gehört das Paar zu den engsten Freunden der Archibalds.

Gaby versucht wiederholt, ihren Mann auf dem Handy zu erreichen, landet aber immer wieder auf der Mailbox. Wayne, der inzwischen bei Apple Südafrika arbeitet, hat bereits am frühen Morgen im örtlichen Schwimmbad trainiert und ist dann in seinen wie üblich vollgepackten Arbeitstag gestartet. Als er endlich auf sein Handy schaut, findet er vierzehn verpasste Anrufe seiner Frau vor.

Andere gute Freundinnen von Anita haben ebenfalls schon bei Tagesanbruch telefonisch oder über die sozialen Netzwerke von dem Unglück gehört. Ihr Freundeskreis erstreckt sich über ganz Südafrika und in viele große Städte weltweit, in die sich die Nachricht trotz Zeitverschiebung praktisch in Lichtgeschwindigkeit verbreitet hat.

Katya Laspatzis und Kirsten Horn haben alles stehen und liegen lassen, um sofort in die Fiskaal Road zu kommen. Gaby hat eine SMS von einer Freundin in Johannesburg bekommen, die JMs Post auf Facebook gesehen hat. Katya, deren Sohn Jamie Archibalds selbsternannter Bodyguard auf dem Spielplatz ist, wusste sofort, dass etwas nicht stimmte, als Anita am Morgen nicht wie gewohnt anrief, sondern eine SMS schickte, dass Jamie heute nicht zur Schule gehen würde.

Kirsten traf kurz vor ihrem Mann Dudley ein. »Du bist keine Hilfe«, beschwert sie sich, als sie ihn hemmungslos weinend in der Küche vorfindet. »Geh heim und kümmere dich um die Kinder.« Dudley läuft die Straße hoch, um bei einem von Bretts Nachbarn Trost zu suchen.

Draußen jagen immer noch schwere graue Wolken über den Himmel, und vom Meer kommen unaufhaltsam heftige Sturmböen, die den weiten Weg vom antarktischen Ozean zurückgelegt haben.

Drinnen nimmt Anita zahllose Anrufe entgegen: Freunde, die Fragen haben, Bekannte, die Hilfe anbieten. Zenda Stravinos Mann Joe, Bretts guter Freund Andre Crawford-Brunt in London und ein weiterer enger Freund in Kapstadt, Ray Cadiz, haben sich bei Anita entweder telefonisch oder per Mail gemeldet, um ihr zuzusichern, sämtliche Kosten für Suche und Rettung zu übernehmen.

Auch wenn niemand es ausspricht, wissen doch alle um sie herum, dass ihr Skepsis entgegenschlägt. Es ist dem Tenor der Anrufe zu entnehmen, die schon ein bisschen nach Beileidsbekundungen klingen. Doch Anita bleibt standhaft, wie ein Mantra wiederholt sie: »Seine Zeit ist noch nicht gekommen.«

Auch im Haus ringen diese gegensätzlichen Haltungen miteinander um die Vorherrschaft. Macht man sich etwas vor mit optimistischen Äußerungen wie »Er lebt« oder »Er schafft das«? Sollte man sich besser der viel größeren Wahrscheinlichkeit stellen, der unterschwelligen Trauer, die schon in bestimmten Gesten und Bemerkungen mitschwingt? Sie lauert schon wie ein Gespenst in der Ecke.

Immer wieder wählt Anita die Nummer des Satellitentelefons auf der *Naga Laut*, um dem Ort näher zu sein, wo ihr Mann über Bord gegangen ist. »Brett ist wie MacGyver«, erklärt sie Mark Ridgway. »Er kann das schaffen.«

Lulu kommt von der überdachten Veranda herein, wo sie wieder mit Chantal Malherbe telefoniert hat. Als Verbindungsfrau zur *Naga Laut* hat sie diesen Kontakt mit übernommen, während sie und Louise sich ansonsten ein wenig zurückgezogen haben.

Die Gespräche im Raum kreisen um die vielen Informationen, die sie telefonisch und im Internet zusammengetragen haben. Grüppchen stecken die Köpfe zusammen und bewerten sie, spekulieren, stellen Hypothesen auf.

»Es ist gut, wenn es regnet, so bekommt er frisches Wasser«, sagt Karmen im Bemühen, die vorteilhafteste Konstellation heraufzubeschwören.

»Die Strömung geht nach Süden.« Luke schaut von seinem Laptop auf. »Bestimmt wird er auf eine Insel getrieben.«

»Das hat Chantal auch gesagt«, bestätigt Lulu und tritt zum Tisch. »Und sie sagt, dass im Meer dort jede Menge Müll treibt. Dass er etwas finden wird – ein Stück Treibholz, etwas zum Festhalten. Was ihn über Wasser hält.«

»Die Strömung wird ihn an Land bringen«, wiederholt Luke. »Die meisten Inseln sind zwar unbewohnt, aber dort kann er zumindest überleben …«

»Wie ich Brett kenne, sitzt der längst auf einer Insel und schlürft einen Cocktail, mit so einem Papierschirmchen drin.« Der Kommentar kommt von Anitas Vater Loni auf dem Sofa gegenüber. Bis jetzt saß er da nur stumm mit versteinertem Gesicht, ein Schatten seiner selbst. Es ist das Erste, was er im Lauf des Vormittags von sich gibt. Nun sehen alle zu ihm rüber, als wäre ihnen gerade erst eingefallen, dass er auch noch da ist. Die meisten kriegen ein schwaches Lächeln zustande.

Dann sehen sie automatisch zu Anita, die immer noch in Morgenmantel und Pantoffeln am Esstisch sitzt. Der Kaffee vor ihr ist kalt geworden, die Milch darin hat sich als Schicht oben abgesetzt, die aufbricht und als winzige tektonische Platten an der Oberfläche treibt. In ihre Stirn haben sich tiefe Furchen gegraben, wie Narben. Sie sieht erschöpft aus. Sie putzt sich ihre gerötete Nase mit einem zerknüllten Papiertaschentuch und rückt dann ihre Brille zurecht. Trotz der vielen Menschen um sie herum kommt sie sich völlig isoliert vor.

»Außerdem lauern im Wasser praktisch keine Gefahren«, fährt Luke fort. »Die meisten Haie sind abgefischt, und wenn es welche gibt, sind es Riffhaie, die normalerweise in Küstennähe bleiben.«

Karmen wirft ihrem frisch angetrauten Ehemann einen tadelnden Blick zu und unterbricht schnell: »Wir wissen auch, dass das Wasser sehr warm ist. Er kann es darin ziemlich lange aushalten.«

»Chantal sagt, dass sie Boote rausschicken und auch bald Flugzeuge dort haben werden.« Diesmal ist es Lulu, die versucht, zuversichtlich zu klingen.

»Ich finde, wir sollten beten«, schlägt Helene vor, geht hinüber zu Anita und legt ihr eine Hand auf die Schulter. Anita nickt und lässt den Kopf sinken. Dann steht sie langsam auf und fasst behutsam die Hände ihrer Freundinnen neben sich.

Mit Kirsten, Gaby, Katya und ihrer Schwester tritt sie vor den improvisierten Altar für Brett, und Helene beginnt zu beten. Die anderen Anwesenden lassen mit gesenkten Köpfen den bewegenden Moment auf sich wirken.

Helene beschwört Brett, nicht zu resignieren. Sie bittet Gott, ihm Kraft zu geben. Seine überschäumende Energie wird diesmal seine Rettung sein, sagt sie. Er sei ein Mann, der nicht aufgibt. Und seine Freunde auf der *Naga Laut*, fügt sie noch hinzu, müssen jetzt großen Mut beweisen.

Dann ist es ganz still im Zimmer.

Lulu nimmt Louise beiseite. Sie schiebt sich eine blonde Strähne aus den Augen und flüstert: »Chantal sagt, dass das Wetter dort furchtbar ist. Sie hatten einen schweren Sturm, die See ist aufgewühlt und die Sicht sehr schlecht.« Sie zeigt Louise eine SMS auf ihrem Handy, die ihr Mann Mark am Morgen indonesischer Zeit geschickt hat:

»Das Wetter ist nicht so toll. Sag Anita nichts. Wir sind zurückgefahren und suchen nach ihm. Habe gleich kein Netz mehr, also bis später auf dem Satellitentelefon. Sieht nicht gut aus.«

»Ich weiß.« Louise wirft einen Blick durch die Tür auf das ebenso unfreundliche Wetter in Kapstadt. Sie lässt den Kopf hängen. »Ich habe eben mit CJ gesprochen. Er hat versucht, eine private Rettungsaktion zu starten, aber ihm wurde gesagt, dass wegen des schlechten Wetters keine Flugzeuge starten können.«

»Es wird etwas unternommen, das hat Chantal mir zugesichert.« Lulus Blick wandert durch den Raum. »Aber wir dürfen Anita nicht sagen, dass die Wetterbedingungen so schlecht sind.«

»Das sehe ich auch so.« Louise nickt voller Mitgefühl. »Wir dürfen ihr überhaupt nichts sagen, was sie verunsichert.«

»Ich brauche dringend noch eine Zigarette!«, verkündet Paula in diesem heiklen Moment. Sie steht vom Sofa auf und wühlt in ihrer Handtasche auf dem Sofatisch nach ihrem Päckchen. »Karmen, bitte nimm mein Telefon.« Sie geht an ihrem Mann Loni vorbei, der vorgibt, Zeitung zu lesen. »Ich kann einfach mit niemandem mehr reden.«

»Ich komme mit.« Louise schnappt sich ihr Feuerzeug und ihre Schachtel vom Esszimmertisch und folgt der älteren Frau nach draußen. Selbst unter dem Verandadach sind die beiden nicht vor dem Regen sicher, der aus allen Richtungen kommt. Über dem Meer verdecken schwere Wolken den Horizont, und der Himmel sieht aus, als würde der Sturm jeden Moment einen zweiten Anlauf nehmen.

Anita geht hinüber ins Wohnzimmer, unschlüssig, was sie tun soll. Der Mann, den sie liebt, treibt irgendwo am anderen Ende der Welt im Meer. Sie starrt auf den Notizzettel mit der Nummer des Satellitentelefons der *Naga Laut* und tippt sie in ihr Handy, das sie mit sich herumträgt. Als sie nicht durchkommt, stellt sie fest, dass sie sich verwählt hat.

Sie versucht es mit der anderen Nummer, der des Bootsbesitzers, doch auch das funktioniert nicht. Sie beschließt zu warten, bis ihre Hände weniger zittern.

Nie zuvor hat sie sich so weit weg gefühlt – von Brett, den anderen Menschen im Zimmer, ihren Kindern, sogar weit weg von sich selbst. Sie sieht aus dem Fenster, auf das Theater, das der Sturm veranstaltet: der unbarmherzige Wind, der peitschende Regen. Während das Wasser in Strömen die Fensterscheibe herunterrinnt, glaubt sie, das Meer zu hören. Pulsierend wie Blut. Es ist das Geräusch ihres eigenen Atems.

16.30–17.30 Uhr
Die fünfzehnte Stunde im Wasser

Wenn ich überleben will, muss ich eine weitere Nacht durchhalten. Das weiß ich jetzt.

Die *Naga Laut* ist ohne mich davongefahren. Zum zweiten Mal.

Ich falle in eine Art mentale Starre, und ein seltsames Gefühl bemächtigt sich meiner: eine Taubheit am ganzen Körper.

Ich scheine gleichzeitig tot und lebendig zu sein.

Seit ich ins Wasser gefallen bin, ist unser Boot alles, was ich gesehen habe. Ich tröste mich damit, dass es mir in dieser grenzenlosen Weite zumindest einen Eindruck von den Größenverhältnissen und von meiner Perspektive vermittelt hat. Alles andere, was ich zu sehen glaubte, können keine Boote gewesen sein. Es waren Einbildungen.

Wut ist ein sehr starkes Gefühl, und es ergreift nun von meinem Körper und Geist Besitz. Dieser flüchtige Blick auf meine Erlösung, diese Kostprobe, diese Verlockung – unser Boot ist mir so nahe gekommen und hat mich doch verfehlt – ist eine Absurdität, die mich überwältigt und verzweifeln lässt. Ich werde so eine Chance kein zweites Mal bekommen – es wäre Wahnsinn, daran zu glauben.

Gott verhöhnt mich, denke ich jetzt, was meine Verbitterung noch steigert. Wieder schlage ich um mich und verfluche das Himmelreich. »Du hast mich in dem Glauben gelassen, ich könnte das hier überstehen. Wenn du doch wusstest, dass ich sterben soll, warum hast du mich nicht gleich erledigt, als ich ins Wasser gefallen bin? Ein Schlag auf den Kopf und ich wäre sofort ertrunken. Ich will nicht mehr leiden, Gott! Mach ein Ende! Lass mich sterben! Bitte!«

Es ist schon spät am Tag und trüb. Immer noch regnet es, und ich lausche dem grässlichen Getöse, das die Tropfen machen, wenn sie auf die Wasseroberfläche treffen. Immer wenn ich an das Boot denke, stelle ich mir Anita, Jamie und Zara vor, und wieder überwältigt mich der Schmerz. Was tun sie gerade? Ich stelle mir vor, wie sie sich umarmen und trauern.

Ich habe den Eindruck, eine Grenze überschritten zu haben. Als hätte ich irgendein halluzinogenes Gebräu geschluckt, das mein Hirn zum Glühen bringt. Ich bin mit den Nerven am Ende, meine mühsam aufrecht erhaltene mentale Balance droht jeden Augenblick zu kippen. Zuvor bin ich mir halbwegs vernünftig vorgekommen, doch jetzt kochen meine Gedanken, schäumen über. Denk an neutrale Dinge, sage ich mir immer wieder, schalte dein Hirn auf Schongang.

Ich habe keine Vorstellung, wie weit ich schon abgetrieben wurde. Ich kann die Strömung spüren, ein unaufhaltsamer Sog unter Wasser. Doch inzwischen habe ich all meine Hoffnung verloren. Ein anderes Boot wird so spät am Tag nicht mehr vorbeikommen. Niemand wird mehr eine Überfahrt unternehmen, und Fischerboote werden in flacheren Gewässern bleiben, vor allem zu dieser Uhrzeit.

Die *Naga Laut* ist gekommen und gegangen – wie Nachbeben erschüttert diese Tatsache immer wieder mein Bewusstsein.

Es wird schon dunkel, und ich kann mir beim besten Willen nicht vorstellen, wie ich diese Nacht überstehen soll.

»Lieber Gott, ich will sterben«, rufe ich kraftlos. Meine Stimme hat sich verändert. »Ich kann nicht mehr.«

Erneut überlege ich, wo mein Leichnam wohl auftauchen wird, wo er angeschwemmt werden wird, aufgebläht von Gasen, im Zustand der Verwesung. Mein Speichel schmeckt sauer.

In seiner Entkräftung fühlt sich mein Körper wie geschmolzene Butter an. Der Tod scheint unausweichlich, unabänderlich, und mit dieser Gewissheit gehen wieder Reue und Selbstvorwürfe über alles Mögliche einher.

Meine Lider flattern, ich gleite in dieses rätselhafte Zwischenreich aus Wachheit und Schlaf. Das Meer um mich herum zersplittert in Licht und Farbe. Das Universum scheint sich zu verflüssigen.

Ich schließe die Augen.

»Das ist es«, höre ich mich sagen.

Dann ist da ein eigenartiges Brausen in meinem Kopf. Ich öffne die Augen und erblicke eine weiße Schaumwolke in einiger Entfernung – ich könnte nicht sagen, wie weit sie weg ist, aber sie scheint geradewegs aus dem Wasser zu kommen und am Horizont zu schweben. Wie ein farbloser Regenbogen steigt sie auf und verbindet den Ozean mit dem dunkler werdenden Himmel. Ich unterbreche mein leichtes Wassertreten, muss mehrmals blinzeln und mir die Augen reiben. Als ich sie wieder öffne, ist sie immer noch da, diese weiße Wand aus Wasser, die gen Himmel schießt.

Auf einmal bin ich ganz klar – der Beweis, dass ich durchdrehe? Da erblicke ich, inmitten der Wolke, die Jungfrau Maria.

Ich weiß, dass sie es ist, auch wenn ich nur einen Umriss ausmachen kann. Ich sehe ihre Gestalt von oben bis unten, in einem weißen Gewand, das über ihre Beine bis auf die Füße fällt. Sie scheint zu schweben. Ihr Kopf, von einem Schleier bedeckt, ist leicht nach rechts geneigt. Ihre Hände sind zum Gebet gefaltet.

Ich kann ihr Gesicht nicht erkennen, dazu ist sie zu weit entfernt, aber ich bin überzeugt, dass sie da ist, um über mich zu wachen – merkwürdig für einen Mann, der seinen Glauben verloren hat.

Wieder reibe ich mir die Augen, in der Erwartung, dass sie verschwindet. Ich drehe mich im Wasser, um meinen starren Blick von ihr zu lösen, aber nach einer Umdrehung ist sie immer noch da. Ich drehe mich drei, vier Mal im Kreis – die Erscheinung bleibt.

»Das ist doch unmöglich.« Meine Stimme ist nur noch ein leises Krächzen. »Da kann keine Gestalt in der Wolke sein. Du hast Wahnvorstellungen, Brett.«

Doch nichts ändert sich – gefühlte fünf oder zehn Minuten.

Ich starre und starre, fokussiere meinen Blick. Die Jungfrau sieht aus wie ein Meccano-Blechspielzeug: Ihre Arme bestehen aus länglichen dunkelroten Blechstreifen mit Löchern; ein paar Scharniere dienen als Gelenke. Sie erinnert mich an die Muttergottes auf einem der bunten Glasfenster der St. Elizabeth's Church, der Kirche meiner Kindheit. Am Ende des Kirchenschiffs, über dem Taufbecken, befand sich das Fenster mit der Darstellung der Jungfrau Maria.

Ich spüre Frieden, wie ein feiner Dunst umweht mich das Gefühl.

»Wenn du gekommen bist, um mich zu dir zu holen«, sage ich, »bin ich bereit.«

Ich warte. Nichts passiert.

Mehrere Minuten lang passiert nichts.

Nach wie vor steigt die Schaumwolke aus dem Wasser auf. Mein Blick gleitet an der Marienerscheinung herab bis zu dem Punkt, wo sie das Meer berührt – und da sehe ich es. In den brausenden Wellen dort treibt eine riesige Boje.

Sie sieht aus wie ein Seezeichen, wie die sogenannten Tonnen, mit denen Wasserwege markiert werden. Solche habe ich in Häfen auf der ganzen Welt gesehen. Von einer massiven trommelförmigen roten Basis ragen vier Stützen in die Höhe, die sich in der Mitte treffen und so eine hohle Pyramide formen. Daran ist eine riesige Glocke befestigt, darüber eine große gelbe Lampe.

Sogar aus dieser weiten Entfernung kann ich die Glocke läuten hören, das Wasser trägt den Schall.

Seltsam. Ich versuche meinen Verstand mit rationalen Argumenten zu zügeln. Tonnen sind normalerweise verankert, sage ich mir. Aber hier mitten im Meer kann sie nicht verankert sein, dazu ist es zu tief.

Auch wenn ich noch kein Land sehen kann, überlege ich, muss ich ihm doch sehr nahe sein. Vielleicht treibe ich auf einen Hafen zu, und bei der Tonne handelt es sich um eine der ersten Markierungen.

Also gut, sage ich mir, die Jungfrau Maria ist nicht gekommen, um dich zu holen, sondern um dir den Weg zu weisen.

Immer noch kann ich die leuchtend rote Tonne mit dem riesigen gelben Licht darauf sehen. Ihr Geläut erreicht mich trotz des Tosens.

»Danke, lieber Gott, danke, danke.« Meine Zunge ist so geschwollen, dass ich lalle. Schlagartig bin ich voller Freude, voll neuer Hoffnung, neuem Glauben.

Schwimm zu der Tonne, feuere ich meinen müden Körper an. Du kannst sie erreichen. Solche Tonnen haben Signalleuchten, die kannst du nehmen und damit eine Botschaft morsen, dann werden sie dich retten kommen.

Die Tonne ist sehr weit weg, aber eine wirksame Motivation. Ich muss sie erreichen, bevor es ganz dunkel ist.

Es nieselt nach wie vor aus einer dicken Wolkendecke, aber es ist noch hell genug. Ich bin unsicher, wie spät es ist, aber ich sage mir, dass ich es vor Einbruch der Dunkelheit zu der Tonne schaffen kann. Das bedeutet auch, dass ich damit endlich etwas habe, an dem ich mich festhalten kann. Dort kann ich die Nacht überstehen. Auch wenn mir bitterkalt ist, kann ich dort durchhalten, bis jemand mich findet.

Aber ich muss mein Tempo mäßigen, damit mir nicht auf halber Strecke die Kraft ausgeht.

Die See ist weiterhin sehr unruhig, aber der Sturm zieht nach links ab, weg von mir. Noch immer schwebt die Jungfrau Maria in den Wolken. Die Tonne befindet sich genau vor mir. Ich kann nach wie vor die Glocke hören.

Ich senke den Kopf und schwimme los.

Auf der *Naga Laut*
16.50 Uhr

JM stapft hinüber zu seinem Posten auf der Backbordseite der *Naga Laut* und beginnt wieder zu beten: »Gegrüßet seist du, Maria, voll der Gnade ...«

Den ganzen Tag lang hat er immer wieder dieses Gebet gesprochen, nur unterbrochen von einer telepathischen Botschaft: »Schwimm, Brett, schwimm!« Der Singsang in seinem Kopf bringt ihn durch den Tag, dessen Stunden sich immer länger zu dehnen scheinen. Verdränge ich die Realität?, fragt er sich. Er schließt die Augen. Muss ich mich auf einen anderen Ausgang vorbereiten? Doch noch hält er fest an seiner Überzeugung: Brett ist da draußen und wartet darauf, dass wir ihn finden.

Schwimm, Brett, schwimm!

Die *Naga Laut* kämpft sich weiter durch die unerbittlichen Wogen. Die ständige Anspannung und Konzentration ermüden die Männer, und als sie das Suchgebiet verlassen, versinken sie in Trostlosigkeit. Sie sind durchnässt und unterkühlt, sie fühlen sich deprimiert, elend, desorientiert.

Craig sieht auf die zerfurchte Wasseroberfläche. Als zurückhaltender, bescheidener Mensch ist er froh, dass andere die Führungsrolle in dieser Krisensituation übernommen haben. Wie Niall, Banger, Weyne und Snowman fühlt er sich als Unterstützer im Hintergrund wohler. Der Remix von »Riders on the Storm« der Infected Mushrooms geht ihm durch den Kopf. Er beschäftigt sich oft in Gedanken mit Musik, er weiß um ihre Macht, bestimmte Augenblicke zu prägen, einen in eine spezielle Stimmung zu versetzen. Er ist auch bekannt dafür, seine Surffotos und Videoaufnahmen mit dem passenden Soundtrack zu unterlegen. Jetzt erinnert er sich daran, wie der Doors-Song gestern Abend – war das wirklich erst gestern Abend? – aus dem Lautsprecher kam, als die *Naga Laut* sich vom Festland entfernte.

Das Boot hatte sich durch immer höhere Wellen pflügen müssen, als sie aufs offene Meer hinausfuhren und hinter ihnen Sumatra zu einem flachen, mangrovengesäumten Fleckchen verschwamm. Die schaukelnden Praus, die indonesischen Fischerboote, hatten ihre langen Ausleger beleuchtet, um den Fang anzulocken, und so wie prächtige Streitwagen auf See ausgesehen.

Die Wellen schlagen ganz schön hoch, hatte er da gedacht. Er saß mit Brett und Niall am Vorderdeck, in einer eher wackligen Position mit über den Bug baumelnden Beinen. Kein so sicherer Sitzplatz, hatte er überlegt und sich gefragt, ob er es wohl bis zu einer der Praus schaffen würde, wenn er hineinfiele. Dann hatte er sich bewusst zurückgelehnt, gegen das Fenster des Steuerhauses, und den Gedanken verdrängt.

Zu diesem Zeitpunkt hatte sich ihre Stimmung ein wenig verändert. Die Männer, nach den nachmittäglichen Bieren wieder nüchtern, hatten mit den Neckereien aufgehört und waren nachdenklicher geworden. Sie hatten über Rob de Beer gesprochen, ihren alten Schulkameraden, der kurz vor ihrem Urlaub gestorben war.

»Das Leben ist zu kurz für billigen Weißwein«, hatte Brett in Erinnerung an ihren Freund mit tiefer Überzeugung verkündet, »wir sind an einem Punkt angelangt, wo wir die Realität begreifen und genießen müssen.«

Nach und nach hatten alle die heimelige Gesprächsrunde verlassen und waren in ihre Kajüten gegangen – zuerst JM und Tony, die früh aufstehen und sich auf den ersten Tag bei den »Telescopes« vorbereiten wollten. JM war hinunter in den »Kerker« gestiegen, wo er in der Hoffnung, noch ein Netz zu haben, eine SMS an seine Frau Tessa geschrieben hatte. Wie alle anderen hatte er in den letzten drei Tagen kaum geschlafen.

Tony hatte Tabletten gegen Seekrankheit mitgenommen und, wie

Craig auffiel, gleich zwei geschluckt, um »auf der sicheren Seite zu sein«. Nachdem Tony und die zwei Marks Richtung Kajüten verschwunden waren, hatte auch Craig gegen 23 Uhr das Deck verlassen. Nachdem er es sich in seiner Koje gemütlich gemacht hatte, blickte er zufrieden zur Decke. Rod Stewarts »I Am Sailing« ging ihm durch den Kopf. Ein Artikel in der *Vanity Fair*, den er im Flugzeug gelesen hatte, fiel ihm ein, über Johnny Depp und sein Leben auf einem Segelboot. »This is the Life«, sagte er sich, bevor er wegdöste.

Weyne ist, als würde ihm die unbehagliche Stille an Bord die Luft rauben. Niemand spricht, aber unterschwellig ist die Anspannung zu spüren. Die einzigen Geräusche sind der Wind, der das Boot herumwirft, und der Regen, der in seinen Ohren rauscht. Das schlechte Wetter beeinträchtigt sein Sehvermögen dermaßen, dass er seinen Blick kaum fokussieren kann. Auch ihm geht immer wieder seine Unterhaltung mit Brett am gestrigen Abend im Kopf herum.

Nur am Rande hatte er realisiert, dass das Boot sich dem Sturm näherte und die See rauer wurde. Der Wind heulte, und der Regen fiel in dichten Schleiern. Trotz des schlechten Wetters waren Brett und Weyne allein am oberen Deck zurückgeblieben und hatten Geschichten ausgetauscht. Angeregt von ihrem Gespräch, hatte Weyne beschlossen, die Flasche Jameson aufzumachen, die er zur Feier seines fünfzigsten Geburtstags mitgebracht hatte, und sie hatten beide ein Glas Whisky getrunken.

Etwa eine Stunde lang waren sie so vertieft in ihre Unterhaltung, dass sie den Mahlstrom direkt vor ihrer Nase überhaupt nicht wahrnahmen. Sie hatten sich Anekdoten aus ihrem Leben erzählt, Scherze darüber gemacht, dass sie beide mit griechischen Frauen verheiratet waren, und von ihren Kindern erzählt.

Weyne fällt ein, wie begeistert Brett von seiner Tochter und seinem Sohn gesprochen hatte. In der Erinnerung daran kommen ihm hinter seiner Brille die Tränen.

Es war ein intensiver Austausch, vertraut und bedeutungsgeladen – darüber, was sie in ihrem Leben richtig gemacht und was sie vermasselt haben und was sie daraus gelernt haben. Brett hatte ihm gestanden, dass seine Markisenfirma bankrott war und ihm große Sorgen bereitete.

»Irgendwie muss ich das in den Griff kriegen«, hatte er Weyne erklärt. »Aber in diesem Augenblick bin ich am schönsten Ort der Welt. Die Mentawais sind mein Sehnsuchtsort, weißt du. Wenn, Gott behüte, Anita und den Kindern irgendetwas passieren sollte, würde ich alles verkaufen und hier auf einer der Inseln leben.«

Diese beiläufige Bemerkung geistert Weyne jetzt durch den Kopf. Wieder blickt er hinaus auf das launische Wetter. Unter ihm schäumt das Wasser, als würden sich unzählige Aale darin winden. Sie haben eine schwere Aufgabe vor sich, und es ist nicht unwahrscheinlich, dass es sich um ein fruchtloses Unterfangen handelt. Ihn verlässt langsam aber sicher jeglicher Mut.

Ridgy geht den Ablauf des gestrigen Abends noch einmal durch, überlegt ganz genau, was er wann getan hat, um nichts zu übersehen.

Nachdem der Sturm ihn geweckt hatte, hatte er beschlossen, auf die Brücke zu gehen, um festzustellen, wie viel Uhr es war, wo in der Meerenge sie sich befanden und wie die Wetterverhältnisse sich entwickelten. Beim Hinaufgehen hatte er Brett und Weyne nicht gesehen. Vielleicht waren sie inzwischen ins Bett gegangen?

Das Wetter war wirklich unerwartet garstig. Wellen schlugen über dem Bug zusammen, und der Kapitän hatte einen Scheinwerfer nach vorne gerichtet. Ridgy konnte sehen, wie schwer es war, in der aufgewühlten See zu navigieren.

Mist, das ist wirklich ganz schön heftig, hatte er gedacht, als er in seine Koje zurückkehrte.

Niall über ihm war rasch eingeschlafen. Ridgy lauschte dem strömenden Regen. In den meterhohen Wellen schaukelte das Boot heftig auf und ab. Unter solchen Bedingungen kann ein Mann ganz leicht über Bord gehen, denkt er jetzt.

Dass die Kajütentür bei dem Seegang ständig auf und zu schlug, begann Ridgy zu nerven, und er stand auf, um sie zu verschließen. Weil er das Schloss einfach nicht zubekam, schob er schließlich seine Tasche davor.

Eine Minute später gab es ein fürchterliches Gepolter, weil alle

Schränke in der Kombüse aufsprangen und ihr Inhalt sich auf dem Boden verteilte: Konservendosen, Nudeltüten und Müslischachteln rutschten hin und her. Er wurde noch wütender, weil die Crew keine Anstalten machte, etwas zu unternehmen.

Grummelnd stand er wieder auf und ging den Koch wecken. »Los, Boi, lass uns den ganzen Kram mal wieder in die Schränke packen«, versuchte er den dröhnenden Motor zu übertönen. Zusammen räumten sie die Schränke wieder ein und sicherten sie, um dann zurück in ihre jeweiligen Kojen zu kriechen.

Das wird eine lange Nacht, hatte Ridgy da gedacht.

Gegenüber vom Gang war auch die Kajütentür von Craig und Banger auf und zu geschlagen – ein lautes, schabendes Geräusch wie von einem Fleischermesser. Ridgy, der immer genervter wurde, hatte schließlich vernommen, wie Craig aufstand, um die Tür zu schließen.

Irgendwann musste er eingedöst sein. Bangers verzweifeltes Geschrei hatte ihn dann wieder aus dem Schlaf gerissen. Dieser hämmerte gegen die verschlossene Kajütentür, seine Stimme klang mehr wie ein Blöken: »Hey, Jungs, helft uns, wir sind eingeschlossen!«

Banger war der Erste, bei dem sich die Lebensmittelvergiftung bemerkbar machte. Er war aus seiner Koje gesprungen, hatte versucht, die Kajütentür aufzureißen, und dabei irgendwie das Schnappschloss ruiniert. Kein gutes Timing, wenn einen ein starker Brechreiz plagt.

Wieder war Ridgy aufgestanden. »Die geht so nicht auf!«, brüllte er und versuchte die Tür einzudrücken. »Ich glaube, das Schloss ist kaputt. Lass mich mal Jaipur holen.« Dann schob er noch schnell hinterher: »Mensch, Jungs, betrachtet es als Abenteuer!«

Hinter der Tür war Banger kurz davor, in die Kajüte zu kotzen.

Ridgy schaltete alle Lichter in der Kombüse ein und machte sich auf die Suche nach dem Schiffsingenieur. Er kam mit Jaipur und einem dreißig Zentimeter langen Schraubenzieher zurück. Zu zweit brachen sie das Schloss auf, um die Gefangenen zu befreien. Dann brach der Tumult los.

»Was ist denn los?«, fragte Brett, der genau in dem Augenblick auf der Treppe auftauchte, um mit anzusehen, wie Banger den Inhalt seines Kulturbeutels auskippte, um ihn als Spucktüte zu missbrauchen.

»Banger ist übel«, erklärte Ridgy. »Und Craig auch, wie mir scheint.«

Ein Blick auf Brett sagte ihm, dass die Spuckerei wohl nicht auf die beiden beschränkt bleiben würde. Er sah zu, wie Brett auf die Toilette rannte, während Banger aufs untere Deck stürzte und sich, über das Heck gebeugt, heftig erbrach.

Es folgte fast eine Stunde des reinen Chaos. Während das Boot unablässig in den Wellen herumgeschleudert wurde, mussten Brett, Banger, Niall, Tony und Craig sich heftig übergeben. Zugleich bekamen sie akuten Durchfall.

Ridgy bemerkte nun die drückend süßlich Hitze, die der Motor erzeugte, und die Dieselschwaden, die durch die Kombüse zogen. Irgendwann hörte er, wie Brett zu Banger sagte: »Wir brauchen frische Luft«, und die beiden gingen Richtung Leiter zum Oberdeck.

Ridgy verabreichte Craig zwei Tabletten gegen Seekrankheit, kümmerte sich dann um Niall, der in der Hauptkajüte lag und sich nicht rühren konnte, und ging schließlich nach oben, um sich nach den beiden draußen umzusehen.

Vorsichtig kletterte er die Sprossen empor und stieß auf Banger, der ausgestreckt auf der Bank lag und eine kleine braune Schüssel umklammerte. Brett, der backbord ins Meer spuckte, hob seinen Kopf. Er stand da, klammerte sich an die Reling und war sehr blass um die Nase.

»Hey, bist du okay, Arch?«, fragte Ridgy.

»Nein, Boss, mir geht es gar nicht gut«, antwortete Brett.

»Meine Güte, ist das grässlich. Niall und Craig ist auch übel. Drunten haben wir Tabletten gegen Seekrankheit.«

»Ich kann da nicht runtergehen«, sagte Brett.

Ridgy ging zur Brücke, wo er auf Skippy stieß, der durch seine Brille starrte und die Stirn runzelte. Yanto stand neben ihm.

»Wie unruhig diese Überfahrt ist.« Es war weniger eine Frage als eine Feststellung.

»Hohe Wellen und ganz starker Seitenwind machen es noch schlimmer«, sagte Yanto, ohne ihn anzusehen.

Ridgy sah die Uhrzeit auf der Instrumententafel: 2.12 Uhr.

Wieder unten in seiner Kajüte fuhr sich Ridgy mit einem Handtuch über Kopf, Gesicht und Schultern, bevor er in seine Koje kroch. Er schlief praktisch sofort ein.

Ich war der Letzte, der ihn gesehen hat. Immer wieder kommt Ridgy zu dieser Schlussfolgerung. *Ich war der Letzte, der Brett gesehen hat.*

Der Zeitpunkt scheint ihm entscheidend, ein ganz wichtiges logistisches Detail. Nur wenige Minuten später muss das Boot so geschlingert haben, dass das Unfassbare geschah.

Ohne zu blinzeln, starrt Ridgy jetzt hinaus aufs Meer, das sich nach wie vor wild gebärdet.

Er versucht, seine quälende Ungeduld zu besänftigen. Er fühlt sich angesichts der Geschehnisse der letzten Nacht völlig machtlos. Sosehr er an Brett glaubt, sosehr sie sich geschworen haben, ihn zu finden, nagt an ihm das Gefühl, sich einer bittereren Realität stellen zu müssen.

Sind sie dazu verdammt, enttäuscht zu werden, zu scheitern?

Werden sie für immer damit leben müssen?

17.30–18.30 Uhr
Die sechzehnte Stunde im Wasser

Ich wechsele ständig zwischen Kraulen und Brustschwimmen. Jedes Mal, wenn ich mit dem Kopf untertauche, fürchte ich, dass die Marienerscheinung verschwindet. Bitte bleib, denke ich, wenn ich wieder auftauche, um Luft zu holen. Und wenn ich den Kopf dann hebe, ist sie da. Überwältigend. Hypnotisierend.

Ebenso fürchte ich, dass mir die Tonne abhandenkommen könnte, doch ich blicke unverwandt zu ihr hin und kann sie ganz deutlich sehen. Was ich sehe, ist ganz und gar real. Ich muss eine beträchtliche Distanz überwinden, doch obwohl ich nicht feststellen kann, dass die Tonne näher kommt, schwimme ich weiter.

Ich muss sie erreichen, bevor die Dunkelheit hereinbricht.

Ich schwimme etwa eine Stunde, so kommt es mir jedenfalls vor. Während der ganzen Zeit habe ich die Erscheinung vor Augen. Manchmal wird sie ein wenig blasser, die Wolke droht sich aufzulösen – doch dann flehe ich: »Bitte, geh nicht weg. Bitte, verschwinde nicht!« Und sie kehrt zurück.

Ich behalte die Tonne mit jedem Atemzug im Blick. Nach dem zuvor eher traumartigen Zustand bin ich verblüfft, wie klar ich jetzt denke. Eine große Erleichterung nach der schlimmen Phase, die ich durchgemacht habe. Die Jungfrau hat mir ihren Segen gespendet, die Tonne wird jetzt mein Talisman. Ab und zu höre ich ihre Glocke läuten.

Die See beruhigt sich langsam. Auch wenn die Wellen immer noch meterhoch sind, schlagen sie nicht mehr über mir zusammen. Mit jedem Schwimmzug fühle ich mich empor- und über den Kamm hinweggehoben, und wenn ich auf der anderen Seite hinuntersinke, habe ich den Eindruck, schneller zu werden. Ich bin überzeugt, dass ich Schützenhilfe bekomme.

Während ich schwimme, überlege ich, was ich tun muss, wenn ich die Tonne erreiche. Ich werde hinaufklettern, das Gehäuse der Signallampe aufbrechen und mit dem Morsealphabet, das ich bei den Pfadfindern gelernt habe, um Hilfe rufen. So albern der Plan klingt, er gibt mir Hoffnung.

Als ich glaube, der Tonne näher zu kommen, drücke ich meinen Kopf ins Wasser und fange mit voller Kraft an zu kraulen. Ich schwimme so schnell ich kann. Meine Lungenflügel sind schwer wie Stein und schmerzen. Meine Armmuskeln fühlen sich an wie ein Seil kurz vor dem Reißen. Als ich wieder auftauche, um Luft zu holen, stelle ich fest, dass die Tonne sich nun rechts von mir befindet.

Das liegt daran, dass du Rechtshänder bist, rede ich mir ein. Dein rechter Arm ist der dominante, deshalb kommst du vom Kurs ab.

Ich muss mich beim Schwimmen mehr konzentrieren. Beim Brustschwimmen kann ich zwar die Tonne leichter im Blick behalten, aber das Tageslicht schwindet schnell, und deshalb will ich noch eine letzte Kraulphase einlegen. Ich tauche das Gesicht ins Wasser und gebe noch einmal drei oder vier Minuten lang Vollgas.

Es fühlt sich wie eine Ewigkeit an, und nach einer Weile habe ich ein metallisches Klingeln im Ohr. Für einen letzten Atemzug hebe ich den Kopf und sehe mich um.

Die Tonne ist verschwunden.

Da ist nichts mehr.

Ich lasse das Schwimmen und drehe mich stattdessen, Wasser tretend, einmal um mich selbst. Immer wieder rotiere ich und drücke mich dabei verzweifelt aus dem Wasser, um die Erscheinung und die Tonne zu sehen.

»O nein, bitte nicht! Nein! Wo ist sie? Wo ist sie nur?« Ich werde panisch, schreie so laut ich kann. »Bist du im Kreis geschwommen? Bist du vom Kurs abgekommen? Sie war da! Sie war doch da!«

In jeder Richtung sehe ich nur die Weite des Ozeans und einen leeren, sehr dunklen Himmel. Sonst nichts.

Völlig verwirrt fange ich an zu faseln. »Was tust du mir an? O Gott, was tust du mir nur an?«

Schnell artet es in Hysterie aus: »Wieder nur eine falsche Spur?« Mein Hirn ein einziger Schrei, das Blut in meinen Adern kurz vor dem Explodieren. »Was bleibt mir jetzt, Gott? Nichts! Nichts hast du mir gegeben, gar nichts!«

Noch immer kann ich nicht weinen.

Warum nur?

Die Erschöpfung erfasst jede Faser meines Körpers. Ich strecke mich aus, und weil die Wellen nicht mehr über mir zusammenschlagen, kann ich zum ersten Mal eine Zeitlang auf dem Rücken treiben. Meine Arme und Beine sinken nach unten, aber ich pumpe so viel Luft wie möglich in meine Lunge und kann meinen Oberkörper weiter über Wasser halten.

Ich müsste unter mir mit den Armen rudern, aber meine entsetzliche Müdigkeit macht das praktisch unmöglich. Ich richte mich wieder auf, um nicht komplett unterzugehen.

»Ist das dein Scheißplan, lieber Gott?« Wahrscheinlich wird meine Unflätigkeit mein Schicksal besiegeln. »Du bringst mich zum Schwimmen, so dass ich dann so scheißmüde bin, dass ich verdammt nochmal ertrinke? Ist das ein Scheißtest? Na gut, mehr kann ich verflucht nochmal nicht geben! Ich habe mein Bestes getan!«

Ich sehe an meinem Körper herab: Er ist weiß – fast durchsichtig.

»Bob, Hilary, Emily«, verkünde ich, »ich bin am Ende, ich kann nicht mehr schwimmen.«

Stille.

Ich habe keine Reserven mehr. Ich tauche meinen Kopf unter Wasser.

Ich werde mich einfach sinken lassen, beschließe ich. Ich will Schluss machen, aber ich kann mir beim besten Willen nicht vorstellen, Wasser zu schlucken. Wie ertränkt man sich?

Plötzlich schießt ein heftiger Schmerz durch meinen Oberarm, gefolgt von unzähligen Nadelstichen. Sie fühlen sich an wie lauter kleine Explosionen an meinem ganzen Körper. Ich sehe in das nun klarere Wasser und stelle fest, dass ich von winzigen Portugiesischen Galeeren umgeben bin. Ich bin in einen ganzen Schwarm dieser fiesen Biester hineingeschwommen, sie sind überall. Ihr durchsichtiger Körper schimmert in der Mitte bläulich; ihre Tentakel sehen aus wie flüssige Spinnennetze und versetzen mir elektrische Schläge. Unter Surfern nennt man sie scherzhaft »Eierbeißer«, weil sie genau das tun, wenn sie einem in die Shorts geraten.

Sie sammeln sich um meinen Hals, verbrennen mir Schultern, Rücken und Brust.

»Nein!« Ich schlage um mich, um sie zu verscheuchen, ich schöpfe verzweifelt das Wasser um mich herum weg, um mir einen Fluchtweg zu bahnen.

Die werden mich zu Tode stechen, denke ich, ich muss durchschwimmen.

Doch so schnell sie gekommen sind, so schnell sind sie wieder fort. Ich sehe mich in den schäumenden Wellen um, doch da ist nichts. Keine Einzige mehr da.

Waren die überhaupt real, oder habe ich sie auch nur geträumt?

Der durchdringende Schmerz und die blassroten Striemen auf meiner Brust sind der Beweis, dass sie tatsächlich da waren.

Zerstochen, aber nicht tot – fast bin ich etwas enttäuscht. Warum haben diese unzähligen winzigen Schocks mein Herz nicht zum Stillstand gebracht?

Stattdessen schießt mir das Adrenalin durch den Körper. Ich bin frisch aufgeladen. Die Natur hat eingegriffen und mir tausend Volt verpasst. Und das fühlt sich seltsamerweise erholsam an.

Auf der *Bynda Laut*, dem Beiboot der *Barrenjoey*
32 Kilometer von Tua Pejat entfernt
18.40 Uhr

Seit sie am Nachmittag bei unangenehm hohem Seegang mit dem Alu-Beiboot losgefahren sind, heult unentwegt der Nordwind mit einer Stärke von 25 bis 35 Knoten. Colin, Jeff und Simon haben sehr bald zu Windjacken und Mützen gegriffen und sich Letztere immer tiefer ins Gesicht gezogen, je weiter sie auf der stürmischen See vorankamen. Doris dagegen trägt nach wie vor nur ein T-Shirt als Ergänzung zu seiner schmuddeligen rotweißen Baseballkappe.

Die Einheimischen nennen solche unerbittlichen Stürme aus dem Nordwesten »böses Auge«. Der Himmel ist schwarz, es regnet und stürmt, und überall nichts als weiße Gischt. Die Männer auf der *Bynda Laut* sind allesamt erfahrene Segler, aber bei solchen Bedingungen sollte man nicht in einem kleinen Boot sitzen.

Von Anfang an, als Doris vor Tua Pejat im flachen Wasser vorsichtig zwischen Felsen und Riffen hindurchsteuerte, stotterte der Suzuki-Außenbordmotor mit 20 Knoten vor sich hin. Man braucht wie er eine jahrzehntelange Erfahrung, um all die Gefahren zu kennen, die in den Surfgebieten rund um die Inseln lauern. Bei diesem Wetter ist die kabbelige See ein zusätzliches Risiko, und die Korallenbüschel unter der Wasseroberfläche sehen wie die gebleckten Zähne grausiger Seeungeheuer aus. Die Männer, die Doris begleiten, können nun aus eigener Anschauung erfahren, warum er als bester Skipper der Region gilt.

Nach drei, vier Kilometern beschloss Doris, den Kurs zu ändern. Er drehte in Windrichtung, weil er hoffte, dadurch den schwierigen

Bedingungen zu entkommen, dennoch setzten die Wellen der *Bynda Laut* weiter zu.

Auch jetzt, etwa 30 Kilometer weit draußen, schwappen in kurzen Abständen hohe Schaumkronen aus allen Richtungen über sie hinweg. Doris versucht es mal schneller, mal langsamer, mal seitlich, aber das Boot hüpft und schaukelt unverändert durch die Wogen. Das ist doch Wahnsinn, denkt Jeff. Er und Simon gestehen sich flüsternd, seekrank zu sein.

Den ganzen Nachmittag haben sie die *Naga Laut* nicht gesehen, die doch bei so einem Wetter bestenfalls läppische fünf oder sechs Knoten schafft. Die *Bynda Laut* liegt sehr tief im Wasser, und obwohl sich die drei Australier an das stabile Stahldach klammern, um bestmögliche Sicht von oben zu haben, befinden sie sich nicht mehr als zwei, drei Meter über dem Wasser – das entspricht mehr oder weniger der Höhe der Wellen. Durch die grauen Regenschleier und im grünen, schmierigen Wasser können sie nichts sehen. »Wir müssen ihn ja praktisch überfahren, um ihn hier zu finden«, brüllt Colin gegen den Wind an.

Doris sieht nicht ein, sich vom Wetter ausbremsen zu lassen. Mit geradezu obsessiver Entschlossenheit stützt er sich auf den Gashebel. Für die weite Schleife, die sie gefahren sind, haben sie fast den ganzen Nachmittag gebraucht, aber noch immer sehen die Männer nichts. Das ohnehin schlechte Licht wird noch trüber, und als der Tag sich gen Abend neigt, merken seine drei Begleiter, dass der Kapitän innerlich aufgewühlt ist.

Trotz wachsender Sorgen um ihre eigene Sicherheit sind sie im Stillen von Doris' Beharrlichkeit schwer beeindruckt. Er scheint ein Mann zu sein, der geradewegs auf eine Gefahr zusteuert, wo andere ihr schleunigst aus dem Weg gehen würden. Wie Doris selbstlos die Wellen durchkämmt, kommt ihnen schon fast heroisch vor – wie ein Kommandant, der selbst in die Bresche springt.

Dieser Eindruck unterscheidet sich fundamental von dem, den einige in den ersten zehn Tagen ihrer Charterreise von ihm gewonnen haben. Ihre Tour, die auf Doris' eigenem Boot, der *Rajah Elang* (»Seeadler«), begonnen hatte, war von einer Reihe von Pannen begleitet, was einige aus der Gruppe frustrierte, andere regelrecht wütend gemacht hatte.

Simon Carlin hatte Doris schon 1995 bei seiner ersten Surfreise in Indonesien kennengelernt, im »G-Land«, einem der ersten Surfspots in Ostjava. Alle anderen kannten ihn nur vom Hörensagen. Geschichten über Doris gehörten zur Surferfolklore, aber die Gruppe wusste auch, dass er in Indonesien einen sehr guten Ruf genoss. Ihre Erfahrung hatte den jedoch nicht immer bestätigt.

Wie die neun Südafrikaner hatten auch die neun Männer aus Perth beschlossen, den fünfzigsten Geburtstag eines der Freunde zu feiern, indem sie ihrer gemeinsamen Leidenschaft frönten: Surfen auf den Mentawais. Einige von ihnen kannten sich schon aus der Schule und hatten sich als Jungen in den Wellen von Rottnest Island bei Perth, in Trigg Point oder weiter südlich in Margaret River gegenseitig ihr Territorium streitig gemacht. Inzwischen erwachsen und gereift, kennen die meisten von ihnen die Kraft und Schönheit der Wellen Indonesiens. Für diesen Trip haben sie sich ein Ziel nördlich der Mentawai-Inseln ausgewählt: Die Telo-Inseln sind wellenreich und zum großen Teil noch unerschlossen. Und sie bieten einen zusätzlichen Reiz: einen hohen Risikofaktor.

Lyall Davieson, der selbsternannte Reiseleiter, hatte im Netz nach einem Boot gesucht, das beim Auftun guter Surfspots »flexibler« war, das »gefährlich« als Gegensatz zu den Routinezielen begriff. Und war auf Doris Eltherington und die *Rajah Elang* gestoßen.

Die Westaustralier sind eine bunt zusammengewürfelte Truppe. Lyall – der wegen seiner 60 Kilo Körpergewicht auch Cricket, »Grille«, genannt wird, arbeitet in der Abfallwirtschaft der Stadt Cockburn und ist fünf Jahre älter als die meisten anderen der Gruppe. Damals in Trigg Point war er ein Schulfreund von Simon Carlins älterem Bruder und als Jugendlicher eine Zeitlang mit dessen Schwester zusammen, doch die Freundschaft mit Simon hat die Jahre überdauert. Simon, der auch den Spitznamen Hank hat, ist Chiropraktiker und betreibt zwei Praxen, eine in Perth und eine in Margaret River. Seine Freunde halten ihn für einen »begnadeten Heiler«, er ist aber auch für seine Musikalität, sein fließendes Bahasa (das er in der Highschool lernte) und seinen schwarzen Humor bekannt.

Pete Inglis ist ebenfalls ein echter Seebär. Der erfahrene Skipper lebt 400 Kilometer südlich von Perth in Albany, der ältesten Hafenstadt Westaustraliens, und hat den Ruf, praktisch alles reparieren zu können. Mit dabei ist auch Colin Chenu, aufgewachsen in Perth' Stadtteil Main Beach, ein sehr zurückhaltender Typ, Lyriker und ziemlich intellektuell. Er ist Rechtsanwalt und hat sein Büro in einem der schicken Glastürme in der Innenstadt. Dave Carbon ist Bauunternehmer und »Ökofreak«, abgesehen davon ein talentierter Musiker und ehrenamtlich bei der Seenotrettung tätig. Letzteres gilt auch für den extravaganten, extrovertierten und sehr gesprächigen Jeff Vidler. Justin Vivian (»Jug«), geboren in Cottesloe, einem westlichen Vorort von Perth, ist Urologe und berühmt für seinen Sprachwitz. Der Immobiliensachverständige Gary Catlin kann, wie seine Freunde es ausdrücken, »Idioten nicht ertragen«, und Mark Swan oder »Swanny« ist erfolgreicher Börsenmakler und hat sich für ein Leben auf dem Land entschieden.

Die Männer hatten den Urlaub kaum mehr erwarten können. Dabei hatte Lyall zuerst einige Mühe, ihn überhaupt auf die Beine zu stellen. Einige waren nach der globalen Finanzkrise wirtschaftlich unter Druck geraten, andere hatten berufliche Probleme, und bei manchen kriselte es in der Partnerschaft. Aber letztendlich waren dann alle glücklich über die zwölftägige Auszeit mit der Aussicht auf großartige Wellen.

Lyall war fest entschlossen, dem Geburtstagskind Simon einen schönen Urlaub zu bescheren. Die Reisegruppe bestand aus ganz unterschiedlichen Charakteren, und er verstand sich sozusagen als der Klebstoff zwischen ihnen. Als praktizierender Yogi hoffte er, dass seine Meditationen an Deck dazu beitragen würden, positive Energie freizusetzen.

Leider ging das mit der Energie von Anfang an in eine ganz falsche Richtung.

In seiner Hektik, rechtzeitig zum Flughafen zu kommen, hatte Simon beim Zurückstoßen eine Tannenzapfenechse überfahren, ein sehr träges Reptil, das nur in Westaustralien vorkommt und dort ausgesprochen beliebt ist. Das hatte er als böses Omen gedeutet.

Die Männer waren um Mitternacht auf Bali gelandet und hatten dort mit ihren 33 Surfbords Übergepäck fünf Stunden Aufenthalt, bevor sie weiter nach Jakarta und dann Padang fliegen konnten. Als sie um Mittag landeten, zog gerade ein Sturm auf.

Doris hatte seine Gäste mit der unvermeidlichen Zigarette zwischen den Lippen und einer Tüte voller Bierflaschen am Flughafen in Empfang genommen. Mit den Bintangs in der Hand hatten sie kurz in der Stadt gehalten, um Vorräte einzukaufen, bevor Doris sie zum Hafen brachte, wo ihre Taschen und Surfboards auf Einbäumen vom Anlegesteg zur *Rajah Elang* befördert wurden. Trotz des miserablen Wetters hatte Doris beschlossen, um 20 Uhr zur Überfahrt durch die Meerenge Selat Mentawai zu starten, damit seine Gäste am nächsten Morgen durch die Bullaugen gleich als Erstes perfekte Wellen zu sehen bekämen. Ihre 250 Dollar pro Tag sollten sich schließlich rentieren.

Für Doris war es die erste Chartertour der Saison. Vorher war er vier Monate in der ölreichen Malakka-Straße unterwegs gewesen, bei Meeresbodensondierungen für ein Öl- und Gasprojekt eines australischen Förderunternehmens. Dabei begleitete die *Rajah Elang*, die er im Jahr zuvor gekauft hatte, ein Spezialschiff, das, ausgerüstet mit einem acht Kilometer langen Kabel mit Treibboje, seismische Messungen durchführte. 130 Tage am Stück war Doris auf dem Meer damit beschäftigt gewesen, Fischerboote und Piraten fernzuhalten. Was bedeutete, dass ihm für wichtige Instandhaltungsarbeiten am Boot wenig Zeit blieb.

Die Australier bezogen ihre Kajüten, stellten die Klimaanlage an und bekamen einen Imbiss. Als der Anker gelichtet wurde, kippten sie zur Feier ihres Urlaubs ein paar Tequilas.

Sie waren erst wenige Minuten unterwegs, als Doris darauf bestand, dass seine Gäste sich am Heck versammelten. Diese hatten bereits bemerkt, dass der Kapitän ziemlich launisch sein konnte, und gingen widerstrebend nach hinten, wo er bereits auf sie wartete.

»Ist mir ziemlich egal, ob ihr das hören wollt, aber hier auf dem Boot gibt es ein paar Regeln.« Doris sparte sich eine Einleitung, als wolle er gleich mal klarstellen, wer das Sagen hatte. Er wusste, dass seine Kunden erfahrene Seeleute waren, aber ihn nervte ihr gelangweilter Blick – genau wie Flugpassagiere, die bei den Sicherheitshinweisen schon gar nicht mehr hinhören.

»Die Schwimmwesten sind da drin, und die Feuerlöscher hängen dort an der Wand.« Er deutete mit dem Finger in die beiden Richtungen. Die anderen Regeln hängen im Klosett. Lest sie gefälligst!«

Über die letzte von Doris' Vorschriften amüsierten sie sich später, als sie von der Seite aus ins Meer pinkelten. Sie lautete:

Seien Sie an Deck vorsichtig! Wenn Sie über Bord gehen, verpassen Sie ein großartiges Surferlebnis. Und die Wahrscheinlichkeit ist groß, dass wir Sie nicht wiederfinden.

Dennoch war der Gedanke, über Boot zu gehen, ziemlich ernüchternd.

Das erste Problem trat um vier Uhr morgens auf, als der Haupttank aufriss – die Folge von Korrosion, die nicht bemerkt worden war und auf den Rumpf übergegriffen hatte. Hunderte Liter Diesel ergossen sich ins Innere des Boots.

Später am Tag, als Doris und Pete Inglis sich bemühten, den Schaden zu beheben, stellten sie fest, dass die Probleme mit der Elektrik nicht auf den Motor begrenzt waren. Unter der Belastung gab die Klimaanlage kurz darauf den Geist auf. Außerdem steckte der Anker fest, und weil nur ein Motor funktionierte, konnten sie auch die motorisierte Winde nicht benutzen, um ihn wieder frei zu bekommen. Die *Rajah Elang* saß definitiv fest.

Als am nächsten Tag auch noch die Entsalzungsanlage streikte, musste Doris kapitulieren. Er bot an, seine Gäste zum »Wavepark«, einem Surfcamp an Land, zu bringen, um zur Reparatur des Bootes nach Padang zurückzukehren und danach die Chartertour fortzusetzen.

Während sich seine Kunden zwei Tage lang unter die internationale Gästeschar des »Waveparks« mischten, um den Lefthander am Ende des Strandes zu surfen und unter strohgedeckten Pagoden Rinder-Rendang zu essen und Bier zu trinken, tuckerte Doris mit seiner Crew mühsam zurück nach Padang. Doris ließ alle, die er kannte, einen

Blick auf sein Boot werfen, aber es war letztlich sein Stamm-Mechaniker Herman, der die unschöne Wahrheit aussprach: »Die braucht eine Generalüberholung, Doris. Das geht nicht an einem Tag, das dauert eher Wochen.«

Verdrossen und verzweifelt rief Doris John McGroder an. John war seit fünfundzwanzig Jahren ein Surffreund und Kollege, der mit Doris für dessen engen Freund Martin Daly gearbeitet hatte. Acht Jahre lang hatte Daly, einer der frühen Pioniere, die Indonesien für den Surfsport erschlossen, Doris und McGroder als Kapitäne auf seiner *Indies Trader* genannten Bootsflotte beschäftigt. Diese Stahlyachten gehörten zu den ersten Charterbooten, die rund um die Mentawais, die Marshallinseln und das Bikini-Atoll unterwegs waren.

»Johnnie, ich bin am Arsch!«, eröffnete Doris ihm. »Ich stecke wirklich in der Scheiße.«

Zusammen mit seiner Frau Belinda führte John auf seinem Boot Chartertouren durch. Es hieß *Barrenjoey* (»kleines Känguru«), nach einer Halbinsel in Sydneys Vorort Palm Beach. Der Zweimaster mit Stahlrumpf war jahrelang als Versorgungsschiff für Lord Howe Island vor der Ostküste Australiens eingesetzt worden. Das Paar hatte die Yacht 2002 in New Port gekauft und dort seetüchtig gemacht, bevor sie mit ihr nach Bali segelten, um den Umbau dort abzuschließen. Auch sie hatten sich für ein Leben »zwischen Land und Meer« entschieden und ihre kleinen Kinder mit auf die lange Fahrt zu den Mentawai-Inseln genommen.

John kannte Doris gut. Er würde ihm sein Boot genauso anvertrauen wie sein Leben. »Keine Sorge, Kumpel«, sagte er nun. »Unsere Tour wurde gerade gecancelt. Du kannst in zwanzig Minuten los. Die Crew ist bereit, und es sind Nahrungsmittel an Bord. Bring mir deine Lizenz. Wir können das Ausklarieren gleich erledigen, und in einer Stunde bist du weg.« Dann schob er noch nach: »Mach dir wegen der Kosten keine Sorgen, das regeln wir später.«

Ein typisches Beispiel für die Hilfsbereitschaft innerhalb der Mentawai-Community – eine ganz eigene Welt mit ungeschriebenen Gesetzen. Die Charterkapitäne waren auf gegenseitige Unterstützung angewiesen, das war ihre stille Übereinkunft.

Also segelte Doris mit Johns Crew auf der *Barrenjoey* zurück zum »Wavepark«.

»Es war richtig, uns an Land abzusetzen, das beweist seine Integrität«, sagte Colin zu Jeff. Er hielt Doris letztlich für einen sehr anständigen Kerl.

Doch inzwischen waren die Wellen auf den Telo-Inseln nicht mehr so gut, und auch aufgrund des garstigen Wetters einigten sie sich darauf, nach Süden zu fahren.

»Die Brandung ist zwar weniger stark, aber es ist wirklich gut dort unten.« Damit zog Doris einen Schlussstrich unter das unerfreuliche Zwischenspiel. »Ihr könnt rund um Sipura surfen, solange wir in ›Dreamlands‹ ankern. Wir müssen zum Hafenmeister in Tua Pejat.«

Es ist schon nach Sonnenuntergang, als die *Bynda Laut* schließlich eine Felsnase erreicht, die bei den Einheimischen »Rockop« heißt.

»Wir sehen hier draußen jetzt definitiv gar nichts mehr, Skipper«, ruft Simon Doris zu. Der Kapitän, immer noch im Befehlsmodus, nickt bedächtig. Es war ein verdammt langer Tag, und er weiß, dass sie in der hereinbrechenden Dunkelheit mindestens eine Stunde brauchen werden, um zurück zur *Barrenjoey* zu gelangen.

Das Wetter ist höchst eigenartig und launisch, weswegen Doris im Stillen betet, es mögen endlich die üblichen Winde aus Süden einsetzen, die für eine gewisse Beruhigung sorgen würden. Seit fünf Jahren hat er derartige Strömungsverhältnisse nicht mehr erlebt. Vielleicht wird der Typ da entlanggetrieben, überlegt er. Doch der Wind bleibt unerbittlich, und Doris wird klar, dass er die *Bynda Laut* über ein vernünftiges Maß hinaus beansprucht. Also ist er gezwungen, das Boot zu drehen und näher an die Küste zu fahren, um dem Unwetter zu entkommen.

Als sie sich der geschützten Bucht nähern, ist es schon fast dunkel. Um 19.15 Uhr übertönt plötzlich Jeff mit seinem Rufen das Brummen des Motors: »Schaut mal! Schaut, dort drüben!«

Der dunkle Umriss eines kleinen Leichtflugzeugs hebt von der Insel links von ihnen ab.

»Sie starten die Suche aus der Luft!«, schreit Simon. Er fühlt ganz unmittelbar die Erleichterung, dass ihnen damit jemand einen Teil der schweren Verantwortung abnimmt.

»Krass!« Doris blinzelt. Bei schwachem Licht sieht er nicht mehr so gut. Er beobachtet, wie die Silhouette des Regionalflugzeugs in Tua Pejat abhebt. Die Japaner haben die Start- und Landebahn im Krieg angelegt, sie gleicht eher einem Eselspfad. Er sieht das einzige rote Licht in der Dunkelheit blinken. »Sie sind dran!«

Er kennt dieses kleine, alte Passagierflugzeug, das normalerweise Touristen zwischen dem Festland und den Inseln hin und her fliegt – vorausgesetzt, es funktioniert, was selten der Fall ist. Es hat keinen festen Flugplan.

Er behält das Flugzeug im Blick, davon ausgehend, dass es gleich anfangen wird, über dem Suchgebiet zu kreisen. Stattdessen behält es die Richtung bei, gewinnt an Höhe und fliegt in der Dunkelheit geradewegs nach Padang.

»Fuck!«, schreit Doris. »Fuck!«

Mit der linken Hand tastet er sein Hemd nach der Zigarettenpackung ab, während er mit der rechten die *Bynda Laut* auf die Lichter der *Barrenjoey* zusteuert.

Wenigstens der Regen hat inzwischen aufgehört.

18.30–19.30 Uhr
Die siebzehnte Stunde im Wasser

Die Portugiesischen Galeeren haben mir sozusagen einen Aktivitätsschock versetzt.

»Los, Emily, Hilary, wir müssen weiterschwimmen!« Ich versammele meine Vorstandsmitglieder hinter mir.

Trotz des immer noch starken Seegangs wird das Meer allmählich etwas ruhiger. Da die Wellen nicht mehr brechen, lassen sich meine großen, weiten Schwimmzüge leichter durchhalten, und ich verschwende nicht mehr so viel Energie wie bei meinem exzessiven Kraulen zuvor.

Die Krämpfe haben aufgehört, und ich habe herausgefunden, wie ich kürzere Zeit auf dem Rücken verbringen kann, ohne unterzugehen.

Der Anblick der Tonne war ein imaginäres Versprechen auf Land, doch jetzt kann ich nichts mehr erkennen als die blasse Linie, an der Himmel und Meer zusammentreffen. Denk positiv, ermahne ich mich, vielleicht geht bei diesem ruhigeren Wetter doch noch ein Fischerboot auf eine nächtliche Fangtour.

Sie werden dich finden.

Auch wenn ich schon länger keinen Test mit dem Papier mehr gemacht habe, kann ich den Sog der Strömung spüren. Land. Die Strömung wird mich hinbringen. Ich war jetzt schon so lange im Wasser, dass es nicht mehr weit weg sein kann.

Ich höre auf zu schwimmen, und während ich Wasser trete, ziehe ich wieder meinen Kreditkartenbeleg hervor. Es ist nur noch ein winziges Eckchen davon übrig. Ich weiß, dass ich sparsam damit umgehen muss.

Ich reiße ein Fitzelchen ab und lasse es treiben. Weil die See nun ruhiger ist, kann ich es längere Zeit verfolgen. Ein paar Minuten tanzt es auf dem Wasser, geht dann langsam unter und schwebt unter der Oberfläche, bevor es immer tiefer sinkt und schließlich verschwindet.

Ich habe den Eindruck, schnell unterwegs zu sein. Doch warum habe ich nach all der Zeit immer noch kein Land gesehen? Die Überfahrt ist 100 Seemeilen, 220 Kilometer lang. Ich habe gehofft, die Strömung würde mich in einer Schleife zurück zum Festland tragen, hätte aber nie vermutet, dass ich in die andere Richtung zu den Inseln getrieben würde.

Da willst du eigentlich nicht hin, fällt mir plötzlich ein. Die indonesischen Küstengewässer sind durchzogen von Korallenriffen, die scharf sind wie Skalpelle – mit ihnen in Berührung zu kommen ist der Albtraum jedes Surfers, man wird dabei regelrecht geschreddert. Am vorletzten Tag unseres letzten Urlaubs wurde JM gegen ein Riff geschleudert und zog sich dabei einen so tiefen Schnitt an der Hüfte zu, dass er genäht werden musste. Er konnte danach kaum laufen.

Meine Gedanken rasen. Ich stelle mir vor, wie ich mich ohne Surfboard an Korallen aufreiße und mich dann verletzt und blutend an einen verlassenen Strand rette. Die Küste ist großteils unbewohnt und die Wahrscheinlichkeit, in Strandnähe eine bewohnte Hütte zu finden, äußerst gering.

Du müsstest dich in den Dschungel schleppen und hoffen, dort auf eine Siedlung zu stoßen. Du bist dehydriert. Wenn du dort Wasser findest, könnte es verunreinigt sein. Dann bekommst du Durchfall und stirbst an Land ...

Ich denke unlogisch, emotional, eine Reaktion auf meine verzweifelte Lage.

Wenn du an Land auf Menschen triffst, sprichst du ihre Sprache nicht. Und selbst wenn sie ein Handy haben – du weißt die indonesische Notrufnummer nicht. Man wird damit nicht ins Ausland telefonieren können. Wie willst du damit raustelefonieren und Hilfe anfordern?

Ich werde nicht ans Ufer schwimmen, beschließe ich. Wenn ich Land sehe, warte ich im flacheren Wasser auf Fischerboote. Die werden mich retten.

Aber wenn es dunkel ist, kann ich darauf sowieso nicht hoffen. Sicher ist auch, dass ich die Nacht nicht durchstehe. Es muss vor Einbruch der Nacht ein Boot vorbeikommen. Solange darf ich einfach nicht untergehen.

Ich fange wieder an zu singen – es ist eine Verdrängungstechnik, die mir durch den gesamten Tag geholfen hat. Ich weiß nicht, wie lange ich singe, aber es fühlt sich wie eine Ewigkeit an.

»Zehn grüne Flaschen hängen an der Wand …«

Ein blasser grauer Fleck ist in einer Lücke der Wolkendecke zu sehen, ungefähr da, wo jetzt die Sonne stehen müsste. Bald wird sie untergehen. Das ist gegen 19.45 Uhr, das weiß ich von früheren Reisen um diese Jahreszeit.

Mir bleibt noch etwa eine Stunde.

Ich lege mich auf den Rücken, um meine Beine zu entlasten. Ich lasse sie treiben, während ich meine Hände als Flossen einsetze. Nach dem kurzfristigen Hoch macht sich nun wieder die Erschöpfung bemerkbar. Wieder überfällt mich Lethargie.

Wo ich jetzt wohl sein mag? Wie tief das Meer hier ist? Das Wasser um mich herum ist von einem strahlenden, schillernden Blau. Ich lasse mich sinken, bis mein Kopf unter Wasser ist.

Warum brennen meine Augen nicht, frage ich mich, als ich mich umsehe. Stundenlang hat das Salzwasser meine Augen gequält, doch nun kann ich sie seltsamerweise unter Wasser öffnen, als wäre das hier ein Swimmingpool.

Unter der platingrauen Oberfläche existiert eine andere Welt. Aus der Tiefe kommt tiefes Saphirblau, es zeugt von den Geheimnissen des Meeresgrunds. Langsam drifte ich umher: nirgends hellere oder dunklere Flecken, überall nur diese außergewöhnliche Farbe. Es ist magisch.

Ich tauche auf, um Luft zu holen, aber meine Schwimmzüge fallen mir immer schwerer. Alle paar Sekunden drehe ich mich auf den Rücken, aber ebenso schnell muss ich mich wieder auf den Bauch drehen. Mein Kopf sinkt immer wieder unter Wasser, es gelingt mir kaum mehr, Nase und Mund an der Oberfläche zu halten.

Nimm den Kopf hoch. Lass dich nicht sinken. Von dort unten gibt es kein Zurück.

Das sage ich laut – zumindest glaube ich das.

Doch mich überkommt ein Gefühl der Niederlage, und aufgeben erscheint mir plötzlich so viel leichter. Ich bin sehr ruhig. Ich werde nie mehr Boden unter meinen Füßen spüren. Ich werde nie wieder auf festem Grund stehen.

Vielleicht kommt der Tod ganz behutsam. Ich werde einfach untergehen und es nicht mehr schaffen, nach oben zu schwimmen. Ich denke an die Finsternis unter mir.

Zara. Jamie. Anita. Ich sehe ihre Gesichter vor mir und fange wieder an, mit meiner Frau zu sprechen.

»Ich habe dich im Stich gelassen, Neets. Ich werde es doch nicht schaffen. Ich werde nicht mehr für dich da sein können. Du wirst sehr stark sein müssen.«

Wasser schwappt mir in die Augen, steigt mir in die Nase, umschließt mein Kinn. Erschöpft und entmutigt fürchte ich, jeden Augenblick einzuschlafen. Jeder kleine Atemzug, so wird mir klar, könnte mein letzter sein.

Doch plötzlich verspüre ich federleichte Berührungen am Rücken, an den Armen, an den Beinen. Sanft und zart, richtig angenehm. Ich werde gekrault. Anita krault mir immer den Rücken, den Kopf, die Fußsohlen. »Das ist wunderbar, Liebling«, höre ich mich sagen. Doch dann spüre ich es auch am Bauch. Da mag ich es gar nicht.

Ich öffne die Augen und muss blinzeln, als wäre ich aus einem merkwürdigen Halbschlaf erwacht. Ich sehe nach unten: An mir knabbern Hunderte silbriger Fischchen, jeder nur wenige Zentimeter lang.

Eigenartig, denke ich und fühle mich irgendwie abwesend. Sofort fällt mir eine lang zurückliegende Geschäftsreise nach Japan ein, wo Leute ein Vermögen für so eine komische »Doktorfisch-Pediküre«

ausgaben. Man steckte die Füße in ein Becken voller fleischfressender Fische, die die Hornhaut wegknabberten.

Plötzlich kommt ein stechender Schmerz aus meiner Kniekehle, kurze heftige Stiche, die sich schnell hinauf zu meiner Hüfte und hinunter zu meinen Knöcheln ausbreiten. Ich werfe einen Blick über Schulter und Rücken und sehe, wie eine ganze Horde dieser Mini-Sardinen über meine Beinrückseite herfällt.

Um Himmels willen, die fressen mich auf!

Meine Shorts haben meine Beine hinten aufgescheuert, und zwei wunde Stellen in den Kniekehlen dienen den Fischen nun als Büfett. Ich stoße einen gellenden Schrei aus und trete wie wild um mich, um die Biester zu verjagen. Sie schießen davon, doch kaum höre ich auf zu strampeln, kommen sie zurück.

Vielleicht sollte ich einen fangen und essen? Als Sushi, gelingt mir sogar noch ein Scherz. Ich schlage mit dem rechten Bein aus und versuche, das Chaos im Schwarm zu nutzen, um mir einen zu schnappen. Ich habe vor, ihn einfach im Ganzen zu verschlingen.

Das erinnert mich an eine meiner ersten Begegnungen mit Anita. Sie war damals mit einem Mann zusammen, der ebenfalls Brett hieß, und ich mit dessen Zwillingsschwester. Wir gingen zu viert zu einem festlichen Empfang, bei dem in der Mitte der Tische Gläser mit lebenden Goldfischen platziert waren. Weil es mir Spaß macht, Leute zu schockieren, setzte ich mir in den Kopf, eine Szene aus dem Film »Ein Fisch namens Wanda« nachzuspielen.

Nach dem Essen kamen Anita und ihr Freund zu uns an den Tisch, und ich fragte sie, ob sie den Film kennen würden. Ich wollte Kevin Kline imitieren, wie er Michael Palins Fisch aufisst. Eigentlich hatte ich vor, ihn wieder auszuspucken und zurück in das Glas zu setzen. Ich ließ mir den Fisch in den Mund fallen, doch kaum hatte er meine Kehle berührt, rutschte er sofort tiefer hinunter. Ich hatte nur zwei Möglichkeiten: ihn zu schlucken oder schwungvoll quer über den Tisch zu spucken. Ich schluckte.

Meine Freundin war entsetzt, sprang auf und lief davon. Anita riss die Augen auf. Und eine Tierschutzaktivistin am Nebentisch rastete komplett aus.

Ich wandte mich an einen Freund, der Tierarzt war und an einem Tisch in der Nähe saß. Er sagte, meine Verdauungssäfte hätten den Fisch vermutlich schon zersetzt, bevor der überhaupt wusste, wie ihm geschah.

»Kriege ich davon eine Vergiftung?«, fragte ich.

»Dir wird nachher vermutlich wahnsinnig schlecht«, antwortete er lachend.

Ich erinnere mich noch wörtlich an unser Gespräch. Und mir wurde damals tatsächlich derart übel, dass ich jetzt nicht mehr sicher bin, ob ich wirklich so ein Ding fangen will.

Ein Geräusch reißt mich aus meinen Gedanken. Ein fernes, tiefes Brummen. Kurz kommt es mir gedämpfter, dann wieder lauter vor. Als es aufhört, frage ich mich, ob ich es mir nur eingebildet habe. Doch dann höre ich es wieder. Unverkennbar. Das langsame Knattern eines Flugzeugmotors. In der hereinbrechenden Dunkelheit suche ich den Himmel ab. Ich reibe meine geröteten, geschwollenen Augen und reiße sie weit auf, um trotz der Schmerzen etwas zu sehen.

Vom Geräusch her muss es ein Leichtflugzeug sein, aber ich kann am Himmel nichts erkennen. Ich drehe mich im Kreis und lasse meinen Blick schweifen. Dann sehe ich in der Schwärze ein rotes Licht. Es blinkt. Und es kommt auf mich zu. Es muss dort drüben gestartet sein, denke ich. Es kommt vom Land. Ich drehe mich auf den Rücken, um dem Licht zu folgen, das pulsiert wie ein Herzschlag.

Ein Rettungsflugzeug? Sie kommen zu mir! Sie kommen, um mich hier rauszuholen!

Mein Magen krampft sich zusammen, und zugleich wird mir etwas klar. Im Grunde weiß ich natürlich, dass sie mich niemals sehen können – nicht aus dieser Höhe. Nicht zu dieser Stunde. Ich stelle mir vor, wie dort oben jemand in dieser geflügelten Nähmaschine sitzt und aus dem Fenster schaut. Ich hebe meinen Arm und winke, als der unscharfe Umriss über mir vorbeischwirrt.

»Hallo!« Ich höre meine erstickte Stimme. Ich weiß, dass es sinnlos ist. »Bitte! Nein!«

Meine Worte scheinen kurz in der Luft zu schweben.

Das rote Licht steigt immer höher und verschwindet Richtung

Osten. Ich sehe ihm dabei zu, während das Motorengeräusch immer höher wird, wie das Summen einer Mücke. Dann ist es weg.

Traurigkeit steigt in mir auf, dann fegt ein Tsunami der Trostlosigkeit durch mein Inneres.

Und wieder bin ich allein.

Fiskaal Road, Camps Bay
11.23 Uhr

»Willst du, dass das an die Medien rausgeht, Anita?« Kirsten Horn stellt die Frage nur zögernd. Der ganze Raum zuckt verunsichert zusammen. Alle haben sich um den Wohnzimmertisch versammelt wie bei einer Konferenz und fürchten eine weitere bedrückende Entscheidung. Die Zeit vergeht quälend langsam. Es gibt nichts mehr zu tun. Nach Brett wird gesucht, davon gehen alle aus; die *Naga Laut* fährt ihre Route noch einmal ab; mehrere Boote sind schon unterwegs, um das Gebiet systematisch zu durchkämmen; Flugzeuge suchen aus der Luft. Alle Fakten sind recherchiert, durchdiskutiert, auseinandergenommen, eingeordnet. Auf die Phase der Aktivität folgt nun die schwierigste aller Aufgaben: Warten.

Nur Anitas Vater Loni trägt eine gewisse Distanz zur Schau, er scheint entschlossen, nichts durch seinen Abwehrpanzer dringen zu lassen.

Kirsten, die in ihrer Jugend im Lokalfernsehen auftrat, hat immer noch Kontakte, die sie nützen möchte, um publik zu machen, dass Brett vermisst wird. Vor einer halben Stunde hat Steve Griessels Schwägerin Shelly Griessel angerufen, die in den USA lebt. Die Nachricht hat über Facebook auch sie erreicht, und sie wollte wissen, ob sie eine spezielle Facebook-Seite anlegen dürfe, auf der man die Posts von JM und die Updates von Chantal aus Hermanus zusammenführen könnte.

»Damit hätten Leute aus der ganzen Welt, die Brett kennen oder auch nicht, die Möglichkeit, mitzuverfolgen, was passiert«, meinte sie.

Sie nannte die Seite dann »Auf der Suche nach Brett Archibald«.

»Was soll ich tun?«, fragt Anita, die versucht, gefasst zu wirken, aber bleich ist und dunkle Ringe unter den Augen hat.

»Wir sollten alles tun, was möglich ist«, erklärt Louise geduldig. »Was, wenn Brett irgendwie verletzt ist? Je schneller wir die Nachricht verbreiten, umso größer ist die Wahrscheinlichkeit, dass er gefunden wird.«

»Wir sollten die Welt wissen lassen, dass Brett auf den Mentawai-Inseln vermisst wird.« Helene steht auf, als wolle sie damit ihre Lethargie abschütteln, was die Stimmung allgemein ein wenig hebt. »Die Leute dort auf den Inseln, die ganzen Boote, die dort unterwegs sind – sie müssen doch wissen, was passiert ist, wie Brett aussieht. Es sollte auf allen Titelseiten landen. Und mit den modernen Kommunikationsmitteln ...«

»Eine Freundin, die schon in Indonesien war, hat mir von einem kleinen Internetportal in Padang erzählt«, sagt Lulu, »ich frage bei denen mal an, ob sie es in die Lokalnachrichten aufnehmen können. Die Sprachbarriere ist ein Problem, aber ...« Ihre Stimme verstummt, während sie in ihrem Handy nach den Details in der SMS scrollt.

»Es rufen so viele Leute an, die wissen wollen, was los ist«, sagt Karmen, die auch erschöpft wirkt. »Es wäre besser, wenn wir sie auf Facebook oder irgendwelche Onlinemedien verweisen könnten.«

»Über eine E-Mail von uns ist versehentlich die Nummer des Satellitentelefons rausgegangen«, ergänzt Lulu. »Mark hat mir eine SMS geschrieben. Er beschwert sich, weil die Leute bei ihnen anrufen. Wir müssen allen sagen, dass sie das lassen sollen. Die Leitung muss frei bleiben ...«

»Okay, ich kenne jemanden bei ›News24‹, die rufe ich an.« Kirsten ist dankbar, etwas tun zu können.

Paula legt ihrer Tochter den Arm um die Schulter. Aus Anitas Blick spricht ihre abgrundtiefe Verzweiflung. »Vielleicht solltest du hochgehen und dich umziehen.« Paulas Stimme ist so sanft, als wäre Anita wieder ein kleines Mädchen.

»Ich muss gehen.« Lulu greift nach ihrer Handtasche. »Meine Söhne liegen krank zu Hause. Ich muss nach ihnen sehen, und heute Mittag habe ich einen Besichtigungstermin.« Sie ist Dekorateurin und hat die meisten ihrer Termine heute abgesagt, aber diesen konnte sie nicht verschieben. »Ich komme später wieder vorbei.«

»Ich muss auch weg«, sagt Katya, wischt sich die vom Weinen geröteten Augen und putzt sich die Nase. Sie wendet sich an die Frauen, die an der Küchentür zusammenstehen. »Ich habe Anita gesagt, dass ich die Kinder von der Schule abhole. Jamie und Zara können mit zu uns kommen und bei Alex und Katarina übernachten. Ich denke, es ist besser, wenn sie nicht hier sind, und abgesehen davon werden sie es toll finden – vor allem weil es unter der Woche ist.«

Mühsam gelingt ihr ein Lächeln. Sie verarbeitet die intensiven Emotionen des Tages durch die Beschäftigung mit praktischen Fragen.

»Wir geben dir Bescheid, wenn wir was hören«, sagt Helene, die wie am Fließband Kaffee kocht. »Ich komme später und bringe Schlafanzüge und frische Sachen für sie vorbei.«

Lulu hebt die Schultern und zieht sich ihren Mantel über den Kopf, während Katya einen kleinen grünen Regenschirm öffnet. Hintereinander huschen sie hinaus in den starken, nassen Wind. Es gießt wieder in Strömen.

»O Gott, was ist denn da oben los?« Gaby deutet zur Zimmerdecke. »Die bricht ja gleich ein.«

In der hinteren Ecke des Arbeitszimmers breitet sich ein bedrohlicher dunkler Fleck aus wie ein geheimnisvoller Kontinent. Ein Stück Decke hat unter dem Gewicht des Wassers schon nachgegeben. Den ganzen Morgen hat niemand es wahrgenommen, aber jetzt hört jeder das beständige Tropfen.

»Mist!« Louise und Kirsten raffen hastig die Unterlagen zusammen, die auf dem Tisch unter dem immer größer werdenden nassen Fleck liegen.

»Ich geh mal auf den Dachboden und kümmere mich darum.« Als Luke aufsteht, quietscht sein Stuhl auf den Fliesen. »Wo finde ich einen Eimer?«

Lettie winkt ihn in die Küche.

»Wir können ja nicht zulassen, dass alles zusammenbricht«, sagt er leise.

Helene bleibt am Fuß der Treppe stehen, um zu lauschen. Sie sieht hoch ins Treppenhaus, das ihr wie das dunkle Gewölbe einer Kathedrale vorkommt. Das Schluchzen ihrer Schwester hat nachgelassen. Sie muss an ihre Kindheit denken, als ihre Zimmer nebeneinanderlagen. Anitas Weinen, der Rhythmus in ihrer Klage über Liebe und Leid, ist gleich geblieben. Wenn sie als Kind traurig war, gab sie erst ein langes, lautes Schnauben von sich, dann ein Wimmern. Darauf folgte eine lange Stille.

Trotz dieser Stille weiß Helene, dass Anita immer noch weint.

Die beiden sind sich immer extrem nahe gewesen, auch wenn sie lange Zeit an ganz unterschiedlichen Orten der Welt ganz unterschiedliche Leben geführt haben, zuletzt auf zwei unterschiedlichen Seiten des Tafelbergs. Die Bewohner von Kapstadt machen gern Scherze darüber, wie dieses Naturwunder auch zur unüberwindlichen Barriere werden kann. Es trennt Menschen, die zu borniert, zu bequem, zu faul geworden sind, um die Fahrt um den Berg herum auf sich zu nehmen. Für manche ist »die andere Seite« praktisch ein fremdes Land.

Das könnte zum Teil erklären, warum in letzter Zeit eine gewisse Distanz zwischen Helene und Anita entstanden ist. Doch noch immer tauschen sich die Schwestern zumindest telefonisch über ihr Gefühlsleben aus, und das täglich.

Was, schießt Helene durch den Kopf, wenn das Schlimmste sich bewahrheitet? Wie wird meine Schwester klarkommen, wenn Brett tot ist, überlegt sie. Anita ist in so vielem von Brett abhängig. Was die praktischen Dinge des Lebens betrifft, hat sie nicht die geringste Ahnung. Er kümmert sich um die Bankangelegenheiten, die Raten für das Haus, die Autos, Schulgebühren, Versicherungen. Sie käme selbst mit den banalsten Dingen nicht zurecht.

Schnell denkt sie weiter. Würde Anita nach Johannesburg zu ihren Eltern ziehen? Oder würden umgekehrt Paula und Loni nach Kapstadt kommen? Welche Auswirkungen hätte das? Was würde sich verändern – für sie alle –, wenn sie für ihre Schwester ein Netzwerk der Unterstützung aufbauen müssten?

Nein, nein, kehrt sie zu ihrem angeborenen Optimismus zurück: Dieses Drama bekommt ein Happy End, es muss so sein … Sie fängt an zu beten.

Dann merkt sie, dass jemand neben ihr steht. »Ich glaube, sie möchte jetzt ein bisschen allein sein, Zendi«, sagt sie ihrer Tante. Zenda, normalerweise tipptopp zurechtgemacht, ist gerade im Trainingsanzug aus Stellenbosch eingetroffen. »Geh jetzt erst mal nicht hoch.«

Oben steht Anita wieder auf ihrem Schlafzimmerbalkon. Der Wind pfeift ihr um die Ohren und weht ihr das Haar ins Gesicht. Sie blickt hinaus auf die Bucht, wo das Wasser brodelt und schäumt. Am Horizont vereinen sich Meer und Himmel in einem feuchten Nebel, als hätten sie dahinter etwas zu verbergen.

Ich kann dort draußen überhaupt nichts sehen, denkt sie, während sie auf die wild tanzenden weißen Schaumkronen starrt. Ich könnte kein Boot ausmachen, schon gar nicht den Kopf eines Menschen.

Den finsteren Zweifeln, die sie jetzt bestürmen, hat sie nichts entgegenzusetzen. Sosehr sie sich auch bemüht, diese Gefühle zu unterdrücken, jetzt brechen sie über sie herein.

Bitte, lieber Gott, bitte, bitte, fleht sie, und verspürt einen leichten Taumel. Sie betrachtet das Meer. Es kommt ihr seltsam, fremd, unkontrollierbar vor, aber auch irgendwie faszinierend.

Unvermittelt tritt sie zurück und schließt mit Nachdruck die Schiebetür. Sie muss diese aufsässigen Gedanken in den Griff bekommen. Noch immer im Schlafanzug, beschließt sie, wieder hinunterzugehen. Sie will nicht allein sein. Sie will diesem angsterfüllten Gesicht entkommen, das ihr aus der Fensterscheibe entgegenblickt.

Auf der Treppe kommt ihr Wayne Grieveson entgegen und schließt sie wortlos in die Arme. Als die verzweifelten Nachrichten seiner Frau ihn am Vormittag endlich erreichten, hat er sämtliche Geschäftstermine für heute und morgen abgesagt.

Anita ist sehr dankbar, dass Wayne gekommen ist. Er ist ein zurückhaltender Mensch, denkt klar, ist korrekt, methodisch, organisiert. Viele Jahre lang war Brett sein Mentor im Job, eine Art älterer Bruder, und aus der beruflichen Verbindung ist eine enge Freundschaft erwachsen.

Wayne kehrt zu dem Sessel zurück, den er im Wohnzimmer belegt hat, und klappt seinen Laptop auf. Er hat sich der erschöpften Lethargie des Esszimmers entzogen und strahlt das eiserne Selbstvertrauen des Einzelgängers aus.

Paula und Zenda umarmen Anita, die nun traurig vor ihrem improvisierten Altar steht.

»Nana hatte so einen seltsamen Aberglauben.« Zenda zieht ein Taschentuch aus ihrer Handtasche. Ihre Schwiegermutter war eine russische Krankenschwester, die den Nazis entkommen, nach Äthiopien geflohen und schließlich in Südafrika gelandet war. »Sie sagte immer, wenn man etwas verloren hat, muss man einen Knoten in ein Taschentuch machen, dann findet man es bald wieder.«

Anita nimmt das Taschentuch und macht einen Knoten in die Mitte.

Zenda laufen Tränen über das Gesicht, denn sie hat plötzlich die Hochzeit am Wochenende vor Augen. Brett saß ihr gegenüber und war der Mittelpunkt der Party. Er wirbelte die Mädchen über die Tanzfläche, und mit den Jungen vollführte er wilde Kriegstänze.

Erstaunlich für einen Mann von fünfzig, hatte sie da gedacht.

»Du wirst mir das nicht antun, Brett!«, schreit Anita auf einmal das Foto auf dem Altar an.

Dieser Ausbruch unterstreicht nur, wie gespannt die Atmosphäre im Raum bereits ist. Nach einer kurzen Stille tritt Helene neben sie.

»Dein Mann ist nicht tot, Anita«, sagt sie. »Er hat bis jetzt ein so außergewöhnliches Leben gehabt, so erstaunliche Dinge getan, er wird nicht auch noch mit einem Paukenschlag abtreten. Er wird den langweiligsten Tod von uns allen sterben. Das hier ist noch nicht das Ende. Er hat es nicht verdient, so zu gehen.«

Ein Telefon klingelt, was zu kollektivem Luftschnappen führt. Immer, wenn irgendein Handy klingelt, schauen sich alle im Zimmer verschreckt an, denn es könnte »der Anruf« sein. Es folgt eine unbehagliche Stille.

Schließlich geht Karmen ran. »Es ist die Schule, Anita«, sagt sie ruhig.

»Ich übernehme das«, sagt Helene und greift nach dem Handy. Sie flüchtet vor der enormen allgemeinen Anspannung nach draußen. Es ist der Betreuungslehrer der Bishops School, der Helene empfiehlt, eine Kinderpsychologin zu kontaktieren, deren Nummer er ihr gibt.

Die Psychologin erzählt Helene, dass sie in den Radionachrichten gehört hat, dass ein Mann aus Camps Bay in Indonesien über Bord gegangen ist und vermisst wird. »Seltsam. Zufällig bin ich gerade auf der ›Suche nach Brett Archibald‹-Facebookseite. Genau jetzt schaue ich Ihrem Schwager ins Gesicht.«

Die beiden sind sich einig darüber, dass Zara und Jamie heute besser woanders übernachten. »Aber morgen früh muss Anita ihnen die Wahrheit sagen, egal, wie es letztendlich ausgeht. Sie müssen es von ihrer Mutter erfahren, nicht von einem Mitschüler.«

Drinnen läutet ein anderes Telefon. Wieder versetzt es allen einen Adrenalinstoß wie bei einer Achterbahnfahrt. Diesmal reicht Karmen das Telefon an Anita weiter.

»Craig Lambinon von der NSRI.«

»Wie geht es Ihnen, Anita?«, fragt Craig vorsichtig.

»Nicht gut.« Sie versucht, gleichmütig zu klingen. »Mein Mann wartet da draußen darauf, dass wir ihn finden. Wen schicken Sie, um suchen zu helfen?«

Craig hat natürlich die Seenotrettungsdienste in Australien und Ozeanien abgeklappert. Aber er bringt es nicht über sich, ihr die beabsichtigte Botschaft zu übermitteln: dass die Chancen, Brett nach mehr als zehn Stunden im Wasser noch zu finden, gleich null sind.

Auf der *Naga Laut*
19.02 Uhr

Das Funkgerät der *Naga Laut* ist außer Betrieb. Das Satellitentelefon schweigt. Der leichte Regen, der auf das Plastikdach des Decks trommelt, ist das einzige Geräusch.

Weyne schlägt sich mit Zweifeln herum. Den ganzen schrecklichen Tag lang drückt schon dieser ungute Gedanke wie ein Tonnengewicht auf seine Brust. Immer wieder geht ihm das gestrige Gespräch mit Brett durch den Kopf, und das macht ihn wahnsinnig.

»Hier ist mein Sehnsuchtsort. Hierher würde ich flüchten, wenn ich aussteigen wollte. Irgendwie gehöre ich hierher.«

Den ganzen Tag spukten diese Worte ihm durch den Kopf und versetzten ihn in eine wachsende Unruhe. Er hat geschwiegen und versucht, alles mit sich selbst auszumachen. Hat Brett es vielleicht mit Absicht gemacht? Steckte eine tiefe Verzweiflung hinter seinen Worten? Hat er sich seinen Sehnsuchtsort ausgesucht, um Selbstmord zu begehen?

Weyne bringt es nicht über sich, seinen Verdacht den anderen gegenüber auszusprechen, und hofft nach wie vor, Brett missverstanden oder missinterpretiert zu haben.

Brett würde sich nicht umbringen, hält sich Weyne vor Augen. Und schon gar nicht hier draußen, nicht auf diese Weise.

Andererseits hat er seinen alten Klassenkameraden schon jahrelang nicht mehr gesehen. Gab es bei ihrem intensiven Gespräch letzte Nacht Hinweise, die er übersehen hat? Die äußere Fassade verbirgt ja häufig komplexe Gefühlslagen.

Mit der Dunkelheit kommen immer dunklere Gedanken, und Weyne hält es einfach nicht mehr aus. Er muss sich aussprechen. Er geht hinüber zu JM, der zusammengekauert auf der Backbordseite sitzt. Seine Beine hängen zwischen den Streben der Reling herunter wie die einer Marionette. Ruhig und entschlossen hockt Weyne sich neben ihn.

»Ich muss dir etwas Vertrauliches sagen, JM. Ich muss einfach darüber reden.« Es klingt, als würde er beichten. »War Brett mit seiner Arbeit glücklich? War mit seinen Geschäften alles in Ordnung? Er klang ein wenig deprimiert, als wir letzte Nacht darüber redeten, ich weiß nicht, ob er in so guter Verfassung war.«

Nun hat er seine Spekulationen endlich ausgesprochen, und der Wind trägt sie davon. »Ich meine, wäre es eine Möglichkeit?«, fragt er schließlich mit tiefer Besorgnis in der Stimme.

Erst schaut JM wie eine Sphinx, doch dann entgegnet er mit sanftem Nachdruck: »Nein, Weyne, mach dir keine Sorgen. Ich kenne Brett. Das käme für ihn nie in Frage. Das wäre einfach nicht seine Art.«

Eine Welle der Erleichterung überkommt Weyne, das sieht man an dem Ausdruck in seinem Gesicht, das er dem Himmel zuwendet.

»Natürlich, das weiß ich ja. Aber die Erinnerung an dieses Gespräch gestern hat mich in den Wahnsinn getrieben.«

»Kein Problem.« JM versteht, wie sehr das Grübeln seinen Freund zermürbt hat. »Wir alle denken komisches Zeug. Heute Vormittag haben Tony und ich Bretts Tasche durchwühlt. Wir haben Reisedokumente gesucht, nach denen Anita gefragt hat. Tony hat einen Zettel gefunden: ›Du bist mein Held. Bis ich sterbe, wirst du immer mein Vorbild sein.‹ Tony dachte, dass Brett das geschrieben hat. Ein Abschiedsbrief vielleicht? Aber das ist doch Quatsch. Warum sollte jemand mit so einer Botschaft verreisen?«

Weyne legt JM eine Hand auf die Schulter. »Ich musste es einfach loswerden.«

Beide blicken nach Osten, wo der Bug noch immer in den Wellen auf und ab platscht. An den Rändern scheint alles verschwommen, aber JM kann neben ihnen einen schmalen grauen Streifen ausmachen. Es ist das Festland, das wie ein riesiges Geschöpf des Meeres aus seinem nassen Zuhause auftaucht.

»Sumatra«, verkündet JM tonlos.

Vom Heck ertönt plötzlich eine Stimme. Es ist Jaipur, der Yanto etwas zuruft, aber was, ist unverständlich. Ihre Blicke folgen seinem ausgestreckten Finger, und dann sehen die Männer hinter sich wie aus dem Nichts ein morsch wirkendes hölzernes Fischerboot auftauchen. Es hat sich trotz des verrückten Wetters auf den Weg gemacht und wird nun in der aufgewühlten See herumgeschleudert.

Winkend fordert Yanto den Einheimischen, der ganz allein darin sitzt, auf, seitlich heranzufahren. In lautem Bahasa erklärt er ihm, dass hier irgendwo ein Mann ins Wasser gefallen ist. Das Gesicht des Fischers bleibt unbewegt, aber er nickt. Er ist völlig durchnässt, sein Boot hält sich kaum noch über Wasser.

Niall kommt zu Mark Ridgway auf die Brücke. »Das sieht gar nicht gut aus, Ridgy.« Er spricht leise. »Es ist schon ziemlich dunkel, die See sehr unruhig. Ich kann mir nicht vorstellen, dass er es durch die Nacht schafft. Wir sollten in Betracht ziehen, dass er tot ist und wir morgen nach einer Leiche suchen müssen.«

»Ja, ich schätze auch, dass wir darüber nachdenken müssen.« Ridgy wirkt ruhig. »Dieser Urlaub ist zu einem verdammten Albtraum geworden. Wie sollen wir den Leichnam bergen?«

»Und wo bewahren wir ihn auf?« Niedergeschlagen sieht Niall sich um.

»Es wird eine Untersuchung geben. Wir kämen auf keinen Fall innerhalb von zehn Tagen hier weg. Wir müssten den Leichnam nach Hause fliegen lassen. Konsulate, Behörden ... O Gott, kannst du dir das vorstellen? Und Anita und die Kinder? Das wird die Hölle.«

Craig kommt zu JM und Weyne hoch. »Brett muss irgendwie noch eine Nacht überstehen.« Er hat also die gleichen Überlegungen angestellt. »Noch mal rund acht Stunden in totaler Dunkelheit.«

Kurz hängt dieses Schreckensvision in der Luft. Dann stößt Banger zu ihnen.

Die Moral der Männer ist auf einem Tiefpunkt angelangt. Ihre Hilflosigkeit und Schuldgefühle verschlagen ihnen die Sprache.

19.30–20.30 Uhr
Die achtzehnte Stunde im Wasser

Es wird sehr schnell dunkler. Es muss nach 19 Uhr sein, und hinter den Wolken, die jetzt nur noch verwischter grauer Dunst sind, scheint die Sonne untergegangen zu sein. Zumindest kann ich daraus ableiten, wo Westen ist. Zum ersten Mal wird mir klar, dass die Inseln vor mir liegen müssen. Die Strömung wird mich dort wieder ausspucken – irgendwann.

Dieses Halbdunkel wird vielleicht noch eine halbe Stunde anhalten.

Das Meer hat sich inzwischen beruhigt, es ist fast glatt, mit langgezogenen sanften Rundungen. Es scheint zu atmen, ganz ruhig ein und aus. Ich bin ziemlich gelassen. Nur meine Arme baumeln so schwer an meinem Oberkörper wie die Gewichte von Standuhren. Zum Schwimmen fehlt mir die Energie. Ich versuche, mich auf den Rücken zu drehen und mich so weit wie möglich durchzubiegen, damit mein Körper nicht in sich zusammensackt.

»Shirls«, frage ich laut, »wie ist es dir nur gelungen, dich so treiben zu lassen?«

Zum tausendsten Mal versuche ich, meine Beine auf eine Linie mit meinem Oberkörper zu bringen, aber das geht nur, indem ich meine Arme weiter bewege. Doch die sind inzwischen völlig nutzlos, und immer, wenn ich damit aufhöre, sinken meine Beine, und mit ihnen der ganze Rest meines Körpers, nach unten.

Hustend tauche ich wieder auf. Ich habe literweise Wasser geschluckt, so kommt es mir jedenfalls vor.

Mit Einbruch der Nacht schwindet meine Hoffnung, dass noch Fischerboote vorbeikommen. Mir fallen die langen Pirogen mit den Auslegern ein, die wir am Abend vereinzelt haben hinausfahren sehen, um in flacherem Wasser ihrer Arbeit nachzugehen. Sie sahen aus wie riesige Libellen: eine labile Konstruktion aus zwei Kanus, verbunden durch eine Strebe, an der die Fischer Glühlampen angebracht haben. Damit beleuchten sie das Meer rund um das Boot, locken so den Fang an und schöpfen ihn dann einfach ab – die Fische werden vom Licht angezogen wie Motten. Würde eines dieser Boote in der Dämmerung ausfahren?

Es ist eine letzte verzweifelte Hoffnung, obwohl ich eigentlich gar keine mehr habe.

Ich stelle mir die Lichtstrahlen eines Auslegers vor. Riesengroße Lichthöfe. Ich stelle mir vor, zum Fisch zu werden: Mir wachsen Kiemen und zwischen den Fingern und Zehen Schwimmhäute. Ich lande im Netz eines Fischers und kann das Entsetzen in seinem Gesicht sehen, wenn er mich aus dem Wasser zieht: einen schneeweißen, verschrumpelten Mann, der versucht, durch Löcher in seinem Hals zu atmen.

Er wird sich in die Hosen machen vor Schreck – ein Gedanke, der mich belustigt.

Doch mich erwartet ein anderes Schicksal – und bei diesem Gedanken krampfen sich meine Eingeweide zusammen.

Ich stehe keine zehn Stunden Dunkelheit mehr durch. Ich schüttele den Kopf. Das schaffe ich einfach nicht.

Diese Gedanken beschäftigen mich, als ich plötzlich einen Schlag im Rücken spüre, wie von einer Faust, in der Höhe meiner linken Niere.

Was zum Teufel war das? Ich schnelle herum.

Ein Barrakuda, ist mein erster Gedanke. Wenn wir auf solchen Chartertouren nicht surfen, dann angeln wir, und wir haben dabei häufig Barrakudas gefangen, große, ungenießbare Killerfische, mit Zähnen so lang und scharf wie die eines Schäferhunds. Sie sind die wilden Hunde des Meeres, zehn von ihnen könnten einen Menschen bis auf das Skelett abnagen.

Sie haben die blutigen Wunden in meinen Kniekehlen gerochen, vermute ich.

Dann wieder: Wumm! Was es auch ist, es trifft mich genau an der gleichen Stelle.

Das ist kein Barrakuda. Mich packt das blanke Entsetzen. Das ist ein Hai.

Aus vielen Fernsehdokus, die ich gesehen habe, weiß ich, dass manche Haiarten ihre Beute erst anrempeln, um sie zu identifizieren. Haie kommen in dieser Gegend nicht mehr oft vor, dennoch traue ich meiner Intuition. Angst und Verzweiflung steigen in mir auf wie Brechreiz. Ich versuche, rational zu denken.

Du musst herausfinden, was das ist, sage ich mir. Du kannst nicht einfach abwarten, wenn du aus dem Nichts angegriffen wirst, bis dein Körper zwischen Kiefern zermalmt wird. Du musst der Sache ins Auge sehen.

Ich lasse mich unter die Oberfläche sinken und paddle langsam herum. In der zunehmenden Dunkelheit sehe ich ihn, nur wenige Meter entfernt. Glatt, und wenn ein kurzer Lichtstrahl ihn streift, silbrig. Ein Hai schwimmt direkt auf mich zu – groß wie ein Bus!

O Gott – in meinem Kopf herrscht Chaos.

Er gleitet wie in Zeitlupe durchs Wasser, und seine riesige Schwanzflosse bewegt sich dabei hin und her. Ich kann schwer erkennen, wo sein Körper aufhört und wo das dunkle Wasser beginnt. Seine kreisrunden schwarzen Augen sind so undurchsichtig wie das Wasser, das ihn umgibt – sie sehen tot aus. Sein Maul ist leicht geöffnet, als würde er böswillig grinsen.

Fuck! Fuck! Fuck!

Ich erkenne die schwarze Spitze seiner Rückenflosse, sie sieht aus wie ein Tintenfleck. Es ist ein Schwarzspitzen-Riffhai. Ich war auf den Malediven zum Tauchen, dort sind sie weit verbreitet. Er ist natürlich nicht wirklich so groß wie ein Bus, aber mit etwa zwei Metern ist er für seine Art sehr groß, und das Wasser hat einen Vergrößerungseffekt. Selbst wenn dieser hier einen Versuch gemacht hat, weiß ich, dass er am Verhungern sein müsste, um einen Menschen anzugreifen.

Das Herz hämmert mir in der Brust. Blut steigt mir in den Kopf, dröhnt mir in den Ohren, pocht hinter meinen Augäpfeln. In Bruchteilen von Sekunden schaffe ich es, auf praktisches Denken umzuschalten.

Schwarzspitzen-Riffhaie schwimmen nicht meilenweit ins offene Meer, sie bleiben in der Nähe von Riffen. Selbst wenn dieses Exemplar ein wenig neben der Spur ist, muss hier irgendwo ein Riff sein. Ich muss in der Nähe von Land sein.

Während er weiter auf mich zuschwimmt, geht ein mächtiger Ruck durch meinen Körper. Der pure, rohe Überlebensinstinkt gewinnt die Oberhand, und ich fasse einen wirklich absurden Plan.

Du kannst diesen Kerl kriegen, sage ich mir. Bring ihn dazu, sich zu nähern, und wenn er sein Maul aufreißt, schwimmst du zur Seite und rammst ihm deinen linken Arm in den Schlund. Wenn er dann langsamer wird, hängst du dich mit dem rechten Arm an seinen Schwanz. Er kann dich zum Ufer bringen.

Ich könnte einen Arm verlieren, überlege ich, aber wenigstens werde ich an Land geschleppt. Raus aus diesem Meer. Raus aus dieser elenden, nassen Ödnis. Ich bin drauf und dran, auf einem Schwarzspitzen-Riffhai meiner Rettung entgegenzureiten …

Da fällt mir Bear Grylls ein, der Abenteurer und Dokumentarfilmer. Seine Sendung gehört zu meinen Favoriten. Würde ihm so etwas gelingen?

»Weg da, Bear Grylls! Hier kommt Arch! Na los, Kumpel«, rufe ich im Geiste dem Hai zu, »Los, komm schon!«

Doch im nächsten Augenblick ist er verschwunden.

»Wo bist du? Wo bist du denn hin?«, schreie ich, als ich auftauche, um Luft zu holen. Es ist wirklich Irrsinn. Statt erleichtert zu sein, keinem Hai zum Opfer gefallen zu sein, empfinde ich Enttäuschung. Mein Plan ist gescheitert.

»Nicht schon wieder«, höre ich mich jammern.

Die nächsten zwanzig Minuten verbringe ich damit, im Wasser herumzupaddeln und zu überlegen, ob der Hai wohl zurückkommt. Ob er mich angreifen wird. Ob er wartet, bis es Nacht ist. Ob er seine Freunde mitbringt.

Mit der Hand taste ich meinen unteren Rücken ab und drücke vorsichtig dort, wo der Hai mich gerammt hat. Die Stelle ist schmerzempfindlich.

Es war keine Halluzination!

Aber ich habe neue Energie! Meine Lebensgeister sind wieder erwacht. Und, was am wichtigsten ist, ich habe die Hoffnung, in der Nähe von Land zu sein. Halte durch, denke ich, bald wirst du es sehen.

Langsam, behutsam fange ich wieder an zu schwimmen. Und zu singen: »Du großer Gott, wenn ich die Welt betrachte ...«

Ich fühle Anitas Gegenwart. »Sprich mit mir, Liebling.«

Mein Herz und mein Geist öffnen sich – und ich glaube, von irgendwo ganz tief in mir drinnen ihre Stimme zu hören.

»Schwimm, Brettman, Liebe meines Lebens. Du schaffst das! Ich lasse nicht zu, dass du mich allein lässt. Schwimm!«

Auf der *Naga Laut*
19.55 Uhr

Als die *Naga Laut* langsam in die kleine Bucht südlich von Padang steuert, lässt der Regen endlich nach, und der Himmel sieht fast durchsichtig aus. Doch das kann die Stimmung an Bord nicht heben.

Nach diesem von der Angst beherrschten Tag sind die Südafrikaner benommen und in sich gekehrt wie Schlafwandler. Wenn sie überhaupt reden, dann leise und über Nebensächlichkeiten, nicht über den Ernst ihrer Lage. Sie fühlen sich einsam und verlassen.

Das Boot ankert sicher vor einer belebten Siedlung, die an einem langgezogenen Strandabschnitt liegt. Kaum sind die Kommunikationsmittel an Bord wieder funktionsfähig, klingelt auch schon das Satellitentelefon.

Ein lokaler Radiosender in Südafrika hat Wind von der Geschichte bekommen und möchte ein Interview führen. Ridgy gibt den Hörer an JM weiter.

Die Sonne ist untergegangen, und im Westen sieht der Himmel wie ausradiert aus. Die Wolken ziehen schnell in der zunehmenden Dunkelheit. Die Nacht lauert wie ein Raubvogel.

Mit geröteten Augen und gerädert von ihrer fruchtlosen Suche, greifen die Männer nach ihren Smartphones, auf denen dank der schnellen Internetverbindung alle möglichen SMS gleichzeitig eintreffen. Die Klingeltöne aus allen Handys hören sich zusammen wie ein Orchester an, das sich einstimmt.

Telefonate und SMS gehen rund um den Erdball – der dürftige Draht zu ihrem Zuhause. Sie liefern und bekommen Informationen, immer in der Hoffnung, das könnte sie aus ihrer quälenden Lage befreien.

Bei Tony piept eine SMS von Chantal Malherbe aus Hermanus. Er liest sie laut vor: »Habe berechnet, dass die Strömung nach Westen Richtung Sipura geht, mit ein oder zwei Knoten. Er könnte schon an Land angekommen sein. Versuche, Boote zu kriegen, die vor den Inseln suchen. Die werden mit Scheinwerfern fahren, damit Brett darauf zuschwimmen kann. Wir hoffen auf einen Baumstamm, an dem er sich festhalten kann – und auf die Strömung.«

Tony sieht auf. »Er hat eine Chance.« Die Vorstellung, dass Brett an Land sein könnte, gibt ihm Auftrieb. »Mensch, Jungs, Arch kriegt das hin. Der schafft das.«

»Ja klar.« JM reibt seine brennenden Augen.

Ridgy beugt sich wieder über die Seekarten.

»Wenn wir runter Richtung Inseln fahren, und diese anderen Boote kommen hoch, dann ergibt das doch ein Suchraster. Dann decken wir das ganze Gebiet doch besser ab, oder?«, fragt JM.

»Theoretisch ja.« Ridgy nickt. »Mit zwei Knoten müsste ihn die Strömung bis etwa hierhin getrieben haben.« Mit dem Finger zieht er eine Linie über das Blau der Karte. Taubenblau auf dem Papier, ganz anders als in Wirklichkeit. »Bei unserer Überfahrt morgen müssen wir ein bisschen weiter da runter.«

Er blickt hinüber zu Yanto, dessen Gesicht so zerknittert ist wie ungebügelte Wäsche. Wie der Rest der Crew ist er zu Tode erschöpft. Mark sieht ihm an, dass er nicht daran glaubt, dass Brett lebend gefunden wird. Es ist einfach schon zu viel Zeit vergangen.

»Wir fahren morgen früh wieder raus. Wir werden früh starten.« Es klingt wie ein Befehl von JM, der sich mit seinem iPad in die Kombüse setzt. Er ruft seine Facebook-Seite auf, um ein Update zu posten. »Morgen früh fahren wir durch die Meerenge wieder zurück«, schreibt er. »WIR WERDEN IHN FINDEN.« Als würde es klappen, wenn man es nur wirklich will.

»Ich denke, ich sollte Anita noch mal anrufen«, sagt JM und steht auf. Er geht langsam zur Brücke, um das Satellitentelefon zu holen, und dann vor zum Bug. Er wartet einen Moment, um sich zu sammeln. Es ist inzwischen fast dunkel, und vom Festland blinken vereinzelt Lichter auf wie Glühwürmchen.

JM ist nervös. Ganz bedächtig setzt er sich aufs Deck, atmet tief durch und wählt Anitas Handynummer.

Karmen geht ran. »Sie nimmt keine Anrufe an, JM.«

Doch im Hintergrund hört er, dass Anita herbeiläuft und sagt: »Ich muss mit ihm sprechen.«

Das Gespräch verläuft schleppend, weil er ihr nichts Neues mitzuteilen hat. Anita erwähnt, dass auch sie gehört hat, dass die Strömung Brett an Land getrieben haben könnte.

»Mein Vater sagt, er sitzt auf einer Insel und schlürft einen Cocktail mit einem Papierschirm drin.« Bei ihrem Scherz klingt die Verzweiflung durch.

»Hör zu, Neets, Brett hat einen starken Willen. Er ist fit. Er kennt das Meer. Er wird das überstehen.«

»Und wenn er verletzt ist?«, wendet sie sofort ein.

»Darüber wissen wir nichts. Versuch, nicht darüber nachzudenken. Was wir wissen, ist: Es war den ganzen Tag wolkig und hat stark geregnet, so dass er auf jeden Fall etwas frisches Wasser in seinen Hals gekriegt hat und nicht völlig verbrutzelt ist.«

Irgendwie scheinen das nicht die richtigen Worte zu sein, jedenfalls antwortet Anita nicht.

»Versprich mir, stark zu sein. Hab Vertrauen. Ich habe es. Gib den negativen Gefühlen nicht nach ... Ich rufe dich morgen an, wenn wir ihn wiederhaben. Glaub daran, Anita!«

»Ich glaube ja daran.« Er kann durch die knisternde Leitung ihr Flüstern kaum hören, aber er ist beeindruckt von ihrer Haltung. »Ich glaube daran.«

JM legt auf und lässt den Kopf hängen. Dieser Tag hat ihn völlig ausgelaugt. Er sucht in seinem Handy nach Shirley Archibalds Nummer. Er kennt Bretts Mutter seit seiner Kindheit. Sie wird außer sich sein. Er atmet wieder durch und wählt die Festnetznummer. Es klingelt und klingelt.

Er versucht es auf Shirleys Handy. Keine Antwort.

Er öffnet den Internetbrowser und schickt Bretts Schwester Sandra über Facebook eine Nachricht, in der er nach Gregs Nummer fragt. Auch Greg und JM kennen sich schon aus der Kindheit. Sein jüngerer Bruder war in Gregs Klasse, und sie waren alle zusammen beim Sport.

Dieses Telefonat ist schrecklich.

»Toast, habt ihr ihn gefunden?« Greg klingt, als hätte er ein paar Drinks intus.

»Nein, Kumpel, darum rufe ich an.«

»Warum meldest du dich dann?«, fährt Greg ihn an. »Was ist denn eigentlich los? Hat er was getrunken? War er dicht?« Er feuert seine Fragen ab wie Maschinengewehrsalven.

»Halt, mach mal langsam«, sagt JM mit fester Stimme. »Gib mir eine Chance, dir zu erzählen, was ich weiß.« Wieder holt er Luft, ganz langsam. »Wir haben ihn nicht gefunden, obwohl wir den ganzen Tag gesucht haben. Es war ein langer Tag, wir sind alle fix und fertig, aber es gibt gute Gründe zu glauben, dass Brett am Leben ist.«

JM versucht Greg mit den gleichen Argumenten zu überzeugen wie Anita.

Die Archibalds sind in den Drakensbergen und warten auf Neuigkeiten. Niemand hat mitbekommen, wie Greg in seiner Verzweiflung heimlich auf Bretts Handy angerufen hat, einfach um seine Stimme zu hören. Und ihm Nachrichten darauf hinterlassen hat, so inbrünstig und flehend wie ein Gebet: »Du musst da heil rauskommen, Brett. Du musst nach Hause kommen.«

»Er ist nicht über Bord gegangen, weil er betrunken war, sondern weil ihm furchtbar schlecht war. Er hat sich über die Reling gebeugt und sich die Seele aus dem Leib gekotzt. Wir können nur vermuten, dass er ohnmächtig wurde. Wir haben das Boot untersucht, überlegt, ob er nach hinten ausgerutscht ist, aber da war kein Blut. Wir haben jeden Winkel abgesucht. Er muss vornübergefallen sein und das Bewusstsein verloren haben. Wenn es so war, ist er wieder zu sich gekommen und schwimmt. Ich weiß, dass …«

Greg unterbricht ihn: »Bitte ruf nur wieder an, wenn du bessere Nachrichten hast.« Er klingt scharf und schroff. Dann legt er auf.

JM ist von Gregs aggressivem Ton verstört. Dieser Anruf hat seine

Zuversicht untergraben. Natürlich weiß er, dass Greg leidet und sich abreagieren muss, dennoch verletzt ihn die Zurückweisung. Natürlich kursieren die verschiedensten Theorien, und die Umstände lassen viel Interpretationsspielraum, aber niemand weiß wirklich, was mit Brett passiert ist.

JM klettert nach unten, wo er auf Tony stößt.

»Greg hat mich gerade saublöd angemacht. Fragt mich, warum ich keine besseren Neuigkeiten habe.«

»Vergiss es«, erwidert Tony. »Der hat einfach Angst. Wie wir alle.«

Einen Moment lang schweigen beide.

»Es ist jetzt schon ganz schön viel Zeit vergangen, JM.« Das Folgende flüstert Tony fast. »Wir müssen mit allem rechnen. Die Crew hat uns ja erklärt, dass ein Ertrunkener sieben Stunden unter Wasser bleibt, bevor sich Gase bilden und die Leiche an die Oberfläche steigt.«

»Verdammt nochmal, wir suchen keine Leiche!« Auch JM spricht sehr leise. »Wir fahren da wieder raus, um ihn lebend zu finden. Wir sind auf der richtigen Spur. Wir müssen uns nur an die Karte halten.«

20.30–21.30 Uhr
Die neunzehnte Stunde im Wasser

Wums!

Etwas trifft mich am Hinterkopf.

Ich muss eine Sekunde eingeschlafen sein, aber der Schubs macht mich wieder hellwach.

Zuerst ist da ein Luftzug in meinem Gesicht, dann ein seltsames Rascheln im Dämmerlicht. Es ist schon fast Nacht, und da bewegt sich etwas so schnell, dass ich nicht erkennen kann, was es ist. Aber es ist bedrohlich. Dann konzentriere ich mich, so gut ich kann, und erkenne mühsam die Silhouette eines Vogels – es ist eine Möwe. In den letzten Lichtstrahlen kreist sie über mir.

Dann stößt sie wieder pfeilschnell herab und verfehlt meinen Kopf diesmal nur um Millimeter.

»Hey!«, schreie ich, »hey! Was machst du denn da, verdammt nochmal?«

Sie kommt ein drittes Mal, diesmal von hinten, im Sturzflug auf mich zu. Instinktiv ducke ich mich, tauche unter und muss husten, weil ich Wasser in Ohren, Mund und Nase bekomme.

Ich werde tatsächlich angegriffen! Einen Moment lang glaube ich zu träumen.

»Hau ab, verschwinde!«, kreische ich. Dann begreife ich: Sie versucht, mir die Augen auszupicken oder die Ohren abzureißen.

Immer wieder attackiert sie mich und kreischt böse, wenn sie in der Luft über mir kreist. Ihre halsbrecherische Flugbahn kann ich mehr ahnen als sehen. Ihr Schnabel ist wie eine Schere. Plötzlich geht mir auf, wie durstig ich bin. Vorher habe ich darüber nicht nachgedacht, aber jetzt plötzlich treibt es mich zur Verzweiflung. Durst. Durst! Wasser wäre jetzt ein Segen.

Während die Möwe über mir kreischt und krächzt, fasse ich einen neuen haarsträubenden Plan: Ich werde sie dazu bringen, auf meinem Kopf zu landen. Dann fasse ich nach oben, schnappe sie mir, breche ihr den Hals, beiße ihr den Kopf ab und gieße mir ihr Blut in die Kehle.

Ich esse das verdammte Ding auf, mitsamt Federn und allem Drum und Dran, denke ich trotzig.

Dann plötzlich explodiert mein Gesicht. Ich war kurz abgelenkt und habe den zweiten – größeren – Vogel von links nicht kommen sehen. Er trifft mich am Nasenrücken, was sich anfühlt, als hätte man mir die Nase mit einem sauberen Schnitt aus dem Gesicht getrennt. Ich kenne den Schmerz von einem Kopfstoß, den ich einmal bei einer Kneipenschlägerei verpasst bekam. Mein Gegner hatte es auf meine Augen abgesehen, doch ich hatte in letzter Sekunde das Gesicht abgewandt, so dass er sein Ziel verfehlte.

Mir steigen Tränen in die Augen, während Blut über mein Gesicht tropft. Dickes, klebriges Blut läuft mir auch in den Mund.

»Ihr verdammten Scheißkerle!«, schreie ich den Vögeln zu.

Sie kreischen zurück, so schrill wie die Harpyien, über die ich als Junge in einem Buch gelesen habe.

»Ich hasse euch, ihr Dreckstücke!« Hektisch drehe ich meinen Kopf in alle Richtungen, um zu sehen, woher der nächste Angriff zu erwarten ist. »Seit wann greifen Möwen Menschen an?«, frage ich wütend, als wäre von den Vögeln eine Antwort zu erwarten.

Ich ziehe an der Haut an meiner Nase und spüre, wie Blut auf meine Lippen tropft. Wieder arbeitet es in meinem Kopf: Möwen verbringen die Nacht nicht draußen auf dem Meer. Sie landen und treiben auf dem Wasser, aber sie schlafen da nicht. Sie schlafen an Land. Der Hai und jetzt die Möwen ... ich muss dem Land ganz nah sein.

Dann sind sie weg. Rechts von mir sehe ich zwei dunkle Schatten in der unergründlichen Nacht verschwinden.

Ich müsste bald eine Insel sehen können.

»Ich halte durch, Neets, für dich und die Kinder. Anita, kannst du mich hören?«

Das Meer ist von einer tiefen Schwärze überzogen. Mir ist bitterkalt, und ich fange an, heftig zu zittern. Bald wird es stockdunkel sein. Und ich muss diese Nacht durchstehen. Weitere neun Stunden. Meine Vorstellung kreist um diese gewaltige Leere.

»Wie willst du das anstellen?« Ich kann kaum mehr meinen Kopf gerade halten und schlucke ständig Meerwasser. Ich habe den Eindruck, mich besser konzentrieren zu können, wenn ich hin und wieder laut mit mir selbst rede. Noch immer lähmt mich meine Mutlosigkeit.

»Bob!«, schreie ich. Ich höre ein Brummen, als hätte ich ihn aus dem Schlaf gerissen. Es ist keine vertraute Stimme, dennoch habe ich eine Vorstellung davon, was für ein Typ Mensch dieser Bob ist: einer, den man in der Hitze des Gefechts an seiner Seite wissen möchte.

»Leute, das wird unsere schlimmste Nacht! Wir müssen zusammenhalten. Miteinander reden. Im Team arbeiten.«

Ich versuche, tiefer zu atmen, was mich enorme Anstrengung kostet.

»Pump was rein in diese Lunge, Bob!«

Die Mädels schnattern laut und wild durcheinander. »Du musst den Kopf über Wasser halten. Nur dann kriegt die Produktion Luft.«

Ich lasse mich von den schaukelnden Wellen tragen. Obwohl über mir Wolken hängen, ist die Nacht eigenartigerweise nicht komplett schwarz, was ich faszinierend finde. Vielmehr nehme ich ein seltsames Licht wahr, das aus dem Meer steigt, es funkelt, als würde das Wasser jeden Moment zum Leben erwachen. Es ist unheimlich und großartig zugleich. Als die glitzernden Strudel sich auf mich zu bewegen, wird mir klar, dass es sich um Meeresleuchten handelt, Plankton auf der Wasseroberfläche, ein wandernder Kontinent mikroskopisch kleiner Geschöpfe, die meinen Weg erhellen. Ihr Licht ist mit nichts vergleichbar, was ich bisher in meinem Leben gesehen habe, ein wunderschönes fließendes Blaugrün, als wäre ein Sternenregen aufs Wasser niedergegangen. Eine Zeitlang fühle ich mich dank dieses Meereswunders weniger allein. Ich bin erschöpft und drehe mich langsam auf den Rücken, während ich meine Hände durch dieses neonfarbene Märchenland gleiten lasse, bis es in den sanften Wogen entschwindet.

Ich komme mir nach diesem Erlebnis unfassbar klein vor. Unsichtbar. Wie ein Tropfen im Ozean. Ich richte mich wieder auf und drehe mich ganz langsam im Kreis, um mich umzusehen.

Ich könnte genauso gut in der Arktis oder der Sahara sein und würde ebenfalls verdursten. In jedem Fall bin ich den Elementen ausgeliefert. Gegen die Macht und die Wunder der Natur sind wir gar nichts, denke ich.

Meine Chancen zu überleben, gefunden zu werden, sind nun minimal. Ich akzeptiere das, und eine Zeitlang fühle ich mich wie abgelöst von mir; in meinem Kopf herrscht tiefe Leere.

Das geheimnisvolle Meeresleuchten hat mich beruhigt, und mir fällt plötzlich ein ganz besonderes Meereserlebnis mit meiner Frau ein.

Anita. Ich fühle jetzt unsere tiefe Verbundenheit.

»Neets, erinnerst du dich noch an unseren Ritt auf den Delphinen?« Ich spreche mit ihr, als wäre sie neben mir.

Vor ein paar Jahren haben wir eine Karibikkreuzfahrt gemacht. Zum Programm gehörte auch, in Schwimmwesten mit dressierten Delphinen zu schwimmen. Wir lagen bäuchlings mit gewölbten Füßen im Wasser. Zwei Delphine schwammen unter uns heran, schoben behutsam ihre Nasen unter unsere Füße, drückten uns aus dem Wasser, und wie auf Wasserskiern trugen sie uns so mehrere Meter weit. Wir waren uns hinterher einig, dass dies eines der beglückendsten Erlebnisse unseres Lebens war.

Ich stelle mir vor, dass jetzt zwei Delphine unter mir auftauchen. Ich halte mich an ihnen fest und lasse mich in Sicherheit bringen. Delphine als meine Retter.

Mein Herz rast, aber ich habe jetzt nicht die Kraft zu schwimmen. Ich rudere nur ganz leicht, um meinen Kopf über Wasser zu halten. ich kann in dem trüben Wasser meine Arme nur noch schemenhaft erkennen.

Der Papiertest, den ich noch gemacht habe, kurz bevor es dunkel wurde, zeigte mir, dass ich mich noch immer in der Strömung befinde, noch immer in die richtige Richtung bewege. »Sie wird dich in der Nacht an Land tragen«, flüstere ich mir tröstend zu.

Die Rückseiten meiner Beine, wundgescheuert vom Saum meiner Shorts, brennen jetzt, ein immer stärker werdender Schmerz. Ich kann mich nicht umdrehen, um einen genaueren Blick auf die Wunden zu werfen, aber mit meinen sich schälenden Fingern taste ich blankes Fleisch. Ich beuge die Knie und stelle mir vor, dass die Sehnen bloßliegen.

Dass du noch Schmerz empfindest, ist doch ein gutes Zeichen, versichere ich mir. Er wird dich wach halten.

Ich fühle mich aufgebläht, und mir ist auch ein bisschen übel von dem vielen Salzwasser, das ich geschluckt habe. Ich muss jetzt dringend pinkeln, aber der Druck auf meine Blase und das Stechen in den Leisten deuten schon an, dass es eine Tortur werden wird. Ich habe nicht mehr die Kraft, meine Hose herunterzulassen, also schließe ich die Augen, wappne mich gegen den Schmerz und uriniere.

Es tut verdammt weh, und mein Urin ist so heiß, dass ich fürchte, mich daran zu verbrennen. Ich ziehe meine Shorts vom Körper weg, während die heiße Flüssigkeit sich langsam um mich ausbreitet. Der Schmerz scheint irgendwie meinen Darm anzuregen, also entleere ich auch ihn, und auch sein Inhalt ist heiß und flüssig.

Ich fühle mich so entsetzlich verlassen und allein.

Und obendrein überfällt mich jetzt auch wieder diese bleierne Müdigkeit. Ein Gedanke kommt immer wieder: Wirst du es schaffen, den Kopf über Wasser zu halten? Wirst du die Nacht durchhalten? Er schallt wie ein Choral durch meinen Kopf.

Du solltest auf deinen Körper, nicht auf deinen Stolz hören.

Mit zunehmender Dunkelheit überfallen mich wieder diese irrationalen Ängste. Ich bin auf Messers Schneide. Menschenfressende Haie und Barrakudas geistern durch mein Hirn, und ich überlege, welch wundersame Geschöpfe, weniger harmlos als das leuchtende Plankton, sich wohl zu dieser Stunde zeigen werden. Ich stelle mir einen riesigen Oktopus vor, der aus den Tiefen emportaucht und mich mit Haut und Haaren verschlingt.

Ich stecke den Kopf ins Wasser, um nachzusehen, was da unten vorgeht. Doch ich kann nicht tiefer sehen als bis zu meinem Hosenbund. Alles pechschwarz. Als wäre es Teer.

Auf der *Naga Laut*
21.32 Uhr

»Abendessen.« Yanto kommt aufs untere Deck und winkt die Männer herein. Sein Blick ist leer wie der eines Verdammten, regungslos sieht er dabei zu, wie sie nacheinander hinuntersteigen.

Das Boot schaukelt nun in einem ruhigeren Rhythmus. Die Männer huschen in die Kombüse, und als sich alle auf den Bänken rund um den Tisch niedergelassen haben, bricht Tony das Schweigen. »Jungs, wir sollten einen Moment innehalten. Arch ist immer noch da draußen. Es wird eine lange, kalte, dunkle Nacht. Ich finde, wir sollten beten.«

Der Vorschlag erinnert an die Zeit, als Tony stellvertretender Schülersprecher war. Er wendet sich an Benoit: »Banger, würdest du das übernehmen?«

Banger blickt die verstörten Männer der Reihe nach feierlich an und nickt dann. Sie senken die Köpfe und schließen die Augen. Banger richtet seinen massigen Oberkörper gerade und beginnt zu sprechen: erst ein formelles Tischgebet, dann ein Gebet speziell für Brett, in dem er Gott bittet, seine schützende Hand über ihn zu halten und seiner Familie Gelassenheit zu schenken. Er findet klare, starke, ehrfürchtige Worte, so dass sie sich in der kleinen Kabine wie in einer Kirche fühlen.

Ein Großteil der Männer hat, wenn überhaupt, vor langer Zeit zuletzt gebetet. Doch nun erscheint es allen angebracht, ja sogar wichtig. Es ist ein emotionaler Augenblick, ihre Kehlen sind wie zugeschnürt, und manche kämpfen mit den Tränen.

Wenn es Gott gibt, denkt Weyne, dann habe ich es nie so sehr gespürt wie jetzt.

Das Abendessen, Lamm mit Reis, wird schweigend serviert. Die Männer sitzen mit hängenden Schultern und geröteten, fiebrigen Augen da und essen in einer unwirklichen Stille.

Danach setzen wieder leise Gespräche ein, über den frustrierenden Tag, über die erneute langwierige Überfahrt, die sie vor sich haben, darüber, wie weit sie vom Suchgebiet entfernt sind und wie lange es dauern wird, wieder dort hinzugelangen, mindestens sieben oder acht Stunden. Es ist, als wären sie in einer Art Jenseits gefangen. Sie wünschen sich nichts sehnlicher, als dass die Zeit vergeht.

Craigs Handy klingelt. Seine Schwester aus London, die Brett ebenfalls von Kindesbeinen an kennt, hat von dem Unglück erfahren. Craig geht zum Telefonieren hinaus.

»Craig, glaub mir, wenn irgendwer so was durchhält, dann Brett«, versichert sie ihm. Wie so viele andere kennt auch sie Bretts legendären Ruf.

Unter Deck erhält auch Tony tröstliche Botschaften. Eine SMS kommt von einem Außendienstmitarbeiter seiner Markisenfirma in Durban, wo es jetzt Nachmittag ist. »Tony, hier bei uns in der Kirche haben sich heute hundert Leute versammelt, um für Brett zu beten.«

Er vertraut auf die Macht des Gebets.

Eine weitere Nachricht kommt von seiner Frau Barbara: »Du weißt doch, Liebling, Brett schafft es immer wieder raus aus dem Schlamassel. Du wirst sehen, wir werden uns noch jahrelang seine Geschichte anhören dürfen.«

Das gibt Tony an die anderen weiter.

»Da hat sie recht, der Mistkerl hat wirklich neun Leben!«, sagt Ridgy und kriegt ein Lächeln zustande.

»Und verdammt, das werden wir noch lange zu hören kriegen.« Bangers Grinsen löst ihre Anspannung.

»Der kann sich auf was gefasst machen, wenn wir ihn finden«, scherzt Snowman, »dass er uns so was zumutet!«

Da taucht Yanto in der Tür der Kombüse auf. »Mr Ridge«, sagt er atemlos, »Kapitän von *Barrenjoey* am Funkgerät. Sie suchen auch morgen früh. Er will Sie sprechen.«

Niall steht auf, damit Ridgy aus der Bank rutschen kann.

»Wir haben den ganzen Tag versucht, euch zu erreichen, verdammt!« Trotz der schlechten Verbindung ist Doris' Empörung deutlich zu hören. »Euer Scheißfunkgerät war ausgeschaltet.«

»Ich hab den ganzen Tag versucht, eine Frequenz zu finden«, erwidert Ridgy genervt, während er aus dem Fenster der Brücke in die stockdunkle Nacht starrt. »Das war echt katastrophal.«

»Über dieses Scheiß-Facebook mussten wir euch Bescheid geben, dass ihr euer Funkgerät einschalten sollt!«

Doris' raue Stimme dröhnt durch das Steuerhaus. Auf eine Erklärung wartet er nicht. »Egal, jetzt wissen wir ja, wo ihr seid. Und, schwimmt er?«

»Unbedingt. Er ist zäh. Ist nicht seine Art aufzugeben.«

»Wie heißt er? Wie alt ist er? Wo ist er eurer Meinung nach reingefallen?«

Ridgy beantwortet Doris' Fragen präzise, fasst ihre eigenen Überlegungen zusammen und erzählt ihm mehr über Brett. Doris hat eine beruhigende Wirkung auf ihn: Man merkt sofort, dass er sich in diesen Gewässern auskennt.

»Kann gut sein, dass er inzwischen an Land getrieben wurde«, schlussfolgert Doris. »Aber selbst wenn nicht, er hat Kinder. Wenn man kleine Kinder hat, gibt man nicht auf. Dann gibt man nie auf.«

Nachdem sie die geplanten Fahrrouten abgesprochen haben, geht Ridgy wieder unter Deck, wo JM gerade ein Telefonat mit dem Sender »East Coast Radio« in Durban beendet hat.

»Sie wollten ein Live-Update«, erklärt JM und steckt sein Handy wieder in die Hosentasche. »Daheim sprechen alle über die Geschichte. Die Nachricht hat sich über Facebook in der ganzen Welt verbreitet. Und die ganze Welt wartet jetzt auf Informationen. Alle beten überall für Archie und fiebern mit.«

»Was hast du ihnen gesagt?«, fragt Ridgy.

»Das Gleiche, was ich Anita und Yanto gesagt habe: dass wir ihn finden werden.«

Die Crew wuselt im Boot herum, um es für eine weitere Überfahrt durch die Meerenge klarzumachen. Es ist die dritte innerhalb von vierundzwanzig Stunden.

»Und was machen wir jetzt?« Niall sieht JM an.

»Ich denke, wir sollten in die Falle gehen«, meldet sich Banger zu Wort. Er wirft einen Blick auf seine Armbanduhr. »Wir sind alle völlig hinüber und brauchen unsere Kräfte morgen.«

»Sehe ich auch so.« Craig muss man nicht lange überreden, er steht sofort auf und verschwindet im Gang zu ihren Kajüten. Einer nach dem anderen folgt ihm.

Weyne geht noch kurz hinaus aufs untere Deck. Das Wetter hat sich endlich ausgetobt, die Nacht ist ruhig. Die Wolken reißen auf und ziehen über den Himmel. Der Mond färbt ihre gespenstischen Umrisse silbern. Weyne holt sein Handy aus der Tasche und schreibt eine SMS an seine Frau Tatiana:

Hallo Liebling, sitze allein auf Deck, da, wo ich mich gestern mit Brett unterhalten habe. Das ist einfach zu traurig. So darf man nicht enden. Wir werden ihn finden.:-X

Minuten später blinkt ihre Antwort:

Das ist die Geschichte vom Überlebenswillen eines Mannes und seiner Freunde, die die Hoffnung nicht aufgeben. Ihr habt heute die gleichen Seelenqualen ausgestanden. Ihr liegt richtig. Das wird Bretts Glanzleistung.:-X

Auf dem Weg zu seiner Kajüte begegnet ihm JM, der gerade mit seiner Frau Tessa telefoniert hat. Yanto sitzt mit dem Rücken zu ihnen in der Kombüse.

»Also fahren wir um drei Uhr los?«, ruft JM ihm zu. »Bitte, sorg dafür, dass alle wach sind, wenn wir ins Suchgebiet kommen.«

Yanto dreht sich zu ihm um und nickt stumm. Sein Gesicht sieht aus wie eine Totenmaske. JM legt ihm kurz die Hand auf die Schulter, bevor er den Gang entlanggeht, an den Kajüten vorbei.

Leises Gemurmel bezeugt, dass die Letzten sich fürs Bett fertig machen.

Niall hat das Licht schon ausgemacht. Beängstigende Bilder geistern durch seinen Kopf. Es muss furchterregend sein da draußen, überlegt er. Kein Schiff in Sicht, keine Lichter, nur diese Finsternis, die einem die Luft abschnürt. Brett, wie willst du das schaffen? Die Frage ist nicht zu beantworten. Niall ist erleichtert, dass die Dunkelheit diese Leere in seinem Inneren gnädig verbirgt. Brett muss tot sein – nach so langer Zeit. Was für ein Tod. Was für ein entsetzlicher Tod.

Er dreht sich zur Wand und drückt fest die Augen zu, als könne er diese bösen Gedanken auf die Weise verscheuchen. Aber dann kommt der Schlaf so schnell wie eine Narkose.

In der Koje unter ihm grübelt auch Ridgy noch vor sich hin. Ich liege hier im Bett, denkt er, und Brett ist da draußen, nach eineinhalb Tagen muss er immer noch schwimmen. Und wir können nichts für ihn tun.

Auch wenn das Wasser warm ist, überlegt er, ist Brett inzwischen bestimmt schon unterkühlt. Ihm fällt Bretts mentale Stärke ein. Und Doris Eltheringtons Worte klingen ihm noch im Ohr: »Wenn du kleine Kinder hast, gibst du nicht auf. Du gibst nie auf.«

Gib nie auf – das ist das Letzte, was ihm durch den Kopf geht, bevor auch ihn der Schlaf übermannt.

JM nähert sich dem finsteren »Kerker«, ein Ort, vor dem er sich fürchtet. In der Dunkelheit klingt ihm entfernt Bretts Stimme im Ohr. Er muss wieder an ihre Ankunft denken, wie Brett gescherzt und herumgealbert hat. All die Trivialitäten kommen ihm plötzlich so bedeutsam vor.

Er macht das Licht an und beugt sich zu Bretts Rucksack. Der ist ordentlich gepackt, ein Abbild der festgefügten, gut organisierten Welt seines Besitzers. In einer Seitentasche findet er Zettel, zehn Stück, bedeckt von einer kindlichen Handschrift.

»Tony«, flüstert er und steckt den Kopf aus dem Kerker. In der Hand hält er den »Du bist mein Held«-Zettel von vorhin. »Das ist Zaras Schrift«, sagt er, als Tony sich durch die Tür duckt. »Sie hat ihm

Zettel geschrieben – schau, sie sind durchnummeriert. Für jeden Tag einen. Anita steckt den Kindern solche Zettel in ihre Pausenbrotdosen für die Schule. Und Zara hat das Gleiche für Brett gemacht. Sie hat ihm für jeden Tag der Reise einen Zettel geschrieben.«

Tony senkt den Kopf. Nach einem kurzen Augenblick der Stille sagt er nur: »Dann hat er noch neun weitere zu lesen. Wir müssen ihn finden.«

»Schau, dass du ein bisschen Schlaf abkriegst.« JM dreht sich um und verstaut vorsichtig wieder alles im Rucksack.

In aller Ruhe bringt er die Kajüte in Ordnung. Er macht Bretts Bett, schließt seine Tasche und stellt seine Schuhe ordentlich neben die Koje. So wie es Brett gefallen würde.

Dann macht er das Licht aus und kriecht in seine Koje. Hier vorn im Bug des Bootes in der Dunkelheit liegend, denkt er an Brett, wie er im Wasser treibt.

Sein stumm geschaltetes Handy blinkt: eine SMS seiner Mutter Estelle, die eine tiefgläubige Christin ist. Tessa hat ihm vorhin schon erzählt, dass Estelle, als sie davon erfuhr, auf die Knie gefallen ist und zusammen mit ihrer Haushaltshilfe Gladys Gwala, mit der sie seit fünfunddreißig Jahren befreundet ist, den ganzen Nachmittag gebetet hat. Sie hat auch zahlreiche Gebetsgruppen organisiert. JM nimmt sich kurz Zeit, sich auf ihre Botschaft zu konzentrieren:

Ich habe immer wieder »Jesus, lass ihn zurückkommen« gebetet. Vor zwei Stunden habe ich meine Bibel bei Jesaja 48,15 aufgeschlagen. Dort heißt es: »Ich habe ihn gerufen, ich habe ihn auch kommen lassen, und sein Weg soll ihm gelingen.«

21.30–22.30 Uhr
Die zwanzigste Stunde im Wasser

Zum ersten Mal, seit ich im Wasser bin, reißen die Wolken auf und geben ein Fleckchen des sternenbedeckten Himmels frei. Gerade ist der heute fast volle Mond aufgegangen und steigt nun langsam empor. So rund und prall, mit seinem riesigen gelben Hof, ist er ein wunderschöner Anblick.

Die Sterne funkeln wie Juwelen auf schwarzem Samt. Schon in uralten Zeiten haben Seeleute sie als Werkzeuge zur Navigation auf dem Meer genutzt. Und endlich geben sie auch mir die Möglichkeit, mich zu orientieren.

Ich erkenne meine alten Lieblingssternbilder: das drachenförmige Kreuz des Südens. Und Orion, den Jäger. Die Sterne, die seinen Gürtel bilden, sind deutlich zu sehen, ebenso wie der rötliche Beteigeuze, der seine Schulter markiert. Ganz in der Nähe leuchtet hell der Hundsstern Sirius. Sie sind mir vom südlichen Himmel meiner Heimat vertraut und bieten mir zu meiner Erleichterung eine gute Möglichkeit, mich zurechtzufinden.

Ich nutze also meine alte Pfadfindermethode, um den Süden zu bestimmen. Ich nehme die imaginäre verlängerte Längsachse des Kreuzes des Südens und die Linie, ausgehend vom Mittelpunkt der zwei Zeigersterne, und gehe an ihrem Kreuzungspunkt senkrecht hinunter zum Horizont. So stelle ich fest, dass ich gar nicht nach Süden geschwommen bin. Ich bewege mich in die entgegengesetzte Richtung. Was bedeutet, dass die Inseln im Westen links von mir liegen und nicht rechts, wie ich vermutet hatte.

Auch wenn es nur ein grober Anhaltspunkt ist, fühlt es sich doch besser an zu wissen, in welche Richtung ich unterwegs bin. Es verleiht meiner Zwangslage eine Art Sinn. Beziehungsweise lässt sie weniger sinnlos erscheinen.

Und so blicke ich, mit dem Hinterkopf auf einem Kissen aus Wasser ruhend, in den nächtlichen Himmel. Ich picke mir einen Stern heraus, anhand dessen ich möglichst lange verfolge, wie weit ich mich bewege. Ich glaube fest daran voranzukommen. Das gibt mir Hoffnung.

Und lenkt mich ab.

Ich denke an die Nachmittage, die ich zusammen mit JM und seinem jüngeren Bruder Pierre bei den Wölflingen und später den Pfadfindern verbracht habe. Wir haben dabei so viele Dinge gelernt, die sich in meinem späteren Leben als nützlich erwiesen. Die Pfadfinder haben mich kreativ und erfinderisch gemacht – das hat mir viele Male aus der Patsche geholfen.

Mir fällt das Gesicht unseres Gruppenleiters ein: Mr Stead war ein liebenswerter Kerl, der uns, als wir dreizehn waren, zu einem Survival-Wochenende an die Küste bei Pennington mitnahm. Ausgerüstet nur mit Taschenmesser, Kompass und einer Schachtel Streichhölzer, mussten wir in der Wildnis biwakieren. An diesem Wochenende regnete es sintflutartig, und die meisten Jungen waren nass bis auf die Haut und wollten nach Hause. Mir dagegen gefiel dieses Abenteuer. Ich baute mir ein Lager, machte Feuer und hatte es warm und trocken.

Überlebenstechniken – darüber denke ich jetzt nach. Ich erinnere mich an das, was ich in der Armee gelernt habe. Ich leistete meine Wehrpflicht, die es damals in Südafrika noch gab, in den frühen Achtzigern ab. Als Offizier einer Panzerschwadron wurde ich an die Grenze zu Angola geschickt, und so entsetzlich manche der Erfahrungen waren, die ich dort machte, lernte ich dabei zumindest, wie man auch harte Zeiten übersteht.

Eine zupackende Art habe ich schon seit meiner Kindheit. Immer wollte ich irgendetwas reparieren, dafür sorgen, dass Dinge funktionieren. Es fällt mir nicht nur leicht, es hat auch eine therapeutische

Wirkung auf mich. Noch immer werkle ich viel im Haus herum. Selbst wenn ich in die Ferien fahre, habe ich meine Werkzeugkiste dabei und repariere den Leuten im Zweifelsfall ihre kaputten Fenster oder klemmenden Türen.

Bloß dass ich jetzt nichts bei mir habe. Keine Werkzeugkiste, um mein Problem zu beheben. Nichts kann mich jetzt retten.

Ein brennender Schmerz zuckt plötzlich über meine Brust und meinen Hals und hinterlässt Blasen auf der Haut. Ich schreie auf vor Schmerz und Wut, aber meine Stimme ist so rau, dass ich sie kaum wiedererkenne. Ich kann zwar nichts sehen, aber ich weiß sofort, worum es sich handelt: die Tentakel von Quallen. Es fühlt sich anders an als die glühenden Stiche der Portugiesischen Galeeren vorhin. Das hier ist wie Strom, der brennend, pochend, schneidend über meinen Oberkörper und Rücken läuft. Immer wieder landen die messerscharfen Peitschenhiebe auf meiner scharlachroten Haut. Ich fühle die riesigen, klebrig-gelatinösen Köpfe der Quallen an mir saugen, sie heften sich an meinen Hals, als ich versuche, durch den Schwarm hindurch dem Schmerz zu entkommen. Ich zappele mit Armen und Beinen, taumele durch diesen zähflüssigen Feuerwald, versuche, ihre pulsierenden Stränge, die mich umschlingen, zu lösen. Ich reiße an den Tentakeln, die mir die Luft abschnüren, und schleudere sie so weit weg, wie ich nur kann. Ich höre, wie sie ins Wasser plumpsen und ein leises Gurgeln von sich geben, wenn sie versinken. In meiner Vorstellung ist alles Wasser um mich ein Meer von Blut. Mein Blut. Das aus mir heraussickert.

Ich werde sterben. Und es wird schnell gehen, tröste ich mich.

Doch dann plötzlich finde ich mich am anderen Ufer dieses dunklen, zähen Flusses wieder. Meine Haut brennt noch, aber diese Geschöpfe haben sich, nachdem sie ihr Teufelswerk vollbracht haben, davongemacht. Ich keuche vor Schmerz und Anstrengung.

Selbst in dieser Dunkelheit kann ich die tiefen, dunklen Striemen erkennen, die sie auf meiner Haut hinterlassen haben. Als hätte man ein Muster in meine Brust geschnitten.

Auf der *Barrenjoey*, »Dreamlands«
21.38 Uhr

An Deck werden ein paar Bier aufgemacht, vorgeblich zur Einstimmung auf Simons fünfzigsten Geburtstag morgen. Das Wetter hat sich gebessert, die Wolken verziehen sich und geben den Blick auf den Vollmond frei. Doris sitzt im Steuerhaus und brütet vor sich hin.

Er war aus der *Bynda Laut* gestiegen, hatte mit einem ungeduldigen Kopfschütteln das Abendessen abgelehnt und war zielstrebig zum Steuerhaus gelaufen, um sofort das Funkgerät zu testen.

»*Naga Laut*, können Sie mich hören?«, fragte er immer wieder ins Mikrophon. Seine Stimme klang müde, aber sein Körper war angespannt wie ein Raubtier auf dem Sprung.

Wieder nur Funkstille – wie den ganzen Tag schon. Genervt klappte er seinen Laptop auf und hackte mit dem Zeigefinger eine barsche Nachricht auf die Facebook-Seite der *Naga Laut*: »Schaltet euer verdammtes Funkgerät an!«

Eine Stunde später kommen Pete, Colin und Simon zu Doris ins Steuerhaus. Der Kapitän sieht irgendwie abwesend aus, während er in seinen leuchtenden Laptopbildschirm blinzelt. Er scheint in Gedanken versunken, wie abgekapselt.

»Alles in Ordnung, Skipper?«, fragt Pete vorsichtig.

Doris sieht sie aus seinen geröteten, müden Augen durchdringend an: »Ich hab heute versagt. Das mag ich gar nicht.«

Es folgt ein langes Schweigen. Sein offenes Eingeständnis erwischt die drei Männer auf dem falschen Fuß. Sie wissen nicht, wie sie auf seine düstere Laune reagieren sollen.

Simon wagt sich aus der Deckung: »Äh, Doris, die Jungs diskutieren unten gerade … Wir helfen alle gern, tun, was wir können, aber der Typ treibt jetzt schon ganz schön lange in der Brühe rum. Ziemlich wahrscheinlich, dass er inzwischen tot ist …«

»Wir haben uns über die Strömungen unterhalten, überlegt, wo er sein könnte«, fährt Colin fort. »Jetzt mal realistisch: Wie groß ist die Chance, dass wir ihn morgen früh finden? Dass wir ihn lebend finden?«

»Euer Gequatsche da unten interessiert mich nicht.« Doris steht auf. Er zittert vor Erregung am ganzen Körper und gibt ein tiefes Knurren von sich. »Wir werden ihn finden!«, schreit er. In dem kleinen Steuerhaus wirkt er plötzlich ausgesprochen imposant. »Wir müssen dranbleiben!«

Seinen Gästen steht die Verblüffung über seine Reaktion ins Gesicht geschrieben. Warum nimmt dieses Unglück Doris so sehr mit? Warum ist es für ihn zur alles entscheidenden Herausforderung geworden?

Als der Kapitän sich hinsetzt, hat er sich wieder im Griff. »Ich hab mit einem *bule* auf der *Naga Laut* gesprochen, nachdem ich sie endlich erreicht habe«, erklärt er. »Dieser Typ ist Südafrikaner, fünfzig, Radfahrer. Wenn er fit ist, ist er wahrscheinlich noch am Leben.«

Nach seinem Ausbruch stößt Doris einen Seufzer aus und schließt die Augen. Auf einmal wirkt er sehr erschöpft. Dann sieht er wieder hoch. »Er ist verheiratet. Zwei Kinder, neun und sechs. Himmel noch mal, er will sie wiedersehen. Sie sind es wert, dass er am Leben bleibt.«

Niemand sagt etwas. Noch einmal ändert sich Doris' Tonfall, nun redet er leise, kaum hörbar. »Brett Arch-irgendwie. So heißt er. Chantal hat mir auch Koordinaten gegeben, die ihrer Meinung nach präziser sind.«

Seine Augen sind aufgerissen, aber sein Blick hinaus in die Dunkelheit ist leer, und er spricht sehr langsam. »Das Wasser ist warm. Normalerweise würde ihn zuallererst die Unterkühlung umbringen, aber es ist warm. Außerdem gab's heute keine Sonne. Ich sage euch, der lebt.«

Betreten schweigend stehen die Australier da. Der Kapitän scheint die mangelnde Einsatzbereitschaft – der Behörden, der Leute um ihn herum – als persönlichen Verrat aufzufassen.

»Ich habe gestern meinen besten Freund verloren.«

Diese Eröffnung kommt aus heiterem Himmel, aber seine drei Gäste begreifen sofort, dass Doris versucht, sein unberechenbares Verhalten zu erklären.

»Mein Kumpel Dave Kinder ...«

Das Sprechen fällt ihm sichtlich schwer. »Wir sind schon ewig befreundet. Gestern bekam ich einen Anruf, dass er gestorben ist. Krebs. Und er hatte ein schweres Leben ...«

Doris schnieft, eine Mischung aus Glucksen und Schluchzen. »Ich wollte eigentlich nach Perth fliegen, um ihn zu sehen ...« Er verstummt und starrt auf seine Hand.

Die Männer schauen zu Boden und schweigen verlegen. Dieser Schlüssellochblick auf das Seelenleben des Skippers ist ihnen unangenehm, doch wenigstens erklärt das sein seltsames Verhalten der vergangenen Tage. Pete tritt schnell zu Doris und schnappt sich die Seekarte, die hinter der Instrumententafel klemmt.

»Alles klar, Mann, dann legen wir also einen Kurs für morgen früh fest.«

Doris hustet keuchend und greift instinktiv nach seiner Marlboro-Schachtel. Seine Hände zittern ein wenig.

»Mein Bruder und meine Schwägerin arbeiten im Außenministerium in Canberra«, erklärt Colin. »Ich rufe sie an und frage, ob sie mit jemandem reden können, der helfen kann.«

Doris nickt nur, als Colin und Simon das Steuerhaus verlassen. Die beiden Skipper bleiben, um über die Gezeiten in der Nacht, den sich abschwächenden Wind und die nachlassende Strömung zu beraten. Sie wollen das Suchgebiet für den nächsten Tag abstecken.

»Ich fahre morgen nach Norden«, verkündet Doris nach ein paar Minuten. »Wir fahren nach Nordosten Richtung Padang, aber bei 99 Grad drehen wir. Hier ...«

Pete richtet seinen langen Körper auf und schüttelt den Kopf. »Nee, nee, Doris, wir sollten genau nach Osten fahren.« Sein Finger gleitet über einen Breitengrad. »Wenn wir da lang fahren, wird er viel weiter unten sein … die Strömung geht nach Süden …«

»Verdammt nochmal!« Völlig unvermittelt scheint Doris wieder seine Autorität unter Beweis stellen zu müssen. Diesmal spielt ein anderer Aspekt eine Rolle, vielleicht ist es eine verzögerte Reaktion darauf, dass er am Vortag Pete die Führungsrolle überlassen hat. »Auf dem verdammten Boot bin ich der Kapitän! Wir fahren nach Norden. Wenn wir dort sind, nehme ich das Beiboot und sehe mich ein bisschen um.«

Pete antwortet nicht. Er schüttelt nur langsam den Kopf.

»Du kannst mich, ich bleibe bei meiner Route. Die geht da lang, und da fahren wir hin.« Doris' Worte hängen eine Zeitlang in der Luft wie Rauchringe.

Pete ist zum Widerstand entschlossen: »Ich bin anderer Meinung.«

»Jetzt hör mal zu. Gestern ging die Strömung nach Süden, wie meistens, aber heute ist das ganz anders. Ich habe mir das genau überlegt. Als wir mit der *Bynda Laut* heute Abend zurückgefahren sind, haben wir zum Pinkeln gehalten. Es hat geregnet, und wir sind nass geworden, aber mir sind zwei Kokosnüsse im Wasser aufgefallen. Der Wind wehte nach Süden, klar, aber diese Kokosnüsse trieben in die Gegenrichtung. Ich sag dir, die Strömung geht nach Norden.«

Doris vertraut auf seinen Seemannsinstinkt, den er schon als Kind beim Segeln geschult hat. Er ist damit groß geworden, das Wetter zu lesen und mit dem Wetter zu leben. Und noch immer zieht er stur seinen eigenen Spürsinn jeder Technik vor. Doris ist berühmt dafür, sämtliche Internet-Wetterberichte zu ignorieren. »Ich schau lieber aus dem Fenster«, sagt er, und manche sehen darin den Mythos dieses Mannes bestätigt: ein Praktiker und Visionär zugleich.

Doris wirft Pete noch einen Blick zu: »Wir fahren nach Norden. Mein Bauchgefühl irrt sich nicht. Und wir starten früh. Ich möchte bei Tagesanbruch im Suchgebiet sein.«

»Ich bin nach wie vor der Ansicht, dass wir uns östlich halten sollten.« Pete stapft hinaus, er ist wütend, reißt sich aber zähneknirschend zusammen. Über die Schulter ruft er Doris noch zu: »Ist dein Boot, Skipper, deine Entscheidung.«

22.30–23.30 Uhr
Die einundzwanzigste Stunde im Wasser

Mein Körper brennt – aber es ist ein kaltes Feuer, ein triumphierender Schmerz, denn das Leben, statt aus mir herauszufließen, flutet in mich hinein. Wie zuvor die Portugiesischen Galeeren haben auch die Quallen mich irgendwie gestärkt, mein Herz wieder auf Touren gebracht. Sie haben mir gezeigt, dass ich noch etwas vor mir habe und noch mehr auf mich zukommen kann. Wieder dieser Drahtseilakt: Unter mir tut sich ein Abgrund auf, ein falscher Schritt, und ich stürze ins Leere.

Glücklicherweise ist der Mond mein Begleiter. Seine Gegenwart tröstet mich. Um ihn herum wabert Dunst, eine Nachwirkung des Sturms, und verleiht ihm eine wohltuende Aura. Ich beobachte ihn ununterbrochen und versuche so herauszufinden, wie spät es ist. Ich tippe auf 23 Uhr, was mich aufmuntert, denn es bedeutet, dass nur noch sechs oder sieben Stunden Dunkelheit vor mir liegen.

»Dann wird es hell sein. Und wenn es hell ist, wird es mir bessergehen.«

Ohne die Wolken ist es nun deutlich kälter, und sosehr ich mich auch bemühe, ich kann nicht verhindern, dass meine Zähne klappern. Das Geräusch hallt in meinem Kopf wider.

Ich lege die Hand auf meinen Mund. Meine Lippen sind ganz dick und aufgeplatzt.

Ich versichere mir mit sanftem Nachdruck, dass ich diese Stunden überstehen kann. Ich kann noch so lange durchhalten, bis die Fischerboote ausfahren, sage ich mir. Jetzt, da ich weiß, in welche Richtung ich treibe, kann ich durchhalten.

Ja, halte durch.
Endlich hat das Meer sich beruhigt, und ein Streifen Mondlicht tänzelt über die Wellenkämme vor mir. Bächlein aus flüssigem Quecksilber überziehen die Wasseroberfläche. Ich bewege mich langsam durch die sanften Wellen und versuche, mein Vorankommen an den Sternen festzumachen.

Langsam und gleichmäßig, ermahne ich mich.

Aber bleib in Bewegung. Immer in Bewegung bleiben.

Wolken huschen am Mond vorbei, wabern in seinem Lichthof. So ruhig es hier unten ist, dort oben ist ganz schön was los.

Meine Gedanken wandern, und irgendwann formt sich ein Bild. Es ist Nachmittag, und ich liege mit meinem Großvater in unserem Garten im Gras. Ich bin sechs oder sieben Jahre alt. Wir spielen dieses Kinderspiel, bei dem man in den Wolken Figuren zu erkennen versucht. Ich lache vor Begeisterung, als sich in dem strahlenden Blau magische weiße Gestalten bilden.

Ich blicke wieder nach oben: Der Mond strahlt die rußgrauen Wolken von hinten an und verwandelt sie: in einen Drachen, einen Schmetterling, ein Pferd, ein Herz. Eine Wolke zieht vor dem Mond vorbei und wird plötzlich zum griechischen Gott Apollo, dem Bogenschützen. Vor dem Rund des Mondes formen sich Pfeil und Bogen.

Apollo. Ein Gott der Stärke. Du bist mit einer Griechin verheiratet. Du musst zu Apollo werden, um diese Nacht zu überstehen.

Langsame Bewegungen. Bleib in Bewegung. Immer in Bewegung bleiben.

Die Wolken zerstreuen sich, lösen sich auf. Mir ist so kalt, ich bin so müde, alles tut mir weh. Ich drehe mich auf den Rücken und versuche, mich zu entspannen, meine Beine zu strecken.

Und dabei, fällt mir plötzlich auf, tut mir gar nichts weh. Warum habe ich das nicht früher schon bemerkt?

Seit achtzehn Jahren lebe ich mit ständigen Rückenschmerzen, Tag für Tag, ein unablässiges Pochen, das mich beim Sport, im Alltag, sogar auf dem Sofa beim Fernsehen quält.

Ich habe mir 1996 die Halswirbelsäule gebrochen, als ich bei einem

Freund von einem dreistöckigen Gebäude in einen Swimmingpool sprang. Es war Tequila im Spiel. Der Pool befand sich neben dem Haus und war an einem Ende nur einen Meter tief.

Ich stand auf dem Dach. Meine dreißig Zuschauer waren entsetzt und versuchten, mich davon abzubringen. Aber ich war ein Idiot, der nach Aufmerksamkeit gierte.

Ich machte einen Schwalbensprung, und schon im Flug wurde mir klar, dass das gar nicht gutgehen würde. Ich hatte mich verschätzt und tauchte am flacheren Ende ins Wasser. Meine gestreckten Arme dämpften den Aufprall zu einem großen Teil.

Als Blut im Wasser aufstieg, sprang einer in den Pool und zog mich an den Haaren heraus. »Ich hab's geschafft«, keuchte ich, als ich auftauchte.

»Nein, Arch«, sagte er, »hast du nicht.«

Ich wurde eiligst in ein Krankenhaus gebracht. Die Ärzte teilten mir mit, dass ich mir beide Schultern ausgekugelt, das Schlüsselbein gebrochen und den Kiefer ausgerenkt hatte.

Ich war völlig unzurechnungsfähig. Ich ließ mich von der Krankenschwester ohne Narkose nähen und bedrängte sie, mich wieder zurück zur Party gehen zu lassen. Das tat ich dann auch.

Gegen drei Uhr morgens klappte ich zusammen. Ich rief Anita an – wir waren damals erst ganz kurz zusammen – und bat sie, mich abzuholen. Am nächsten Morgen konnte ich mich nicht bewegen. Im Krankenhaus stellten sie anhand weiterer Röntgenaufnahmen und Tests fest, dass ich mir das Genick gebrochen hatte, es waren acht Haarrisse im zweiten und dritten Halswirbel.

Doch hier im Wasser habe ich keine Schmerzen. Was mich nach den vielen Stunden, die ich bereits schwimmen muss, doch sehr erstaunt. Hat das Treibenlassen meine Wirbelsäule entlastet? Oder ist mein Körper inzwischen völlig gefühllos?

Fährt mein Hirn runter? Ist das schon mein Untergang?

Ich muss in Bewegung bleiben. Vorwärts. Immer vorwärts.

Ich fühle mich so schwach, dass ich mich kaum mehr rühren kann. So müde. So entsetzlich müde. Ich stelle das Reden ein. Weder mit Gott noch mit Bob, Hilary oder Emily spreche ich noch. Ich nehme all meine Kraft zusammen und rufe im Geist Anita zu: »Hilf mir! Hilf mir wach zu bleiben!«

Bleib in Bewegung. Beweg dich.

Ich habe ein seltsames Klingeln im Ohr, wie Tinnitus, wie das leise Summen von Neonröhren. Der Mond verschwimmt, und das Wasser fühlt sich wie Blei an. Es ist, als würden mich eiskalte Arme erbarmungslos umklammern.

Ich bekomme kaum mehr mein Gesicht aus dem Wasser und spüre meine Gliedmaßen nicht mehr. Ich schließe die Augen. Der Tinnitus schwillt zur Maximalstärke an.

Beweg dich. Beweg dich. Beweg dich.

Dann. Ein kleines Boot. Ein Kanu. Kommt aus der Nacht auf mich zugefahren.

Ich hebe den Kopf, als ich das Klatschen der Paddel im Wasser höre. Ich sehe zuerst den Bug – ganz deutlich zeichnet er sich in der Dunkelheit ab. Er gleitet nicht auf der Wasserfläche, sondern schwebt ein paar Zentimeter darüber hinweg.

In dem Kanu sitzen zwei kleine Indonesier, etwa sechs Jahre alt, so wie Jamie. Das sind die Kinder, die im seichten Wasser vor den Inseln Handel treiben. Sie verkaufen Schnitzereien, Masken und Schmuck an die dort ankernden Charterboote.

Ich habe Land erreicht!

Voller Freude rufe ich ihnen zu: »Kommt ihr, um mich zu begrüßen?«

Die Jungen fahren mit ihren langen Paddeln weiter auf mich zu. Der vorn paddelt links, der hinten rechts. Mich hat es immer fasziniert, wie schnell diese Kinder mit ihrer Technik vorankommen. Sie nehmen die Paddel nie aus dem Wasser, sondern wirbeln sie im Wasser herum.

Das Kind hinten ist wunderschön. Es hat welliges schwarzes Haar und seltsamerweise blaue Augen. Sein breites Lächeln entblößt seine strahlend weißen Zähne.

Ich bin von Zähnen irgendwie besessen. Meine sind furchtbar, sie wurden mir zum Teil bei Prügeleien ausgeschlagen und haben mir auch sonst alle möglichen Probleme bereitet. Eine Zeitlang habe ich mit dem Gedanken gespielt, sie mir richten und verschönern zu lassen, mich dann aber dagegen entschieden, weil mir das dann doch übertrieben eitel vorkam.

Das Kind vorn ist das genaue Gegenteil, es ist ungewöhnlich hässlich. Unförmiges Gesicht, struppige Haare, und seine Zähne sind schief und krumm.

»Ihr habt mich gerettet!«, rufe ich. »Danke, danke, Kinder!« Ich konzentriere mich auf den Jungen vorn. »Ich nehme dich mit nach Südafrika und bringe dich zum besten Zahnarzt in Kapstadt. Wir lassen dir die Zähne richten.«

Beide lächeln mich an, aber sagen kein Wort.

Ich schwimme zu dem Kanu, das nur wenige Meter von mir entfernt ist, und strecke meine Hand nach dem Bug aus. Als ich das Holz packen will, gleitet meine Hand durch die Luft und dann ins Wasser.

Weg.

Das Kanu mitsamt den Jungen ist verschwunden.

Ich versinke. Ich mache den Mund zu. Versuche, nicht unterzugehen, doch mein Kopf füllt sich mit Wasser.

Es war nicht real.

Eine Täuschung, ein Traum, ein Phantom. Eine weitere niederschmetternde Enttäuschung.

Mir zuckt ein Gedanke durch den Kopf: Das sind die Seelen der auf See Vermissten, die Geister des Meeres, die mich, den Ertrinkenden, holen kommen.

Ich befinde mich an einem fremden, unheimlichen Ort. Weit weg von den Lebenden, den Toten sehr nahe.

Auf der *Barrenjoey*
23.07 Uhr

Während seine Gäste sich nach und nach in ihre Kojen verziehen, setzt sich Doris wieder an sein Funkgerät, um andere Boote, die in der Gegend unterwegs sind, zu verständigen.

Zuvor hat Colin ihm mitgeteilt, dass sein Bruder die Australian Maritime Safety Authority (die australische Seenotrettung) und Diplomaten im südafrikanischen Konsulat verständigt hat. »Sie scheinen alle Bescheid zu wissen«, war alles, was er sagen konnte.

»Ich habe auch nicht erwartet, dass sie helfen«, hat Doris geschnaubt, aber die inzwischen uneingeschränkte Unterstützung seiner Gäste weiß er zu schätzen.

Er überlegt, wie er die kommenden Stunden organisieren soll. Er ruft nochmals John McGroder an, dann Martin Daly, genannt »der Bulle«, der sich bereit erklärt, die Kapitäne seiner anderen beiden Boote, der *Indies Trader II* und der *Indies Trader III*, anzufunken. Die *Trader II* ankert weiter südlich, muss also sehr früh starten, und die *Trader III* muss von Padang aus losfahren. Die Überfahrt wird mehrere Stunden dauern.

»Ich kümmere mich von hier aus um die Klarierung und schicke sie los«, sagt Daly. »Die *Trader IV* wird es nicht schaffen, die ist zu weit weg.« Er selbst befindet sich am Flughafen von Jakarta – er war auf Dave Kinders Beerdigung – und wird gleich in ein Flugzeug steigen, das um Mitternacht nach Padang startet.

»Niemand sonst wird sich darum kümmern, mein Freund. Es bleibt an dir hängen«, übertönt er den Lärm des Flughafenterminals im

Hintergrund. Mit seiner Bemerkung trifft er beim Kapitän einen Nerv. »Du weißt, was du tust. Wenn einer den Typen findet, dann du.« Daly hat immer auch dann an Doris geglaubt, wenn andere es nicht taten. Das baut Doris auf, und er fühlt sich weniger allein.

Doris ruft noch einen Kollegen vom Katastrophenschutz an, der kürzlich mit ihm einen Notfallplan für das Öl- und Gasprojekt ausgearbeitet hat. Sein Schiff wird gerade in Padang ausgemustert.

»Ich kriege keine Unterstützung vom Rettungsdienst, der Armee oder der Hafenmeisterei«, erklärt Doris. »Denen ist das egal. Ein einzelner Mensch ist denen egal.«

»Wie weit draußen ist das denn passiert?«, fragt sein Freund. »Was waren denn die letzten Koordinaten?« Nachdem sie sich ein paar Minuten ausgetauscht haben, lautet sein Fazit: »O Mann, Doris, der ist tot. Bei dem Wetter heute? Der Wind 30 Knoten und die hohen Wellen und keine Schwimmweste? Das kannst du vergessen.«

»Na besten Dank auch!« Schon zuvor hatte er ähnlich hilfreiche Reaktionen erhalten, etwa von Bekannten, die gerade in Vietnam als Rettungssanitäter auf Bohrplattformen arbeiten. »Aber irgendwann passiert euch so was, und dann erwartet ihr bestimmt auch, dass wir helfen, wenn die Kacke am Dampfen ist.«

Er legt grußlos auf und murmelt: »Macht nur so weiter, trinkt schön euren Kaffee und schaut zu, wie die Welt an euch vorbeizieht.«

Dann wirft Doris noch einen Blick auf Belinda McGroders Facebook-Seite. Nach seinem Gespräch mit John hat sie einen Rettungsaufruf gepostet, der ihn sehr bewegt:

Hallo Flotte und Basislager! Die *Naga Laut* hat gegen 4 Uhr heute Morgen einen Passagier verloren, letzte sichere Koordinaten 99° 55′ O und 1° 40′ S. Laut Doris auf der *Barrenjoey* schwimmt da draußen eine Menge Müll. Wetter katastrophal. Ab Tagesanbruch brauchen wir da draußen jedes Boot für eine Art Rastersuche. Wir sind mit *Huey*, *Indies Trader III* und *Kuda Laut* unterwegs. Wir brauchen noch mehr Boote. Bitte berücksichtigt Strömung und starken Wind aus WNW. Bitte kommuniziert auf VHF 16 und HF 8.17.9.0 MHZ. Gebt euch einen Ruck, liebe Surfercommunity, wir müssen es versuchen! Er ist

Surfer. Stellt euch vor, ihr wärt an seiner Stelle. Hier ist Teamwork gefragt!

Gegen Mitternacht treffen die *Huey* und die *Kuda Laut* in Tua Pejat ein. Die *Kuda Laut* unter dem ebenfalls australischen Skipper Bryan Jacobs hat über Funk von der morgendlichen Suche erfahren und ist von den südlichen Mentawai-Inseln hochgefahren. Beide Schiffe ankern ein paar hundert Meter entfernt von der *Barrenjoey*. Doris ist dankbar, dass sie ihm Gesellschaft leisten.

»Ich hab Ärger mit meinen Gästen«, berichtet Steven Sewell von der *Huey*. »Sie wollen wissen, was wir hier wollen.«

»Verdammte Scheiße, Suley, hast du ihnen gesagt, dass wir nach einem Menschen suchen?«

»Ja, klar, darauf sagen sie: Aber wir sind zum Urlaubmachen hier!«

»O Mann, die können den ganzen Tag am Strand rumhängen, ist mir auch egal«, erwidert Doris. »Ich habe hier einen Notfall.« Und fügt noch hinzu: »Ich hab selber Ärger.« Er erzählt Suley von der Meinungsverschiedenheit mit Pete Inglis.

»Tja, ich werde sicher nicht neutral bleiben, wenn ihr zwei euch streitet, Doris.« Suley und Doris haben ein langjähriges Vertrauensverhältnis. »Das würden wir beide nicht. Also, was hast du vor? Wenn du die 99 abfahren willst, übernehme ich 99,05, okay? *Trader III* kommt von Padang runter und wir treffen uns in der Mitte.«

»Okay.« Doris nimmt einen tiefen Zug von seiner Zigarette, und seine Antwort schwebt auf einer Rauchwolke aus seinem Mund: »Matty kommt mit der *Foxy* von Süden, von der ›Burger World‹. Er fährt auf der 99 runter. Ich habe ihn gebeten, im Zickzack vor uns herzufahren. Ich will alle Boote auf eine Linie kriegen und dann mit einer Meile Abstand zwischen uns parallel das Gebiet abfahren, wo ich den Typen ungefähr vermute …«

Nach einer kurzen Pause ergänzt er noch: »Matt hat noch wegen Treibstoff gefragt. Mach dir keine Sorgen um den verdammten Treibstoff, hab ich ihm gesagt. Mach's einfach, fahr raus, Kumpel. Fahr einfach zickzack vor uns her!«

»Hast du was von der *Naga Laut* gehört?«

Schon der Gedanke daran nervt Doris. »Ich habe sie kontaktiert. Sie starten in Padang, glaube ich. Ich hab nicht die geringste Ahnung, was die vorhaben.«

»Hör zu, Doris, es ist eins, ich will noch eine Mütze Schlaf abkriegen.« Erschöpft unterbricht er kurz. »Um drei geht es los, richtig?«

»Ja, bis bald, Suley. Und danke, Kumpel.«

Doris überlegt, wie lange die zwei *Indie Traders* von Daly für die Strecke wohl brauchen werden. Die McGroders werden sich mit ihren Söhnen Fynn und Duke auf ihrem Katamaran ebenfalls an der Suche beteiligen, und Matt Cruden, noch einer von Dalys Skippern, wird bei Tagesanbruch vom Surfspot »Burger World« südwestlich von Siberut aufbrechen. Er will mit der *Foxy Lady*, einem Alu-Schnellboot, das zum Charterboot *Mangaliu Ndulu* gehört, nach Süden fahren.

Im Steuerhaus herrscht jetzt eine fast gespenstische Stille, aber Doris kann beim besten Willen nicht an Schlaf denken. Unruhig und besorgt stapft er weiter auf und ab.

Wir müssen ihn finden, denkt er immer wieder. Er hat Kinder … Ich habe Kinder. Ich habe sogar drei Enkelkinder. Gott. Allah. Ganesha … Doris fängt an zu beten. Er glaubt an Gott, aber für Kirchenbesuche fehlt ihm die Zeit. Doch Beten scheint ihm jetzt angebracht.

»Hilf mir, ihn zu finden.«

Fiskaal Road, Camps Bay
16.37 Uhr

Luke geht zum Einkaufen. Wayne nimmt Chantals Anrufe entgegen. Auch wenn er äußerlich ruhig und pragmatisch wirkt, innerlich nagt auch an ihm der Kummer.

Er googelt die *Naga Laut* und stößt auf ein paar Fotos des Bootes. Er vergrößert Details wie Deck, Reling, Beiboot. Wie und wo könnte Brett über Bord gegangen sein? Er will dieses Rätsel unbedingt lösen.

Anita möchte noch einmal auf der *Naga Laut* anrufen und nach Neuigkeiten fragen.

»Bitte begrenzt die Anrufe auf dem Satellitentelefon«, hatte JM vorhin betont, und der Frust in seiner Stimme war Wayne nicht entgangen. Bei allen Beteiligten kochen die Emotionen hoch, und Wayne will verhindern, dass sie die Oberhand über die Vernunft gewinnen.

»Wir dürfen nicht ständig auf dem Boot anrufen«, sagt er mit sanfter, aber fester Stimme zu Anita. »Das hilft auch nichts. Wir müssen sie in Ruhe weitermachen lassen. Außerdem ist es dort gerade mitten in der Nacht …«

Er verschweigt ihr ein besonders entmutigendes Detail in JMs Bericht: Die ganze Zeit über haben sie in der Meerenge weder Flugzeuge noch andere Boote gesehen.

Wayne bittet Gaby, die Nummer der südafrikanischen Botschaft in Indonesien zu googeln, und telefoniert endlos mit Botschaftsmitarbeitern und Beamten des Hochkommissariats in Pretoria hin und her, um herauszufinden, ob eine offizielle Suchaktion angelaufen ist. Und erhält die immer gleiche typische Diplomatenantwort: »Wir müssen den offiziellen Weg gehen. Wir tun, was wir können …«

Auch für Bretts Bruder Greg, der aus den Drakensbergen anruft, filtert Wayne seine Informationen.

»Die *Naga Laut* fährt wieder raus. Ich habe auch alle Surfcamps auf den Inseln gegoogelt und kontaktiere sie, damit sie per Schiff oder an Land nach Brett Ausschau halten. Die Leute sind unterwegs – es ist nur eine Frage der Zeit.«

Loni hat in der Küche Brot mit Pastrami belegt und stellt die Platte nun wortlos auf den Wohnzimmertisch. Niemand rührt sie an.

Eine eigentümliche Stille breitet sich aus. Der Regen hat aufgehört, aber der Nachmittag ist in einen sonderbaren Nebel getaucht.

Im Haus steigt ein anderer Dunst auf, denn Paula und Zelda haben beschlossen, Bretts Rauchverbot zu ignorieren. Sie sitzen stumm und reglos nebeneinander auf der Couch und blasen riesige Qualmwolken in die Luft. Die vor ihnen stehenden Aschenbecher quellen über. Lulu ist von ihrem Termin zurück, und sie und Louise schließen sich den beiden von Zeit zu Zeit an. Der Rauch wabert langsam durch den ganzen Raum. Niemand spricht.

Paula betet leise das Vaterunser. Es wird zu einer Meditation.

Ich kann spüren, dass er noch lebt, versucht Louise sich zu überzeugen. Er hat so einen starken Lebenswillen. Er hat diese Welt noch nicht verlassen.

Loni geht zu Wayne und lugt ihm über die Schulter auf den Laptopbildschirm. Er ist zu einer Art Schreiber geworden, einem Notar, der systematisch Details ordnet, im Stillen die Bürokratie hinterfragt, sorgfältig die Häppchen an neuen Informationen zusammenträgt. Für Gespräche, die Anita nicht hören soll, geht er nach draußen.

Im Wohnzimmer lesen Helene und Kirsten die Posts, von denen die »Auf der Suche nach Brett Archibald«-Seite überquillt. Tausende Mal wird geklickt, gelikt und geteilt, was belegt, dass Menschen auf der ganzen Welt an der Geschichte Anteil nehmen. Sie zeigen Mitgefühl, geben Ratschläge, schicken Gebete und äußern unerschütterliche Hoffnung. Unsensible Posts mit dem Inhalt »Der ist schon lange tot« oder »Das ist hoffnungslos, kein Mensch kann so lange im

Meer überleben« meiden die beiden Frauen. Solche Kaltherzigkeit können sie in diesen Zeiten der Not nicht gebrauchen.

Früher am Nachmittag hat sich CJ aus Jakarta bei Wayne gemeldet. In Indonesien ist es inzwischen Nacht, und CJ musste ihm bestätigen, dass aufgrund des schlechten Wetters alle Flugzeuge am Boden geblieben sind. Auch konnte CJ nicht sagen, ob überhaupt ein Rettungsboot ausgelaufen ist.

Diese Neuigkeiten lasten schwer auf Wayne.

»Warum hat denn niemand angerufen? Warum hat ihn immer noch niemand rausgeholt?«, fragt Anita ständig, und ihre Stimme klingt dabei immer verzweifelter. Wayne beschließt, auf den Zeitunterschied eine Stunde draufzuschlagen, um sie nicht noch mehr zu beunruhigen.

Von Chantal hat Louise die gleiche Auskunft bekommen. Und auch die SMS, die Lulu von ihrem Mann erhält, klingt ähnlich:

Schatz, es sieht nicht gut aus. Wir können keinen Meter weit sehen. Wir müssen stark sein.

Und dann:

Es ist schon spät hier. Wir sind alle todmüde. Die Stimmung ist mies.

Die beiden Frauen durchbrechen mit ihren Hiobsbotschaften die Stille: »Die Flugzeuge haben nicht starten können, und auch die Boote wurden zurückbeordert, weil das Meer zu unruhig ist.« Louises Stimme hat einen metallischen Klang.

Lulu nutzt die Gelegenheit, um ebenfalls eine schlechte Nachricht loszuwerden: »Der Kapitän der *Naga Laut* hat entschieden, in den Hafen zurückzukehren. Sie müssen über Nacht in Padang ankern.«

Anita starrt sie mit weit aufgerissenen Augen an.

»Aber JM sagt, dass sie um drei Uhr morgens wieder losfahren.« Wayne beeilt sich, etwas Ermutigendes zu liefern. »Sie hoffen, dass das Wetter sich bis dahin beruhigt hat.«

Wie ein eiskalter Hauch breiten sich die Neuigkeiten im Zimmer aus. Anita sinkt langsam zurück in ihren Stuhl.

»Sie können ihn doch nicht da draußen lassen. Wenn der Sturm vorbei ist, fahren sie doch wieder raus, oder? Indonesien ist uns fünf oder sechs Stunden voraus, also ist es etwa sieben Uhr … die Sonne geht dort doch erst gegen zehn unter, oder?«

Kirsten tippt »Sonnenuntergang, Zeit, Indonesien« in die Google-Suchmaske. Sie wird blass.

»Was denn?« Anita sieht ihr ihr Entsetzen an.

»Es ist dort schon ungefähr 22 Uhr, Anita. Die Sonne ist schon vor einer Weile untergangen …«

Anita zuckt zusammen. Dann beginnt sie, sich vor und zurück zu wiegen. Sie presst sich die Arme in den Bauch und gibt ein langgezogenes Wimmern von sich. Ihre Mutter ist sofort bei ihr, doch auch sie kann ihr Entsetzen nicht verbergen.

»Sie können ihn doch nicht einfach hängenlassen, das können sie doch nicht machen!« Anitas Stimme klingt schrill. »Er lebt, das spüre ich. Aber er überlebt allein keine weitere Nacht. Er ist seit Stunden im Wasser. Im Dunkeln übersteht er das nicht.«

Alle schweigen betreten, während Anita von heftigem Weinen geschüttelt wird.

»Die Jungs auf dem Boot sind wirklich verzweifelt, dass sie das Suchgebiet verlassen mussten«, führt Lulu zu deren Verteidigung an. »Mark sagt, sie sind am Boden zerstört.«

»Auch für sie muss das alles wahnsinnig schwer sein«, gibt Helene kopfschüttelnd zu bedenken.

Da schaltet sich Wayne wieder ein: »Äh, Martin Daly, einer der Reeder, hat mir gesagt, dass er drei seiner Charterboote für die Suche zur Verfügung stellt.« Er will der allgemeinen Ratlosigkeit unbedingt etwas Tröstliches entgegensetzen. »Das sind größere Schiffe. Die werden sich gleichmäßig verteilen, ihr Licht anschalten und der Strömung folgen, so dass Brett sie sehen kann. Selbst wenn es stockdunkel ist, kann er auf die Lichter zu schwimmen. Sie schalten auch ihre Motoren ab, damit sie ihn hören, wenn er ruft …«

Das klingt alles ziemlich abwegig, und dennoch sieht Wayne

Dankbarkeit in Anitas Gesicht. Sie braucht etwas, woran sie sich in der vor ihr liegenden langen Zeit der Ungewissheit klammern kann. Ihm ist bewusst, dass niemand das wahre Ausmaß der Lage einschätzen kann. So ein Halbwissen findet er unverantwortlich. Da sind Illusionen oder sogar Unwissenheit noch besser.

Gaby legt den Arm um Anita. »Meine Liebe«, sagt sie und lehnt ihren Kopf an Anitas Schulter. Dann richtet sie sich entschlossen wieder auf. »Genug Tee und Kaffee. Es ist Zeit für eine Flasche Wein.«

»Großartige Idee!« Lulu, die neben Paula sitzt, springt auf. »Ich hole Gläser.«

Während Louise und Kirsten sich über die niedrigen Schränke an der Wohnzimmerwand beugen, die Bretts Hausbar beherbergen, geht Wayne zurück an seinen Laptop. Er sucht sich die internationalen Uhrzeiten heraus und notiert sich, wann in Indonesien morgen der Tag anbricht.

Ob wir ihn finden?, überlegt er im Stillen. Ob wir ihn je finden werden?

»Gib mir einen Schluck von seinem Chivas«, sagt Paula in die Stille hinein. Dann lächelt sie. »Das wird ihn im Handumdrehen zurückbringen.«

Als eine Freundin anruft, nimmt Louise ihr Glas mit nach draußen. Dem Ansturm ihrer Gefühle kann ihre Selbstbeherrschung nun nicht mehr standhalten. Da steht sie, eine einsame, vom Regen durchnässte Gestalt, und zum ersten Mal an diesem Tag muss sie bitterlich weinen.

23.30–0.30 Uhr
Die zweiundzwanzigste Stunde im Wasser

Aus der Dunkelheit. Durch die Dunkelheit. In die Dunkelheit.
Mit letzter Kraft drücke ich mich an die Oberfläche. Hustend tauche ich auf. Salzwasser läuft mir über die Lippen, die wie aus Gips sind. Meine Zunge ist so rau und aufgequollen, dass ich nicht schlucken kann. Mein Schlund macht ganz von selber dicht. Die Sterne über mir scheinen vom Himmel zu fallen, andere schießen davon, als wären sie beim Leuchten ertappt worden.

Ist das ein Traum? Meine Augen sind offen, aber meine Lider so schwer, dass ich sie nicht daran hindern kann, sich immer wieder zu schließen. Ich kann kaum über das granitgraue Wasser sehen.

Dann, über der Wasserlinie, drei Lichter. Drei Lichter vor mir aufgereiht.

Die Jungen in dem Boot waren nicht real, denke ich in meiner Verzagtheit, die Lichter sind es auch nicht.

Ich sehe wieder hin. Ich sehe die drei Lichter – irgendwo in der Dunkelheit, in ziemlicher Entfernung. Eins ... zwei ... drei – als wäre Orions Gürtel auf die Erde gefallen.

Ich starre sie an und warte darauf, dass sie verschwinden. Langsam drehe ich mich im Kreis. Volle 360 Grad. Mit langsamen Bewegungen. Ich sehe hin: Sie sind immer noch da.

»Land!« Das weiß ich sofort, aber ich bin nicht ganz sicher, ob ich träume. »Das ist Land. Diese Lichter sind drei ziemlich weit auseinanderliegende Dörfer.« Der Hai, die Möwen und jetzt die Lichter – alles Belege dafür, dass ich den Inseln ganz nahe bin.

Wie weit sind sie weg? Fünfzehn Kilometer? In meiner Jugend bin ich bei dem bekannten »Midmar Mile«, einem Wettkampf im Midmar-Stausee in KwaZulu-Natal mitgeschwommen.

Du kannst hinschwimmen, versichere ich mir, du kannst hinschwimmen. Wenn du jetzt losschwimmst, kannst du bei Tagesanbruch dort sein.

Wieder ein Rettungsanker. Ein Funken Hoffnung.

Ich muss es langsam angehen. Ich habe kaum mehr Energie, und die, die mir bleibt, muss ich sparsam einsetzen. Ich peile das Licht in der Mitte als Ziel an und steuere mit Brustschwimmzügen darauf zu.

Ich mache kleine Züge, langsam und regelmäßig. Beweg dich. Ich lausche dem hypnotischen, regelmäßigen Rhythmus meiner Hände im Wasser.

Ich habe das Licht im Blick, stelle aber nach ein paar Minuten fest, dass ich vom mittleren zum rechten Licht abdrifte. Ich drehe mich und schwimme auf die anderen zu, doch immer wieder treibt es mich zu dem entferntesten.

Du schwimmst gegen die Strömung an, stelle ich fest. Wenn ich der Strömung nicht entkomme, werde ich es nicht schaffen.

Ich mache weiter mit kleinen Bewegungen, beide Arme wie zum Gebet nach vorne gestreckt. Wenn du quer durchschwimmst, kannst du der Strömung entwischen.

Land. Du musst es an Land schaffen.

Konzentrier dich. Schwimm. Spare Kraft. Wieder und immer wieder wiederhole ich all das im Geiste. Mir kommt es vor, als würden Stunden vergehen.

Doch sosehr ich mich auch anstrenge, ich komme nicht voran. Die Lichter bewegen sich von mir weg.

Ich bin desorientiert. Unfähig. Überfordert. Außer Reichweite. Unterwegs nach nirgendwo.

Fiskaal Road, Camps Bay
17.42 Uhr

Es nieselt wieder leicht, als Anitas Tante Zenda aufbricht, um zurück nach Stellenbosch zu fahren. Sie hat versprochen, am Morgen wiederzukommen. Die ganze Nacht hindurch wird sie weinend im Bett liegen, das Handy neben sich auf dem Kopfkissen.

In der Fiskaal Road ruft Paula Nicolopulos erneut bei Shirley Archibald an. Sie hat den Tag über immer wieder mit Bretts Mutter und Schwester telefoniert. Die beiden Mütter haben das Bedürfnis, in Verbindung zu bleiben, in dieser Zeit der Angst und Unsicherheit als Eltern vereint zu sein.

Der Tag neigt sich dem Ende zu, aber die anhaltende Düsterkeit hat dafür gesorgt, dass er sich wie eine nicht enden wollende Nacht anfühlt. Die Lampen, die den ganzen Tag gebrannt haben, geben ein seltsam wässriges Licht ab und verleihen dem ganzen Haus eine irreale Atmosphäre.

»Wenn es schlechte Nachrichten gäbe, hätten sie uns doch sicher schon erreicht, oder?« Anita ist mit ihren Kräften am Ende. Von der *Naga Laut* kam nichts mehr außer einer SMS von Mark, in der er schrieb, dass Brett sicher nicht mehr im offenen Meer treibt, sondern die Strömung ihn längst an die Küste getragen haben muss.

»Die Fischerboote werden ihn finden.«

Diese Vorstellung hebt ihre Stimmung ein wenig.

Helene fährt die Sachen, die Zara und Jamie zum Übernachten brauchen, zu den Laspatzis nach Sea Point. Dort setzt sie sich zu den Kindern aufs Bett und versucht, sie zu beruhigen, immer noch ohne zu erzählen, was tatsächlich vorgefallen ist. Jamie sitzt ganz sorglos auf dem Teppich und spielt mit Lego. Zara dagegen hat ihre Knie an die Brust gezogen, ist stiller, scheint fast ein wenig zu schmollen.

»Haben sie das Boot gefunden?«, fragt sie mit Skepsis in der Stimme.

»Ja«, antwortet Helene, den Rücken kerzengerade. »Aber wir haben noch keinen Kontakt herstellen können. Alle Frauen sind heute Abend bei euch und versuchen es weiter, aber es ist schwierig wegen des Zeitunterschieds. Eure Mom wird sehr beschäftigt sein, deshalb ist es besser, ihr bleibt über Nacht hier.«

Helene fühlt sich nach wie vor unwohl beim Lügen, umso mehr, als sie spürt, wie Zara sie mustert, um den Wahrheitsgehalt ihrer Geschichte einzuschätzen.

Katyas Mann Ari, ein Freund von Brett, steht in der Tür. Er hat den ganzen Nachmittag zugesehen, wie die Kinder völlig ahnungslos zusammen spielten. Doch nun auf einmal kann er nicht mehr. Er wendet sich ab, verlässt das Haus, und erst in der Garage lässt er seinen Gefühlen freien Lauf.

Nun kommt Katya mit ihrem Handy ins Kinderzimmer gelaufen. Anita ist dran, sie will Zara und Jamie gute Nacht sagen.

Sie liegt in Camps Bay zusammengerollt wie ein Fötus auf der Couch und spricht nacheinander mit beiden Kindern. Die Ruhe und Beherrschtheit, mit der sie ihnen Normalität vorspiegeln will, unterstreichen nur die labile Stimmung im Raum. Die Anwesenden lauschen, während Anita versucht, ein unbefangenes Gespräch zu führen. Es ist mit das Schwierigste, was sie je tun musste.

0.30–1.30 Uhr
Die dreiundzwanzigste Stunde im Wasser

Ich versuche es.

Versuche, mein Gesicht über Wasser zu halten. Doch meine Nase läuft immer wieder voll, und meine Kehle schnürt sich zusammen. Ich höre mich schniefen, nach Luft ringen. Ich versuche zu schwimmen, aber mein Körper lässt mich im Stich. Von der Brust abwärts spüre ich gar nichts. Ich bin abgeschnitten – von meinen Gliedmaßen, meinen Gefühlen, meinem Willen durchzuhalten. Völlig taub.

Ich versuche erneut, meinen Kopf zu heben, um die Lichter sehen zu können. Sie sind immer noch da, wie der Gesang von Sirenen. Land ist in Sichtweite, doch mir fehlt die Kraft, um hinzugelangen. Diese Einsicht ist erschütternd.

»Bob, Emily, Hilary«, versuche ich, mein Team zu motivieren, »wir müssen es zu den Lichtern schaffen, wir müssen sie erreichen.«

Doch ich kann einfach nicht mehr. Die Erschöpfung hat den Sieg errungen, und mein Tod ist ihr Preis.

Ich habe versagt, mich und meine Familie im Stich gelassen. Ich bin gescheitert.

Ich kann meine Augen nicht mehr offen halten. Ich kann meinen Hals nicht mehr strecken. Ich spüre, wie mein Kopf ins Wasser plumpst.

Ich glaube, ich schlafe ein.

Ich habe erst das Geräusch im Kopf, bevor ich es sehe. Alte Teakholzbalken, die im Rhythmus des Meeres knarzen, dicke Seile, die sich spannen und drehen, als der Wind ein Großsegel füllt. Ich weiß nicht, ob ich es zuerst nur vor meinem geistigen Auge habe, das Bild ist jedenfalls scharf: die Breitseite eines Segelschiffs der Niederländischen Ostindien-Kompanie von 1634, etwa zwanzig Meter vor mir. Es ist zwar kein Riesenschiff, aber doch recht imposant. Als Kind habe ich ein Modell davon gebaut. Ich hebe den Kopf, und da ist es. Ziemlich deutlich. Trotz der vielen Enttäuschungen, die vorausgegangen sind, bin ich jetzt überzeugt, dass es tatsächlich da ist, dass es real ist.

Fünf oder sechs Matrosen laufen über Deck zum Schiffsrand: ungepflegte, langhaarige, bärtige Kerle mit faulen Zähnen und geröteten Augen. »Los, komm, mein Junge, du schaffst es.« Ihre Stimmen sind rau und heiser, aber ich kann verstehen, was sie sagen.

»Du schaffst es. Du schaffst es.«

Zwei von ihnen werfen ein Seil über die Reling, und es entrollt sich eine Strickleiter ins Wasser. Das Schlagen der hölzernen Sprossen gegen den Schiffsrumpf hallt in der Stille wider.

Langsam, ganz langsam, schwimme ich darauf zu. Meine Hände sind schwer wie Hanteln. Ich weiß, dass ich halluziniere – es sind die Seelen ertrunkener Seeleute –, aber irgendwie wirken sie so real.

»Schwimm, Junge«, höre ich sie rufen, »schwimm!«

In meiner Kindheit war ich ganz verrückt nach Piraten. Ich las alle Piratenbücher, die ich in die Finger kriegen konnte, und sah mir alte Piratenfilme an. Diese Männer hier haben auch solche Gesichter: derb und rau und zerknautscht. Einer von ihnen sieht aus wie mein Großvater.

Ich schwimme an die Schiffsseite heran, und während ich in die wettergegerbten Gesichter blicke, greife ich nach der Leiter.

Wieder ist da nichts. Nichts. Nichts.

Ich gehe unter. Wieder.

Diesmal sinke ich sehr tief. Über meinem Kopf schlägt Wasser zusammen, und ich höre das tiefe, dumpfe Blubbern der Luftblasen an meiner Nase, meinen Ohren, meinem Mund. Ich schlucke den halben Ozean. Meine Brust will gleich platzen, und das wunde Fleisch meines Rachens ist den Elementen ausgeliefert.

Ich weiß nicht mehr, was real ist.

Ich halluziniere. Das weiß ich jetzt ganz sicher.

Mein Kopf hängt mit dem Gesicht im Wasser. Ich habe nicht mehr die Kraft, ihn zu heben. Ich bemühe mich, nicht zu atmen, weil ich weiß, dass ich dann Salzwasser schlucken werde. Aber ich kann nicht anders. Wieder steigt es mir in die Nase und strömt mir durch den Hals. Nach einer gefühlten Ewigkeit schaffe ich es endlich, den Kopf so weit zu heben, dass mein Kinn über der Wasseroberfläche ist. Meinem Zwerchfell fehlt die Kraft, das Wasser auszuhusten, also lasse ich es einfach aus meinem Mund rinnen.

Ich erfriere. Bin am ganzen Körper taub. Meine Zähne klappern, und ich fühle, wie sich in meinem Mund Fetzen meiner Zunge ablösen. Könnte es passieren, dass ich sie abbeiße? In einer Art Krampf, bei dem ich keine Kontrolle mehr über meinen Körper habe?

Ich spucke die Stücke in meine Hand und betrachte sie: Streifen von blankem, blutigem Muskelfleisch. Ich tauche meine Hand ins Wasser und sehe dabei zu, wie sie in der Dunkelheit verschwinden.

Das war ein Fehler, und ich bereue ihn umgehend. Das Blut wird Haie anlocken.

Ich betaste meinen Mund mit den Fingern. In meinen Lippen tun sich große fleischige Spalten auf. Ich berühre meine befremdliche Zunge. Wie viel ich wohl abgebissen habe?

Ich mustere meine Finger: Im Mondlicht sehen sie riesig, weiß und aufgequollen aus. Ich kann meinen Ehering kaum mehr erkennen. Ich hebe einen Fetzen sich schälender Haut an, und eine ganze Schicht löst sich von meiner Hand.

»Aaah«, schreie ich, ich weiß nicht genau, ob vor Schmerz oder aus Panik.

Ich mutiere zu einem Amphibium. Verflüssigt sich mein Körper? Das Meer ergreift langsam, aber sicher Besitz von mir. Es kommt mich schon holen, noch bevor ich tot bin.

Fuchtele nicht mit den Händen rum, Brett. Du willst doch nicht, dass Blut ins Wasser gerät.

Ich muss das Zähneklappern unter Kontrolle bekommen, es muss unbedingt aufhören.

Ich drücke mir eine Hand ans Kinn, um meinen Mund mit Gewalt zu schließen, stelle jedoch fest, dass ich mit einem Arm nicht schwimmen kann.

»Hör auf zu schnattern«, schelte ich mich. »Hör endlich auf, mit den Zähnen zu klappern.«

Hör auf!

Hör auf!

Hör!

Auf!

Fiskaal Road, Camps Bay
20.52 Uhr

Lulu geht, kurz nachdem jemand Pizza bestellt hat. Es ist kurz vor neun.

Sie ist zwiegespalten, weiß aber, dass sie heute Abend nichts mehr ausrichten kann. Die Ungewissheit über das Vorgefallene ist zermürbend – nichts als Gerüchte und Spekulationen. Sie geht hinaus, Traurigkeit drückt auf ihre Schultern wie ein schwerer Mantel. Den ganzen Tag war sie wie im Koma, und vor ihr liegt eine lange Nacht, weitere Stunden ohne Sinn und Ziel.

Der Regen hat aufgehört, und in den Lichtkegeln der Straßenlaternen sieht man die schwarzen Straßen dampfen. Sie wird morgen sehr früh wiederkommen, dann wird Mark Neuigkeiten haben. Und dieses unendliche Warten wird ein Ende haben. Es wird irgendein Resultat geben.

Lulu hält an einer roten Ampel und schließt kurz die Augen. Sie ist völlig zermürbt vom Chaos ihrer Gedanken und betet laut, dass sich die unausgesprochenen Befürchtungen nicht bewahrheiten mögen.

Louise, Kirsten, Karmen und Gaby bleiben in der Fiskaal Road. Sie gehen mit ihren Weingläsern zu Paula und Loni ins Wohnzimmer, wo sich alle eng um Anita scharen.

Auch wenn die vier noch immer Anrufe von Leuten entgegennehmen, die verzweifelt auf Neuigkeiten warten, ist es nun ruhiger geworden. »Es sind natürlich alle Experten«, kommentiert Wayne, als Kirsten eine Theorie wiedergibt, was passiert sein könnte.

Er greift nach seinem Mantel und stößt an der Eingangstür auf den Pizzaboten, der die Straße auf und ab gefahren ist, weil er im Dunkeln die Hausnummer nicht erkennen konnte. Die Pizzas sind kalt.

Wayne fährt kurz zurück nach Houts Bay, wo Gabys Mutter den Tag über auf die Kinder aufgepasst hat, aber er kehrt bald in die Fiskaal Road zurück. Das Warten zu Hause erschüttert seine nach außen gezeigte Gelassenheit.

Als Helene aus Sea Point zurückkommt, schließen sich wieder alle Familienmitglieder in die Arme. Wie schön, denkt Louise beim Anblick ihrer tiefen Verbundenheit.

Die Zeit scheint sich immer mehr zu verlangsamen. Alle schweigen. Es gibt nichts mehr zu sagen.

»Anita, du musst dich ausruhen«, sagt Paula gegen halb elf. »Du musst schlafen, damit du wieder fit bist, wenn es Tag wird.« Sie öffnet ihre Handtasche. »Hier ist eine Schlaftablette. Nimm sie und leg dich hin.«

Dann schenkt sie Anita noch einen Schluck von Bretts Whisky ein.

Auch Louise beschließt, nach Hause zu fahren, und sammelt ihre Sachen ein. Sie hat es nicht weit den Hügel hinunter zum unteren Teil von Camps Bay.

»Anita«, sagt sie im Brustton der Überzeugung, während sie sich aufrichtet und ihren Schal um den Hals schlingt, »ruf mich an, wenn sie ihn gefunden haben.«

1.30–2.30 Uhr
Die vierundzwanzigste Stunde im Wasser

Höllische Schmerzen. In Beinen. Armen. Rücken. Meine Zehen in einem Schraubstock. Jeder einzelne Muskel meiner Füße im Starrkrampf. Mein ganzer Körper zerrissen von Schmerzen.

Während mein Hirn aussetzte, hatte ich auch die Krampfanfälle ganz vergessen, doch nun rächen sie sich dafür. Und je stärker sie werden, desto mehr wird mir bewusst, dass mein Körper und mein Kopf immer noch zusammenhängen.

Ich krümme mich. Ich bin verkrüppelt. Gebrochen. Ein gebrochener Mann. Ich beuge meine Knie. Ein unerträgliches Brennen hinter den Kniescheiben. Ich ziehe die Zehen an. Keine Veränderung. Keine Linderung. Sehr lange keine Linderung.

Augen zu, Zähne zusammengepresst.

Das muss aufhören!

Doch stattdessen dieser unaufhörliche, unerträgliche Schmerz. Immer wenn ich versuche, locker zu lassen, sinke ich mehrere Meter hinab. Es muss aufhören.

Das muss auch aufhören!

»Wach auf!«, höre ich es rufen. »Los, Boss, wach auf!«

Hysterisch. Schrill. Drängend. Es sind Emily und Hilary. »Das ist doch wieder mal typisch für den Chef. Schläft während der Arbeit. Wenn du den Kopf nicht hebst, können wir nichts tun.«

Sie klingen, als hätten sie sich vervielfacht.

»Mädels, das schaffe ich nicht mehr«, höre ich mich sagen. Aus meiner Kehle dringen seltsame tierische Laute.

»Heb den Kopf!«, kreischen sie.

Ich versuche es, gehe aber wieder unter. Kaum dass ich wieder oben bin, muss ich husten und würgen.

»Du musst Speichel produzieren, Speichel produzieren!« Ihr Geschrei ist wütend, grausam, gnadenlos.

Aber ich kann meine Zunge nicht bewegen. Ich kann noch nicht einmal meinen Mund zumachen.

»Komm schon, Boss«, ermahnt mich Bob. »Ich kann unter Wasser nicht atmen.«

»Schluss«, sage ich. »Geht nicht mehr.«

Ich will einfach nicht mehr.

Auf der *Barrenjoey*
Donnerstag, 18. April 2013
1.18 Uhr

Im Lauf der Nacht flaut der Wind ganz ab, und eine quälende Stille tritt ein, die die vertraute klebrige Feuchtigkeit mit sich bringt. Nichts ist zu hören als die kleinen Wellen, die sanft gegen den Rumpf der *Barrenjoey* schwappen.

Das Steuerhaus kommt Doris plötzlich winzig und stickig vor, er fühlt sich eingesperrt wie ein Sträfling in einer Zelle. Er greift unter der Instrumententafel nach einer fast leeren Flasche Wodka und geht hinaus an Deck. Dort sitzt er in der Stille und Dunkelheit wie in Trance, bläst Rauchwolken in die Luft und sieht dabei zu, wie der Mond durch die schnell dahinziehenden Wolken bricht.

Da ist dieser Schmerz in der Magengrube – schon seit gestern quält er ihn. Er identifiziert ihn als seine Trauer um Dave Kinder, die ihn umwabert, seit er die Nachricht von seinem Tod bekommen hat. Doch bis jetzt hat er sich nicht erlaubt, an seinen Freund zu denken.

»Du bist der Größte, Dave!«

Doris erweist ihm seine Reverenz laut, hebt die Flasche zum Mund und kippt den Rest der feurigen Flüssigkeit in einem Zug herunter. Seine Augen werden feucht beim Gedanken an seinen phantasievollen, exzentrischen Freund. Kinder war ihm wesensverwandt, er verstand und akzeptierte Doris' häufig mangelhafte Sozialkompetenz. Sie hatten sich vor Jahren kennengelernt, als Dave Kinder Manager der *Indies Trader*-Flotte war und Doris erster Offizier und später zweiter Kapitän der *Trader I* war.

Kinder hatte Doris viel beigebracht.

Die Bilder, die ihm nun durch den Kopf blitzen, nehmen ihn mit auf eine sentimentale Achterbahnfahrt, doch es ist vor allem eines, das Doris ein Lächeln auf die Lippen zaubert: wie Dave Kinder, der Tiefseetaucher und Schiffsbauer, der Schweißer und Schiffsingenieur, mit versauten, stinkenden Shorts und T-Shirt aus dem Toilettenbereich einer Yacht auftaucht. Eine schmutztriefende Zerhackerpumpe in der einen Hand, eine Zigarette in der anderen, bahnte er sich fluchend den Weg zwischen seinen Cocktails schlürfenden Passagieren und spritzte sie dabei mit dem Schmodder aus der Toilette voll.

Dass Doris sich an die Szene so gerne erinnert, ist Ausdruck seiner Abneigung gegen Selbstgefälligkeit und Angeberei.

Doris hatte Kinders Zähigkeit immer bewundert. Er muss an einen schrecklichen Unfall denken, den Kinder in der Werft auf einer Insel vor Padang hatte, wo sich Martin Dalys Bootswerkstatt befand. Die Geschichte wurde in sämtlichen Ausländerkneipen der Insel gerne erzählt (und entsprechend ausgeschmückt).

Kinder hantierte in einem engen Winkel eines Bootsrumpfs mit dem Trennschleifer, als er ausrutschte. Die Klinge schnitt in sein Bein und trennte es unterhalb des Knies fast ab. Der Arbeiter kippte bei dem blutigen Anblick um.

»Wach auf! Geh und hol mir einen Verband«, schrie er den benebelten Mann an. »Bring mich auf das Beiboot!«

»Aber du wirst dein Bein verlieren, Dave. Du musst nach Singapur, damit sie es dir wieder annähen!«

»Ich gehe nicht nach Singapur«, wehrte Kinder ab. »Bring mich ins Krankenhaus nach Padang.«

Letztlich steuerte Kinder das Aluboot dann selber zum Festland zurück. Ein paar Wochen später saß er mit einer futuristisch anmutenden Narbe wieder in der Kneipe.

Doris wischt sich Tränen von seinen zerfurchten Wangen. Raue Schale, weicher Kern, denkt er. Der unglaublichste Freund, den ich je hatte.

Dieser Verlust schmerzt Doris ebenso wie die anderen in seinem Leben. Gerade jetzt fehlt Kinder ihm besonders, und er fängt an, laut mit ihm zu reden.

»Hey Kumpel, sag's mir. Sag mir, wo der Kerl ist …«

Er weiß, dass Dave Kinder ihn verstehen würde. Er war einer, der durch die Hölle gegangen wäre, um das Richtige zu tun.

Doris hält auch Zwiesprache mit seiner Hippie-Schwester Denise, die ihm vor so vielen Jahren das Surfen beigebracht hat. Trotz seines Nomadenlebens waren sie sich immer nah gewesen, und dass sie 2009 an einer Motoneuronerkrankung starb, war ein schwerer Schlag für Doris. Denise kannte Doris' innere Konflikte und Ängste, konnte sich in seine dunklen Ahnungen hineinversetzen und vergab ihm seine Schwächen. Sie half ihm durch seine schwierigsten Phasen und tut es noch immer. Nun eben aus dem Grab heraus.

»Ich muss ihn finden, Denise«, flüstert Doris.

2.30–3.30 Uhr
Die fünfundzwanzigste Stunde im Wasser

»Na los, Jetman, hör auf mich. Schwimm, Arch, schwimm zu mir!«
Ich öffne die Augen.
Es ist Banger. Er lächelt sanft, blickt mich aufmunternd an und reckt den Arm. Er sitzt auf dem hinteren Deck der *Naga Laut* in der Hocke und streckt mir seine große, beruhigende Hand entgegen.
Sie sind da. Sie sind zurückgekommen.
Gerade noch rechtzeitig.
Ich hebe den Kopf. Er ist schwer wie ein Marmorblock. Mir ist schwindelig. Das Bild vor meinen Augen flimmert ein wenig, wie die Hitze über dem Asphalt an einem Hochsommertag. Meine Augen sind nur noch Schlitze, und ich versuche, meinen Blick zu fixieren, um das Gewackel abzustellen.
»Gut, Brett, gut gemacht!«, schreien die Mädels.
Ich muss kämpfen, aber ich kann es zum Boot schaffen, denke ich. Ich schwimme etwa zwanzig Meter weit. Der Bootsrand ist direkt vor mir, und ich packe Bangers Hand. Ich fühle seinen Griff. Ich hebe meinen Fuß. Wie ein Lahmer versuche ich, ihn auf das Deck zu hieven.
Doch stattdessen falle ich zurück ins Wasser und gehe unter.
Spuckend tauche ich wieder auf, aber ich kann das Boot von hinten noch sehen. Jetzt steht Ridgy auf dem Deck.
»Schwimm her zu uns, Brett!«
Ob real oder nur eingebildet, seinem Rufen kann ich nicht widerstehen. Ich muss es versuchen.

Ich bemühe mich, meine Arme zu heben, um voranzukommen, doch ich fuchtele nur herum, als hätte ich nie schwimmen gelernt. Ich brauche eine Ewigkeit für ein paar Meter.

Dann sehe ich hoch ins Nichts.

Wieder gehe ich unter, wieder tauche ich auf. Diesmal erblicke ich JM auf dem Boot.

»Komm, mein Freund, komm zu uns.«

Nun kommen alle Jungs nacheinander zu ihm aufs Deck. Tony, dann Weyne, Niall und schließlich Snowman. Ich schwimme auf sie zu, aber immer wenn ich nach einer Hand greife, löst sie sich in Luft auf.

Immer noch langsam, Stück für Stück, Meter für Meter, mache ich weiter. Locken sie mich weiter.

Nun ist nur noch Craig an Deck. Der Letzte. Ich höre seine leise Stimme. »Du kannst uns erreichen, Arch«, sagt er.

»Nein, Craigie, kann ich nicht«, antworte ich laut. »Kann ich nicht.«

»Doch, du kannst.«

Mir fallen die Surfbretter an Deck ein. Vielleicht komme ich an eines heran, um etwas zum Festhalten zu haben.

Ich hebe meinen Arm, um nach Craig zu greifen. Er neigt sein Gesicht zu mir herunter, und ich blicke in seine verzweifelten Augen.

»Du bist nicht gekommen, um mich rauszuholen«, sage ich zu ihm, »du bist gekommen, um dich zu verabschieden.«

Ruhig nickt er.

Ich höre meinen Arm ins Wasser klatschen.

Tief. Tiefer. Immer tiefer.

Fiskaal Road, Camps Bay
22.53 Uhr

Die Bettdecke lastet schwer wie eine Betonplatte auf ihr. Der Schutthaufen, den dieser Tag hinterlassen hat, löst Platzangst bei ihr aus. Anita liegt auf der Seite ihres Mannes und drückt den Kopf in sein Kissen, in der Hoffnung, ein wenig von seinem Geruch atmen zu können.

Sie erschauert, als ihr Blick auf ein weiteres Foto von ihm fällt, das auf dem Nachtkästchen steht. Es wirkt eigenartig vergrößert. Sie kann im Dunkeln ganz genau seine Augen erkennen, seine blitzenden Zähne. Vor zwei Monaten hat er eine Krone bekommen, geht ihr durch den Kopf – was für ein komischer, bangloser Gedanke.

Sie will wissen, wie spät es ist, doch ihre Armbanduhr ist stehengeblieben. Etwa zu der Zeit, als Brett über Bord ging, fällt ihr ein. Die Stunden seither sind sowieso irgendwie zerronnen. Anita ist erschöpft, aber sie wehrt sich gegen den Schlaf.

Wenn ich einschlafe, kann ich ihn nicht hören.

Wieder wollen sich ihre Gefühle gegen sie auflehnen. Negative Gedanken lauern wie böse Gespenster unter ihrem Bett.

Was, wenn ich allein zurechtkommen muss? Was soll ich dann tun? Wie soll ich es den Kindern sagen?

Ein Leben ohne Brett. Das wäre wie die Amputation eines Körperteils.

Sie beschreibt Brett immer als ihre erste und einzige echte große Liebe. »Ich könnte mit niemand anderem zusammenleben«, sagt sie jedem, der es hören will – und das nach zehn Jahren Ehe. Die meisten ihrer Freundinnen finden ihre Hingabe bezaubernd, einige insgeheim auch nervtötend.

»Du hast mein Herz schon einmal gebrochen, Brett«, sagt sie, als sie an eine Trennung in der Anfangsphase ihrer Beziehung denkt. Ihre Erschöpfung ist Auslöser für einen neuen Anfall wütender Auflehnung. »Das sollst du nicht zweimal hinkriegen!« Doch bald geht ihre Empörung in Vorwürfe über, und sie fängt an zu schluchzen. Einen Anfall von Schluckauf erstickt sie in den Laken.

Die Schlafzimmertür öffnet sich ein wenig, und gegen das Flurlicht draußen zeichnet sich die Silhouette ihrer Schwester ab.

»Ich dachte, du würdest schlafen, aber dann habe ich gehört, dass du weinst.«

»Immer wenn ich die Augen zumache, kommen so schreckliche Gedanken.«

»Hast du die Tablette genommen?«

»Nein.«

Helene hebt die Decke und kriecht neben ihre Schwester ins Bett. Mit angezogenen Knien, ihre Gesichter einander zugewandt, liegen die beiden Schwestern da.

»Du solltest wirklich schlafen«, sagt Helene und streicht Anita übers Haar. Als sie ein Lied anstimmt, das sie beide als Kinder geliebt haben, stellt sich sofort ein Gefühl der Vertrautheit ein.

»Ich muss weiter mit ihm reden, Helene«, unterbricht Anita sie. Sie hat sich etwas beruhigt. «Er ist doch mein Seelenverwandter. Du weißt doch, wie stark unsere Verbindung ist …«

»Ja, das weiß ich«, sagt Helene langsam und bedächtig. Und dann, als wäre ihr das gerade erst eingefallen: »Du solltest laut beten. Lass deine ganze positive Energie heraus.« Sie spricht selbst ein Gebet: »Bitte, lieber Gott …«

Als sie die Augen wieder öffnet, blickt sie Anita eindringlich an: »Es wird alles gut werden.«

Dann drückt sie sich hoch auf den Ellenbogen. »Was ich ganz vergessen habe: Katya hat vorhin angerufen. Ich soll dir ausrichten, dass ein Medium sie heute Abend angerufen hat und eine Botschaft für dich hat.«

Sie setzt sich auf und lehnt das Kissen gegen das Kopfteil. »Diese Frau war mit ihr auf der Schule, aber Katya sagt, dass sie sie nicht besonders gut kennt. Diese Frau sagt, dass sie Brett spüren kann. Dass er am Leben ist. Sie hatte eine Vision von einem Mann im Meer. Er sei eigensinnig und stark, sagt sie, und ein Kämpfer. Er treibt im Wasser, er ist erschöpft und verletzt, aber er ist am Leben und kann Land sehen.«

Helene macht eine lange Pause. Sie schließt kurz die Augen und sieht ihre Schwester dann besorgt an. Helene steht der Hellseherei äußerst skeptisch gegenüber, da sie ihrer Vernunft widerspricht. Und ihrem Glauben.

»Sie hat gesagt, dass er mit einem kleinen blonden Jungen spricht, aber den Jungen kann sie nicht spüren.«

Anita schließt die Augen, und eine einzelne Träne rinnt über ihre Nase aufs Kissen.

»Du weißt ja, dass ich an das Zeug nicht glaube«, fährt Helene zögernd fort, weil sie spürt, wie labil Anita ist. »Katya auch nicht, aber wir wissen, dass du daran glaubst. Deshalb dachten wir, du würdest es wissen wollen …«

Anita schlägt die Augen wieder auf. Wie ein glückloser Spieler, der verzweifelt auf den letzten Wurf hofft, kann sie sich an diesen Glauben klammern.

»Das verstehst du nicht, Helene, aber das wird mir durch die Nacht helfen.«

Helene küsst ihre Schwester auf die Stirn und bleibt noch eine halbe Stunde bei ihr liegen. Sie schlafen beide nicht, auch wenn sie die Augen geschlossen haben.

Kurz nach Mitternacht steckt Gaby ihren Kopf ins Zimmer.

»Ich denke, du solltest die nehmen, damit du schlafen kannst, Neets«, sagt sie und reicht ihr die Schlaftablette, die Anita unten hat liegen lassen. Sie deponiert sie zusammen mit einem Glas Wasser auf dem Nachtkästchen – neben Bretts Foto. Anita ignoriert beides.

Eine Zeitlang nimmt Gaby Helenes Platz ein, und die beiden Freundinnen liegen stumm im Dunkeln. Worte nützen jetzt auch nichts mehr. Als sie davon ausgehen kann, dass Anita weggedämmert ist, schleicht Gaby sich wieder hinunter. In Zaras Zimmer stößt sie auf Kirsten und schlüpft neben ihr in das Doppelbett.

3.30–4.30 Uhr
Die sechsundzwanzigste Stunde im Wasser

Luft. Luft! Ich muss atmen. Alles schwarz. Schwarzes Wasser. Überall. Geht es rauf oder runter?

Ich brauche Luft, kann aber keine kriegen. Ich kann nicht atmen!

Ich strampele und muss husten, Luftblasen kommen aus Nase und Mund. Meine Ohren explodieren gleich. Es ist, als würde mir die Zunge aus dem Mund gerissen.

Ich versuche, mich zu bewegen, aber es geht alles nur in Zeitlupe. Ich brauche ewig, um an die Oberfläche zu kommen. Dann wundersamerweise: Luft. Ich japse, keuche, krächze qualvoll beim Einatmen. In meiner geschundenen Kehle fühlt sich das Salzwasser schrecklich scharf an. Meine Lunge schmerzt, als würde der lebensnotwendige Sauerstoff sie verbrennen.

Ich träume, drifte zwischen Leben und Tod. Auch meine Gedanken driften dahin, sie verschwinden so schnell, wie sie kommen. Immer wieder blitzt es kurz, wohl wenn ich die Augen öffne. Vor mir tauchen bruchstückhaft Gestalten auf, doch bevor ich sie identifizieren könnte, sind sie schon wieder weg. In meinem Kopf sind verworrene, kratzende Geräusche; verrauscht dringen Stimmen an mein Ohr.

Ich bin benommen. Verloren.

Über mir stürzen rasend schnell Sterne hinunter zum Horizont. Ihre langen leuchtenden Schweife markieren ihre Flugbahn. Im Zentrum von allem ich. Ich, die Achse der Erde.

Alles dreht sich um mich.

Der Mond. Über Stunden war er mir gar nicht mehr präsent. Jetzt lässt er sich auch einmal am Himmel blicken. Er hat ein Loch in den Dunstschleier gestanzt, und das zappelt und hüpft nun in seinem Schein – wie Peter Pans Schatten ist es nicht zu fassen.

Es wird immer größer. Irgendwann verschluckt mich der Mond. Ich bin auf einem schneebedeckten Berg, in einem Whiteout, verloren in einem Schneesturm.

Das Wasser schließt mich ein wie flüssiger Zement, presst mich von allen Seiten zusammen.

Drückt alles Leben aus mir heraus, als würden die Tore der Hölle sich schließen.

Meine Lider flattern wie eine gefangene Motte, und jede Erinnerung verflüchtigt sich.

Und wieder sinke ich langsam hinab.

Auf der *Barrenjoey*
5.34 Uhr

Als über der Mastspitze das erste Licht zu sehen ist, zieht Doris einen Schlussstrich unter diese schlaflose Nacht voller Gefühlsqualen. Seit zwei Uhr morgens trinkt er schwarzen Kaffee und hat bereits über Funk und Satellitentelefon die vier Boote kontaktiert, die auf das Suchgebiet zusteuern.

Er ist ganz ruhig, wie befreit. Die komplexen, ambivalenten Empfindungen der Nacht sind einer großen Sicherheit und Entschlossenheit gewichen. Sein Zwiegespräch mit den Toten hat ihn gestärkt und lässt ihn vieles klarer sehen.

Im Dämmerlicht kündigt sich ein perfekter Tag an, möglicherweise herbeizitiert von Lyalls Meditation vor Sonnenaufgang.

Lyall war um halb vier aufgewacht, als der Anker gelichtet wurde und der Motor ansprang. Das Meer war endlich zur Ruhe gekommen, und das Boot schaukelte so sanft und langsam wie eine Wiege.

Er stand im Dunkeln auf, absolvierte seine Yogaübungen oben am Bug, und kehrte dann, da die anderen noch schliefen, zurück in seine Kajüte, um dort noch etwa eineinhalb Stunden zu meditieren. Jetzt ist er im ersten Licht des Tages wieder an Deck, um die Sonne zu grüßen.

»Ein Tag wie gemacht für ein Wunder.« Es ist ein geflüsterter Wunsch.

Hinter ihm steht Doris mit einer Tasse Kaffee in der Hand allein auf der Brücke. Er blickt zum Horizont, aber irgendwie auch darüber hinaus. Und spricht ein letztes Gebet.

»Denise. Dave. Schickt mir eure Liebe. Bitte.«

Gegen halb sechs tauchen die anderen Australier an Deck auf. Doris sieht, wie ein paar von ihnen ihre Boards fertig machen. Das ist, als würde ein Schalter umgelegt.

»Seid ihr Yuppies schon beim Wachsen?«, brummt er vor sich hin. »Ihr wollt euren letzten Surftag nutzen, was?«

Jeff und Colin, die am Heck stehen, kriegen seine Verärgerung mit und gehen zu ihm hinauf auf die Brücke.

»Ich sehe, dass ein paar von euch scharf drauf sind, zum Surfen zu kommen. Wir lassen das Beiboot runter, dann machen wir uns auf die Suche. Aber ich gebe nicht auf. Ich werde den Kerl finden, tot oder lebendig. Ich kehre nicht um, bevor ich ihn gefunden habe.«

»Sei nicht albern. Wir suchen alle mit«, antwortet Colin ganz gelassen.

»Sag das mal deinen Kumpels da unten.«

»Wir wissen alle, dass es um ein Menschenleben geht, Doris.« Durch die Scheibe schaut Jeff hinunter zu seinen Freunden. »Da gibt es keine Diskussion.«

Die beiden ziehen ab, und besänftigt beobachtet Doris, wie Suley die *Huey* an der Backbordseite der *Barrenjoey* vorbeisteuert. Das schnellere Boot wird als Erstes bei den vereinbarten Koordinaten sein. Er greift nach dem Funkgerät.

»Dir machen deine Gäste vielleicht die Hölle heiß, Suley, dafür hab ich hier ein paar Knaben, die surfen gehen wollen.«

»Willst du mich verarschen?«, antwortet Suley.

»Na ja, die haben sich's vielleicht anders überlegt.«

Suley lächelt, und beim Vorbeifahren grüßt er den Kapitän der *Barrenjoey* aus dem Steuerhaus. Seine Leute sind mit von der Partie.

Doris tippt sich an die Mütze und hängt das Funkgerät ein.

Etwa eineinhalb Kilometer lang schaut er der *Huey* hinterher. Nach zehn Minuten starrt er noch immer auf einen imaginären Fluchtpunkt. Er ist wieder weit weg in seiner eigenen Welt. Er bemerkt kaum, dass der korallenfarbene Himmel langsam sehr hell und über ihm sehr blau wird.

Ebenso wenig sieht er, dass das Meer im Licht der aufgehenden

Sonne silbern schimmert und seine Oberfläche vom gestrigen Sturm nur noch leicht gekräuselt ist. Stattdessen beobachtet er, wie der Bug der *Barrenjoey* das sich legende Kielwasser der *Huey* schneidet.

Plötzlich scheinen alle Geräusche zu verstummen. Doris hört das Blut in seinem Kopf rauschen, die Welt schrumpft zu einem winzigen Punkt zusammen. Dann formt sich aus dem Nichts langsam eine Idee, wie eine Blütenknospe, die sich öffnet. Auf einmal ist er ganz sicher, was er zu tun hat.

Er schnappt sich wieder das Funkgerät. »Suley, es gibt eine Planänderung, ich fahre weiter nördlich.«

Es ist der alles entscheidende Moment.

»Alles roger. Wie du meinst, Kumpel.«

»Geh mal 18 Grad weiter hoch«, weist Doris einen Mann der Crew an, mit dem er in Aceh, einer nördlichen Provinz von Sumatra, bei der Meeressondierung gearbeitet hat.

Die *Barrenjoey* dreht langsam ab. Wie ein Eisläufer gleitet sie über das spiegelglatte Wasser.

4.30–5.30 Uhr
Die siebenundzwanzigste Stunde im Wasser

»Brett!«

Jemand ruft. Es ist Anita.

Ich öffne die Augen. Das Wasser um mich ist hell erleuchtet. Darüber ist alles stahlblau. Ohne Vorankündigung ist plötzlich der Morgen angebrochen.

Mit aller Kraft drücke ich mich an die Oberfläche und muss mehrfach blinzeln. Versuche, mich zusammenzunehmen, mich auf die Realität zu konzentrieren. In meinem Kopf formen sich wieder bewusste, konkrete Gedanken.

Ich lebe noch. Ich bin immer noch im Wasser. Ich kann meinen Körper nicht spüren.

Die Sonne ist aufgegangen.

Licht.

Dieses Wort durchzuckt mein Hirn wie ein elektronisches Signal. Die Nacht ist vorbei. Vorbei. Das Schlimmste vorbei.

Ich brauche mehrere Minuten, um mich zu sammeln. Langsam drehe ich mich im Kreis.

Und dann sehe ich es.

Vor mir erhebt sich aus dem Wasser die Silhouette einer Insel. Verschwommen erkenne ich grünes Blattwerk, vereinzelt Bäume, die daraus hervorragen. Ich kann die Entfernung nicht einschätzen, aber groß scheint sie nicht zu sein.

Das ist real, davon bin ich überzeugt. Das kalte Morgenlicht ist stärker als die Streiche, die mir mein Kopf spielt. Ich bin aus einer

Traumwelt aufgewacht und wieder in der Normalität angekommen, wo Klarheit herrscht. Schärfe.

Es ist Land! Land. Eine Insel gleich dort drüben. Die Stimme in meinem Kopf ist schrill.

Ich verspüre einen Schub, als hätte ich plötzlich Raketentreibstoff in den Adern.

Erleichterung. Stille Euphorie.

Keine Zeugen.

Ich bin mir sofort sicher, dass ich zur Not noch einen ganzen Tag wach bleiben kann, um diese Insel zu erreichen.

Ich drehe mich um, und da ist ... wieder Land. Sehr viel weiter weg, aber es ist eine weitere Insel.

Ich fange an, auf die näher gelegene zuzuschwimmen. Doch es dauert nicht lange, da stelle ich fest, dass ich keinen Zentimeter vorankomme.

Vergiss es, sage ich mir. Ich muss das lassen und stattdessen meine Lage einschätzen und mich dann für die beste Option entscheiden.

Also drehe ich mich wieder und bewege mich auf die andere Insel zu. Auch wenn sie weiter weg ist – ich muss mich mit der Strömung bewegen.

Langsam und schwach ziehe ich den letzten Fetzen Papier aus meiner Tasche. Meine Hände fühlen sich wie nasses Pappmaché an.

Es ist nur noch ein Quadratzentimeter übrig. Ich reiße ihn in der Mitte durch. Ich kann den Gedanken nicht ertragen, dass mir nichts mehr bleibt, um mich zu orientieren. Es stellt sich heraus, dass die Strömung nach Norden geht, also drehe ich mich und schwimme mit ihr.

Sie trägt mich nach Norden. Vielleicht bilde ich es mir nur ein, aber ich habe den Eindruck, dass die Landmasse vor mir größer wird, und die andere sich weiter entfernt. Ich komme voran.

Dann. Ein Fleckchen, weit weg.

Es liegt zwischen den beiden Inseln und unterbricht die dunkle Trennlinie zwischen Himmel und Meer. Ein Schiff? Eine Ewigkeit starre ich hin und kann endlich die Umrisse ausmachen. Unverkennbar.

Ein Schiff. Es ist ein Schiff.

Versuche ich nur, mir das einzureden?

Die ersten Fischerboote des Tages sind unterwegs. Mir schnürt es die Kehle zu, diesmal vor Aufregung.

Doch das ist mir egal. Ein Schiff ist quälend nah, und diese Vorstellung setzt sich in mir sofort fest wie eine Zecke. Es ankert vermutlich dort, überlege ich, aber es wird den ganzen Tag dort fischen.

Ich muss hinschwimmen.

Wie heute Nacht stelle ich mir wieder vor, zum Fisch zu mutieren und Kiemen zu bekommen. Mir wachsen Schwimmhäute zwischen Fingern und Zehen. Was mich an einen Anglerstreich erinnert, den wir Banger einmal gespielt haben. Wir tauchten heimlich unter das Boot und zerrten von unten kräftig an seiner Angelschnur. Er glaubte wirklich, einen ganz dicken Fang gemacht zu haben.

Ich stelle mir nun vor, wie ich die Angelschnur des Fischers packe und wie überrascht er sein wird, was er da gefangen hat.

Ich senke den Kopf und schwimme los.

Ich werde sehr lange brauchen, um das Boot zu erreichen, aber es wird die größte Heldentat meines Lebens sein.

5.30–6.30 Uhr
Die achtundzwanzigste Stunde im Wasser

Meine Gliedmaßen sind wie eingefroren. Ich schwimme steif und arthritisch, aber nach wie vor mit der festen Absicht, Kraft zu sparen. Ich versuche, nicht darüber nachzudenken, wie viel Zeit – oder was sonst – noch vor mir liegt.

Ich strecke mich stattdessen, um große, ausladende Brustschwimmzüge zu machen. Meine Arme und Beine brennen.

Ich habe Angst davor, die Augen zu schließen, weil ich fürchte, das Fischerboot dann aus den Augen zu verlieren. Ich fange wieder an, meine Schwimmzüge zu zählen.

Links von mir geht die Sonne auf und taucht den östlichen Himmel in beruhigendes Lachsrosa. Es ist ein wunderschöner Tag. Riesige leuchtende Zirruswolken spiegeln sich im Meer wie in Glas. Es ist umwerfend. Minuten später stecken Sonnenstrahlen die Wasseroberfläche in Brand. Ein Gemälde von Turner.

Ich muss jetzt immer häufiger urinieren, was sehr schmerzhaft ist, aber meine Entschlossenheit keineswegs untergräbt. Mein Hirn arbeitet wieder mit messerscharfer Präzision. Ich denke an nichts anderes, als dieses Boot dort zu erreichen.

Es hat keine Masten, kann also kein Segelboot sein, und Ausleger sehe ich auch nicht, dennoch bin ich überzeugt, dass es sich um ein Fischerboot handelt. Ein gutes altes indonesisches Fischerboot, das ausfährt, um seine Netze auszuwerfen. Ich schwimme geschätzte fünfundvierzig Minuten lang sehr langsam und zähle dabei meine Züge.

Die Sonne, deren Willkommensgruß sich vorhin wie ein Streicheln anfühlte, brennt inzwischen auf meiner linken Wange und Schläfe. Aber ich komme voran. Wenn ich aufschaue, ist das Boot zwar noch immer weit weg, mir aber schon ein Stückchen näher gekommen.

Dann verändert sich plötzlich der dunkle Umriss, der sich gegen den Horizont abzeichnet. Ich halte an, um sicherzugehen, dass ich mir das nicht einbilde. Haben sie mich gesehen? Das Geräusch eines angeworfenen Motors dringt sehr schwach durch die morgendliche Stille an mein Ohr.

Das Fischerboot dreht sich seitlich zum Horizont. Seine Silhouette zeichnet sich scharf am Morgenhimmel ab. Es ist etwa hundert Meter entfernt. Es nimmt Kurs nach Osten – weg von mir – und fährt los.

Ich registriere das mit stummem Entsetzen.

Die Zerstörung, die dieser Anblick in mir anrichtet, ist so groß, dass mein erster Impuls ist, die Tatsache zu ignorieren, zu leugnen. Aber ich kann quälend klar erkennen, wie das Boot in das Blau hinein verschwindet. Wie eine Fata Morgana in der Wüste.

Etwas in mir zerbricht. Ich kann sogar das Geräusch hören. Diese erneute Erschütterung kann ich nicht mehr abfedern.

Ich werde es nicht bis zu der Insel schaffen: Die Strömung, die Entfernung, das Ausmaß meiner Erschöpfung – die Insel liegt jenseits meiner Möglichkeiten. Das Boot war meine letzte Chance.

Langsam Wasser tretend gehe ich meine Optionen durch. Es wird kein weiteres Boot kommen – jedenfalls lange Zeit nicht.

Nicht zeitig genug für mich.

Ich habe einen Flashback. Ich liege mit Anita im Bett, sie liest einen Zeitschriftenartikel über einen Mann, der beinahe in einem Swimmingpool ertrunken wäre. Er hatte sich den Kopf angeschlagen und war ohnmächtig geworden, und obwohl sein Gehirn wahrnahm, dass er ertrank, konnte er seinen Körper nicht bewegen. Nur halb bei Bewusstsein, gelang es ihm nicht, wieder aufzutauchen.

Anita liest mir seine Schilderung des Ertrinkens vor: Er liegt mit geöffneten Augen am Grund des Pools, er sieht den strahlend blauen

Himmel über sich. Er atmet Wasser ein und aus, als wäre es Luft. Es habe nicht weh getan, berichtete er, und er habe langsam das Bewusstsein verloren.

Jemand zog ihn dann aus dem Pool. Seine Zeit war noch nicht gekommen.

Aber meine Zeit ist gekommen. An diesem wundervollen, gesegneten Morgen.

Ich stelle mir vor, wie ich unter Wasser hinauf zum Himmel blicke. So wird mein schmerzloser, friedvoller Tod sein.

Langsam lasse ich mich sinken und konzentriere mich darauf, wie die Wasserlinie an meinem Gesicht nach oben wandert. Ich atme ein, aber das Wasser trifft meinen Rachen wie ein Faustschlag, und ich würge und spucke es so schnell wieder aus, wie ich es eingesogen habe.

Ich hebe mein Gesicht Richtung Oberfläche. Nun voller Verzweiflung.

Wie soll ich das bloß schaffen?

Ich will sterben.

Unbändiger Zorn steigt in mir auf, er strömt aus meinem Blut, aus dem Mark meiner Knochen. Ich bin unglaublich wütend auf Gott. Es gibt keinen großen Plan, keine Bestimmung, ich bin einfach nur dem blöden Spiel des Zufalls unterworfen.

Ich beginne zu brüllen und dresche mit meinen kraftlosen Armen auf das Wasser ein.

»Fuck! Verfluchte Scheiße! Fuck! Fuck! Fuck! Ich habe die Nacht durchgestanden. Du hast mir Zeichen gegeben, Grund, an dich zu glauben, und jetzt willst du plötzlich nicht mehr zuständig sein. Verdammt, Gott, hol mich endlich, ich kann nicht mehr.«

Doch selbst jetzt, wo meine Willenskraft an einem Nullpunkt angelangt ist, in diesem Augenblick, den ich die ganze Zeit gefürchtet habe, da das Meer mein letztes Quäntchen Lebenswillen fortgespült hat – selbst jetzt wollen keine Tränen kommen.

»Anita, Liebe meines Lebens, Zara, Jamie, meine wunderbaren Kinder, ich kann nicht mehr. Greg, Sandy, es geht einfach nicht mehr. Es tut mir so leid. Ich muss euch verlassen.«

Ich kann mein Schlottern nicht mehr kontrollieren. Ich bin stark unterkühlt. Mich zu ertränken wird eine Erlösung sein.

In diesem Moment treffe ich die bewusste Entscheidung, es zu tun.

In dem Artikel hieß es, man muss Wasser in die Lungen kriegen.

Die Einsamkeit der letzten eineinhalb Tage hat mich auf die Einsamkeit des Todes vorbereitet. Kein besonders toller Tod, denke ich. Kämpfen und hoffen, voller Entschlossenheit ... und dann untergehen und jeglichen Überlebensinstinkt unterdrücken müssen, einfach weil man zu erschöpft ist, um weiterzumachen.

Los.

Die Stimme in meinem Kopf ist leise und ruhig.

Lass los.

Ich tauche unter und lasse mich treiben, regungslos. Wie ein Akrobat, ein Hochseilartist, erstarrt im freien Fall.

Ich sehe nach oben. Der Tag wird immer schöner: Keine Wolke mehr am Himmel, und die prächtige blaue Kuppel leuchtet im Licht der östlichen Sonne bis ins Wasser hinein. Ein strahlender Brennpunkt oszilliert zwischen unzähligen Reflexen, Flecken aus Licht und Schatten. Der Anblick verspricht Wärme und Trost.

Für den Bruchteil einer Sekunde erscheint mir das wie die Erfüllung meiner Existenz: Freude, Vollkommenheit, Verstehen.

»Neets, Zara, kleiner Jamie. Ich liebe euch mehr, als ihr euch je vorstellen könnt.«

Ich atme tief ein und fülle meine Lunge mit dem Salzwasser, das mich bedrängt und traktiert, seit es mich zu fassen bekommen hat.

Was in dem Artikel steht, ist wahr: Es tut nicht weh. Ich atme aus, und warme Flüssigkeit strömt mir aus Nase und Mund. Ich blicke noch immer nach oben zum Licht.

Ich nehme einen weiteren Atemzug Salzwasser.

Plötzlich spüre ich auf meiner Zunge einen entsetzlichen, brennenden Schmerz – als würde ein Folterknecht sie mir mit einem stumpfen Messer aus dem Mund schneiden. Das Salz verätzt mir die unzähligen kleinen Wunden.

Es geht doch nicht so glatt, wie der Artikel behauptet. Wieder atme ich das salzige Nass. Diesmal fühlt sich das Wasser noch wärmer an, als es um mein Gesicht strömt. Als würde mein Kopf in einen Eimer mit geschmolzener Lava getaucht. Und wieder fließt es aus mir heraus.

Ich versuche es ein viertes Mal, doch der Schmerz ist unerträglich. Was immer von meiner wunden Zunge noch übrig ist, es kann das brennende Salzwasser nicht aushalten. Schwarze Punkte tanzen vor meinen Augen.

Was glaubst du eigentlich, was du tust?

Dieser innere Aufschrei ist ein Laut, wie ich ihn nie zuvor gehört habe.

Das kannst du nicht tun! Du kannst doch keinen Selbstmord begehen!

Ich stoße mich zwei Meter in die Höhe und schieße wie ein Champagnerkorken an die Oberfläche, bevor ich würgend und schnaubend zusammensacke. Ich huste Salzwasser und habe den leicht metallischen Geschmack von Blut im Mund.

Ich strecke meine Arme und versuche zu paddeln. Versuche, meinen Kopf über Wasser zu halten.

Mein Blick gleitet über das strahlende Blau, das sich über mir erstreckt. Ich ächze, wegen der Anstrengung des Auftauchens, aber auch angesichts dieser Entscheidung, die ich getroffen und revidiert habe.

Ich drehe den Kopf. Meine rechte Wange liegt im Wasser, das über mein rechtes Auge schwappt und mich in der Nase kitzelt.

Dann sehe ich es. Es treibt über dem Wasser. Ein schwarzes Kreuz.

»Steck dir das Kreuz sonst wohin!«, brülle ich gen Himmel. »Mir reicht's jetzt mit all diesen Zeichen der Hoffnung. Mir reicht's.«

Doch es kommt näher.

Ein kleines Kruzifix, das sich über den sanften Wellen erhebt.

Auf der *Barrenjoey*
6.58 Uhr

Die Sonne klettert am Himmel empor, und bereits jetzt ist es heiß wie in einem Backofen. Die *Barrenjoey* hat das von Doris festgelegte Suchgebiet erreicht. Die Australier haben allesamt Posten auf dem Hauptdeck und vorn am Bug bezogen, um die sich vor ihnen erstreckende riesige Wasserfläche überblicken zu können. Ein Fernglas reichen sie reihum. Alle müssen inzwischen einsehen, dass diese Aufgabe eine gemeinsame Anstrengung der ganzen Gruppe erforderlich macht. Die früheren Spannungen zwischen ihnen scheinen vergessen.

Pete Inglis sitzt auf dem Bugspriet der *Barrenjoey*, dem höchsten Punkt der Yacht, wo seine Unterschenkel die vom Bootsrumpf sprühende Gischt abbekommen. Sein Blick wandert auf der Suche nach einem Fokuspunkt über die blendende Wasserfläche.

Doris ruft seine Crewmitglieder Anas und Wilson an Deck. Er drückt beiden ein Fernglas in die Hand. »Ihr müsst so hoch wie möglich rauf. Klettert auf das Dach vom Steuerhaus. Und bitte nicht nur rauchen und rumquatschen. Ich will einen von euch backbord und einen steuerbord. Schaut mit den Ferngläsern immer rauf und runter, vom Boot weg zum Horizont.« Er demonstriert ihnen eine Suchmethode mit senkrechten Bewegungen, so wie er sie bei dem Öl- und Gasprojekt auch seiner eigenen Mannschaft beigebracht hat. »Wenn ihr nur geradeaus schaut, schaut ihr über ihn hinweg. Kapiert, Jungs?«

Die beiden nicken einmütig, und Doris kehrt ins Steuerhaus zurück. Er schenkt sich Kaffee nach und steckt sich gleich darauf auch noch eine Zigarette an.

Da sie schon lange kein Handynetz mehr haben, wendet er sich wieder dem Funkgerät zu und stellt sich mental auf die Kommunikation mit den anderen Booten ein. Er atmet tief durch und geht zwei Schritte auf die Instrumententafel zu.

In diesem Moment hört er in der Morgenstille Anas' Stimme durchs Dach. »Boss?« Er klingt ganz unaufgeregt und lässig. »Da ist er. Dort drüben.«

Im gleichen Moment ruft Pete vom Bug aus: »Dort! Verdammt nochmal, wir haben ihn!« Er springt auf die Füße und deutet nach Nordosten. »Dort drüben ist er!«

Ganz kurz erstarren alle Männer auf der *Barrenjoey* in einer Art geschockter Neugier. Es ist, als hätte keiner wirklich geglaubt, dass dieser Moment kommen würde. Dann geht ein kollektives Schnaufen der Verblüffung über Deck. Dann Geschrei. Jubel. Gerenne. Jauchzen.

Doris spürt, wie sich die Haare in seinem Nacken sträuben. Er schaut nach backbord und kneift dabei die Augen zusammen, um besser sehen zu können. Mit dem bloßen Auge ist es sehr schwierig, aber nach ein paar Sekunden kann er einen winzigen Fleck im Wasser ausmachen.

Etwa hundert Meter backbord vom Bug entfernt erkennt er den Kopf eines Mannes. Er leuchtet im Morgenlicht wie ein Signalfeuer, und neben ihm ist ein gespenstisch weißer Arm in die Luft gereckt und winkt.

Ein warmer Schauer läuft Doris über den Rücken, und heftig reißt er das Steuerrad herum. Er richtet die Nase der *Barrenjoey* genau auf den Mann und vergräbt dann sein Gesicht in den Händen.

Während alle zur einen Bootsseite sprinten, fängt Doris an zu schluchzen. Er wischt sich mit dem T-Shirt die Augen, während er nach dem Mikrophon des Funkgeräts greift.

»Suley, Kumpel«, flüstert er, dann räuspert er sich und sagt deutlich lauter: »Wir haben ihn.«

»Tot oder lebend, Kumpel?«, lautet die Rückfrage.

»Lebend.«

Fiskaal Road, Camps Bay
1.39 Uhr

Die Uhr auf dem DVD-Player zeigt 1.39 Uhr an, als auf der Straße gegenüber die Alarmanlage eines Autos anspringt.

Der schrille Klang zerreißt die friedliche Stille, die sich irgendwann über die Gegend gelegt hat. Zehn Minuten hält das Geheul an, immer wieder unterbrochen von langen Pausen, die falsche Hoffnungen wecken.

Zu lang für Kirsten, die aufsteht und ins Wohnzimmer geht. Kurz darauf taucht Helene auf, dann Gaby, Karmen und schließlich Anita. Alle sind insgeheim froh, dass sie in ihrem Bedürfnis, getröstet zu werden und die Nacht über Wache zu halten, nicht allein sind.

»Ich mach mal Kaffee.« Karmen schlurft in die Küche und knipst die unbarmherzige Neonröhre an, die Anita so hasst. Die anderen kneifen die Augen zusammen und folgen ihr, während Paula die Treppe herunterkommt. Auch ihr geisterten nur deprimierende Gedanken durch den Kopf, kaum dass sie sich hingelegt hatte. Jetzt schüttelt sie ihr Haar, als könne sie sie dadurch vertreiben.

Auch Wayne im Wohnzimmer ist wach. Er liegt auf dem Sofa und lauscht dem gedämpften Gemurmel, das aus der Küche kommt. Er überschlägt kurz den Zeitunterschied zwischen Südafrika und Indonesien, um festzustellen, dass dort jetzt der Tag anbricht.

Hast du die Nacht überstanden, Brett?, fragt er sich. Er macht die Augen nicht auf. Wenn nicht bald der entscheidende Anruf kommt, wird er gar nicht mehr kommen.

Er stellt sich kurz vor, wie man den Kindern später am Vormittag die Nachricht überbringen muss, eine ständig wachsende Angst, die in seiner Magengrube wühlt.

Gaby bringt ihm eine Tasse Kaffee. Als alle sich wieder im Wohnzimmer versammeln, setzt er sich auf. Eine Tischlampe verbreitet diffuses Licht, und verzagt rücken sie in ihrem Bedürfnis nach Wärme und Trost immer näher an sie heran.

Als ein Telefon auf dem Wohnzimmertisch schrillt, schnappen alle erschrocken nach Luft und starren es an. Das leuchtende Display spiegelt sich in der Glastischplatte, und der Klavier-Klingelton unterstreicht, welch ungewöhnlicher Zeitpunkt das ist – für diesen ersten Anruf seit Stunden.

Anita springt auf und umrundet hastig einen Sessel. Auf diesen Moment hat sie sich seit Stunden innerlich vorbereitet. Ihr Herz rast, ihre Hände zittern. Sie reißt das Telefon vom Ladekabel und hebt es ans Ohr. Ihr zögerndes »Hallo« ist kaum zu hören.

Die anderen scharen sich blitzschnell um sie.

»Was? Was haben Sie gesagt?«, schreit sie ins Mikrophon. Aus ihrem Mund kommt ein Krächzen, dann verstummt sie kurz ganz.

»Er ist gefunden worden? Sie haben ihn gefunden?«

»O Gott.« Das kommt von Wayne, der neben dem Schrank stehen geblieben ist. Die Frauen legen sich die Hände vor den Mund und reißen entgeistert die Augen auf.

Ist Brett am Leben oder tot? In diesem Augenblick scheint die Zeit stillzustehen.

»Er lebt?«, schreit Anita. »Sagen Sie es noch mal, bitte sagen Sie es noch mal. Sagten Sie, er lebt?«

Ihre Knie geben nach, und sie sackt zusammen, das Telefon mit beiden Händen an ihr Gesicht gepresst, als könne sie die Nachricht so besser aufnehmen. Dann fängt sie an zu schluchzen.

Alle im Zimmer erfasst die Erleichterung wie ein Rausch. Kirsten, Gaby und Helene brechen in Tränen aus und hüpfen schreiend auf und ab. Karmen legt sich die Hände vors Gesicht, und Paula steht einen Moment lang mit vor Staunen aufgerissenem Mund da. Es ist schon der zweite Anruf in kurzer Zeit, der einen Schock auslöst, und diese Nachricht ist fast ebenso schwer zu glauben wie die erste.

Auf dem beigen Teppich sinkt Wayne stumm auf die Knie. Als der harte Klumpen in seinem Magen sich aufzulösen beginnt, legt er die Hände vors Gesicht und fängt an zu weinen.

Der Tumult lockt Loni, in Schlafanzugshorts und T-Shirt, die Treppe herunter.

»Sie haben ihn, Daddy, er lebt!« Tränen rinnen in Strömen über Anitas Wangen.

»O Gott«, schreit Loni und fängt auch an zu weinen. Dann versagen seine Nerven, zittert am ganzen Körper, und seine Frau schließt ihn in die Arme.

Auf der *Naga Laut*
18. April 2013
7.15 Uhr

JM liegt im Kerker im Dunkeln. Trotz seiner Erschöpfung hat er sehr unruhig geschlafen. Er hat gehört, wie die Motoren gegen drei Uhr ansprangen, und das sanfte Schaukeln gespürt, als die *Naga Laut* sich erneut zur Querung der Meerenge Selat Mentawai aufmachte. Nach dem Sturm, der endlich nachgelassen hat, als sei auch er von den Strapazen des gestrigen Tages ermattet, ist der Morgen ruhig.

JM dreht sich auf die Seite. Er ist unsicher, wie spät es ist, denn in der fensterlosen Kajüte bekommt man die Morgendämmerung nicht mit.

Er lauscht, als der Kapitän den Motor abstellt. Wir müssen im Suchgebiet sein, vermutet er, die Augen noch immer geschlossen, die Gefühle im Aufruhr. Geräusche aus den Nachbarkajüten signalisieren, dass auch die anderen wach geworden sind.

Ein lauter Ruf zerreißt die Stille.

JM fährt hoch und schlägt sich dabei den Kopf an der niedrigen Decke an. Es ist Mark Ridgway. JM hält sich den Kopf und braucht einen Moment, bis er Ridgys Worte versteht.

»Sie haben ihn gefunden! Sie haben ihn gefunden!«

Jetzt kommt aus allen Ecken des Bootes Geschrei. In einer einzigen schnellen Bewegung ist JM auf den Füßen und hastet den schmalen Gang entlang zum Heck, wo sich seine Freunde schon sammeln. Es ist noch früh am Morgen, aber die Dämmerung kündigt einen perfekten Tag an. Die Farbe des Himmels wechselt mit jeder Sekunde.

Ridgy, auf der Brücke in der Tür stehend, hält noch immer das Satellitentelefon in der Hand. Yanto ist neben ihm zusammengesunken und schluchzt hemmungslos.

»Sie haben ihn gefunden. Und er lebt!« Tränen schimmern in seinen Augen, und der Ausdruck in seinem Gesicht ist plötzlich ganz verändert. Man kann förmlich sehen, wie mit seinen Worten die Spannung von ihm abfällt.

JM läuft es heiß über den Rücken, als er die Leiter, zwei Sprossen auf einmal nehmend, hochspurtet und seinen Freund in die Arme schließt.

»Verdammt, das gibt's doch nicht!«, brüllt einer in diesen Morgen hinein, den sie so gefürchtet haben. Die Worte sind offensichtlich ein akustischer Impuls, denn nach einem Augenblick der Verblüffung hallt das Boot vor Gebrüll, Umarmungen, Händeklatschen wider. Erleichterung. Freude. Nie zuvor haben die Männer eine solche Erlösung verspürt.

»Er ist am Leben.« Weyne senkt den Kopf. »Das ist doch irre.«

»Holt die Bintangs raus!«, übertönt Snowman das immer lautere Jubeln und Gejohle. Der frühen Stunde zum Trotz läuft er rasch zum Kühlschrank, aber er ist so gerührt, dass seine Hände zittern und er Mühe hat, den Plastikgurt, der ihn verschließt, zu lösen.

»Der Albtraum ist vorbei! Auf Archie!« Tony weint ganz unverhohlen, als die Flaschen beim Anstoßen klirren. Ridgy hat die zerknitterte Karte heruntergebracht und wiederholt langsam die Koordinaten, die Doris ihm durchgegeben hat. Von dem Punkt sind sie noch gute sieben Stunden entfernt.

»Von nun an nennen wir ihn Bob, den Streuner!« Bangers Witz kommt lustiger rüber, als er gedacht war, und löst die Spannung der letzten vierundzwanzig Stunden. Die Männer haben das Gefühl, wieder Späße machen und ganz schnell zur Normalität zurückkehren zu dürfen. Der Übermut befällt sie wie ein Fieber.

Es ist wieder Banger, der sie zur Ruhe ruft. »Wir sollten Gott danken«, sagt er schlicht. Alle senken die Köpfe und schweigen eine Zeitlang. Jeder spricht still sein persönliches Gebet.

»Du hast nie aufgehört, daran zu glauben«, sagt Weyne leise zu JM, der ihn am Arm zur Seite nimmt. Die anderen schließen gerade die Crew in die Arme, die genauso ergriffen ist wie ihre Gäste. JM traut seiner Stimme nicht, sein Hals ist wie zugeschnürt. Stattdessen lächelt er nur bedächtig.

Craigs Aufforderung kommt ihm da wie gerufen: »Los, jetzt gehen wir ihn holen!«

6.45–7.15 Uhr
Nach achtundzwanzigeinhalb Stunden im Wasser

Während ich Salzwasser erbreche, sehe ich wieder hin: Es ist immer noch da, das schwarze Kreuz.
 Ist das der Todesengel? Kommt Gott mich holen?
 Meine Lunge wird zusammengedrückt wie in einem Schraubstock, ich japse nach Luft, ermahne mich aber zugleich, ruhig zu bleiben.
 Das Kreuz wird größer. Bitte, lieber Gott, sag mir, dass ich nicht träume …
 Mit letzter Kraft trete ich Wasser und rudere ganz ruhig mit den Armen.
 Mein Herz hämmert mir gegen den Brustkorb, als ich beobachte, wie es noch größer wird. Immer größer …
 Ein Kruzifix. Gottes Zeichen. Plötzlich wird mir klar, dass es sich um die Mastspitze und Saling einer Segelyacht handelt. Ich kann jetzt die Takelage erkennen. Und die Yacht fährt in meine Richtung.
 Dann kommt der Bug des Bootes in mein Sichtfeld. Sein Rumpf fängt backbord einen Strahl der Morgensonne ein und reflektiert ihn wie ein Fernglas, das irgendwo weit weg bewegt wird. Da ich sehr tief im Wasser bin, kann ich das Großstag nicht sehen, aber der Bug ist eindeutig. Es ist weit weg, aber ein Boot. Da bin ich mir sicher.
 »Reg dich nicht auf, reg dich bloß nicht auf«, bete ich mir immer wieder vor.
 Dann kann ich es in voller Länge sehen. Ich schätze die Entfernung auf etwa 400 Meter. Ich kann Bewegung an Deck erkennen. Die Leute sehen aus wie Ameisen.

Es scheint ewig zu dauern –, aber sie bewegt sich unbestreitbar direkt auf mich zu. Ich bin fest entschlossen, mich nicht zu früh zu freuen. Eine erneute Enttäuschung werde ich nicht überleben.

Ich beschließe, nicht darauf zuzuschwimmen. Stattdessen trete ich Wasser und begnüge mich damit, die Yacht im Blick zu behalten. Nach ein paar Minuten dreht sie von mir weg – ganz leicht nach steuerbord.

»NEIN, NEIN, NEIN«, brülle ich. Nicht schon wieder.

Sie bleibt auf dem Kurs.

Ein Grad – darin besteht der Unterschied zwischen meiner Rettung und einem nassen Tod. Dann wird mir klar, dass ich ihren Kurs schneiden kann, wenn ich den Kopf runternehme und so schnell wie möglich kraule. Ich habe die Strömung noch immer auf meiner Seite.

»Das ist er, lieber Gott«, sagte ich, ohne die Yacht aus den Augen zu lassen, »das ist mein letzter Versuch.«

Ich muss alles geben. Entweder schaffe ich es, das Boot abzupassen, oder ich ertrinke bei dem Versuch, das siehst du doch auch so, Gott, oder?

Meine Motivationsrede beflügelt meinen Geist, und ich spüre, wie Adrenalin durch meinen Körper flutet. Lustigerweise fällt mir jetzt Chad le Clos ein, der junge südafrikanische Schwimmer, der zum Nationalhelden wurde, als er 2012 bei den Olympischen Spielen die Goldmedaille für 200 Meter Schmetterling gewann. Er schlug dabei sein Idol Michael Phelps.

Chad le Clos und ich gingen auf die gleiche Schule in Westville – allerdings lagen dreißig Jahre dazwischen. »Chad«, sage ich, »du musst mir jetzt helfen, dieses Boot zu kriegen.«

Ich überschlage rasch: Die Yacht ist etwa 300 Meter entfernt. Also etwa 300 Züge. Die brauchst du, Brett, um sie abzufangen.

Ich spreche ein schnelles Gebet und appelliere nochmals an Anita, mir die nötige Kraft zu geben: 300 Schwimmzüge, mein Liebling, mehr brauche ich nicht.

Ich schließe einen Pakt mit mir. Das, Brett, ist dein letzter Versuch. Du wirst alles dabei geben. Du wirst während der 300 Züge den Kopf nicht hochnehmen. Wenn du danach hinsiehst, gibt es nur zwei Möglichkeiten: Entweder du kriegst das Boot, oder sie sind weitergefahren, und du bist so fix und fertig, dass du ohne einen Funken Kampfeswillen sang- und klanglos auf den Grund sinkst.

Ich senke den Kopf und schwimme los.

Es kommt mir vor, als würde ich fliegen. Ich stelle mir vor, wie ein Delphin durchs Meer zu schießen, immer schneller meiner Rettung entgegen. Und die ganze Zeit diese Schreie in meinem Kopf: *Bitte seid da. Bitte seht mich. Bitte lasst mich Kontakt mit euch aufnehmen.*

Mit gesenktem Kopf zähle ich: eins, zwei, drei, vier, fünf, sechs, sieben, acht, neun, zehn …

Bei 300 halte ich an und sehe hoch: Das Boot kommt direkt auf mich zu, es ist nur noch hundert Meter entfernt.

»Hey! Hallo!« Ich habe keine Stimme mehr. »Hier, hier drüben!«

Meine Worte klingen schwach und kläglich, aber ich war nie entschlossener, mir Gehör zu verschaffen. Ich lege alles in meine Stimme, was Lunge und Kehle noch hergeben. Ich höre nicht auf zu brüllen.

Ich kann jetzt den ganzen Schiffskörper sehen. Die Yacht leuchtet in der strahlenden Morgensonne, als stünde sie in Flammen. Ich lasse einen letzten Schrei los und drücke mich mit letzter Kraft so weit wie möglich aus dem Wasser.

Ich höre Rufe auf dem Vordeck, und mit meinen geschwollenen, brennenden Augen kann ich mehr vermuten als sehen, dass an Bord hektische Aktivität herrscht. Das Boot hält direkt auf mich zu. Ich sehe einen Mann im Boot hochspringen und gestikulieren. Er schwenkt seine Arme. Ich sehe die Umrisse von rennenden Männern. Einer reißt sich das T-Shirt vom Leib, es spritzt, als jemand ins Wasser springt, das so ruhig ist wie ein Mühlweiher. Für mich klingt es wie »Pst«.

Ein perfekter Sprung.

Genau wie Chad le Clos.

Ich sehe, wie ein Rettungsring von der Reling geworfen wird und wie weitere Leute von der Seite des Bootes ins Wasser tauchen.

Warm glühend breitet sich die Erleichterung in meinem Körper aus, doch die letzte Anstrengung des Schwimmens hat mich völlig ausgelaugt. Erschrocken merke ich, dass ich noch nicht einmal mehr die Kraft habe, mich über Wasser zu halten.

Langsam sinke ich nach unten, voller Bedauern, dass ich ertrinken werde, bevor sie mich erreichen.

So nah ... so verdammt nah dran ...

Und dann ist da plötzlich ein Arm an meinen Rippen, umfasst meine Brust.

Jemand hält mich. Seine Kraft spüre ich sofort.

Einen kurzen Augenblick lang habe ich viel zu viel Angst davor, mich fallen zu lassen. Zu glauben, dass hier im Meer tatsächlich ein Mann an meiner Seite ist.

Ich hebe den Kopf und nehme einen leuchtend orangen Kreisel wahr: der Rettungsring, der mir in hohem Bogen übergeworfen wird.

Dann höre ich ihn. Er klingt ein wenig atemlos: »Wir haben dich, Mann, wir haben dich.«

Epilog

Brett Archibald wurde am 18. April 2013 um 7.15 Uhr gerettet. Er wurde bei 99° 46´ östlicher Länge und 1° 53´ südlicher Breite gefunden, wo er genau in dem Gebiet, das Tony Eltherington vorhergesagt hatte, hilflos in der Strömung trieb.

Er hatte auf offener See in der Meerenge Selat Mentawai etwa 50 nautische Meilen, das sind über 70 Kilometer, zurückgelegt. Als er weit vor der Nordostküste der Insel Sipura mit nichts als Unterhose und Cargo-Shorts am Leib aufgefunden wurde, war er bereits achtundzwanzigeinhalb Stunden im Wasser.

Nachdem die Männer auf der *Barrenjoey* zuerst aus hundert Metern Entfernung seinen sonnenverbrannten Kopf entdeckt und dann seine verzweifelten Schreie gehört hatten, brauchten sie noch zehn Minuten, um backbord zu drehen und längsseits an ihn heranzufahren. Dave Carbon warf einen Rettungsring ins Wasser, dann sprangen er und Simon Carlin als gute Schwimmer und ausgebildete Lebensretter hinterher. Dave Carbon erreichte Brett genau in dem Augenblick, als er unterzugehen drohte. Colin Chenu kam über das Deck gelaufen und sprang ebenfalls ins Meer, ebenso wie das Crewmitglied Aroziduhu »Elvis« Waruwu, der Brett auf einem Surfboad paddelnd zu Hilfe kam.

Als seine vier Retter ihn im Wasser umringten, waren sie verblüfft, wie klar im Kopf und gesprächig Brett war. Während sie seinen Zustand begutachteten, seine Arme durch den Rettungsring schoben und ihn Richtung Boot brachten, machte er Witze und winkte den

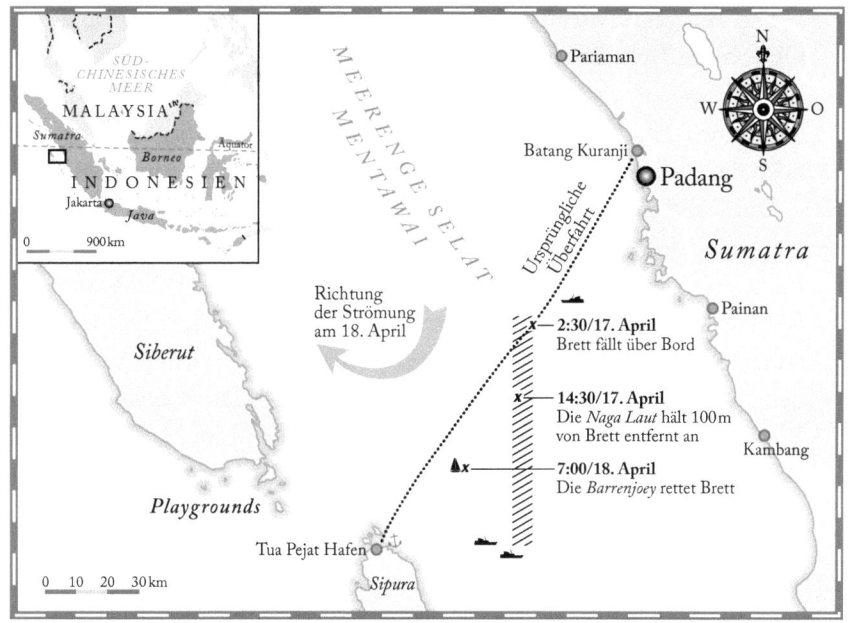

Männern an Bord zu. Als sie die senkrechte Leiter an der Steuerbordseite der *Barrenjoey* erreichten, ging Simon wie selbstverständlich davon aus, dass er Brett nach den außerordentlichen körperlichen Strapazen nach oben helfen musste, und packte ihn hinten an seinen Shorts. Umso erstaunter stellte er fest, dass dieser keine Hilfe benötigte. Bretts Organismus reagierte wohl mit einem letzten Adrenalinschub.

An Bord fing Brett an zu zittern, war aber ansonsten in erstaunlich guter Verfassung. Sie wickelten ihn in Handtücher und setzten ihn auf eine Surfboardhülle. Zuallererst kümmerten sie sich um seinen immensen Durst. Brett bettelte um eine Cola, doch Justin Vivian als Urologe plädierte für eine behutsame Rehydrierung. Nachdem er Bretts schmerzhaft geschwollene Zunge untersucht hatte, gab er ihm einen Becher warmes Salzwasser und Apfelschnitze, die Brett langsam in seinem Mund bewegen, kauen, aber nicht schlucken sollte.

Brett quasselte weiter ununterbrochen, aber was er von sich gab, war viel weniger wirr, als seine Retter erwartet hätten. Er konnte erstaunlich zusammenhängend über seine Erlebnisse berichten.

Die Australier waren von dieser Entwicklung völlig überwältigt. Obwohl sie Brett überhaupt nicht kannten, versetzte seine Rettung sie laut eigenen Aussagen in einen Zustand ehrfürchtiger Freude. Im Nachhinein beschrieben sie es als Privileg, dass sie es waren, die ihn – noch dazu lebend – finden durften. Sie empfanden echte Euphorie.

Doris Eltherington auf der Brücke sträubte sich allerdings gegen die Heldenrolle. Er zog sich hinter das Steuer der *Barrenjoey* ans Funkgerät zurück, um die anderen Suchboote über die wundersame Rettung zu informieren. Nur widerstrebend folgte er dem Drängen seiner Gäste, doch herunterzukommen und den Mann kennenzulernen, dem er das Leben gerettet hatte. Also verließ Doris, bereits ein Bier in der Hand und eine Zigarette zwischen den Lippen, die Brücke, um Bretts blutleere verschrumpelte Hand zu schütteln.

Brett Archibalds Rettung war in vielerlei Hinsicht bemerkenswert. Aus einer nicht ungewöhnlichen Verkettung von Leichtsinn, unglücklichen Zufällen und schlichtem Pech entwickelte sich ein ganz außergewöhnliches menschliches Drama, dessen Handlungsstränge an jenem Aprilmorgen schließlich zu einem Happy End zusammengeführt wurden.

Erstens war Bretts Lage, rein statistisch gesehen, aussichtslos. Die Chancen, einen Mann wiederzufinden, der längere Zeit auf dem offenen Meer treibt, sind bestenfalls gering – die sprichwörtliche Nadel im Heuhaufen. Wenn Doris – von seiner verstorbenen Schwester Denise geleitet, wie er selbst glaubt – mit der *Barrenjoey* nicht weiter nördlich gefahren und das Boot nicht genau im richtigen Moment nach steuerbord gelenkt hätte – wäre Brett mit großer Wahrscheinlichkeit nicht lebend geborgen worden.

Zweitens ist es höchst ungewöhnlich, dass ein Mensch überhaupt eine so lange Zeit im Wasser überlebt. Einige Faktoren haben Bretts Notlage etwas abgemildert: die warme Wassertemperatur, die fehlende Sonne und die Möglichkeit, während des starken Regens Süßwasser zu sich zu nehmen. Dennoch ist es hinsichtlich Ausdauer und Durchhaltevermögen eine außerordentliche Leistung. Brett würde sich ein Scheitern nie gestatten, und in dieser Extremsituation gelang es ihm, weit über das hinauszugehen, was er leisten zu können glaubte.

Drittens birgt die Geschichte eine eigenartige Synchronizität. Zwei Boote mit jeweils neun Passagieren an Bord, und in beiden Gruppen wird ein fünfzigster Geburtstag gefeiert – diese Puzzleteile fügen sich teilweise fast logisch zusammen, teilweise scheint mehr als nur Zufall im Spiel. Bemerkenswert ist unter anderem die Tatsache, dass zu genau dem Zeitpunkt, als Anita in Camps Bay ihren Altar aufstellte, Brett in der Wolkenfahne eine Erscheinung der Jungfrau Maria zu erkennen glaubte, nachdem die *Naga Laut* ihm zum zweiten Mal davongefahren war. Ein weiteres Beispiel ist das Medium, das unaufgefordert bei Katya anrief, um mitzuteilen, dass Brett am Leben sei.

Durch die ganze Geschichte zieht sich die Hoffnung wie ein roter Faden. In einer Welt, in der tagtäglich Menschen auf tragische Weise ums Leben kommen, bekam ein Mann, der dem sicheren Tod ins Auge blickte, überraschend eine zweite Chance.

Auf der *Naga Laut* fühlten seine Freunde sich moralisch verpflichtet, ihn zu suchen, sie glaubten daran, dass er der Typ Mensch war, der diese harte Prüfung überstehen würde. Und auch zu Hause in Südafrika weigerten sich seine Frau, seine Freunde und seine große Familie, die Hoffnung aufzugeben. Überzeugt davon, dass er irgendwo da draußen auf dem Meer am Leben war, hörten sie nicht auf, zu beten, zu glauben und seine Heimkehr herbeizuwünschen. Die Nachricht von seiner Rettung versetzte sie alle in unermessliche Freude.

Und dann gab es da noch den Mann, der Brett fand, der sich weigerte, davon auszugehen, dass Brett bereits ertrunken war. Doris Eltherington mit seiner Hartnäckigkeit und seinem Trotz, vielleicht angestachelt von persönlichen Erfahrungen und Gefühlen und geleitet von seiner genauen Kenntnis der Gegend, sorgte für die an ein Wunder grenzende Rettung eines ihm völlig fremden Menschen. Dass er Brett nicht aufgeben wollte, ist ein Musterbeispiel großer Menschlichkeit.

Und so gipfelte der 18. April 2013 nicht in der erwartbaren Tragödie, sondern in einem Triumph.

Schon kurz nachdem Brett an Bord der *Barrenjoey* gebracht und rehydriert worden war, verfrachtete man ihn unter Deck. Seine Retter setzten ihn in den Salon und verbrachten die folgende Stunde damit, ihn aufzuwärmen. Während der ganzen Zeit berichtete er von seinen Erlebnissen, in vielen Aspekten erstaunlich detailliert.

Er redete ununterbrochen. Einige der Australier nahmen seinen Zustand als »manisch« wahr. »Er war krebsrot und völlig high«, beschrieb Doris es später. Sie staunten über seine körperliche Kraft und Ausdauer, noch mehr jedoch über seinen unbeugsamen Willen.

Mit 68 zu 44 war Bretts Blutdruck bedrohlich niedrig, was auf die starke Dehydrierung zurückzuführen war. Da bei der an Bord verfügbaren Infusionslösung das Haltbarkeitsdatum abgelaufen war, entschied sich Justin Vivian aus Vorsicht gegen einen Tropf. Sie diskutierten kurz, ob sie telefonischen Rat bei einem Notfallmediziner einholen sollten, doch nach einer genaueren Untersuchung war Justin mit Bretts Allgemeinzustand zufrieden. Schon in der ersten Stunde Morgensonne hatte er sich im Gesicht und am Oberkopf einen starken Sonnenbrand geholt, seine Zunge war nach wie vor geschwollen, seine Augen waren gerötet und schmerzten von den vielen Stunden im Salzwasser, und in seiner Nase klaffte da, wo die Möwen ihn gehackt hatten, eine große Wunde. Die Rückseite seiner Beine war von den Shorts aufgescheuert, auch seine Unterarme waren wund. Seine Lippen waren rau und aufgesprungen. Trotz allem waren sich alle einig, dass es nicht nötig war, Brett in ein Krankenhaus zu schaffen.

Die Nachricht von Bretts Rettung verbreitete sich wie ein Lauffeuer. Sie riefen die *Naga Laut* an, die anderen Boote, die sich an der Suche beteiligten, sowie Anita zu Hause in Südafrika.

Die Hafenmeisterei von Tua Pejat verlangte, Brett an Land zu bringen, aber mit dem Hinweis, dass der auf der *Barrenjoey* anwesende Arzt Brett Ruhe verordnet hätte, konnte Doris sie davon abbringen. Er sah überhaupt nicht ein, dass er ausgerechnet jetzt zulassen sollte, dass die Behörden sich einmischten.

Brett duschte lauwarm, bekam ein frisches T-Shirt und saubere Shorts und wurde in Lyalls Kajüte geführt, um sich hinzulegen. Doch obwohl er seit inzwischen rund achtzig Stunden nicht wirklich geschlafen hatte, konnte er es auch jetzt nicht. Stattdessen starrte er gedankenverloren in eine Zeitschrift, während sein Hirn angestrengt versuchte, die Tatsache zu verarbeiten, dass er sich nicht mehr im Wasser befand.

Um so viel wie möglich von den Gefühlen und Gedanken festzuhalten, die ihm beim Schwimmen gekommen waren, begann er fieberhaft, Seite um Seite vollzukritzeln. Noch immer konnte er nicht weinen, auch keine Tränen der Erleichterung.

In der Zwischenzeit versuchte die *Naga Laut*, schnellstmöglich die *Barrenjoey* zu erreichen. Die Südafrikaner brannten darauf, wieder mit ihrem Freund vereint zu sein, was allerdings noch sieben Stunden dauern sollte. Die Australier dagegen beschlossen, mit dem Aluboot zu den »Icelands« zum Surfen zu fahren – schließlich war heute ihr letzter Tag. Dr. Vivian und ein paar andere blieben auf der *Barrenjoey*, um den Patienten zu überwachen.

Gegen zwei Uhr nachmittags fuhr das Beiboot der *Naga Laut* längsseitig an die *Barrenjoey* heran. Um die deutlich schnellere Ketsch einzuholen, hatten Mark Ridgway, JM Tostee, Tony Singleton, Niall Hegarty, Mark Snowball und Yanto sich entschieden, Brett mit dem Beiboot abzuholen. Weyne Mudde, Benoit Maingard und Craig Killeen waren auf der *Naga Laut* geblieben.

Als die Südafrikaner an Bord kamen, herrschte zuerst eine eigentümliche Spannung: Unausgesprochen stand die heikle Frage im Raum, ob die *Naga Laut* am Tag vorher überhaupt einen ernstzunehmenden Versuch unternommen hatte, Brett zu finden. Doch nachdem dieses Missverständnis aus der Welt geschafft war, folgte die stürmische Wiedervereinigung mit Umarmungen, Witzeleien und heimlichen Tränen auf allen Seiten.

Bevor Brett auf das Boot zurückkehrte, von dem aus er ins Wasser gefallen war, schloss er noch einmal den Mann in die Arme, der ihn gerettet hatte, und bedankte sich auch mehrfach bei den anderen Australiern dafür, ihren Teil dazu beigetragen zu haben.

»Ich liebe euch, Jungs!«, rief er strahlend.

Nachdem die Boote sich getrennt hatten, ließen beide Gruppen die Ereignisse der letzten eineinhalb Tage noch einmal Revue passieren.

Auf der *Naga Laut* telefonierte Brett erneut mit seiner Frau, die er bereits von der *Barrenjoey* aus angerufen hatte – in beiden Fällen sehr emotionale Gespräche, die Anita im Nachhinein als hektisch beschrieb. Brett war völlig überdreht und erzählte ihr die gesamte Geschichte von A bis Z, während sie, ebenso überwältigt, vor Freude und Erleichterung schluchzte. Auch mit seiner Mutter und seinem Bruder führte Brett bewegende Telefonate. Danach saß er mit seinen Freunden zusammen, um das Wunder seiner Rettung gebührend zu würdigen – und zu besprechen, was sie weiter tun wollten.

Sie saßen alle am Tisch in der Kombüse zusammen, während er stundenlang höchst anschaulich schilderte, was er durchgemacht hatte – um am Ende zur Überraschung aller zu verkünden: »Jungs, wir sollten nicht gleich nach Hause fliegen. Ich habe es mit Anita besprochen – ich denke, wir sollten unseren Urlaub fortsetzen. Ich finde, wir sollten surfen gehen.«

Viele, auch einige Familienmitglieder, hielten das für völlig verrückt und egoistisch. Nach einem derart traumatischen Erlebnis gehöre er nach Hause zu seiner Familie, fanden sie. Doch Anita stand hinter der Entscheidung ihres Mannes. »Er war körperlich in Ordnung und musste wieder da raus, er musste ins Wasser. Ansonsten wäre er durchgedreht«, erklärte sie später.

Am Nachmittag fuhren John und Belinda McGroder mit ihren beiden Söhnen zu den »Playgrounds«, um den Mann kennenzulernen, zu dessen Rettung sie beigetragen hatten. Brett verbrachte mit ihnen zwei emotional aufwühlende Stunden am Oberdeck der *Naga Laut*, in denen John und Belinda ihm detailliert berichteten, welche immensen Anstrengungen sie, Doris, dessen Gäste und Crew, Martin Daly und die Malherbes in den vergangenen vierundzwanzig Stunden unternommen hatten.

Dann fuhren alle Anwesenden mit den Beibooten hinüber zur *Barrenjoey*, wo im Sonnenuntergang ein Festmahl aus Canapés und Garnelensandwiches serviert wurde. Alle erhoben ihr Glas voller Bewunderung und Zuneigung auf den Kapitän der *Barrenjoey* und beglückwünschten ihn zu seiner Unbeirrbarkeit. Brett, noch immer stark mitgenommen von seiner Tortur, konnte seine Gefühle kaum im Zaum halten, was sich insbesondere daran zeigte, dass er ständig Duke McGroder herzte, der an diesem Tag sechs Jahre alt wurde – also genauso alt war wie Bretts Sohn Jamie.

Kurz nach ihrer Rückkehr von der *Barrenjoey* klappte Brett endgültig zusammen. Nach nur wenigen Stunden Schlaf erwachte er auf einem totenstillen Boot. Crew und Gäste schliefen nach den schrecklichen eineinhalb Tagen tief und fest. Leise schlich Brett zu der Stelle, von der aus er ins Wasser gefallen war, und starrte auf das vollkommen ruhige Meer, das im Mondlicht schimmerte. Der Versuch, die Erlebnisse der vergangenen drei Tage zu verarbeiten, wühlte ihn auf, und endlich, im Rückblick auf das Wunder seiner Rettung, rannen ihm nun doch Tränen über die Wangen. Da schob sich plötzlich ein dünner, sehniger Arm aus der Kajüte und legte sich um seine Schultern. Es war Skippy, der Kapitän der *Naga Laut*. Die beiden Männer saßen schweigend da und freuten sich daran, am Leben zu sein, während Skippys Tränen auf Bretts Schultern und Bretts Tränen aufs Deck tropften. Nach einer Weile sagte Brett leise zu dem Älteren: »Skippy, du musst mich wieder ins Wasser bringen.« Skippy schnappte vor Schreck nach Luft, sagte dann erst einmal gar nichts, bevor er mit heiserer Stimme antwortete: »Nein, nein, Mr Brett, ich bringe Sie nicht in Wasser, Mensch bekommt nicht zweite Chance.«

Craig Killeen hat ein Video, auf dem Brett und zwei seiner Freunde am Tag nach der Rettung das Beiboot der *Naga Laut* besteigen. Es ist noch sehr früh am Morgen, lange vor Sonnenaufgang, als sie aufbrechen, um zum ersten Mal auf ihrer Reise surfen zu gehen. Brett wagt sich da erstmals wieder ins Meer. Die Kamera erwischt ihn in einem unbeobachteten Moment, als er in das Aluboot steigt: Sein Gesicht spiegelt blankes Entsetzen.

Neben den täglichen Schlagzeilen über Tod und Zerstörung erlangen manchmal auch gute Nachrichten weltweit Aufmerksamkeit, das gilt auch für Brett Archibalds Rettung. In den achtundzwanzigeinhalb Stunden, die er im Meer vermisst wurde, nahmen Menschen rund um den Globus mit einer Mischung aus Faszination und Grauen an seiner Geschichte Anteil. Aufgrund der modernen Kommunikationsmittel empfinden Menschen das Unglück fremder Menschen viel intensiver, und so verfolgten viele die Suche nach Brett über Facebook und Twitter in Echtzeit, und die, die ihm näherstanden auch via SMS.

Die Paradoxie ist offensichtlich: Während Brett sich in den vielen Stunden allein im Wasser kaum einsamer und isolierter hätte fühlen können, beschäftigten sich viele Tausend Menschen auf der ganzen Welt mit seiner Notlage – als wäre der Welleneffekt eines Kiesels, der ins Wasser fällt, noch am äußersten Rand eines globalen Teichs zu spüren.

Während der zehn Tage, die Brett sich danach auf den Mentawai-Inseln aufhielt, nahm das mediale Rauschen ständig zu. Die Geschichte seiner Rettung landete weltweit auf den Titelseiten der Zeitungen. Die Surflegende Shaun Tomson tat in einem Interview kund: »Wenn ich da draußen gewesen wäre, hätte auch ich Doris' Hilfe einer Suchaktion der Luftwaffe oder Marine vorgezogen.«

Journalisten und Reporter von internationalen Zeitungen, Zeitschriften, Surfmagazinen und TV-Nachrichtensendungen legten das Satellitentelefon der *Naga Laut* lahm und belagerten Anita zu Hause in Südafrika. Im Nachhinein betrachtet, war es vermutlich sehr klug von Brett, auf dem Boot gewissermaßen isoliert zu bleiben – ansonsten wäre er schnurstracks ins Zentrum des Medienspektakels geraten.

Das Interesse der Medien richtete sich auch auf die Australier, zuerst bei ihrer Landung in Jakarta, dann später auch zu Hause in Perth. »Es ging da natürlich darum, Auflage zu machen«, erinnerte sich Simon später.

Weltweit ausgestrahlte Fernsehdokumentationen folgten. Vor allem konzentrierten sich die Medien auf das »Wunder auf dem Meer«, aber es wurden auch Fragen nach Schuld und Verantwortung gestellt.

Widerstrebend ließ Tony Eltherington sich für die australische Dokumentationsserie »60 Minutes« interviewen. »Ich freue mich wahnsinnig für Brett, Anita und die Kinder«, sagte er dem Reporter Charlie Wooley. »Ja, ich konnte einer Frau ihren Mann zurückgeben. Und Kindern ihren Vater.«

Trotz seiner sehr einsilbigen Antworten brachte ihm die Sendung eine gewisse Berühmtheit ein.

»Warum ich nach ihm gesucht habe? Na ja, ich denke, ich würde mir auch wünschen, dass wer nach mir sucht ...«

Wie nicht anders zu erwarten, hinterließ diese Form der Publicity bei Doris keinen bleibenden Eindruck. Nach wie vor lebt er so zurückgezogen wie möglich und betreibt von Padang aus sein Surfcharterboot. Der Respekt und die Anerkennung, die ihm die Geschichte einbrachten, veränderten ihn kein bisschen, wie alle, die ihn näher kennen, bestätigen. Das Rampenlicht hat ihn noch nie gelockt, das ist ihm schlicht wesensfremd. »Es geht ihm auch nicht darum, Karma-Punkte zu sammeln«, formuliert es sein Freund Kirk Willcox, Verantwortlicher für Marketing und Kommunikation bei der Organisation SurfAid.

Doris selbst nimmt für sich in Anspruch, ruhiger geworden zu sein. »Ich hatte lange Zeit ein echt irisches Temperament, aber inzwischen werde ich nicht mehr so wütend wie früher. Solange man mir nicht meine Freundin, meine Surfboards, mein Boot oder mein Geld wegnimmt, ist mir egal, was andere treiben«, sagt er mit einem trockenen Lachen.

Nach wie vor fliegt er regelmäßig an die Gold Coast, um seine Kinder Taryn, Jarrah und Madeline und seine drei Enkelkinder River, Chase und Kymani zu besuchen. »Ich möchte einfach mehr Zeit mit meinen Kindern verbringen«, erklärt er.

»Als mein Vater anrief und sagte ›Ich habe gerade einen Typen gerettet‹, dachte ich mir: Schön, finde ich cool«, erzählt Taryn, seine älteste Tochter, die ihn von Australien aus bei den Buchungen seines Charterboots unterstützt. »Aber dann riefen plötzlich Magazinjournalisten, Blogger und Fernsehreporter von allen möglichen Sendern an und wollten Interviews mit ihm. Wow, dachte ich, entweder er hat was richtig Gutes getan oder was ganz Schlimmes angestellt. Ich sollte mich auf beides gefasst machen.«

Bei einem Heimataufenthalt im Februar 2014 erfuhr Doris, dass er zwei Auszeichnungen vom Sportverband Surfing Australia erhalten habe. Der »Peter Troy Lifestyle Award«, eine Auszeichnung für die Lebensleistung, wurde Doris verliehen, weil er als einer der Ersten dazu beigetragen habe, das Surfen in Indonesien und auf der ganzen

Welt populär zu machen. Der »Waterman of the Year Award« war eine Anerkennung für die couragierte Rettung von Brett Archibald.

Trotz seiner Familienbesuche in Australien bleibt Doris dauerhaft an seinem Sehnsuchtsort, dort, wo das Leben nicht in den gängigen Acht-Stunden-Rhythmus zu pressen ist, sondern er das bekommt, wofür er lebt: »Wasser-Zeit«. Dort kann er nach seiner Fasson glücklich werden. »Wenn ich einen Sixpack Bier, eine Schachtel Zigaretten und ordentlichen Seegang habe, bin ich wunschlos glücklich«, sagt er.

Wie andere Surfcharterkapitäne auf den Mentawai-Inseln liefert Doris im Auftrag der Vereinten Nationen oder von Hilfsorganisationen wie SurfAid ehrenamtlich Medikamente und Moskitonetze an die armen Dörfer der Inseln. Nach Jahren kennen Doris und seine Kollegen auf den Charterbooten die Routen und Buchten sehr genau und verfügen über GPS-Koordinaten selbst der entlegensten Siedlungen. So können sie für eine Gesundheitsgrundversorgung sowie Malaria- und Choleraprävention sorgen. Bei Notfällen sind sie meist als Erste zur Stelle.

»Ich würde sofort rausfahren, wenn ich wieder so einen Notruf bekäme«, erklärt Doris ganz nüchtern. »Das ist doch selbstverständlich.«

Eine Tortur, wie Brett Archibald sie durchgemacht hat, in der er achtundzwanzig Stunden lang seine ganze Kraft und seinen Einfallsreichtum im Kampf gegen die Elemente aufbieten musste, hätten nur wenige Menschen überleben können, erklärt Professor Tim Noakes vom südafrikanischen Institut für Sportwissenschaft in Kapstadt bei einer rückblickenden Beurteilung von Bretts Körperreaktionen im Wasser.

»999 von 1000 Leuten würden unter derartigen Umständen sterben«, sagt Noakes.

Selbst unter Einbeziehung wichtiger Faktoren, die sich günstig auswirkten, bewies Brett ein erstaunliches Durchhaltevermögen und einen sehr starken Lebenswillen.

Die Wassertemperatur von 28 Grad Celsius hält Tim Noakes für entscheidend, denn so konnte Brett länger schwimmen, als es ihm bei nur unwesentlich niedrigeren Temperaturen möglich gewesen wäre.

Im menschlichen Körper muss zwingend eine Kerntemperatur von 37 Grad Celsius aufrechterhalten werden. Der Körper produziert mittels Stoffwechsel kontinuierlich Wärme, die durch Konvektion zur Hautoberfläche transportiert und dort an die Umgebung abgegeben wird. Bekleidung sorgt für eine Wärmeschicht auf unserer Haut, im Wasser hingegen verliert der Körper sehr schnell Wärme an die umgebende Flüssigkeit, wodurch die Körpertemperatur zu sinken beginnt. Bei jedem Mensch gibt es hier einen kritischen Punkt: Oberhalb dessen kann er eine Zeitlang überleben, darunter setzt Unterkühlung ein, erklärt Noakes. In 28 Grad warmem Wasser geschieht das nach etwa zehn bis fünfzehn Stunden. Auch wenn Brett mit Sicherheit Körperwärme an das Wasser abgab, wurde dieser Verlust bis zu einem gewissen Grad dadurch begrenzt, dass sein Körper die Durchblutung der Haut einschränkte und das Blut zu Herz und Gehirn umleitete. Außerdem konnte er durch Schwimmen und Zittern etwas Körperwärme erzeugen. Mit großer Wahrscheinlichkeit war seine Körpertemperatur bereits in den ersten fünfzehn Stunden im Wasser um ein bis zwei Grad gefallen, und nach achtundzwanzig Stunden war Brett laut Noakes in ernsthafter Gefahr.

Wäre das Wasser der Meerenge nur ein halbes Grad kälter gewesen oder wäre Brett noch länger im Wasser geblieben, wäre seine Körpertemperatur sicher noch stärker abgesunken. Bei etwa 33 Grad Celsius kühlt das Gehirn aus, das hätte eine Beeinträchtigung seines Denkvermögens und Bewusstlosigkeit zur Folge gehabt, und er wäre unweigerlich ertrunken.

Auch der extreme Flüssigkeitsmangel stellte eine große Bedrohung dar: Schon als Brett über Bord ging, war er in erheblichem Maß dehydriert. Er hatte eine anstrengende Reise von rund 54 Stunden hinter sich, weniger als zwei Stunden geschlafen, und nach der zweitägigen Hochzeitsfeier in Südafrika war sein Organismus bereits stark belastet. Dazu kam nach der verdorbenen Mahlzeit heftiger Brechdurchfall, der seinem Körper weitere Flüssigkeit entzog. Dann schluckte er große Mengen Salzwasser, das ebenfalls zu Erbrechen führte und durch seine osmotische Wirkung die umfassende Dehydrierung noch verstärkte.

»Der menschliche Körper wird in der Regel mit Dehydrierung sehr gut fertig«, erklärt Tim Noakes. »Das hängt auch von den Genen ab. Die besten Läufer der Welt verkraften beispielsweise einen Flüssigkeitsverlust zwischen 12 und 15 Prozent.«

Die extreme Mundtrockenheit, die stark geschwollene Zunge und die Krämpfe, unter denen Brett litt, weisen darauf hin, dass er bereits bei 16 bis 17 Prozent – und damit extremer Dehydrierung – angekommen war. »Bei 20 Prozent hätten vermutlich seine Nieren und seine Leber versagt. Selbst wenn er später auf eine Insel gespült worden wäre, wäre er dann vermutlich an Nierenversagen gestorben.«

Durch Dehydrierung sinkt der Blutdruck, was der Körper kompensiert, indem er die Gefäße verengt, die Niere, Leber und Darm mit Blut versorgen. Letztlich verursacht starke Dehydrierung daher eine schwere Schädigung des gesamten Verdauungstrakts. Wegen des Flüssigkeitsmangels war Bretts Urin stark konzentriert, und in seiner Harnröhre bildeten sich Salzkristalle – der Grund, warum das Wasserlassen ihm immer stärkere Schmerzen verursachte.

Extremer Durst könne auch zu geistiger Verwirrtheit führen, sagt Noakes, was Bretts Halluzinationen zum Teil erklären kann. Dass er sich selbst instruierte, »Speichel zu produzieren«, richtete vermutlich gegen die Dehydrierung wenig aus, half ihm jedoch, sich zu fokussieren. Auch das Regenwasser kann sich positiv ausgewirkt haben, jedoch gleichfalls eher auf die Psyche als auf den Organismus.

Da in Bretts Körper keine Nahrung mehr vorhanden war, die in Energie hätte umgewandelt werden können, zapfte sein Gehirn die Glukosereserven an, um weiter zu funktionieren. »Wenn im Stoffwechsel nicht mehr ausreichend Kohlenhydrate vorhanden sind, erzeugt die Leber aus Eiweiß oder Fett Glukose, die dann dem Gehirn zur Verfügung steht«, erklärt Noakes.

Auf jeden Fall verlor Brett durch die körperlichen Strapazen im Wasser fast sechs Kilogramm Gewicht. Letztlich war es wohl Bretts physische Stärke, die den Ausschlag zu seinen Gunsten gab, obwohl er eigentlich keine überdurchschnittliche Anatomie besaß. »Ein untrainierter, wenig fitter Mensch kann unmöglich 28 Stunden und 30 Minuten ununterbrochen schwimmen«, sagt Noakes. »Menschen, die über mehr Masse verfügen, hätten sich vermutlich treiben lassen können, doch Brett ist vergleichsweise schlank, was sich eher ungünstig auswirkte.«

Für einen Fünfzigjährigen war Brett in ziemlich guter Form, was jedoch nicht speziell auf das Schwimmen zutraf. »Brett setzte ja vor allem seinen Oberkörper ein, und die meisten Menschen verfügen über relativ wenig Kraft im Oberkörper. Dass er ein trainierter Radfahrer war, spielte in dem Zusammenhang keine Rolle. Es ist höchst erstaunlich, dass seine nicht an das Schwimmen gewöhnte Oberkörpermuskulatur so lange mitmachte. Im Prinzip gibt es überhaupt keine Sportart, die man so lange durchhalten könnte, ohne dafür trainiert zu haben. Wenn wir einen Sportler anweisen würden, mit seinen Armen Rad zu fahren, würde er unmöglich länger als zwei bis drei Stunden durchhalten, selbst in ganz gemächlichem Tempo.«

Die meiste Zeit im Wasser verbrachte Brett während eines heftigen Unwetters, dabei war jeder Atemzug ein Kraftakt.

»Außerdem ist er ein ›Sinker‹«, erläutert Tim Noakes, »das heißt, er kann nicht auf dem Rücken liegend an der Wasseroberfläche bleiben. Gute Schwimmer sind in der Regel geborene ›Schweber‹. Bretts Schwimmbewegungen waren also hochgradig ineffizient. Langstreckenschwimmer, zum Beispiel Kanalschwimmer, schaffen durchaus etwa vierzehn Stunden, aber sie sind ihm in der Regel in biologischer Hinsicht deutlich überlegen. Sie haben den entsprechenden Körperbau, haben gezielt dafür trainiert und sind bereits mental auf ihr Vorhaben eingestellt. Menschen wird selten das abverlangt, was Brett durchgemacht hat. Er scheint eines der wenigen Individuen zu sein, die ihren Körper schnell auf solche Bedingungen einstellen können.«

Wenn man von den körperlichen Fähigkeiten einmal absieht, ist mentale Stärke entscheidend für jegliches Durchhaltevermögen, schlussfolgert Noakes. Sein Denken auf ein Ziel auszurichten erfordert spezielles Training, und sich das angestrebte Resultat vor Augen zu halten hat dabei oberste Priorität. »Bretts Fall zeigt, wie viel Macht unser Geist hat. Brett musste entscheiden, ob er überleben wollte oder nicht. Die meisten von uns hätten aufgegeben. Die Verzweiflung hätte uns überwältigt, und wir wären ertrunken.«

Trudy Borain ist Psychologin und spezialisiert auf posttraumatische Belastungsstörungen. Sie erläutert, was man mental leisten muss, um in einer solchen Notlage zu überleben: »In einer lebensbedrohlichen Situation reagieren wir sowohl physisch als auch psychisch. Instinktiv schalten wir in den Flucht-, Angst- oder Kampfmodus. Dabei wird unser sympathisches Nervensystem aktiviert; es gehört zum vegetativen Nervensystem, das unseren Hirnstamm mit den lebenswichtigen Organen verbindet. Es beschleunigt beispielsweise Herzschlag und Atmung und erhöht die Körpertemperatur, um Energie zur Verfügung zu stellen, mit der wir die Gefahr bekämpfen oder vor ihr fliehen können. Es steht auch mit dem Verdauungstrakt in Verbindung und hindert den Körper daran, zu viel Energie zu verbrauchen, wodurch Funktionen wie Nahrungs- oder Flüssigkeitsaufnahme oder Verdauung eine nachgeordnete Bedeutung bekommen. Der Körper schaltet also automatisch in den Überlebensmodus.«

Die Entscheidung zwischen »Flucht« oder »Kampf« lähmt viele Menschen in gefährlichen Situationen, doch Brett schaltete unmittelbar auf »Kampf«, sagt Borain.

»Er ist eine stabile, kompetente Persönlichkeit, kämpfte gegen das Wasser, begehrte gegen Gott auf, sträubte sich gegen den Tod. Er hat einen starken Überlebensinstinkt und entwickelte immer neue lebensbejahende Gedanken, die sein Überleben begünstigten: dass seine ›Firma‹ ihm half, weiter zu schwimmen; dass seine Freunde kommen würden, um ihn zu retten; dass seine Halluzinationen ihm den Weg zu seiner Rettung weisen würden. Doch dann zerschlugen sich eigentlich alle Möglichkeiten, die dazu hätten beitragen können. Die *Naga Laut* ließ ihn zweimal im Stich, die Visionen lösten sich in Luft auf, das Flugzeug und das andere Boot verschwanden aus seinem Sichtfeld. Er muss sich extrem allein gefühlt haben – genau wie als kleiner Junge, den der Vater aufgrund seiner Erkrankung ungewollt im Stich ließ. Doch wie im Alltag war Brett auch in dieser Extremsituation in der Lage, seine Emotionen zu steuern.«

Schon vor diesem Ereignis war Brett immer bestrebt, Geist und Emotionen in der Balance zu halten. Auch wenn er immer auf der Suche war, alles hinterfragte, war seine Psyche doch seit seiner Kindheit sehr ausgeglichen. Im Wasser war es dann entscheidend, dass er seine Angst im Griff hatte.

Ein Trauma greift laut Trudy Borain sowohl unsere linke als auch unsere rechte Gehirnhälfte an. Die rechte Hirnhälfte speichert unsere impliziten emotionalen, nonverbalen Erinnerungen im Unbewussten. Daraus formt sich unser Gedächtnis. Die linke Gehirnhälfte enthält dagegen unsere expliziten Erinnerungen – all das, was wir gelernt haben.

»Wir agieren häufig dann auf der Basis unseres impliziten Gedächtnisses, wenn unser Verhalten stark mit Gefühlen zu tun hat, und während einer traumatischen Erfahrung werden Fragmente unseres emotionalen Gedächtnisses aktiviert. Brett war im Wasser in der Lage, sowohl aus dem impliziten wie aus dem expliziten Gedächtnis Kraft zu schöpfen und den Kontakt zu Körper und Psyche aufrechtzuerhalten. Im Kampfmodus konnte er keine Angst empfinden. Hätte er die gespürt, wäre er gestorben.«

Um sich von seiner tatsächlichen Lage abzulenken, begann Brett zu zählen, erstellte im Geist Tabellen und Listen, sang sämtliche Lieder seiner iPod-Playlist und vertiefte sich in langwierige, obsessive Gedankengänge. Obwohl ihm einerseits deutlich bewusst war, was mit ihm passierte, und er im Wasser sehr lösungsorientiert und klug handelte, klammerte sich sein Gehirn andererseits an bestimmten Dingen fest: Er zählte ständig Atem- und Schwimmzüge und ließ zugleich Stück für Stück sein bisheriges Leben Revue passieren. Immer wenn sich negative Gedanken einschleichen wollten, bemühte er sich, sie zu blockieren. Diese Kombination aus Pedanterie und Wiederholung ermöglichte ihm, die albtraumhafte Situation durchzustehen.

Mit seiner Idee, eine Firma zu gründen, in der er selbst der Chef war, bewahrte er sich außerdem die Illusion von Kontrolle. Indem er Anweisungen gab und seine Mitarbeiter entsprechend reagierten, um ihn zu unterstützen, lenkte er sich ab und weigerte sich einzugestehen, dass er auf dem offenen Meer komplett auf sich allein gestellt war.

Selbstverständlich kann eine solche traumatische Erfahrung diverse Folgen nach sich ziehen.

Nach seinen traumatischen Erlebnissen gründete Brett die Brett-Archibald-Stiftung und wurde eingeladen, vor unterschiedlichem Publikum in Firmen, säkularen und kirchlichen Organisationen über seine Erfahrungen zu sprechen. Da er ein temperamentvoller Redner mit einer positiven Ausstrahlung ist und sich vor Publikum sehr wohl fühlt, landete er schnell in südafrikanischen und internationalen Vortragsreihen. Seine Geschichte zu erzählen gab ihm nicht nur die Gelegenheit, das Erlebte zu verarbeiten, sondern auch, Geld für wohltätige Zwecke zu sammeln. Auch wenn seine Vorträge die Zuhörer immer tief beeindrucken, gibt Brett selbst unumwunden zu, dass er nach wie vor einiges aufzuarbeiten hat. Erst nach Monaten und mehreren alarmierenden Vorfällen entschied er sich für eine gezielte Psychotherapie.

So war er einmal an einem heißen Sommermorgen mit dem Mountainbike auf dem Tafelberg unterwegs und sprang zur Abkühlung in einen eiskalten See. Nach Ende der Radtour, als er eine Tasse Kaffee trank, wurde einer seiner Arme plötzlich taub, dazu kamen ein Engegefühl und starke Schmerzen in der Brust, die ihn glauben ließen, dass es sich um einen Herzinfarkt handelte. Er wurde ins Krankenhaus eingeliefert. Während er dort mit einer Infusion im Arm im Bett lag und wieder einmal durch bewusstes Zählen seinen rasenden Herzschlag unter Kontrolle zu bekommen versuchte, durchlebte er in beklemmenden Flashbacks erneut seine Zeit im Wasser, Tränen flossen in Strömen über sein Gesicht. Er war nicht imstande, mit Anita, die erschrocken neben ihm saß, darüber zu reden, flehte sie jedoch an, bei ihm im Krankenhaus zu bleiben.

Ein andermal war er auf einer Geschäftsreise in Johannesburg. Der Tag war heiß, und er musste ein Auto ohne Klimaanlage durch dichten Verkehr steuern. Er hatte plötzlich das beängstigende Gefühl, durch Treibsand zu fahren, und fürchtete wieder einen Herzinfarkt. Er versuchte verzweifelt, das Druckgefühl in seiner Brust loszuwerden, und weil er nicht in der Lage war weiterzufahren, lenkte er auf den Seitenstreifen.

In beiden Fällen handelte es sich um heftige Panikattacken, die klassischen Symptome einer posttraumatischen Belastungsstörung.

Es dauerte jedes Mal über eine Stunde, bis sich sein Puls wieder beruhigt und er den Anfall überwunden hatte.

Es fiel Brett auch schwer, die Bedeutung seiner Visionen zu entschlüsseln. Die Wassersäule, die Jungfrau Maria, die Tonne mit der läutenden Glocke, die Jungen in der Prau, das Segelschiff aus dem 17. Jahrhundert und seine Freunde im Heck der *Naga Laut* – für ihn waren all diese Bilder unglaublich plastisch und real. Aus wissenschaftlicher Sicht würde man sie als Produkte eines Geistes und Organismus in einer extremen Stresssituation deuten.

In seinem Buch *Drachen, Doppelgänger und Dämonen. Über Menschen mit Halluzinationen* untersuchte der inzwischen verstorbene britische Neurologe Oliver Sacks visuelle und akustische Halluzinationen unterschiedlichen Ursprungs, unter anderem verursacht durch Krankheiten, Drogenkonsum oder Entzugserscheinungen. Ihm zufolge kann die Wissenschaft, seit sie die elektrische Aktivität und den Stoffwechsel des Gehirns genauer erforscht hat, besser nachvollziehen, was bei Halluzinationen in der Hirnrinde vorgeht. So hängen beispielsweise visuelle Halluzinationen mit dem visuellen Kortex (der Sehrinde) zusammen. Sie können auch auftreten, wenn die Frontallappen des Gehirns, wo die Urteilskraft und die Fähigkeit zur Selbsteinschätzung verortet sind, durch bestimmte Umstände wie Dehydrierung oder Schlafentzug beeinträchtigt sind, so wie es bei Brett Archibald der Fall war.

Sacks schildert unter anderem, wie durch einen Mangel an normalen visuellen Eindrücken Halluzinationen zustande kommen können. So ist bekannt, dass Asketen, die in Höhlen meditieren, oder Häftlinge, die in verdunkelten Zellen isoliert werden, das sogenannte »Gefangenenkino« sehen, also Halluzinationen, die durch Wahrnehmungsentzug entstehen. Völlige Dunkelheit ist dafür keine unabdingbare Voraussetzung, vermutet Sacks, auch visuelle Monotonie kann solche Halluzinationen hervorrufen.

Der Entzug von Sinneseindrücken wurde insbesondere in den fünfziger und sechziger Jahren intensiv erforscht. Sacks berichtet über eine Studie der McGill-Universität, bei der Studenten einer sogenannten »fortdauernden Wahrnehmungsisolation« unterzogen wurden. Nach längerer Zeit in monotoner Umgebung versuchten viele, in Form von Denkspielen, Zählen oder Phantasievorstellungen selbst für die Stimulation ihrer Sinne zu sorgen. Doch letztendlich führte die sensorische Deprivation zu einer Übererregbarkeit bestimmter Gehirnareale und damit zu visuellen Halluzinationen, die anfangs relativ einfach waren, um sich dann zu immer komplexeren Visionen zu entwickeln. In den meisten Fällen traten diese Halluzinationen spontan auf und konnten von den Probanden nicht gesteuert werden.

Sacks beschreibt ein weiteres Experiment aus den sechziger Jahren, bei dem der Effekt der Isolation in einem dunklen Becken mit warmem Wasser noch verstärkt wurde. So verloren die Probanden nicht nur den Körperkontakt zu ihrer Umgebung, sondern waren auch nicht mehr in der Lage, ihren Körper wahrzunehmen oder im Raum zu verorten. Diese Floating-Becken führten zu noch viel stärkeren Bewusstseinsveränderungen als die ursprünglichen Experimente. Unter sehr ähnlichen Umständen kämpfte Brett darum, sich seine Zurechnungsfähigkeit zu erhalten – nur dass es sich dabei nicht um ein Experiment handelte.

Schlafentzug, kombiniert mit Erschöpfung und extremen körperlichen Belastungen, kann ebenfalls zu lebhaften Halluzinationen führen, erklärt Sacks. Und in Extremsituationen wie Bedrohung oder Gefahr können akustische Halluzinationen auftreten. Betroffene berichten davon, in solchen Momenten »etwas zu hören«: Am häufigsten kommt es vor, den eigenen Namen zu hören, gesprochen von einer vertrauten oder auch völlig fremden Stimme. Sacks unterscheidet das von »inneren Selbstgesprächen«, die wir alle kennen (»Wo habe ich denn bloß meinen Schlüssel gelassen?«).

Sacks beschreibt, wie seine Patienten in Extremsituationen, meist unter Lebensgefahr, eine »andere Stimme, die sehr häufig deutlich, klar und bestimmt ist, hören«. Höhenbergsteiger zum Beispiel bekunden, dass sie Stimmen hörten, die sie in einem Schneesturm den Berg hinunter leiteten, oder dass in ihrem peripheren Gesichtsfeld eine Gestalt, ein »Schutzengel«, auftauchte, der sie beim Wandern oder Klettern begleitete, obwohl sie doch allein waren. Über das sogenannte »Dritter-Mann-Phänomen« wird von Kletterern, Einhandseglern oder Polarforschern häufig berichtet.

Die Mechanismen, die zu visuellen und akustischen Halluzinationen führen, sind vergleichbar. So können lange Stille oder akustische Monotonie zu akustischen Wahrnehmungen führen, die die Betroffenen als extrem deutlich und detailliert beschreiben. Bretts Halluzinationen – die läutende Glocke auf der Tonne und die Seeleute, die auf dem alten Segelschiff miteinander sprachen – waren in beiden Fällen äußerst plastisch.

Brett selbst hat für seine diesbezüglichen Erfahrungen noch keine endgültigen Antworten gefunden. In jedem Fall aber hat sich dadurch sein Interesse an Glaubensfragen, Spiritualität und einem Leben nach dem Tod verstärkt.

»Für die Verarbeitung eines Traumas ist es unter anderem wichtig, den traumatischen Erfahrungen eine Bedeutung zuzuschreiben und daraus Konsequenzen für das eigene Leben abzuleiten«, sagt Trudy Borain. »Solche Konstrukte spielen bei der Bewältigung eine große Rolle.«

Im Florenz der Renaissance beschrieb man den Tod, die letzte Reise, als »Eingang in den großen Ozean« – aus dem Brett Archibald auf wundersame Weise wiederaufgetaucht ist.

Wie viele andere Geschichten über Heldentaten ist diese hier eigentlich recht simpel, aber zugleich sehr lebensbejahend. Wenn es eine Lehre daraus zu ziehen gibt, findet Lyall Davieson, dann die, dass wir alle achtsamer, liebevoller und toleranter sein und unsere Werte hochhalten sollten. Und durch unseren Mut anderen als gutes Beispiel vorangehen.

Dem kann Brett sich voll und ganz anschließen: »Wenn mehr Menschen auf der Welt eine Einstellung wie Doris hätten, dann wäre die Welt ein besserer Ort«, findet er. »An jenem Morgen gab er alles für mich. So wurde er zu einem Symbol der Liebe zum Leben. Was auch immer Menschen sagen oder denken, *am Ende zählt nur das, was sie tun.*«

Drei Jahre später

Seit meiner Rettung in der Meerenge Selat Mentawai danke ich jeden Tag im Stillen allen, die daran beteiligt waren: meiner Familie, den Gästen und den Crews der *Naga Laut* und der *Barrenjoey*, den Kapitänen und Crews der Boote, die sie unterstützten und sich selbstlos auf die Suche nach mir machten – sowie allen, die sich in dieser Zeitspanne für mich einsetzten. Dieses Buch soll allen ein Denkmal setzen, die, in welcher Form auch immer, dazu beigetragen haben, mich wieder nach Hause zu bringen. Was ich durchgemacht habe, hat mich nicht zuletzt gelehrt, dass man den menschlichen Geist und das Gute in der Welt gar nicht hoch genug schätzen kann und wie wichtig es ist, sich dies immer neu bewusstzumachen.

Die Keimzelle dieses Buches waren die restlichen zehn Tage unseres Surfurlaubs auf den Mentawai-Inseln. Am Tag meiner Rettung war ich mit Doris und den anderen Australiern fast sieben Stunden auf der *Barrenjoey* zusammen. Einen beträchtlichen Teil dieser Zeit habe ich genutzt, alle Erlebnisse im Wasser, an die ich mich erinnerte, sofort niederzuschreiben. Als ich dann glücklich wieder mit meinen Freunden auf der *Naga Laut* vereint war, haben wir in den folgenden zehn Tagen viele Stunden damit zugebracht, uns gegenseitig zu erzählen, was wir erlebt, gedacht und gefühlt haben, während ich vermisst wurde.

Bald stellte ich fest, dass es eine Reihe verblüffender Parallelen zwischen unserer und der Reise der Jungs auf der *Barrenjoey* gab. Wir waren neun Freunde, die mit einem Surfurlaub einen fünfzigsten Geburtstag feiern wollten, sie ebenfalls. Wir wurden dabei vom Pech verfolgt, sie ebenfalls. Das klang für mich nach einer Geschichte, die man unbedingt erzählen sollte.

Bei meiner Rückkehr nach Kapstadt wurde ich vom Medieninteresse geradezu überrollt, und mir ging auf, wie viel Aufmerksamkeit meine Geschichte rund um die Welt erregt hatte. Bald darauf fuhr ich anlässlich der Sendung »60 Minutes Australia« nach Australien, wo ich wieder mit Doris und den Gästen der *Barrenjoey* zusammentraf. Damals wurde mir klar, dass ich unbedingt wollte, dass unsere Geschichte aufgeschrieben wird.

Mein Hauptmotiv dabei war immer, mein Martyrium für meine Kinder zu dokumentieren, denn natürlich konnten sie die Tragweite der Geschehnisse damals noch nicht verstehen. Ich wollte, dass sie die Geschichte in allen Facetten und Details nachlesen konnten, sobald sie größer waren.

Und so begann die Reise.

Ich wiegte mich in der Illusion, dass das Buch bis zum ersten Jahrestag unseres unglückseligen Urlaubs geschrieben und veröffentlicht sein könnte. In diesem Jahr durchlebten Anita und ich die Qualen wieder und wieder, und am ersten Jahrestag schrieb sie an alle Beteiligten. Am ergreifendsten war ihre Nachricht an Doris:

> Heute vor einem Jahr wurde Brett wiedergefunden.
> Es kann kein Zufall sein, dass zugleich Karfreitag ist, denn dies ist ein Feiertag in unserem Leben. Ich hoffe, dir ist warm ums Herz, denn wir haben von dir gesprochen und mit großer Freude und Dankbarkeit an die Zeit vor einem Jahr gedacht.
> Es vergeht keine Woche, in der ich mir nicht ausmale, wie die ganze Sache für meine Familie hätte ausgehen können. Auch dafür schulden wir dir Dank: dass für uns seither kein Tag unseres Lebens mehr selbstverständlich ist.

Zu dieser Zeit – wir waren mit dem Manuskript noch nicht einmal halb fertig – machten mich bestimmte Probleme und Sorgen phasenweise derart mutlos, dass ich drauf und dran war, das Handtuch zu werfen: Mich belasteten eine insolvente Firma sowie die desaströse Investition in eine weitere; eine Freundschaft und Geschäftspartnerschaft mit einem Menschen, der mir sehr nahegestanden hatte, zerbrach; mir grollten einige Leute, die an meiner Rettung beteiligt gewesen waren und sich in der einen oder anderen Weise schlecht behandelt fühlten. Und ich wurde von einigen mir sehr nahestehenden Menschen schwer enttäuscht.

Ganz zufällig lernte ich eine Autorin kennen, die mir auf Anhieb sympathisch war, und ich verbrachte ein Jahr lang viele Vormittage in ihrem Haus, um alle Aspekte und Tiefen meiner Erinnerung auszuloten und Interviews zwischen ihr und den beteiligten Personen zu organisieren. Die ehrliche und umfassende Rekonstruktion der Geschichte war nicht nur eine komplexe Aufgabe, zu der viele Menschen rund um den Globus mit ihren jeweils ganz individuellen Erinnerungen beitrugen – der gesamte Prozess stellte für mich auch eine Art erweiterter Therapie dar. Glücklicherweise sorgte die Autorin dafür, dass wir Kurs hielten.

Meine Erlebnisse in allen Details wieder zu durchleben nahm viel Zeit in Anspruch und belastete mich sehr. In der damaligen Phase hatte ich zudem eine extrem subjektive Sicht auf die Dinge. Erst als ich etwa ein Jahr später das vollständige Manuskript las, hatte ich das Gesamtbild vor Augen und konnte überhaupt erfassen, was während meiner Zeit im Wasser vor sich gegangen war. Der unglaubliche Zusammenhalt so vieler Menschen weltweit, die für mich beteten oder mir über die Facebook-Seite »Auf der Suche nach Brett Archibald« gute Wünsche zukommen ließen, haute mich schlicht um. In den vergangenen Jahren habe ich zahllose großartige Geschichten von Menschen aus aller Welt gehört, die ich zuvor nicht gekannt hatte und die eine Rolle in diesem Wahnsinnsdrama gespielt haben. Sie alle haben mich tief berührt und dazu beigetragen, meine Erfahrungen zu verstehen.

Die Verarbeitung dessen, was ich erlebt habe, ist ein fortlaufender Prozess, der, davon gehe ich aus, noch viele Jahre andauern wird – wenn er überhaupt je zu Ende ist. Ich halte es für schlicht unausweichlich, eine ganz neue Perspektive auf das Leben zu entwickeln, nachdem man achtundzwanzigeinhalb Stunden lang davon ausgehen musste zu sterben, ohne zu wissen, wie und wann, und dann um Haaresbreite überlebt. Das beschäftigt mich Tag für Tag.

Sehr oft stellt man mir die Frage: »Wie hat sich Ihr Leben dadurch verändert?« Zu behaupten, dass diese Erfahrung mein Leben verändert hat, wäre eine gelinde Untertreibung. Sehr schnell, nachdem ich Ende 2013 von meiner Australienreise nach Kapstadt zurückgekehrt war, wurde ich in Südafrika und im Ausland zu zahlreichen Vorträgen eingeladen und konnte seither unsere Geschichte vielen großartigen Menschen auf der ganzen Welt erzählen. Doch natürlich spielen sich die entscheidenden Veränderungen auf einer inneren Ebene ab.

Anfangs blieb ich oft mitten in meinen Vorträgen stecken, besonders dann, wenn ich von den Momenten tiefster Verzweiflung erzählte oder wenn Bilder meiner Kinder auf die Großbildleinwand projiziert wurden. Während dieser achtundzwanzigeinhalb Stunden im Meer begriff ich sehr rasch, wie vergänglich das Leben ist und wie schnell es uns genommen werden kann.

Halte nichts für selbstverständlich: Das ist eine dieser Lebensweisheiten, die uns allen mehr oder weniger präsent sind – was nicht notwendigerweise bedeutet, dass wir sie im Alltag ständig berücksichtigen. Sie dürfen mir jedoch glauben, dass Sie nicht warten sollten, bis Sie von Hunderten Quadratkilometern Ozean umgeben sind, um die Bedeutung dieser Einsicht wirklich zu verstehen.

Die Erfahrungen, die ich gemacht habe, sind in der Tat sehr komplex. Ich kann mir kaum vorstellen, dass man dunklere, tiefere Verzweiflung erleben kann. Die übermächtigen, niederschmetternden Emotionen in den ersten Momenten, nachdem ich von der *Naga Laut* ins Meer gefallen war, wurden ausführlich auf den vergangenen Seiten beschrieben. In Wahrheit aber habe ich gar keine Worte für das, was ich fühlte, als ich begriff, dass ich meine Frau und meine Kinder niemals wiedersehen würde. Natürlich hängt jeder Mensch an Frau, Kindern und Familie – man glaubt, das zu wissen und danach zu leben. Doch was dies wirklich bedeutet, hat sich mir erst durch diese Erfahrung in schmerzhaftester Deutlichkeit erschlossen.

Ich schätze mich glücklich, so viele wunderbare Freunde zu haben. Auch wenn ich glaubte, dass meine Zeit abgelaufen war, wusste ich doch mit unerschütterlicher Sicherheit, dass meine Freunde auf der *Naga Laut* zurückkommen würden, um nach mir zu suchen. Bis dahin am Leben zu bleiben wurde zu meinem alleinigen Ziel. Dass sie mir nach zwölf Stunden in der Hölle so nahe kamen und dann wieder davonfuhren, ohne mich zu sehen, war einer der schrecklichsten Augenblicke in meinem Leben.

Doch andererseits erlebte ich auch erstaunliche Glücksmomente: die Erleichterung, als ich den Mast der *Barrenjoey* erblickte, dieses kleine schwarze Kruzifix meiner Erlösung, und als ich sicher war, dass sie mich gesehen hatten; als ich wieder an Bord war meine Freude, ein derartiges körperliches und seelisches Martyrium überstanden zu haben; die Hochstimmung, mit meinen Freunden auf der *Naga Laut* wieder vereint zu sein; und natürlich das unbeschreibliche, überschwängliche Glück, dass sich meine schlimmste Befürchtung nicht bewahrheitet hatte und ich meine Frau, meine Kinder, meine Familie und Freunde wiedersehen durfte.

Das Glück hat den Sieg davongetragen, doch dass ich dem Tod so nahe gekommen bin, hat mich natürlich verändert. Wie viele andere, die ein solches Erlebnis hinter sich haben, stellen sich mir tiefgreifende, bohrende Fragen.

Das Abfassen dieses Buches und die Rekonstruktion meiner komplexen Erfahrungen haben mich gezwungen, mich Schritt für Schritt den physischen und psychischen Konsequenzen zu stellen. Das hat mich dazu gebracht, den fundamentalen Fragen des Lebens auf den Grund zu gehen – meine Persönlichkeit und Identität zu erforschen, in die Abgründe meiner Seele zu blicken. Ich habe mich auf eine spirituelle Reise gegeben, die an jeder Ecke ganz eigene Einsichten, Fragen und Herausforderungen für mich bereithält.

Ich habe nicht den geringsten Zweifel daran, dass Gott in dieser Zeit an meiner Seite war. Er war auf meiner Lebensreise immer bei mir und wird es immer sein. Meine Kirche ist der Ozean, der Ort, an dem ich Trost und Frieden finde. Auf diese neue Reise gehe ich mit meinem Schöpfer, und jeder neue Tag mit Ihm ist Segen und Bereicherung. Ich habe viel über Vergebung, Mitgefühl und Verständnis gelernt.

Ich glaube felsenfest an Synchronizität. Immer wenn ich über die vielen scheinbar trivialen Zufälle während dieser achtundzwanzigeinhalb Stunden nachdenke, bin ich verblüfft, wie das ganze Universum dazu beigetragen hat, mich zu retten. Heute lasse ich es zu, dass meine Intuition mich leitet, und versuche, alles Positive freudig anzunehmen und das Negative, das sich so oft in unser Leben drängt, einfach zu ignorieren.

Bei allem, was ich sowohl während der quälenden Stunden im Wasser als auch danach gelernt habe, komme ich doch immer wieder zu meiner grundlegenden Einsicht zurück: Unser Leben und unsere Zeit sind kostbar, wir sollten beides nicht für selbstverständlich halten, sondern nutzen, um das Richtige zu tun, zusammen mit den Menschen, die uns wichtig sind. Natürlich ist das leichter gesagt als getan, und ich strauchele noch immer bei meinen Versuchen, das Gewicht und die Bedeutung einer Erfahrung zu erfassen, die mich an meine Grenzen und wieder zurückgebracht hat.

Doch in jedem Fall habe ich daraus die drei wichtigsten Pfeiler meines Lebens destilliert:

Mein Glaube
Meine Familie
Meine Freunde

Solange es mir gelingt, diese drei in der Balance zu halten, wird alles andere sich finden, davon bin ich überzeugt. Denn alles andere ist zweitrangig.

Dieses Buch erscheint nun am dritten Jahrestag jenes Vorfalls, der mir beinahe zum Verhängnis wurde, und noch immer bin ich bestrebt, täglich einen Moment lang innezuhalten, um für den Reichtum in meinem Leben und für alle, die darin ihren Platz haben, dankbar zu sein.

Der erste Satz in *Der wunderbare Weg*, einem Buch des Psychiaters und Bestsellerautors M. Scott Peck, lautet: »Das Leben ist schwierig.« Das stimmt ohne Zweifel. Dennoch haben wir immer eine Wahl, und damit bestimmen wir als Individuen unseren zukünftigen Weg und gestalten unser Schicksal selbst.

Ich habe das Manuskript dieses Buches immer wieder gelesen, Teile davon so oft, dass ich sie auswendig aufsagen kann. Ich werde es auch in Zukunft noch häufig lesen: um mich immer wieder daran zu erinnern, was mich diese Erfahrung gelehrt hat, um mein Herz zu erfreuen – und um nicht zu vergessen, vielen Menschen Danke zu sagen.

Ich hoffe, mein Buch hat auch Ihr Herz erfreut. Vielen Dank, dass Sie es gelesen haben.

Glaub immer an das Unmögliche!
Und gib niemals auf!

Die Besetzung

Im Wasser
   Brett Archibald (Arch oder Jetman)

Bretts imaginärer Firmenvorstand
   Bob: Bretts Mund, Leiter der Produktion
   Emily: Bretts linkes Nasenloch, Verkaufsleiterin
   Hilary: Bretts rechtes Nasenloch, Marketingleiterin
   Brian Archibald: Bretts Vater
   Rob de Beer: ein Freund, der in der Woche
      vor dem Surfurlaub verstarb

Auf der Naga Laut
Die Passagiere
   Die Truppe der »Zehn-grüne-Flaschen-Tour«, nämlich:
   Anthony Singleton (Tony): Organisator der Reise
   Niall Hegarty
   Craig Killeen
   Mark Ridgway (Ridgy)
   Mark Snowball (Snowman)
   Jean-Marc Tostee (JM)
   Benoit Maingard (Banger)
   Weyne Mudde
   (Ed Pickles, der wegen Verdachts auf eine Krebserkrankung
      nicht mitkam)

Die Crew
Skippy: Bretts Spitzname für den Kapitän
Yanto: der Einzige der indonesischen Crew, der Englisch sprach; Mädchen für alles, erster Offizier und Surfguide
Jaipur (Baz): Schiffsingenieur
Boi: Schiffskoch
Anton: Skippys Sohn und Steward an Bord; hatte zumindest ein paar Brocken Englisch drauf

Zu Hause in Südafrika
Die Familie und Freunde in der Fiskaal Road, Camps Bay
Anita Nicolopulos (Neets): Bretts Frau
Zara Archibald: ihre neunjährige Tochter
Jamie Archibald: ihr sechsjähriger Sohn
Loni und Paula Nicolopulos: Anitas Eltern
Helene Planting: Anitas jüngere Schwester
Andrew Planting: Helenes Mann
Karmen und Luke Thomsett: Anitas Cousine und ihr frisch angetrauter australischer Ehemann
Zenda und Joe Stravino: Anitas Tante und Onkel, die anlässlich der Hochzeit in der Stadt waren
Lettie Marondera: die Haushaltshilfe der Familie Archibald
Louise Killeen: Craigs Frau
Lulu Ridgway: Mark Ridgways Frau
Gaby Grieveson: eine enge Freundin von Anita
Wayne Grieveson: ein enger Freund von Brett, Gabys Mann
Katya Laspatzis: eine Freundin von Anita
Ari Laspatzis: Katyas Mann
Kirsten Horn: eine Freundin von Anita
Dudley Horn: Kirstens Mann
Tessa Tostee: JMs Frau
Barbara Singleton: Tonys Frau

In Hermanus
Chantal Malherbe: die Reiseveranstalterin, die den Urlaub auf der *Naga Laut* organisiert hat
Gideon Malherbe: Chantals Mann
Gigs Cilliers: Exweltmeister auf dem Kneeboard, Freund von Brett

Bretts Familie in den Drakensbergen
    Greg Archibald: Bretts Bruder
    Joanne Archibald: Gregs Frau
    Shirley Archibald: Bretts Mutter
    Terence Archibald: der älteste Sohn von Greg und Joanne
    Nicholas Archibald: Sohn von Greg und Joanne
    Megan Archibald: Tochter von Greg und Joanne
    Irene und Mike: Joannes Eltern
    Sandra Archibald: Bretts Schwester
    Neil Fourie: Sandras Sohn

Freunde von Brett, die während seiner Zeit im Wasser mit Anita in Kontakt standen
    Gary Knowles: enger Freund von Brett, lebt in Australien
    Chris Joseph (CJ): enger Freund von Brett, arbeitet in Singapur
    Andre Crawford-Brunt: ein Freund von Brett, lebt in London
    Ray Cadiz: ein Freund von Brett, lebt in Kapstadt

Auf der Barrenjoey
Die Crew
    Tony »Doris« Eltherington: Kapitän, Australier, Eigentümer der *Rajah Elang* und ehemalige Surflegende der Gold Coast
    Aroziduhu »Elvis« Waruwu: Mitglied der Crew
    Wilson: Mitglied der Crew
    Aneraigo »Anas« Laia: Mitglied der Crew
    Adek: Mitglied der Crew

Die Passagiere
    Lyall Davieson: Organisator der Reise
    Dave Carbon: der Erste, der Brett im Wasser erreichte
    Simon Carlin: der Zweite, der Brett im Wasser erreichte
    Colin Chenu: der Dritte, der Brett im Wasser erreichte
    Justin Vivian: Urologe, überwachte Bretts Gesundheitszustand auf der *Barrenjoey*
    Jeff Vidler
    Pete Inglis
    Gary Catlin
    Mark Swan

Doris' Kontaktpersonen
  Steven Sewell (Suley): Charterkapitän aus Westaustralien;
    127 Tage in der Straße von Malakka unterwegs; Kapitän der *Huey*
  John und Belinda McGroder: die Eigentümer der *Barrenjoey*;
    leben auf den Mentawai-Inseln auf ihrem eigenen Boot *Amandla*
  Martin Daly: Eigentümer der drei Boote *Indies Traders I*, *II* & *III*,
    die er für die Suche zur Verfügung stellte

Tony »Doris« Eltheringtons Familie
  Denise: Doris' ältere Schwester, die ihm das Surfen beibrachte
  Kerry: Doris' Schwester
  Dawn: Doris' Mutter
  Kim (Bowie): Doris' älterer Bruder
  Lesley: Doris' erste Frau
  Taryn: Doris' Tochter
  Suzanne: Doris' zweite Frau
  Jarrah: Doris' Tochter
  Madeline: Doris' Tochter
  Dave Kinder: Doris' bester Freund, der am Tag, bevor Brett über Bord
    ging, starb – vielleicht der eigentliche Antrieb für Doris,
    nach Brett zu suchen

Hinweis des Verlags

Der Ablauf der Ereignisse und die unterschiedlichen Sichtweisen darauf wurden aus den Aussagen der vielen beteiligten Personen rekonstruiert. Wo genaue Zeitangaben fehlten oder sich widersprachen, wurden sie mit größtmöglicher Plausibilität geschätzt.

Dank

Den im Folgenden genannten Menschen schulde ich tiefe Anerkennung und aufrichtige Dankbarkeit:

Meiner schönen, wunderbaren, umwerfenden Frau Anita! Du bist meine beste Freundin und in unserer Familie der Fels in der Brandung. Du bist für mich Sonne, Mond und Sterne, mein Universum. Deine bedingungslose Liebe macht mich jeden Tag überglücklich. Ich danke dir dafür, dass du mir achtundzwanzigeinhalb Stunden lang gut zugeredet hast. Du hast mich nie aufgegeben. Ich habe dich gehört, und das hat mich durchhalten lassen. Lady, du bist der Hammer! Ich liebe dich über alles!

Meinen zwei schönen, eigenwilligen, großartigen Kindern Zara und Jamie. Ihr habt mir zusammen mit eurer Mutter die Kraft gegeben, weiterzukämpfen, niemals aufzugeben und daran zu glauben, dass ich euch wiedersehen werde, trotz der vielen Momente, in denen ich dachte, ich könnte nicht mehr. Ich bete dafür, ein hohes Alter zu erreichen, um erleben zu können, wie ihr euch in die großartigen Erwachsenen verwandelt, die ihr ganz sicher werdet.

Meinen Jungs auf der *Naga Laut*: JM, Tony, Banger, Craig, Ridgy, Niall, Weyne und Snowman. Meine Freunde, die nicht aufgaben. Ich bin sicher, dass diese Stunden für euch auf der *Naga Laut* schlimmer waren als für mich im Wasser. Ihr hattet keine Ahnung, ob ihr nach einem Lebenden oder einem Toten suchen solltet. Das Boot nach einem Verschwundenen zu durchsuchen, die Überlegung, ich könnte Suizid begangen haben, die langen bangen Stunden, in denen ihr auf ein aufgewühltes Meer gestarrt habt, all das muss die Hölle für euch gewesen sein. Ridgy, dass du das Boot nach zwölf Stunden in diesem Sturm bis auf hundert Meter an mich herangesteuert hast, grenzt an ein Wunder. JM, deine schnelle Reaktion und deine Kommunikation haben meine Familie und den Rest der Welt auf dem Laufenden gehalten. Ich danke euch allen dafür, dass ihr eure Erinnerungen zusammengetragen und eure persönliche Sicht offenbart habt. Dadurch und dank der Briefe, die ihr mir geschrieben habt, habe ich meinen Kindern viele spannende Geschichten zu erzählen. Jungs, mit euch würde ich in jede Schlacht ziehen. Was für eine Truppe! Danke für alles!

Meinem speziellen Freund Ed Pickles: Du hast mir erzählt, wie schrecklich die Zeit in Dubai für dich war, während ich vermisst wurde. Ich bin für deine guten Wünsche und deine Sorge um mich in diesen Stunden zutiefst dankbar. Ich freue mich auf viele weitere Surfsessions mit dir in Jeffries.

Ich danke der Mannschaft auf der *Naga Laut*: Yanto, Skippy, Baz, Boi und Anton – ihr seid etwas ganz Besonderes, und umwerfend war auch die Aufmerksamkeit und Fürsorglichkeit, die ihr mir während des restlichen Urlaubs zuteilwerden ließet.

Tony »Doris« Eltherington: Mit Worten ist schwer auszudrücken, wie dankbar ich bin, dass du mir das Leben gerettet hast. Lass mich dir versichern, dass ich dir deine unerschütterliche und bedingungslose Entschlossenheit, nach mir zu suchen, nie vergessen werde. Du hast einen Sohn, Ehemann, Vater, Bruder und Freund gerettet, und dafür sind ich und alle meine Lieben dir ewig dankbar. Danke auch für die Zeit, die du uns geschenkt hast, um dieses Buch zu schreiben. Wir denken immer an dich und schließen dich in unsere Gebete ein. Wir sind dir unendlich dankbar. Du bist eine Legende!

Den Burschen auf der *Barrenjoey*: Lyall Davieson, Jeff Vidler, Justin Vivian, Simon Carlin, Colin Chenu, Dave Carbon, Pete Inglis, Gary Catlin und Mark Swan. Ihr Super-Aussies! Ich danke euch, dass ihr die letzten zwei Tage eures Surfurlaubs geopfert habt, um nach mir zu suchen. Ein besonderer Dank geht an Lyall, Simon, Jeff und Colin, dafür, dass ihr offen und authentisch eure Sicht der Dinge geschildert habt. Dass ich euch alle kennenlernen durfte, hat mein Leben in vielerlei Hinsicht bereichert. Ich hoffe, dass ihr wisst, wie viel das meiner Familie und mir bedeutet.

Der gesamten Crew der *Barrenjoey*: Elvis, Wilson, Anas und Adek. Danke dafür, dass ihr meinen Glatzkopf in den unendlichen Weiten des Ozeans entdeckt habt. Ihr seid meine Superstars!

Dem Spezialeinsatzkommando rund um Anita: Lou Killeen, Lulu Ridgway, Wayne und Gaby Grieveson, Karmen und Luke Thomsett, Helene, Paula und Loni Nicolopulos, Zendi Stravino, Kirsten Horn, Katya und Ari Laspatzis und Letwin Marondera. Was seid ihr für großartige Menschen! Wayno – du warst der sprichwörtliche Fels in der Brandung. Danke euch allen.

Meiner unglaublichen Mutter Shirls: Es tut mir wahnsinnig leid, dass ich dir an deinem Lebensabend noch ein derart traumatisches Erlebnis zugemutet habe. Ich weiß, wie schrecklich du in den Stunden gelitten hast, als du fürchten musstest, zu den Eltern zu gehören, die ein Kind verloren haben. Du bist ein Engel auf Erden, und auch wenn andere deinen Heiligenschein und deine Flügel nicht sehen, ich tu's. Ich liebe dich sehr.

Meinem Vater Brian Archibald: Auch wenn du schon lange tot bist, warst du im Meer mein ständiger Begleiter, und wir haben viele Gespräche geführt. Ich bin froh, dass wir uns versöhnt haben, bevor du uns verlassen hast. Du warst ein einzigartiger Mensch, geschlagen mit einer tragischen Krankheit, für die du nichts konntest. Ich möchte, dass du weißt, dass du mir als Junge viele wertvolle Einsichten vermittelt hast, die mir später sehr nützlich waren. Danke dafür. Ruhe in Frieden.

Meinen Geschwistern und ihren Familien: Sandy, Kim, Brian, Zack, Neil, Greg, Joanne, Terence, Nicholas und meine kleine Meg. Ich danke euch für euren Beistand in den letzten fünfzig und ein paar Jahren meines Lebens. Auch wenn uns viele Kilometer trennen, denke ich ständig an euch. Ich liebe euch.

Paula und Loni Nicolopulos: Ihr seid die besten Schwiegereltern, die ein Mann sich nur wünschen kann. Eure unerschütterliche Hingabe, eure Loyalität und die bedingungslose Liebe, die ihr unserer kleinen Familie schenkt, sind wunderbar. Ihr macht die Welt zu einem besseren Ort.

Meiner Eleni Mou, der besten Schwägerin der Welt, Helene: Danke, dass du Anita in diesen schweren Stunden beigestanden hast. Du warst ihre Stütze und ihre Vertraute. Dein fester Glaube, dass meine Zeit noch nicht gekommen war und dass ich auf keinen Fall unter weltweiter Aufmerksamkeit sterben würde, sondern als alter Mann friedlich in meinem Schlaf, brachte Zuversicht in ein ansonsten sehr trauriges Heim. Du bist eine Wucht!

Dem Rest unseres Lutz-Clans: den Stravinos und den Skrabls. Joe und Zendi, Luigi und Philippa, Paolo und Jeanne, Giulia und Luke, Lillo und Manfred, Claudi und Grant, Karmen und Luke. Zu welcher Wahnsinnsfamilie ich gehöre! Luigi und Paolo, ich danke euch für eure vielfältigen Bemühungen, eure Flieger-Connections zu aktivieren. Ich werde das immer zu schätzen wissen.

Gary Knowles und Chris Joseph, meine Brüder im Geiste – es konnte nicht passender kommen, als dass ihr beide zu genau jener Zeit ebenfalls in Indonesien wart –, Synchronizität in ihrer schönsten Form. Danke, dass ihr in einem fremden Land für Anita Augen und Ohren aufgesperrt habt, und danke für all eure Bemühungen, mir zu helfen. Dass ihr euch bei meiner Rückkehr mit mir in Singapur getroffen habt, war das Beste, was ihr je für mich getan habt! Dass nach meinem Martyrium wir drei »Muskebiere« wieder vereint waren, hat mir mehr bedeutet, als ihr euch vorstellen könnt.

Gary und Di, vielen Dank dafür, dass ihr zweimal quer durch Australien gefahren seid, um Zeit mit Anita und mir zu verbringen. GK, es tat so gut, dass du für mich da warst. Du gabst mir die Möglichkeit, mich auszuheulen und die Angst aus meinem System zu löschen.

Dank an die Plantings, die Steyns, die Grievesons und die Horns, dass ihr am Flughafen wart, um mich zu begrüßen und vor der Medienmeute abzuschirmen. Und mich zusammen mit Lou Killeen, Sara und Terence Craig und Ivor und Pauline Goetsch zu Hause in der Fiskaal Road willkommen geheißen und dann einen der schönsten Tage meines Lebens zusammen mit mir verbracht habt. Zu Hause, in den Armen meiner Familie, in Sicherheit, im Kreise enger Freunde.

Ute Latzke, meine andere Schwester: Ich danke dir für die spirituellen Reisen, auf die du mich mitnimmst. Auch du warst im Meer meine ständige Begleiterin. Wir haben unsere diversen spirituellen Theorien und Philosophien diskutiert, und ich freue mich auf viele weitere Diskussionen mit dir in der Zukunft.

Dank an Steve Griessel, für alles, was du mir ermöglicht hast. Du hast mir eine Basis verschafft, von der aus ich mich wirklich verstehen und weiterentwickeln kann. Du hast mich mit der Vorstellung der Synchronizität vertraut gemacht, die seither ein wichtiger Bestandteil meines Lebens ist. Wir sind zusammen einen langen, kurvenreichen Weg gegangen, und das hat uns stärker, klüger und zufriedener gemacht.

Nick Christellis, mein Mentor, der mir immer wieder über die Hürden des Lebens hinweghilft: Ich habe dir für so vieles zu danken.

Danke, Coralie Trotter, seit achtzehn Jahren mein Life Coach. Du hast mich dazu gebracht zu erkennen, wie ich ticke und wie meine Psyche funktioniert. Du hast viele Geheimnisse entschlüsselt, die mich lange Zeit sehr belastet haben. Diese Reise war real.

Danke an meinen Schwager Andrew Planting und an Estelle und Pierre Tostee, für eure prompte Organisation von Gebetsgruppen in Kapstadt und Durban, die sich über Südafrika und die ganze Welt ausbreiteten. Es gab viele Momente in jenen schrecklichen Stunden, in denen ich dachte, ich könnte nicht mehr, und dann spürte ich, wie mich Engelsflügel und Gebete weitertrugen, in welcher Form auch immer sie mir erschienen. Estelle, ich danke dir für deine unablässigen Gebete in dieser Zeit, vor allem für »Jesus, lass ihn zurückkommen« und den Vers aus Jesaja 48,15, an dem du mich teilhaben ließest, als du in jenem Moment deine Bibel aufschlugst: »Ich habe ihn gerufen, ich habe ihn auch kommen lassen, und sein Weg soll ihm gelingen.« Du warst sicher, dass ich lebte, gingst zu Bett, schliefst tief und fest und wachtest am nächsten Morgen auf, um die frohe Botschaft meiner Rettung zu hören. Allein das hat mein Leben stark beeinflusst und leitet mich jeden Tag auf meinem spirituellen Weg.

Joe Stravino, Ray Cadiz, Andre Crawford-Brunt und John Spence: Eure sofortige und bedingungslose Bereitschaft, Geld zur Verfügung zu stellen, um Flugzeuge und Schiffe loszuschicken, war grandios. Auch wenn das schlechte Wetter ihren Einsatz verhinderte, werde ich euch immer dankbar sein.

Chantal und Gideon Malherbe und Gigs Cilliers: Dass ihr als Bindeglieder zwischen *Naga Laut*, *Amandla*, *Barrenjoey* und Martin Daly fungiert, eure Ortskenntnis genutzt und alle eure Kontakte mobilisiert habt, war phänomenal. Chantal, danke, dass du bei meiner Rückkehr am Flughafen warst, das hat mich sehr berührt.

John, Belinda, Fynn und Duke McGroder: dass eure Chartertour gecancelt wurde und die *Barrenjoey* im Hafen bereitstand, ist der Inbegriff von Synchronizität. Ansonsten wäre vielleicht alles ganz anders gekommen. Euch kennenzulernen und die Geschichte mit euren Augen zu sehen war bewegend und befreiend. Duke, was für eine ungewöhnliche Geburtstagsfeier ich dir beschert habe! Du hast mich sehr an meinen kleinen Jamie erinnert. Danke für eure Umarmungen am Abend nach meiner Rettung. John und Belinda, danke auch für die Details aus eurem Fahrtenbuch, für Passagen aus eurem Artikel »Rocket Science with Uncle Doris«, erschienen in »White Horses«, und den Faktencheck für diese Geschichte. Eure ganze Familie wird immer einen besonderen Platz in meinem Herzen haben.

Shelly Henn: Danke für die Einrichtung der Facebook-Seite »Auf der Suche nach Brett Archibald«. Das hat nicht nur Tausenden Menschen eine gemeinsame Plattform verschafft, sondern zugleich mir die Einsicht, wie viel Wohlwollen und Güte es auf der Welt gibt. Ich habe dadurch neues Vertrauen in die Menschheit gewonnen, und die vielen Geschichten und Botschaften werden mir mein Leben lang Mut machen.

Jenny Handley: Du hast dafür gesorgt, dass ich dieses Buch in Angriff nahm, dafür schulde ich dir großen Dank. Dank auch an meinen guten Freund Gary Green, einen exzellenten Autor, der mich in den vielen Momenten, in denen ich hinwerfen wollte, motivierte, das Buch fertig zu schreiben. Ich hoffe, du hast Spaß beim Lesen.

Kirk Willcox, Marketing- und Kommunikationschef bei SurfAid, danke ich für Hintergrundinformationen zu den Mentawai-Inseln, Surfcharterurlauben und der Surfszene in Indonesien im Allgemeinen; außerdem für Einblicke in die Persönlichkeit deines Freundes Doris Eltherington.

Für Informationen zu Geschichte und Anthropologie der Mentawai-Inseln danken wir der vom australischen Anthropologen Glenn Reeves betriebenen Website mentawai.org mit ihren vielen Beiträgen zur Feldforschung.

Ausführliche Informationen zur australischen Surferszene der 60er und 70er Jahre und Details aus Doris' Leben verdanken wir dem Journalisten Matt George mit seinem Artikel über Doris in »The Surfer's Journal«.

Für weitere Einzelheiten zu Doris' Leben und Charakter, für die großzügige Gastfreundschaft, die sie der Autorin auf deren Reise nach Australien gewährte – und für »die weltbesten Garnelen-Sandwiches« – danken wir Doris' Tochter Taryn Eltherington.

Für ihr sensibles Lektorat und Rat und Tat in jeder Hinsicht geht unser herzlichster Dank an Alison Lowry.

Für die Produktion der äußerst anschaulichen und realistischen Dokumentation »Miracle At Sea« geht mein Dank an Nick Greenaway und Charlie Wooley vom »60 Minutes«-Team des australischen Senders Channel Nine. Die fürsorgliche Betreuung meiner Familie während unseres Australien-Aufenthalts haben wir sehr geschätzt.

Für seine Erkenntnisse und die verständlichen Erläuterungen zu den physiologischen Faktoren meines Überlebens und für die Zeit, die er uns gewidmet hat, danke ich Professor Tim Noakes vom südafrikanischen Institut für Sportwissenschaft.

Für die Erklärung der psychologischen Aspekte meiner Geschichte danke ich Trudy Borain, einer in Kapstadt ansässigen Psychologin mit einem besonderen Interesse für posttraumatische Belastungsstörungen.

Dank an den verstorbenen Oliver Sacks für Korrespondenz und die Erlaubnis, Informationen aus seinem Buch *Drachen, Doppelgänger und Dämonen. Über Menschen mit Halluzinationen* zu verwenden (2013 bei Rowohlt erschienen, im Original 2012 unter dem Titel *Hallucinations* bei Picador).

Dank an Tim Richman, der mich mit großer Liebenswürdigkeit

durch den labyrinthischen Prozess einer Buchveröffentlichung lenkte. Sein Vater starb, als wir gerade Manuskript und Layout abschlossen – ein schrecklicher Schlag, und doch blieb er in dieser schweren Zeit ruhig und stark. Lieber Freund, ich zolle dir tiefsten Respekt dafür. Ich werde unsere Gespräche nie vergessen, insbesondere nicht, wie wichtig es ist, angemessen zu trauern. Ein Dank auch an alle anderen bei Burnet Media und Jacana, Liz Sarant und Francesca Bourke eingeschlossen.

Und ein ganz wesentlicher Dank geht an die wunderbare Frau, die dieses Buch geschrieben hat, jedoch zu meinem Bedauern beschlossen hat, ungenannt zu bleiben. CB, meine Vertraute. Deine Interpretationen sowie deine Fähigkeit, so viele komplizierte Einzelheiten zu dieser außergewöhnlichen Geschichte zu verweben, waren sensationell. Danke, dass du mir ermöglicht hast, von diesem traumatischen Erlebnis in meinem Leben zu erzählen, darüber zu lachen und zu weinen. Außer Anita habe ich keinem Menschen auf der Welt mehr über mein Leben anvertraut als dir. Ich fühle mich geehrt, diesen Weg mit dir gegangen zu sein. Ein besonderer Dank geht auch an deinen Mann und deine beiden Söhne, die mit ihrer Liebe beständig für dich da waren, während dieses Buch ihnen so viel Zeit mit dir raubte.

Dank an alle Freunde, die ich in meinem Leben gewonnen habe, ob ihr nah oder fern von mir wohnt. Eure Unterstützung und die ermutigenden Botschaften an meine Familie und mich während jener schrecklichen Stunden waren unendlich wertvoll. Ich schätze mich glücklich, euch zu kennen. Ihr wisst, dass ihr gemeint seid. Ich bin euch sehr dankbar.

Dieses Buch ist den drei wichtigsten Dingen
in meinem Leben gewidmet:

Meinem Glauben

Gott, der mich auf unglaubliche Weise auf die Probe gestellt hat, mich in mein Innerstes blicken und begreifen ließ, was im Leben wirklich wichtig ist.

Meiner Familie

Meiner Frau und Seelenverwandten Anita, meiner wunderbaren Tochter Zara und meinem ganz besonderen Sohn Jamie, ohne die ich nur ein halber Mensch wäre – zusammen mit meiner erweiterten Familie, die mein Leben erst perfekt machen.

Meinen Freunden

Meinen engsten Freunden sowie einem besonderen Kreis neuer australischer Freunde und den Tausenden Menschen aus aller Welt, die nie aufhörten, daran zu glauben, dass ich es schaffen würde.

Ohne euch alle, ohne eure Gebete und euren Glauben, wäre ich heute nicht hier.

Mehr Bilder und Filmmaterial zur Rettungsaktion auf www.brettarchibald.com